Reise-Taschenbuch

gardasee

Nana Claudia Nenzel

Senkrechtstarter

Das schmucke Gargnano in der Mitte des Westufers hat den Tourismus zum Glück erst spät entdeckt und ist daher sowohl am See in seinen drei Ortsteilen als auch am Montegargnano mit weiteren zehn urigen Dörfern recht ursprünglich geblieben. Hauptattraktion sind die zahlreichen *limonaie,* die Zitronengewächshäuser, die ein wenig wie Ruinen aussehen, in denen z. T. wieder beste Zitrusfrüchte gedeihen.

Überflieger

Wo der Karneval als heilig gilt
Bagolino

Polenta der Extraklasse
Storo

Die Sterne herangezoomt
Cima Rest

Thomas Mann wurde gewaltig inspiriert
Cascata del Varone

Arco
Paradies der Extremkletterer

Lago di Ledro
In den Pfahlbauten fühlten sich die Vorfahren sicher

Tórbole
Hotspot der Surfer im Norden

Ponte Càffaro
Strand im Hinterland

Lago d'Idro
Zufluchtsort, wenn es am Nachbarsee zu voll wird

Hochebene im Doppelpack
Tremosine und Tignale

Limonen in Stelzenhäusern
Zitronenriviera

Malcésine
Goethe war hier ›Spion‹

Seilbahn hoch hinauf

Monte Baldo
Wandern über dem See

Parco Alto Garda Bresciano
Hier ist wieder der Bär los!

Rast in der Gletschermühle
Eremo San Valentino

Gargnano
Erwacht aus dem Dornröschenschlaf

Olivenriviera
Terrassen voller

Papiermühlental von Toscolano
Auch Dürer ließ hier sein Papier pressen

Häppchen- und Gläschentour in der Stadt von Romeo und Julia

Verona

Ponte di Veja
Dante liebte die alte Kastanie

Valpolicella
Welcher Tropfen ist der edelste?

Wein

Insel mit Palast
Isola del Garda

Salò
Elegante Perle mit Seebad-Atmosphäre

Gardone Riviera
›Klein-Nizza‹ am Gardasee

Punta San Vigilio
Bewohnbare Renaissance

Garda
Eine der breitesten Promenaden am See

Cisano
Feinstes Olivenöl

Valtènesi
Wein vor historischen Burgmauern

Sirmione
Die Geliebte Catulls und aller Touristen

Desenzano
Geschäftiges Zentrum im Süden

Radeln!

Peschiera del Garda
Altstadt auf zwei Inseln

San Martino della Battaglia
Verwöhnküche bei Donna Daniela

Ein Museum fürs Rote Kreuz
Castiglione delle Stiviere

Castellaro Lagusello
Ein See, ein Herz

Parco Giardino Sigurtà
Wer ist die Schönste im ganzen Land?

Solferino
Schauplatz im Kampf um die Unabhängigkeit

Der Gardasee — Dolce Vita am größten See Italiens. Mal eben drüberfliegen, vom sportiven Norden über den weinseligen Osten und die Zitronenriviera im Westen bis in den fast schon maritimen Süden.

Querfeldein

Fundstücke — zwischen den Alpen und der Po-Ebene, Venetien und der Lombardei. Hier entdecken Nordlichter die ersten Olivenbäume, und das Glitzern des größten italienischen Sees verspricht pure Urlaubsfreude und viele Entdeckungen.

Die Schokoladenseiten

Die Orte rings um den Gardasee haben ihre schönste, also die Schokoladenseite natürlich zum Lago hin. Daher sollten Sie unbedingt mit einem Boot auf sie zufahren, um den richtigen Eindruck zu gewinnen. Lassen Sie sich dann an Land überraschen vom unterschiedlichen ›Innenleben‹ der Dörfer, denn nichts anderes sind die meisten Ortschaften am größten italienischen See.

Die Vogelperspektive

Zwei ungleiche Brüder bieten sich an, um den See von oben zu betrachten: der Pizzócolo im Westen und der Monte Baldo im Osten. Der eine fast unberührt, weil höchstens zu Fuß oder per Mountainbike erreichbar, der andere ein überaus beliebtes Ziel von Sportlern, Naturgenießern und einfach Guckern, die sich mit den diversen Seilbahnen, vor allem in Drehkabinen von Malcésine aus, in die Höhe bugsieren lassen.

Das Spitzenprodukt

Entlang der sogenannten Riviera degli Ulivi im Osten des Sees erstrecken sich weite Terrassen mit Olivenbäumen, aus denen eines der besten Olivenöle Italiens produziert wird.

Die Zitronen vom Westufer des Gardasees wurden bis an den russischen Zarenhof geliefert, um aus ihrem Saft Eis oder Sorbet zu zaubern. Der hl. Franz von Assisi hatte die Zitrusfrüchte aus dem Süden Italiens nach Gargnano gebracht, als er hier ein Kloster gründete. Um sie im Winter vor Kälte zu schützen, errichtete man für sie riesige gestelzte Zitronenhäuser, die ›limonaie‹.

Der Sportfaktor

Im Norden des sportlichsten Sees Italiens tummeln sich Windsurfer und Kiter, für die zu bestimmten Tageszeiten, wenn die Winde am günstigsten stehen, sogar die Linienboote ausweichen müssen. Auch Kletterer fühlen sich hier wohl– Arco ist das inoffizielle Weltzentrum der Kletterszene. In der Mitte des Westufers, in Bogliaco di Gargnano, findet die weltgrößte Segelregatta auf einem Binnensee statt: die Centomiglia. Mountainbiker flitzen berühmte Strecken wie die vom Tremalzo im Nordwesten zum See hinunter, normale Radfahrer besetzen bereits die als weltschönste Radstrecke gepriesene, erst in Teilen fertiggestellte See-Umrundung. Und sonst? Man kann auch reiten, natürlich schwimmen und wandern, von den höchsten Gipfeln gleiten und vieles, vieles mehr.

Die verborgene Seite
Silvester im Aquaria in Sirmione mit Sektglas in der Hand und Feuerwerk am Himmel, eine nächtliche Wallfahrt am Karfreitag von Brenzone oder die Messe an San Valentino vor der gleichnamigen Einsiedelei … Manches würden die Gardesani gerne ›geheim‹ halten.

»Pasqua e natale santi, carnivale santissimo!«, so die Einwohner Bagolinos über die fünfte Jahreszeit.

Der Pflichtbesuch

Kein Gardasee-Urlaub ohne den Besuch eines Marktes. Die Markttage werden strikt eingehalten, während der Saison fahren sogar extra Boote von einem Ufer zum anderen, um ja keinen Markt zu verpassen. Das Marktangebot umfasst auch klassische Mitbringsel wie buntes Keramikgeschirr oder Eingelegtes, außerdem Käse oder Wein aus den umgebenden drei Regionen (z. B. Amarone di Valpolicella, Chiaretto oder Groppello della Valtènesi, sogar Trüffel gibt es. Doch auch sonst findet man in kleinen Delikatessläden alles Typische von ringsum oder etwas weiter weg. Von der namengebenden Hochebene etwa stammt die Käsespezialität Formagella di Tremosine – ohne die geht nichts am schönen Lago.

Inhalt

Vor Ort

Der trentinische Norden 14

Sirmione gehört zu den Top-Zielen am Gardasee, das sich niemand entgehen lässt.

Malcésine mit seiner mitten im Ort aufragenden Rocca hat schon Geheimrat Goethe fasziniert.

Das venetische Ostufer 46

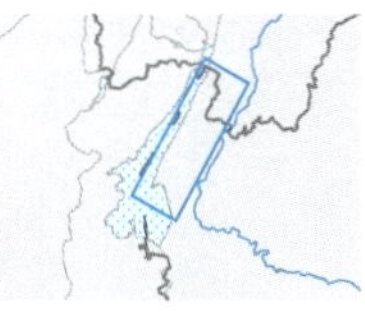

Verona und die Valpolicella 94

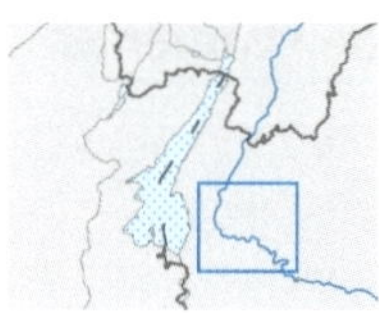

Die Arena mitten in Verona steht sinnbildlich für die römische Zeit am und um den Gardasee.

Der Süden 124

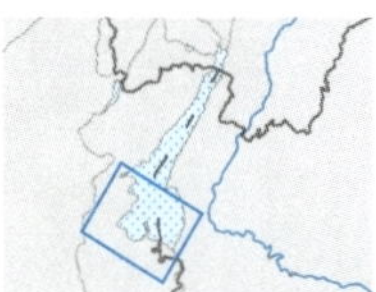

Der Westen 164

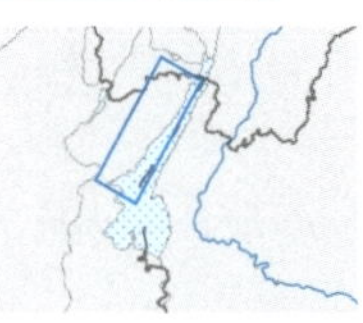

Souvenirs, Souvenirs … In Limones Altstadtgassen gibt es reichlich davon.

Das Kleingedruckte

Das Magazin

Vor

Ort

Tórbole in der nordöstlichsten Ecke des Gardasees ist einer der sportlichsten Orte.

Der trentinische Norden

Schöne Städtchen, starke Sportangebote und schmucke Seen — Riva del Garda gibt sich urban, Arco und Tórbole locken sportliche Urlauber an, und Ausflüge ins Hinterland führen an den Ledro- und den kleineren Tenno-See.

Eintauchen

Seite 17

Riva del Garda

Mitte Juli bis Anfang August treffen sich junge Musiker aus aller Welt zum Musica Riva Festival, einem hochrangigen Musikfestival für klassische bzw. europäische Musik.

Seite 20, 30

Radel- und Kletterparadies

Der gesamte Norden des Gardasees ist ein Paradies für Mountainbiker, lädt zu Touren ein wie zum kleinen Lago di Tenno oder auf den Monte Tremalzo. Auch findet hier die inoffzielle Weltmeisterschaft im Klettern statt.

Kletterer sind ganz vernarrt in Arco.

Seite 27

Lago di Ledro

Das sehenswerte Pfahlbautenmuseum am hübschen See dokumentiert die Geschichte dieser frühen Siedlungsform im sog. Alpenbogen.

Seite 33

Arco 

Angesichts der Rocca von Arco kommt richtiges Festungsgefühl auf! Erst einmal heißt es hochsteigen, doch dann können Sie auf persönliche Entdeckungstour gehen, zauberhafte gotische Fresken entdecken und den herrlichen Blick über den See und die umgebenden Berge genießen.

Seite 34

Rilke-Weg

Rainer Maria Rilke liebte Arco, wo er seine Mutter besuchte, die hierher gerne zur Erholung kam. Auf seinen Spuren kann man noch heute den Ort erkunden.

Seite 36

Cascata del Varone

Für den Ausflug in die Klamm nahe Arco, in der sich ein Wasserfall 100 m in die Tiefe stürzt, brauchen Sie tatsächlich einen Regenschutz.

Seite 40

An die Wand gedrückt

Erika Spengler ist eine leidenschaftliche Kletterin und überhaupt am liebsten draußen, egal wo – Hauptsache aufregend. Beim Schwärmen über die tollen Klettersteige im Norden des Gardasees ist sie gar nicht zu bremsen.

Seite 42

Weihnachtsmarkt

Im alten Kern von Arco weht noch der Hauch eines alten K.-u.-k.-Kurorts. Besonders anziehend während des »Habsburger Weihnachtsmarkts«.

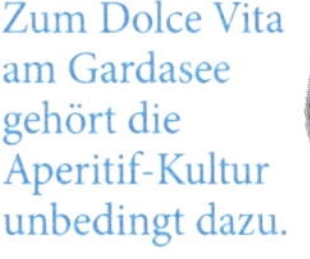
Zum Dolce Vita am Gardasee gehört die Aperitif-Kultur unbedingt dazu.

Mein Lieblingsplatz in Arco ist das Caffè Conti d'Arco gegenüber der Kirche, auf dessen Terrasse ich mir erst einmal einen Aperitivo gönne und genüsslich die Szene beobachte.

Das sportliche Nordufer

D

Der Norden des Gardasees ist mit Riva und Tórbole am See sowie Arco wenige Kilometer nördlich ein idealer Aufenthaltsort für sportliche Urlauber. Das Stück See, das der Provinz Trentino angehört, besitzt ein geologisch abwechslungsreiches Hinterland. Bei Nago gibt's die imposanten Gigantenschüsseln und auf dem Weg zwischen Sarche und dem Lago di Toblino mit seinem zauberhaften kleinen Kastell passiert man die Steilhänge von Pietramurata, kann hohe Geröllsteine bewundern und die großen, verloren wirkenden Steinbrocken im Sarca-Fluss. Zwischen Tórbole und Riva schiebt sich der schräg gestreifte Fels des Monte Brione in den See, und nördlich der hübschen Stadt Riva kurvt man hinauf nach Tenno zum gleichnamigen kleinen Badesee und macht Halt am Wasserfall von Varone. Auf derselben Strecke geht es auch zum Künstlerdorf Canale und beginnt der Tunnel zum Ledro-See mit seinen frühgeschichtlichen Pfahlbauten.

Riva gilt als die Keimzelle des Fremdenverkehrs im Norden des Sees. Bereits im 19. Jh., als es noch zu Österreich-Ungarn gehörte, avancierte es zum Luftkurort, in den Offiziere ihre Frauen zum Tanz ausführten. Im Sanatorium wurden Intellektuelle kuriert wie Thomas und Heinrich Mann, der lungenkranke Franz Kafka genoss das südliche Flair. Sigmund Freud, Christian Morgenstern und Karl May waren auch hier. Das benachbarte Arco wählte der Cousin von Kaiser Franz Josef zu seinem Winterwohnsitz.

O

ORIENTIERUNG

Infos: www.gardatrentino.it, www.visittrentino.info/de, offizielle Seiten des Informationsbüros und Buchungsseiten.
Verkehr: Riva wird, speziell im Sommerhalbjahr, von den Booten und Fähren der öffentlichen Navigazione Laghi (www.navigazionelaghi.it) angefahren, Tórbole eher wenig. Während der Mittagszeit ist sogar jeder Bootsverkehr im Norden untersagt, wenn die Surfer unterwegs sind wegen des besonderen Windes. Generell dürfen private Motorboote den Norden des Gardasees nicht befahren.
Busverbindungen zwischen den Orten am See, von Riva aus auch zum Ledro-See und dem Westufer nach Süden, über Tórbole und Malcésine das Ostufer südwärts Richtung Verona (www.gardatrentino.it).

Riva del Garda G1

Die Lage Rivas ist ausgesprochen hübsch: Am fjordartig verengten Nordufer in Seehöhe (65 m ü. d. M.) gelegen, wird es von seinem Hausberg, dem steil aufragenden Monte Rocchetta (1575 m) mit dem Bastione-Hügel (212 m), begrenzt. Zu dessen Füßen breitet sich das große Ponale-Kraftwerk aus, das eher wie eine Villa des beginnenden 20. Jh. aussieht. Durch drei Druckleitungen ist es mit dem 500 m höher gelegenen Ledro-See verbunden, der auch als Speicherbecken für den Gardasee dient. Auf der anderen Seite des Hafenbeckens hat auf einer kleinen Insel die mächtige Seefestung Platz gefunden, die über eine Brücke zu erreichen ist und heute das interessante Städtische Museum beherbergt.

Die Dächer der meist drei- und vierstöckigen Häuser sind mit roten Ziegeln gedeckt und bilden eine schöne Dachlandschaft, aus der die mittelalterliche Torre Apponale mit der Stadtuhr herausragt. Die lange Seepromenade reicht bis zum Jachthafen vor dem steilen Abhang des Monte Brione (376 m), dahinter stellt eine moderne Hängekonstruktion die Verbindung zum benachbarten Tórbole her.

Autofreie Altstadt

Die Piazza Catena (dt. Kette, weil der Hafen nachts mit einer Kette abgeschlossen wurde) und die Piazza III Novembre zwischen Hafen und Turm mit den umliegenden, einladenden Cafés sind für den Autoverkehr gesperrt. Der dahinterliegende Altstadtkern mit den engen, krummen Gassen ist ebenfalls den Fußgängern vorbehalten, so auch die zur Porta San Marco führende rege Einkaufsstraße Via Fiume, die mit einigen Restaurants lockt.

Die trutzige Festung von Riva nimmt eine eigene kleine Insel ein.

Turm mit Aussicht

Von der modern aufpolierten Bootsanlegestelle fällt der Blick unweigerlich auf den massigen Stadtturm, die mittelalterliche **Torre Apponale** ❶. Sie wurde erstmals 1273 erwähnt – ist jedoch sicher älter – und wurde 1555 auf die jetzigen 34 m aufgestockt. 165 Stufen sind es bis zur Aussichtsterrasse.

Piazza III Novembre, Mitte März–Mai Di–So, Juni–Sept. tgl. 10–18 Uhr, 2 €

Zwei Paläste fürs Rathaus

Im Westen der Piazza Catena erstreckt sich der große, in hellem Gelb erstrahlende Komplex des **Rathauses** ❷ mit seinen tiefen Arkadengängen auf der Rückseite. Er besteht aus dem Palazzo Pretorio (Prätorenpalast) von 1375 und dem Palazzo del Provveditore (Palast des Landvogts) von 1475 bis 1482. Zahlreiche, vor allem unter seinem Bogengang eingemauerte Steine bezeugen die Stadtgeschichte.

Piazza III Novembre 5, zu den Amtsstunden kann man hineinschauen

Die historischen Stadttore

Nur auf der Rückseite des Rathauses erkennt man die schmale **Porta Bruciata** ❸ mit Schwalbenschwanzzinnen und Resten der Zugvorrichtung für die Brücke. Das ›verbrannte Tor‹ erhielt seine dunkle Farbe, weil die Mailänder es 1406 in Brand gesteckt hatten.

Von hier gelangt man über die krumme **Via Fiume** zwischen schmalen Stadtpalästen mit teils abbröckelndem Putz und barockem Stuck um Türeingänge und Fenster zum landwärts Richtung Arco gerichteten Stadttor in der gut erhaltenen mittelalterlichen Stadtmauer, zur **Porta San Marco** ❹. Auch in diesem von den Venezianern errichteten Bauwerk mit seinen schmalen Fenstern über dem Eingang und den Schwalbenschwanzzinnen sind an der Außenseite die Rillen für die Hebevorrichtung der Zugbrücke zu sehen.

Bleibt man innerhalb der mittelalterlichen Stadtmauer, ist schnell die **Piazza Cavour** erreicht. Hier steht die zierlich wirkende mittelalterliche **Porta San Michele** ❺. Sie trägt einen Glockenaufsatz für die nahe Pfarrkirche Maria Assunta (s. u.) mit großen Klangöffnungen und Schwalbenschwanzzinnen.

Wenn's am Stadttor bimmelt …

… dann ruft die turmlose Pfarrkirche **Santa Maria Assunta** ❻ an der Piazza Cavour. Vom romanisch-gotischen Vorgängerbau ist im Süden noch ein mittelalterliches Relief mit gotischen Skulpturen und Wappen (Ende 14. Jh.) erhalten geblieben. Ihren düsteren Charakter erhielt die Kirche im Zuge ihrer Baro-

Riva del Garda

Ansehen
1 Torre Apponale
2 Rathaus
3 Porta Bruciata
4 Porta San Marco
5 Porta San Michele
6 Santa Maria Assunta
7 Piazza Erbe
8 Chiesa dell'Inviolata
9 Bastione
10 Centrale idroelettrica
11 Rocca
12 Reptiland

Schlafen
1 Sole
2 Villa Maria
3 Ancora

Essen
1 Commercio Forst
2 OsteRiva
3 Osteria Pane Salame

Bewegen
1 Spiaggia Sabbioni
2 Pier Windsurf
3 School Sandro
4 Fraglia Vela Riva

Ausgehen
1 Rivabar
2 Caffè Centrale
3 Caffè Italia
4 Bastione

---

ckisierung im Jahre 1728. Mit Ausnahme der achteckigen Cappella del Suffragio rechts wurde sie prächtig stuckiert und im Kuppelgewölbe von Giuseppe Alberti (1664–1730) mit einem Fresko der Himmelfahrt Mariä vollendet.

Piazza Cavour 10, tagsüber meist durchgehend geöffnet

Alter neuer Marktplatz

Die Via Santa Maria führt vom Portal der Kirche aus wieder direkt ins Herzstück des Städtchens. Interessanter jedoch ist die Parallelstraße **Via Maffei,** die von Palästen großer Handelshäuser mit einigen einladenden Restaurants flankiert wird. Sie führt vorbei an der kleinen, aber lebendigen und für Riva bedeutenden **Piazza Erbe** 7 – sie entstand nach dem Ersten Weltkrieg, wofür man einige Häuser abriss, die durch Bomben zerstört waren. Das dekorative **Loggiato del Pesce,** ein modernes Projekt von Enrico Odorizzi (geb. 1955), das an die Bauweise der Renaissance anknüpft, ziert hinter dem plätschernden Brunnen den oberen Teil des Platzes, montags und samstags mit kleinem Markt.

Bunter Bodenschmuck

Den Largo Marconi im Osten Rivas beherrscht der auffallend hohe Zentralbau der **Chiesa dell'Inviolata** 8, die als schönste barocke Kirche der gesamten Provinz Trentino gilt. Der achteckige Bau mit seiner hohen Kuppel neben dem zierlichen Glockenturm wurde 1603 von einem unbekannten portugiesischen Architekten entworfen, der ihn außen schmucklos ließ. Umso überraschender ist der reich stuckierte und freskierte barocke Innenraum mit einem über und über mit Skulpturen geschmückten Gesims. Auffallend ist auch der Fußboden mit seinen in kräftigen Farben gehaltenen Steinintarsien.

Piazza dell'Inviolata, tgl. meist 9–17 Uhr

Ruine am Berg

Am steil aufragenden Hang des Monte Rocchetta im Westen Rivas liegt in 212 m Höhe der im Jahre 1508 über einer mittelalterlichen Festung errichtete **Bastione** 9. Er ist zu Fuß über die Via Bastione erreichbar, die auf der Bergseite in die zunächst in Serpentinen steil aufsteigende Passeggiata Santa Maddalena

TOUR
Ein Aussichtsbalkon am anderen

Mit dem Mountainbike oder Auto zum Lago di Tenno

Diese Fahrstrecke ist für Mountainbikes und Autos gleichermaßen geeignet, denn sie führt über wenig befahrene schmale Straßen, die atemberaubend schöne Ausblicke ermöglichen. Biker können ab und zu auf gesondert ausgeschilderte Radwege ausweichen, die sicher mehr werden, im Prinzip bleiben sie jedoch auf den asphaltierten Straßen.

In **Riva** zeigt am Kreisel in Höhe der unübersehbaren oktogonalen Chiesa dell' Inviolata ein Wegweiser zum Wasserfall von Varone. Man fährt in den schattigen **Viale dei Tigli** ein, der der Staatsstraße 241 entspricht, und durch das Dorf **Varone** zur spektakulären **Cascata del Varone** (s. S. 36). Im Zickzack schlängelt sich die Staatsstraße 421 weiter nach **Cologna** hinauf, dem wahren Schlemmerdorf für die berühmte *carne salada* des Trentino.

Man bleibt auf der SS 421 bis zum urtümlichen Dorf **Tenno** mit seiner imposant aufragenden, aber bescheidenen Burg. Hier folgt man einem kurzen Abschnitt der Staatsstraße bis zur Mitte der ersten Kurve, wo Radler von der Straße abfahren können, um auf einem mit Kopfstein gepflasterten Weg weiterzu-

Das urige, alte Dorf Canale wurde von Künstlern und Kunsthandwerkern vor dem Verfall gerettet.

strampeln. Dieser trifft nahe der Kirche des Dorfes **Ville del Monte** wieder auf die Staatsstraße, die zum Tenno-See führt. Nicht verpassen sollte man die ausgeschilderte Abzweigung (1 km) zum Künstlerdorf **Canale.** Eines der schönsten Dörfer Italiens mit engen, mit winzigen Flusskieseln gepflasterten und vielfach überwölbten Gassen ist reine Fußgängerzone. Auch Fahrräder müssen am Dorfrand geparkt werden!

Bald ist der **Lago di Tenno** erreicht, d. h. auch kurz davor heißt es absteigen und Auto oder MTB auf dem großen Parkplatz stehen lassen. Gleich hinter dem beliebten Sporthotel breitet sich mit seinem türkisfarbenen Wasser einer der schönsten Gebirgsseen der Region aus. Ein Winzling, den man schnell zu Fuß umrunden kann.

Wer eine Rundtour fahren will, kann vom Parkplatz aus die westlich verlaufende Straße über **Pranzo** wählen. Man kommt auf dieser SP 37, der teilweise Radwege folgen, in kurviger und doch schneller Abfahrt wieder in **Riva del Garda** an, genießt unterwegs prachtvolle, weite Aussichten auf Wein- oder Olivenhänge, im Westen auch auf steil abfallende Berghänge.

Infos

Start/Ziel: Riva del Garda, G1
Länge: Rundfahrt, ca. 25 km
Höhenunterschied: 600 m, ganzjährig befahrbar
Dauer: 1 Std. mit dem Mountainbike, ½ Std. mit dem Auto – was angesichts der tollen Aussichten schade wäre.

WASSER ZU ENERGIE

Am Lungolago zwischen Ortskern und dem ersten Tunnel nach Süden erhebt sich die mächtige **Centrale idroelettrica ⑩**, die man neuerdings ebenso wie andere interessante Ingenieurleistungen im Trentino mit fundierter Führung erleben kann. Für alle, die etwas dafür übrig haben, ein wahres Aha-Erlebnis, bei dem man erfährt, wie aus der Kraft des aus dem Ledro-See in dicken Rohren 500 m herabstürzenden Wassers Strom erzeugt wird (Via Giacomo Cis 13, T 04 61 03 24 86, im Winter Fr 15, Sa/So, Fei 10 und 15 Uhr, im Sommer häufiger, www.hydrotourdolomiti.it, 15 €).

übergeht (ca. 30 Min. Fußmarsch oder Panoramaaufzug zur Rocchetta). Die Festung wurde 1703 von französischen Soldaten gesprengt und ist daher nur noch in Resten erhalten, jedoch mit schön restaurierten Räumen und einem Café. Man genießt von hier aus einen herrlichen Blick auf die sichelförmig am Ufer gelegene Stadt, ihre rote Dachlandschaft und den See.

Passeggiata Santa Maddalena, bei Ausstellungen und anderen Veranstaltungen und auf Anfrage bei InGarda geöffnet

Museen

Kunst hinter dicken Mauern

⑪ Rocca: Eine steinerne Brücke sichert heute den Zugang zur Wasserburg der Skaliger (1124) mit ihren vier quadratischen Eckbastionen. Sie entstand anstelle einer römischen Festung und wurde oft umgebaut, zuletzt im 18. Jh. zu einer österreichischen Kaserne. Heute ist sie Sitz des **Museo Alta Garda MAG.** Die zwölf Säle dieses städtischen Museums sind thematisch untergliedert: Pfahlbauten, Bronze- und Eisenzeit, Römerzeit und Mittelalter, Waffen und Kostüme, alte und moderne Kunst (Gemälde ital. Meister), Zoologie (vor allem Fische), Mineralogie und Geologie. Von den Fenstern des Kastells mit seinem beeindruckenden Innenhof genießt man wundervolle Ausblicke.

Piazza C. Battisti 3/A, Mitte März–Mai Di–So 10–18 Uhr, Juni–Sept. tgl., 5 €

Leicht verstaubt, aber interessant

⑫ Reptiland: Gegenüber der Rocca befindet sich an der Piazza Garibaldi eine private Reptiliensammlung mit allerlei Schlangen, Spinnentieren und Skorpionen. Kenner finden hier vor allem die Rotknievogelspinne, den Riesenskorpion sowie einige wunderschöne Schmetterlinge interessant.

Piazza della Rocca, im Winter nur Sa/So, April–Okt. tgl. 12–20, bei Regen 11–19 Uhr, 9 €

Schlafen

Wer kann, sollte Riva um Mitte Januar sowie um Mitte Juni meiden: Dann findet die gut besuchte Schuhmesse statt und die Hotelpreise schnellen in unglaubliche Höhen! Die Hotels, die keine eigene Garage besitzen, stellen ihren Gästen preisgünstige Plätze im modernen Parkhaus auf der Bergseite zur Verfügung; zum Ausladen des Gepäcks dürfen die Hotelgäste in die Fußgängerzone einfahren. Normalerweise …

Schon Nietzsche wohnte hier

1 Sole: Traditionshaus mit 52 Zimmern zwischen Hafen und Stadtturm, also in bester Aussichts- und Lauflage, mit gutem Restaurant mit traditioneller italienischer Küche. Beliebte Bar auch für Laufkundschaft, die Tische werden bei schönem Wetter auch auf der Piazza aufgestellt. Kleiner Spa-Bereich, der als Sonderpaket für sich alleine oder zu weit gebucht werden kann, also ganz privat.

Piazza III Novembre 35, T 04 64 55 26 86, www.hotelsoleriva.it, Mitte März–1. Nov.-Wochenende, auch Weihnachten/Neujahr, €€–€€€

Herzlich und modern

2 **Villa Maria:** Ein vom jungen Ehepaar Francesca und Marco Andreani geführtes Garnihotel mit nettem Frühstück; 13 Zimmer in einer Villa mit früherer Bäckerei unweit des historischen Zentrums von Riva, mit kleiner Sonnenterrasse und Parkplätzen sowie einem abgeschlossenen Fahrradraum. Zum selben Besitz gehören außerdem sieben Apartments für zwei oder vier Pers.

Viale Dei Tigli 19, T 04 64 55 22 88, www.garnimaria.com, Nov. und Febr. jew. 1 Woche geschl., €€

Kleinod im Jugendstil

3 **Ancora:** Zauberhaftes kleines Jugendstilhaus mit nur 12 Zimmern und Restaurantterrasse im Zentrum.

Via Montanara 2, T 04 64 56 70 99, https://albergo-ancora-riva-del-garda.hotelmix.it, Jan. geschl., €–€€

Essen

Rivas Restaurants genießen keinen besonders guten Ruf, da sie sich vor allem den Wünschen der Tagestouristen beugen, also schnelles Essen, Pizzastücke etc. anbieten. Die wenigen Ausnahmen können sich aber sehen lassen. Für den kleinen Hunger empfehlen sich die zahlreichen Straßencafés, die auch Salate und warme Mahlzeiten aus der Mikrowelle servieren.

Hausmannskost in Gewölben

1 **Commercio Forst:** Das einladende Brauerei-Lokal ist in zwei Gewölberäumen, ehemals Stallung und Cantina, jetzt holzgetäfelt, in einem historischen Stadtpalazzo (18. Jh.) untergebracht. Im Sommer stehen auch Tische auf der schmalen Gasse. Spezialitäten sind Forellen und gegrilltes Fleisch, hausgemachte Pasta – und neuerdings auch Pizza, der Nachfrage geschuldet, wie es heißt …

Piazza Garibaldi/Ecke Via Maffei, T 04 64 52 17 62, Mitte März–Mitte Jan. Di–So, im Hochsommer tgl., €

Authentisch und gemütlich

2 **OsteRiva:** Eine urig gebliebene Trattoria mit Weinausschank, kleinen Tischen und typischen Trattoria-Stühlen. Echte trentinische Küche mit deftigen Fleischgerichten wie Gulasch mit Knödeln oder Ossobuco, Zicklein mit Kartoffeln aus dem Backofen; auch Stockfisch mit Polenta und hausgemachte Pasta wie die leckeren Trentiner *Strangolapreti* oder Ravioli mit Kürbisfüllung.

Via Fiume 15, T 04 64 55 26 53, auf Facebook, Mo/Di, Do nur abends, Mi geschl., Pastagerichte und auch die deftigen Hauptgänge jeweils €

FAKTENCHECK

Einwohner: 17 000
Bedeutung: größte Stadt am Nordufer des Gardasees
Stimmung auf den ersten Blick: Café neben Café rund um den Hafen
Stimmung auf den zweiten Blick: mittelalterliche Stadttore in der zinnenbewehrten Mauer, hübsche Barockhäuser an engen Gassen, vielfach mit netten Läden im Erdgeschoss, und eine gute, bodenständige Gastronomie
Besonderheiten: Wo einst ein Fluss die Stadt durchfloss, windet sich die Via Fiume durch den kleinen Altstadtkern.

TOUR
Training für die Beine

Die Ponale-Straße als Aufwärmstrecke für Mountainbiker

Start/Ziel: Riva del Garda, Piazza Catena, G1

Länge: hin und zurück 7,6 km

Höhenunterschied: 548 m

Dauer: einfach 2 Std.

Einst Handels- und Militärstraße, dann sehr lange gesperrt und nun nur noch für Wanderer und Mountainbiker geöffnet, gehört die Ponale-Straße sicher zu den Strecken, die sich zum Einfahren vor der großen Tremalzo-Tour (s. S. 30) eignen könnte.

Los geht es auf der **Piazza Catena** im Scheitelpunkt des Hafens und weiter nach Süden über die Hauptstraße in Richtung Limone. Nicht in den Tunnel einfahren, sondern davor rechts mit dem Anstieg beginnen. Diese wenigen Meter bilden den einzigen wirklichen Anstieg der gesamten **›Ponale‹**, wie es hier im Mountainbiker-Jargon heißt.

Dann geht es bergab und danach sofort nach links. Hier beginnt die eigentliche Straße. Sie führt auf kiesigem Grund stetig nach oben mit Ausnahme der Tunnel, die noch immer mit dem Originalasphalt belegt sind. Nicht vergessen, abwärts auf den Gardasee zu schauen! Der Blick ist einmalig schön – nein, einmalig nicht, denn eigentlich gibt es an diesem Lago unzählige wundervolle Blicke …

Eine kleine Verschnaufpause ist daher angesagt, und wie gut, dass am Ende der unbefestigten Straße die **Bar Ponale Alto** lockt. Ihren Beinamen ›Belvedere‹ trägt sie zu Recht, denn sie bietet ebenfalls ein atemberaubendes Panorama. Hinter der Bar ist nach wenigen Metern eine Abzweigung erreicht: Rechts hinauf geht es zum Valle di Ledro, unsere Strecke geht links weiter nach **Pregasina,** zum Ziel dieser an sich kurzen MTB-Tour. Auch hier kann man sich erfrischen und dann geht es zurück auf demselben Weg nach Riva.

Schicke Weinseligkeit

3 **Osteria Pane Salame:** Nach ihrem Umzug wurde aus der winzigen Osteria eine stylishe, in Gewölberäumen mit Enothek, aber die Stimmung ist unverändert freundlich. Immer wieder Verkostungen durch lokale Winzer; gute Weine auch glasweise, tgl. wechselnde kleine Gerichte.

Via Montanara 8, mobil 33 12 40 57 51, tgl. im Sommer durchgehend, sonst 17–22 Uhr

Einkaufen

Da zweimal im Jahr (Jan. und Juni) eine große Schuhmesse in Riva stattfindet, wundert es nicht, dass sich hier gute **Schuhgeschäfte**, aber auch andere Modeboutiquen etabliert haben. Zusammen machen sie aus Riva eine einladende, nicht allzu teure Einkaufsstadt. Ihre schönsten, wenn auch kurzen Bummelmeilen befinden sich entlang der **Via Fiume** sowie nördlich der Stadtmauer am **Viale Dante Alighieri** zwischen den Stadttoren San Marco und San Michele. Jeweils am 2. und 4. Mi des Monats lockt ein ausgedehnter **Markt** (Obst, Gemüse, Wäsche, Trödel) im Bereich der Viali Dante, Palati und Via Prati.

Bewegen

Vamos a la playa

Baden: Rivas Strand besteht aus mehreren kleinen Abschnitten, alle mit kiesigem Grund, die sich von der Rocca-Insel bis zum Jachthafen erstrecken.

Baden unter Beobachtung

1 **Spiaggia Sabbioni:** Gepflegter Park mit kiesigen Strandabschnitten, im Sommer mit Badeaufsicht und Kiosk.

Via Filzi 2, mobil 34 76 88 70 85

Vom Bett aufs Brett

2 **Pier Windsurf:** Sitz der Surfschule ist das wohl berühmteste Surferhotel des Sees, das Pier, am Westufer südlich von Riva Richtung Limone.

Località Gola, T 04 64 55 09 28, www.pierwindsurf.it

Auch im Osten wird gesurft

3 **School Sandro:** Surfschule am Ostufer des Sees.

Via Brione 3, Spiaggia dei Pini, mobil 39 26 95 29 42, www.alessandrotomasi.com

See unter Segeln

4 **Fraglia Vela Riva:** Segelklub, Gäste sind willkommen.

Via Giancarlo Maroni 2, T 04 64 55 24 60, www.fragliavelariva.it

Ausgehen

Verrückt nach Vinyl

1 **Rivabar:** Stylishe Bar, ganz ›in‹ bei Jung und Jüngeren, mit DJs und tollen Cocktails. Fr und Sa Party für Disco-Liebhaber mit Musik von Schallplatten.

Largo Medaglie d'Oro 2, T 04 64 55 19 69, www.rivabar.it, tgl. 17.33–2.06 Uhr

Aussichtsposten am Hafen

2 **Caffè Centrale:** Großes Café mit Blick auf den Hafen, auch Kleinigkeiten wie Primi und Sandwiches.

Piazza III Novembre 27, T 04 64 55 23 44

Treffpunkt der Jugend

3 **Caffè Italia:** Modernes Café mit Tischen auf der großen Piazza. Schöne Eisbecher, gute Sandwiches, Aperitifs. Auch Internet-Point.

Piazza Cavour, T 04 64 55 25 00. Während der Saison tgl. von früh bis spät geöffnet

Was für ein Panorama!

4 **Bastione:** Restaurant in luftiger Höhe, Lounge-Terrasse mit atemberaubendem Blick auf Riva und den See.

Via Monte Oro 26, T 04 64 07 68 61, https://bastione.eu, tgl. 10–23 Uhr

Feiern

- **Carnevale:** Febr./Anf. März wird der Karneval in fast allen Ortsteilen und Nachbargemeinden ausgiebig gefeiert. Mit bunten Umzügen und kulinarischem Angebot wie der ›Maccheronata di Carnevale‹, bei der Pasta mit Ragout die Hauptrolle spielt.
- **Sagre:** Kulinarische Veranstaltungen März–Sept.; z. T. auch mit religiösem Bezug zum Schutzpatron (ital. *sagre*).
- **Polenta e Mortadella:** Um den 10. März oder später. Traditionelles Fest mit Polenta und Mortadella.
- **Riva Bike:** Drei Tage Ende April/Anf. Mai, https://riva.bike-festival.de. Wichtigster Wettbewerb der Mountainbiker in verschiedenen Schwierigkeitsgraden, begleitend findet eine Messe (kostenloser EIntritt) für Biker-Bedarf statt.
- **Musica Riva Festival:** Ganzjährig Programm, www.musicarivafestival.com. Ca. Juni–Anf. Aug. z. B. Musikfestival mit jungen Musikern aus aller Welt auf hohem Niveau.
- **Notte di Fiaba:** Ende Aug. Do–So, www.nottedifiaba.it. Lautes und buntes Fest mit Feuerwerksnächten, die an die siegreiche Seeschlacht der Venezianer gegen die Mailänder Visconti erinnern. Höhepunkt ist die ›Märchennacht‹, mit dem schönsten und längsten Feuerwerk.
- **Natale:** Weihnachten wird ganz Riva bunt geschmückt und in der Umgebung konkurrieren die kleinen Dörfer um die schönste Ausschmückung.

Infos

- **InGarda Trentino:** Largo Medaglie d'Oro 5 (im ehemaligen Bahnhofs-

Zum Museo Palafittico am Ufer des Lago di Ledro gehören auch drei nach dem Vorbild der ursprünglichen Pfahlbauten errichtete Hütten.

gebäude), 38066 Riva (TN), T 04 64 55 44 44.

- **Internet:** www.gardatrentino.it, www.gardaqui.it, www.comune.rivadelgarda.tn.it.
- **Boote:** Der Fahrplan der Navigarda ist vor allem während der hochsommerlichen Saison dicht und erschließt mehrmals tgl. den gesamten See (ca. 1 Woche vor Ostern–31. Okt.).
- **Autofähren:** Sie verkehren im Hochsommer zwischen den Orten Malcésine und Limone; Halt in Riva nur für Passagiere.
- **Busse:** Dichter Fahrplan mit komfortablen Bussen zwischen Riva und Rovereto bzw. Trento zum Bahnhof/Anschluss an die IC-Strecke Brenner–Verona. Unter der Woche bestehen außerdem Busverbindungen zwischen Riva und dem südlichen Westufer (Salò bzw. Desenzano über Gargnano).

Lago di Ledro und Umgebung

E/F 1/2

Ein 5 km langer, gut ausgeschilderter Tunnel führt kurz vor Riva (von Norden kommend) ins Ledro-Tal. Die so oft beschriebene, atemberaubend schöne Bergstraße direkt am Gardasee wurde inzwischen nach aufwendigen Instandsetzungsarbeiten nur für Wanderer und Radfahrer umgewidmet (s. S. 24). Auf den Tunnel folgt eine 5 km lange, ebenfalls wunderschöne, allerdings kurvenreiche Strecke oberhalb des tief unten fließenden Ponale-Baches, die man nach dem finsteren Tunnel wahrlich verdient hat! Wenn Sie Zeit haben, fahren Sie das Sträßchen zwischen den Weilern Prè und Barcesino unten durch das Tal.

Molina di Ledro

F 2

In der beliebten Sommerfrische in 652 m Höhe folgt man den Spuren der Ureinwohner der Gardasee-Region. Denn hier kamen 1929 Reste der prähistorischen Pfahlbautensiedlung (ab 2200 v. Chr.) zum Vorschein, nachdem man den Seespiegel wegen der Rohranbindung an das Wasserkraftwerk von Riva 500 m tiefer abgesenkt hatte. Erst 1937 begannen die Ausgrabungen der 4500 m² großen Siedlung auf mehr als 10 000 Pfählen, deren Verbindungskonstruktion mit den Hüttenböden genau nachvollziehbar war. Seit einigen Jahren stehen die Pfahlbauten im ›Alpinen Bogen‹ unter UNESCO-Schutz.

Auf Wasser gebaut

Aus den reichen Funden an Waffen, Gebrauchsgegenständen und Schmuck richtete man das sehenswerte Pfahlbautenmuseum ein. Das **Museo Palafittico** steht in geradezu romantischer Lage direkt am See, in einem modernen Glas-Holzbau, der ein wenig an die Pfahlbauten erinnern soll. Zu sehen sind Gegenstände aus Bronze, Feuersteine, geschliffene Steinwerkzeuge und Tongut, Spieße und Fäustlinge, und in Vitrinen Getreide, Eicheln, Kastanien und Haselnüsse (hier gefunden!). Nach einem verheerenden Erdrutsch wurden drei Hütten wieder aufgebaut: 11, 15 und 20 m² groß und funktionsfähig eingerichtet.

Via Lungolago 1, 38060 Molina di Ledro (TN), T 04 64 50 81 82, www.palafitteledro.it, tgl. März–Juni, Sept.–Nov. 9–17, Juli/Aug. 9–18 Uhr, 4,50 €

Im Wald versteckt

Immer wieder kommen neue Objekte hinzu und machen aus dem Projekt **Ledro Land Art** eine echte Sehenswürdigkeit. An die 20 ortsansässige Künstler durften sich den Platz aussuchen, auf

S

WILLKOMMEN, SONNE!

Das Dörfchen **Prè** in 480 m Höhe an der unteren Straße zum Ledro-See sieht ab November bis Anfang Februar keine Sonne. Am 5. Februar erwärmen normalerweise die ersten Sonnenstrahlen Dächer, Gassen und vor allem die Herzen der Dorfbewohner. Und das wird mit einer großen Party gefeiert. Begrüßt wird die Sonne schon vorab, man will sich ja selber auch aufwärmen: vom 1.bis 3. Februar mit kulinarischen Ständen und *vin brulé,* dem stark gewürzten Glühwein – das Ganze in einem beheizten Zelt natürlich.

dem sie ihre Werke aus Holz oder Metall stellen wollten. Es sollten nur nachhaltige Materialien verwendet werden und die Motive etwas mit dem Ledro-Tal zu tun haben. Ein Igel mit Riesenstacheln passt ja ganz gut in den Wald, eine Schnecke mit ihrem Haus, die Richtung See zu gleiten scheint, ebenso, und erst recht Kühe aus Stein.

Località Pur im Süden des Ledro-Sees, auf dem Weg zur Malga Cita zu Fuß zugänglich

Pieve di Ledro — E 1

Die nächsten 5 km führen am nördlichen Ufer des bis zu 49 m tiefen Ledro-Sees entlang, durch Mezzolago nach **Pieve di Ledro,** dem Hauptort des Sees mit netten, kleineren Hotels. Ein idealer Ausgangspunkt für eine Rundtour um den tiefgrünen See mit seinen einladenden Badeplätzen und seiner intakten, an Wildblumen reichen Natur. Hier bieten sich auch hervorragende Wandermöglichkeiten.

Lago d'Ampola — D 2

Quakkonzert für Besucher

Rund 10 km westlich von Pieve gelangt man an einen kleinen, ziemlich verschilften Moorsee, der komplett unter Naturschutz gestellt wurde. Den **Lago d'Ampola** erreicht man von der Landstraße (kleiner Parkplatz vorhanden) über einen kurzen Trampelpfad, häufig unter lautem Froschgequake und von Libellen oder Schmetterlingen umschwirrt. Das Besucherzentrum im einstöckigen Bau hinter dem See bietet eine gute Einführung in die Sumpflandschaft mithilfe von Computer-Animation und Multimedia-Show, und wer noch Fragen hat, bekommt sie vom gut ausgebildeten Personal beantwortet, das auch Führungen durch das Biotop anbietet.

Ein Besuch für Naturfreunde, die sich an der Flora und Fauna im Moor erfreuen können, an Schilf und Binsen, Sumpfwurz und Teichrosen, Kröten und Fröschen, Libellen und Wasserläufern, alles vom gesicherten Steg aus. Beste Besuchszeit: Frühjahr, wenn die Teichrosen blühen und weite Flächen des Sees bedecken.

Auf beiden Seiten der Landstraße erheben sich historische **Kalkbrennöfen,** die schön restauriert wurden und einen Blick wert sind. Davor aufgestellte Tafeln erklären die Funktionsweise.

An der SS 240, ausgeschildert, Besucherzentrum Mai–Sept. Di–Sa 10–13.30, 15–18.30, So nur 13.30–18.30 Uhr, Eintritt frei

Monte Tremalzo — E 2

Olymp der Mountainbiker

Nur wenig südwestlich des Ampola-Sees biegt beim Rifugio Ampola eine schön ausgebaute, wenn auch recht schmale Straße zum 1975 m hohen **Monte Tremalzo** ab. Sie ist bis zum Rifugio Garibaldi asphaltiert, dann geht sie weiter zum Rifugio Tremalzo und Rifugio Garda am Gipfel in eine Piste über. Die Fortsetzung abwärts an den Gardasee gilt als ›die‹ MTB-Piste schlechthin (s. Tour S. 30).

Das Tremalzo-Gebiet ist ideal für den sommerlichen Almbetrieb, denn die üppigen Grasweiden werden nicht durch steile Abgründe zur Gefahr für das Vieh, man kann es beruhigt alleine grasen lassen. Zwei Almen sind im Sommer auf dem Tremalzo in Betrieb mit jeweils rund 50 Kühen: Malga Bezzecca und Malga Tiarno di Sopra. Auf der Malga Bezzecca wird noch immer vor Ort jeden Morgen die Milch zur Herstellung von Butter und Käse verwendet.

Arche der Natur

Botanisch ist die Vielfalt kaum zu überbieten, allein 21 Pflanzenarten wachsen hier, von denen viele auf der Roten Liste gefährdeter Pflanzen stehen: diverse Orchideen, Akeleien, Steinbrech, Seidelbast, eine großblättrige Lichtnelke u. v. m. (s. u., Centro Visitatori).

Auch für den Vogelflug ist der Tremalzo eine wichtige Station, weshalb vom MUSE, dem naturwissenschaftlichen Museum in Trento, an der Bocca Casèt eine **Beringungsstation** eingerichtet wurde. Seit 1996 wurden bereits mehr als eine Million Vögel aus 174 verschiedenen Arten beringt. Man darf zuschauen, nach Voranmeldung per Mail (prenotazioni@muse.it), oder beim Pfahlbautenmuseum in Ledro (s. S. 27) evtl. auch mitmachen.

40 Min. Spaziergang vom Rifugio Garibaldi (Parkplatz)

Sag mir, wo die Blumen sind

Unterhalb des Rifugio Garibaldi hat man zwar Mühe, am Straßenrand zu parken, aber das neue Informationszentrum lohnt unbedingt einen Stopp. Das **Centro Visitatori per la Flora e la Fauna Monsignor Ferrari Tremalzo** ist, wie sein langer Name sagt, der Flora und Fauna am Tremalzo gewidmet und dank der Sammelleidenschaft des Priesters Mario Ferrari entstanden. Das lang gestreckte ehemalige Stallgebäude der Malga Tiarno di Sopra bietet jetzt auf 120 m² einen Ausstellungsraum in unglaublicher Panoramalage. Großformatige Fotos erinnern an die Kriegshandlungen in den hiesigen Bergen, ausgestopfte Vögel, Filme und Tafeln klären über die Tier- und Pflanzenwelt auf. Und gespannte Netze erinnern an die leidige Vogeljagd, die im Gebiet noch immer praktiziert wird.

Strada per Tremalzo, Malga Tiarno di Sopra, T 04 64 50 81 82, nur Juni–Sept. Di–So 13–17 Uhr (unsicher), Eintritt frei

Schlafen

Charmeur im Norden

Lido: Schön renoviertes Hotel am Nordende des Sees mit 20 gepflegten Zimmern und Apartments, großem Garten und eigenem Seezugang (Bootsstege, Boots-

DES WINZERS WEIN

In der **Hosteria Toblino**, unweit des gleichnamigen Sees, kann man hervorragend à la carte speisen, auch Kleinigkeiten, und natürlich Wein verkosten, handelt es sich doch um die Osteria der örtlichen Winzergenossenschaft, alles echt trentinisch – in rustikal-moderner Atmosphäre. Nebenan geht der Weinverkauf weiter, und auch andere Trentino-Spezialitäten gibt es. Der perfekte Halt auch für die Anreise zum oder die Abreise vom Gardasee (Hosteria Toblino, Via Garda 3, Localitá Sarche, 38076 Calavino (TN), T 04 61 56 11 13, www.toblino.it, tgl. 12–14.30, Di–Sa auch 19–22 Uhr).

TOUR
Von nun an geht's bergab

Die Tremalzo-Tour ist der Garda-Klassiker der Mountainbiker

Die anspruchsvolle Tour gilt als eine der ganz großen Runden für Mountainbiker am Gardasee. Am **Passo Rocchetta** geht es noch recht entspannt, aber der tiefe Schotter auf der **Tremalzo-Straße** zwingt zu gebremstem Tempo und einiger Vorsicht. Passionierte Biker fahren die Rundtour über den **Ledro-See;** wer den Shuttle von Riva aus nutzt, spart sich rund 1800 Höhenmeter Anstieg, nur die letzten 300 m zum Pass müssen steigend bewältigt werden. Danach geht es nur noch abwärts. Profis lächeln naserümpfend über so wenig Sportsgeist.

Riva Bike Shuttle, T mobil 36 61 47 88 57 (und mehrere andere in Tórbole)

Vom Ledro-See kommend, kurz hinter dem Biotop des **Lago d'Ampola,** zweigt man von der Landstraße beim

Downhill am Passo Tremalzo

Infos

Start/Ziel: Riva del Garda, G 1

Länge: Rundtour 64,1 km, bei Nutzung des Shuttle von Riva zum Tremalzo 28,5 km; Route von Riva (70 m) über den Ledro-See (638 m) zum Rifugio Ampola (730 m), Rifugio Garda (1686 m) bis Tremalzo-Scheiteltunnel (1854 m), abwärts zum Rifugio Passo Nota (1220 m), Passo Rocchetta (1159 m), nach Pregasina (520 m) und zurück nach Riva

Höhenunterschied: 2100 m
Dauer: ca. 6½ Std.

Albergo (eigtl. Rifugio) Ampola, wo man sich noch einmal erfrischen und/oder einen Snack und Getränke mitnehmen könnte, auf die asphaltierte **Passstraße** ab. Sie bringt Radler auf gleichbleibend mäßiger und gut erträglicher Steigung rund eintausend Meter hinauf. Das letzte Stück zum Pass, vielleicht 150 Höhenmeter, sind auf einem etwas mühsamen Schotterweg zu bewältigen. Der Blick ringsum entschädigt garantiert!

Wie auch immer man oben angekommen ist, bevor es oben in den **Scheiteltunnel** des Tremalzo geht, ist unbedingt eine genüssliche Pause im **Rifugio Garibaldi** (s. S. 32) angesagt. Und ganz gleich, wie sportlich oder weniger sportlich die Mountainbiker die Tour angehen, allen sind tolle Ausblicke über den Gardasee und hinüber zum Altissimo des Monte Baldo sicher. Ein besonderes Erlebnis ist die Abfahrt über die eigentliche Tremalzo-Straße, die sich in zahlreichen Kehren eng an den Bergkamm gedrückt abwärts windet.

Aber von wegen breite und problemlose Schotterstraße! Wehe, man passt auch nur kurz nicht auf, schon kann man abrutschen, denn sie ist mit losem Schotter belegt, festen Untergrund bietet nur ein schmaler Fahrstreifen in der Mitte. Aufpassen vor allem bei Gegenverkehr, der bei der Beliebtheit der Strecke durchaus vorkommt, dann kann es schon heikel werden. Wie auch immer: Diese Tour, sagt einem jeder am Lago, muss man einfach gemacht haben!

G

TRENTINO UND GARDA GUEST CARD

Hotels und andere Unterkünfte bieten ihren Gästen eine Touristenkarte, mit der sie die meisten Sehenswürdigkeiten kostenlos besichtigen, vergünstigt an Aktivitäten und Vergnügungsparks teilnehmen sowie einige öffentliche Verkehrsmittel, auch Linienboote, nutzen können.

verleih), ruhig abseits der Hauptstraße. Im Restaurant Trentino-Spezialitäten; gepflegte, sportliche Atmosphäre (Innenpool, kleiner Fitnessraum). Parkplatz.

Via al Lago 1, 38067 Pieve di Ledro (TN), T 04 64 59 10 37, www.hotellidoledro.it, ca. Mitte März–Anf. Nov., DZ €€, Apartments sogar zu Weihnachten, €€

Wohnen mit Emotionen

Garden: Ruhig in einem restaurierten Berghaus von 1780 nahe der Pfarrkirche gelegen, familiär geführt; Candlelight-Dinner im netten Restaurant mit kreativ verfeinerter lokaler Küche des Chefs Alberto. 30 Zimmer, teils traditionell, teils supermodern, Apartments und ein rustikales Chalet mit offenem Kamin für 2–9 Pers., Pool.

Via Vittoria 6, 38060 Pieve di Ledro (TN), T 04 64 59 10 33, www.gardenledro.it, April–Okt., DZ €€, Chalet €€€

Der Berg kann warten

Albergo Ampola: Günstige Station auf dem Weg zum Monte Tremalzo gleich am Beginn der Bergstraße, 25 Betten, Restaurant (durchgehend Küche 11–23 Uhr, viele Bio-Produkte, Salat- und Gemüsebuffet), bequemer Parkplatz. Und: Shuttle für Mountainbiker zum Tremalzo-Pass!

Strada per Tremalzo 6, 38067 Tiarno di Sopra (TN), T 04 64 59 50 41, www.locandaampola.it, ganzjährig, Bett/ÜF 25 €, HP 35 €, VP 45 €

Essen

Die Hotels heißen in ihren Restaurants in der Regel auch Tagesgäste willkommen, eine tolle Initiative gibt es von den Restaurants am See unter der Bezeichnung »Menù Ledro«: Im Frühjahr, Herbst und Winter bieten sie viergängige Spezialmenüs für rund 35 € an.

Ab in den Keller

Osteria La Torre: Gepflegtes Ambiente unter rohem Steingewölbe in einem schönen Dorfhaus. Mo/Di, Do/Fr Mittagstisch (2-Gänge-Menü, €), abends Degustation von Trentiner Spezialitäten (€€).

Via Vittoria 28, Pieve di Ledro, T 04 64 59 01 68, auf Facebook, €–€€

Höhenluft richtig genießen

Rifugio Garibaldi: Richtig uriges großes Schutzhaus mit viel Holz und wärmendem Holzofen, die Küche bringt deftige Bergkost auf den Tisch, Aufschnittplatten, heiße Polenta- und Kartoffelgerichte, hausgemachte Pasta sowie Gulasch und andere Fleischgerichte. Speziell im Winter diverse heiße Getränke. An der Bar Getränke und Kleinigkeiten zu essen wie belegte Brote. Auch Einzel-, Doppel- und Dreibettzimmer (€).

Strada per Tremalzo 3, 38067 Tremalzo (TN), T 333 368 75 11, www.visitgaribaldi.it, €

Bewegen

Wandern

An die 200 km Wanderwege sind im Ledro-Gebiet ausgeschildert. Das Touristenamt (s. S. 33) organisiert von Mai bis Sept. meist themenbezogene, kostenlos geführte Wanderungen, z. B. zur Flora oder Geologie (mit Vorbereitungsabenden).

Infos unter www.vallediledro.com/trekking-e-passeggiate

Mountainbiking

Ledro bietet 310 km MTB-Strecken, außerdem Shuttle-Angebote zur Erleichterung des Aufstiegs auf den berühmten Startpunkt am Monte Tremalzo (nichts für Super-Fahrer).

Infos und GPS-Download unter www.valledi ledro.com/mtb-tour-e-piste-ciclabili

Canyoning

An mehreren Stellen möglich, sehr praktisch vom Albergo Ampola (s. S. 32) aus, der Canyon del Rio Palvico befindet sich nur 5 Autominuten entfernt, der des Rio Nero beginnt beim Parkplatz. Erfahrene Führer werden vor Ort organisiert.

Paragliding

Vom Passo Tremalzo in 1665 m Höhe bis zum Landeplatz sind es 885 m Höhenunterschied. Beim Fliegen kann man das Wahnsinnspanorama von ganz oben genießen, Lago di Ledro und Lago di Garda inbegriffen.

Evolution Tandem Fly, mobil 33 86 44 21 36, Tandemflüge

Wassersport

Kanufahren und Segeln sind neben Schwimmen die beliebtesten Wassersportarten am Ledro-See.

Infos

- **Consorzio Pro Loco:** Das Tourismusamt gibt sehr schöne, informative Broschüren heraus, die richtig Lust auf Urlaub am Ledro-See machen. Via Nuova 7, 38060 Pieve di Ledro (TN), T 04 64 59 12 22, www.vallediledro.com.
- **Gran Carnevale Tiarnese:** Zum Karneval wird in Tiarno am Samstagabend mit DJ aufgespielt, am So findet der große Umzug mit allegorischen Wagen, Tanz und Karnevalsspaghetti statt.
- **Mercatino di Natale:** Weihnachtsmarkt in Bezzeca, im ›Dorf des Riesen‹.

Arco

H 1

Das beeindruckt mich immer wieder: Wie ein Adlerhorst auf steilem Felsen taucht von Weitem die Festungsruine auf, die **Rocca** der Grafen von Arco hoch über dem Städtchen, die schon Albrecht Dürer so faszinierte, dass er sie in seinen Reise-Notizen skizzierte. Das wunderschöne Arco (17 500 Einw.) ist dank der windgeschützten Lage mit einem ausgesprochen milden Klima gesegnet und war daher schon im 19. Jh. als Luftkurort beliebt. Viele illustre Gäste aus dem mitteleuropäischen Raum wie Nietzsche und Rainer Maria Rilke weilten hier öfters.

Die sanierte Altstadt besteht aus hohen Häusern in einer Stilmischung aus Renaissance und dem Alpenstil, wie man ihn aus Südtirol und dem Trentino kennt. Die weit vorkragenden Dächer berühren sich fast in den engen, im Verlauf noch mittelalterlich geschwungenen Gassen. Nette Geschäfte haben sich darin eingenistet, einige speziell für die richtige Ausrüstung der unendlich vielen Kletterer, die in Arco ein perfektes Zentrum gefunden haben. Nirgendwo gibt es so zahlreiche Klettersteige wie in der Umgebung des Städtchens, in dem alljährlich das legendäre »Rock Festival« stattfindet – wobei Rock hier nicht für eine Musikrichtung steht, sondern für Kletterfelsen.

Ein Halleluja zur Begrüßung

Bühne frei heißt es gleich beim Eintreten in die verkehrsberuhigte Altstadt für die große Piazza III Novembre: Auf ihr steht die mächtige Pfarrkirche, die kalksteinhelle **Collegiata** mit ihrer verspäteten, geradezu monumentalen Renaissancearchitektur des 17. Jh. In der reich mit Bildern einheimischer Künstler ausgestatteten, einschiffigen

TOUR
Dem Literaten auf der Spur

Unterwegs auf dem Rilke-Weg in Arco

Infos

Start: Arco, Porta Stranforio, H 1

Dauer: gemütlicher Spaziergang 2–4 Std.

Der Rilke-Weg ist keine festgelegte Route, man kann einzelne Punkte anlaufen, die sich auf Briefe und Gedichte Rainer Maria Rilkes (1875–1926) beziehen, der in Arco immer wieder seine hier kurende Mutter besuchte. Die Zitate dazu gibt es im Verkehrsbüro (s. S. 42).

Wer mit der **Rocca** (Il Castello) und dem zu ihren Füßen liegenden **Olivenhain** (Olivaia) beginnen will, kommt auf dem Rückweg durch die noch intakte **Porta Stranforio** aus der ummauerten Altstadt heraus, überquert die aufsteigende Via Fossa Grande und erreicht bald den **Parco Arciducale** (s. S. 35).

Wieder auf der **Via Lomego,** die oberhalb des Parks nach Westen führt, kommt man auf eine schmalere Schotterstraße, die durch einen gepflegten Olivenhain leicht ansteigend auf das Dorf **Chiarano** zuführt. Kaum hat man es gesichtet, geht es rapide abwärts, jetzt auf einem schmalen, steingepflasterten Weg zum Kirchlein **Sant'Antonio** mit gut erhaltenen Fresken.

Von hier geht es steil hinauf über die enge **Via Al Monte** bis zu einer Kreuzung mit einem Madonnen-Martel (Capitello). Hier folgt man dem steil nach unten führenden linken Weg zwischen hohen Mauern in wenigen Minuten ins Dorf **Vigne** zur Pfarrkirche und einem großen Waschplatz dahinter. Damit wäre der schönste Teil der Rilke-Promenade ›geschafft‹. Entweder geht man denselben Weg zurück oder man wählt die südliche Strecke entlang der Straße nach Osten Richtung Arco. Keine besonders schöne, dafür aber leichte Strecke zurück ins historische Zentrum von **Arco.**

Kirche mit ihren Barockaltären ist besonders die Orgelempore erwähnenswert. Sie zieren nicht die üblichen Putten, sondern höfisch gekleidete bedeutende Bürger der Stadt.

Piazza III Novembre, tagsüber meist geöffnet, über Mittag geschl., Eintritt frei

Wundervoll saniert

Östlich der Kollegiatskirche erstreckt sich der große **Palazzo Marchetti,** der 1550 für den Grafen Felix Marchetti begonnen und nun endlich saniert wurde. Achten Sie auf die lebensnahen Freskenbilder unterhalb des weit vorkragenden Daches. Die Festräume hinten sind teilweise Ausstellungsfläche, sonst werden sie vom Restaurant genutzt, das im Innenhof auch eine Pizzeria betreibt. Außen zur Kirche hin breitet sich das beliebte Caffè Conti d'Arco zum Platz hin aus, unter dessen schönen Gewölben sich halb Arco zum *caffè, aperitivo* – und zum Plausch trifft.

Piazza Marchetti/Ecke Piazza III Novembre

Nostalgisch

Hinter der Kirche beginnt der gepflegte Kurpark, dessen Beete zu jeder Saison hübsch bunt neu bepflanzt werden. Und sein imposantes Schaustück ist das städtische **Casinò Municipale,** dessen Jugendstil wieder aufgemöbelt wurde und dessen Cafè-Restaurant mit seiner langen Terrasse auf der Parkseite sich speziell bei Gästen aus dem deutschen Sprachraum großer Beliebtheit erfreut.

Via delle Palme 6

Gepflegtes Grün

Auf dem Weg zum Castello (die ausgeschilderte Hauptstraße entlang), kommt man nach wenigen Schlenderminuten zum **Arboretum des Parco Arciducale,** dem herrlich grünen fürstbischöflichen Park mit seiner reichen und wunderbar gepflegten Flora. Im Sommer spenden die Baumriesen kühlenden Schatten, in den kleinen Teichen blühen Seerosen. Erzherzog Albert von Habsburg hat den Park neben der gleichnamigen Villa 1872 anlegen lassen, in den 1960er-Jahren wurden die Miniaturlandschaften angelegt, die an die ursprüngliche Umgebung der Pflanzen erinnern sollen. Immerhin gedeihen hier auf kleinstem Raum mehr als 200 Arten von Bäumen, Büschen und Blumen aus aller Welt, in der Hauptsache natürlich aus dem mediterranen Raum – ein wunderschönes Plätzchen für eine geruhsame Pause. Außerdem widmet sich hier ein akademisches Forschungszentrum Fragen zur Wechselbeziehung zwischen klimatischen Bedingungen und Flora. Wie aktuell!

Via Fossa Grande s/n, tgl. Okt.–März 9–16, April–Sept. 8–19 Uhr, Eintritt frei

Schlafen

Ferienwohnungen sowie kleine B & Bs schießen wie Pilze aus dem Boden, befinden sich meistens außerhalb von Arco, kosten aber wegen der hohen Nachfrage selten weniger als die handverlesenen in der Stadt (s. u.). Aktuelle Listen unter www.gardatrentino.it.

Tippgeber

Pace: Sehr freundliches, familiäres, inzwischen modernisiertes Stadthotel mit 42 unterschiedlichen, teils großzügigen Zimmern im historischen Zentrum, dennoch mit Garten unter dichter Weinpergola für angenehme Sommerabende. Kein Restaurant, aber Nachlass in einigen nahen Lokalen; großes Frühstücksbuffet. Abgeschlossene Garage in der Nähe. Hotelbesitzer Stefano Tamburini gibt als ambitionierter Sportler fundierte Tipps für Kletterer.

Via Vergolano 50, T 04 64 51 63 98, www.hotelpace.net, ganzjährig, €–€€ (zu Messezeiten in Riva höher)

TOUR
Vorsicht Spritzer!

Zum Wasserfall von Varone

Infos

Start: Via Cascata 12, 38060 Tenno (TN), Dorf Varone, Parkplatz bei der Cascata, G 1

Planung: Parco Grotta, www.cascata-varone.com, tgl. März, Okt. 9–17, April, Sept. 9–18, Mai–Aug. 9–19, Nov.–Febr. nur So, Fei, 26. Dez.–7. Jan. 10–17 Uhr, 6 €; mind. 1 Std. veranschlagen

Die **Cascata del Varone**, der Wasserfall von Varone, mit ihrem von den privaten Besitzern angelegten botanischen Garten südwestlich von Arco ist eine Natursehenswürdigkeit ersten Ranges. Rund 100 m tief stürzt sich der Wasserfall durch eine von ihm selbst senkrecht in den Berg gegrabene Klamm.

Johann König von Sachsen und Prinz Nicola von Montenegro verbrachten gerade ihre Ferien am See, als man am 20. Juni 1874 den Wasserfall offiziell als Attraktion eröffnete. So wurden sie zu dessen Paten – ein Großereignis für Riva, und erst möglich, nachdem man einige Zugänge wie den Tunnel vor der Oberen Grotte geschaffen hatte. Vorher konnten nur erfahrene Bergsteiger zu dem Naturwunder vordringen.

Durch die senkrechte enge **Klamm** stürzt sich das vom Tenno-See unterirdisch fließende Wasser hier fast 100 m in die Tiefe. So laut, dass man sein eigenes Wort nicht versteht, und so spritzend, dass man unbedingt auch im höchsten Hochsommer an Regenschutz denken oder sich an der Kasse geben lassen sollte (man wird dennoch ziemlich sicher nass)! Die privaten Betreiber der Cascata del Varone haben auf dem Weg zwischen den beiden Grotten eine Art **botanischen Garten** angelegt, der ebenfalls sehenswert ist.

Inspiration für Thomas Mann

1901 besuchte Thomas Mann den bereits berühmten Wasserfall. Er war so fasziniert von dem tosenden Spektakel, dass er gleich in sein Notizbuch hineinschrieb: »Ganz hinten in der engen, tiefen Schlucht am nackten Felsen, glitschig wie große, dicke Fischbäuche, stürzte die Wassermasse mit ohrenbetäubendem Lärm hinunter. Hinten, oben und überall hört man bedrohli-

che und mahnende Rufe, Trompeten, raue Männerstimmen.« Diesen Text übernahm er 1924 in seinen Roman »Zauberberg«.

Untere Grotte

Ein mit Geländer gesicherter und gepflasterter Weg führt vom Eingang durch den Botanischen Garten zur **Grotta Inferiore**, der unteren Grotte. Man gelangt in Schlangenlinien rund 55 m tief in den Felsen, und schon hier bekommt man eine Ahnung von der Gewalt des Wassers, das sich durch die enge, senkrechte (!) Klamm presst und sie so in rund 20 000 Jahren geformt hat. Die Klamm, in der es spritzt und höllisch laut ist, weist vom Wasser glatt geschliffene Wände mit Aushöhlungen auf – ursprünglich ein natürlicher enger Riss.

Eiskalte Spritzer sind bei einem Ausflug zur Cascata del Varone garantiert.

Obere Grotte

40 m weiter oben erreicht man über flache Stufen und einen 13 m langen Tunnel die **Grotta Superiore**, die Fortsetzung der senkrecht gestellten Klamm, die noch faszinierender ist und in die man wegen des feinen Wasserstaubs nur mit Mühe hineinschauen kann. Die obere Grotte liegt etwa 18 m tiefer im Felsen als die untere. Nur von hier kann man den Wasserfall in seiner gesamten Höhe von 98 m bewundern.

Die Geologie dazu liest sich eher einfach: Das gesamte Gebiet zwischen Tenno-See und dem Norden des Gardasees wurde vom Tertiärgletscher des mittleren und oberen Jura mit seinem harten Kalkstein geformt. Als er sich zurückzog, bildete er eine Furche, die dem heutigen Sarca-Tal entspricht und die im Lauf der Zeit durch Erosion immer flacher wurde. Nach Abschmelzen des Gletschers konnten die Wasser aus der oberen ›Etage‹ mit dem Bellino-Tenno-Tal in Sturzbächen abfließen. Das Wasser war und ist aber nicht ganz rein, sondern mit unterschiedlich großen Sandpartikeln und Kieseln durchsetzt, die wie Schleifsteine wirken und sich immer weiter in den Felsen bohren. Fazit: Der Wasserfall arbeitet sich dadurch selbst immer weiter in den Fels hinein, bis heute um die 2 mm pro Jahr.

In der urigen **Trattoria Piè di Castello** oberhalb von Varone gibt's fast nur *carne salada,* das gepökelte Rindfleisch des Trentino, in zig Variationen, alles hausgemacht. Grandios: das Menü vom Antipasto bis zum Kuchen, inkl. eigenem Wein, Likör oder Grappa.
Via al Cingol Ros 38, 38060 Cologna di Tenno (TN), T 04 64 52 10 65, www.piedicastello.it, Aug.–Juni Mi–Mo, abends nur Fr–So, €–€€.

Kraft fürs Klettern

On The Rock: Familiäres modernes Hotel garni in Zentrumsnähe mit 19 Zimmern, Mitte März–Mitte Jan., gefrühstückt wird bei schönem Wetter im Freien.

Vicolo Ere 23, T 04 64 51 68 25, www.garniontherock.com, €€

Essen

Man findet in Arco immer mehr Pizzerien und Bars mit Kleinigkeiten zu essen, die so schnell wechseln, dass mancher Besitzer mit dem Umbeschriften der Lokalität nicht nachkommt … Eine sichere Adresse ist seit Jahren:

Traditionell und gemütlich

Alla Lega: Traditionsreiches Lokal der Familie Benedetti in ihrem historischen Altstadt-Palazzo mit gemütlichen Räumen, z. T. unter freskierten Gewölbedecken und unter der angenehmen Weinpergola im Innenhof, dem schönsten Platz im Sommer. Spezialitäten aus dem Trentino, vor allem Fleischgerichte (inkl. Beilage!) wie Kaninchen in Rosmarin- und Weinsoße, Trentiner Reh- und Rindsgulasch, Milchlamm. Für Vegetarier gibt's außer Pasta Gemüse vom Grill und Kartoffeln aus dem Backofen. Im Palazzo werden auch supermoderne Zimmer/Apartments angeboten (€€).

Via Vergolano 8, T 04 64 51 62 05, www.ristoranteallalega.com, ca. 20. Jan.–20. März geschl., tgl. 18.30–22.30, Sa/So auch 12–14 Uhr, unterschiedliche Menüs vom Antipasto bis zur Nachspeise, aber ohne Getränke, €€

Ausgehen

Moderne statt K.-u.-k.-Plüsch

Casinò Municipale: Auch Città d'Arco genanntes, früheres Jugendstilcafé, das innen modernen Kongressräumlichkeiten gewichen ist; aber draußen laden die Designerstühle unter dem Jugendstil-Schmiedeeisenwerk zu einer geruhsamen Zeitungslektüre bei Kaffee oder Aperitif ein.

Kurpark, Di–So 9–24 Uhr

Gewölbe-Gemütlichkeit

Caffè Conti d'Arco: Einheimischentreff unter historischen Gewölben und auf dem großen Freisitz vor der Pfarrkirche.

Piazza Carlo Marchetti 2, T 04 64 51 71 51, www.aicontiarco.it, tgl. 7–23 Uhr

Tanzen bis zum frühen Morgen

Disco Spleen 2.0: Super-Tanzdiskothek mit Tradition, 2016 unter neuer Leitung wiedereröffnet. Sa Nacht tanzt hier die Jugend bis in den frühen Morgen zu DJ-Musik.

Via Aldo Moro 35, Sa 22.30–4 Uhr

Einkaufen

Für Jäger und Sammler

Mercato dell'Antiquariato: Zum Mittelpunkt des Sarca-Tals verwandelt sich Arco jeden 3. Sa im Monat, wenn die Plätze rings um die Collegiata zum Schauplatz des ganztägigen Floh- und Antiquitätenmarktes werden. Dasselbe gilt, wenn hier der recht nordeuropäisch wirkende Weihnachtsmarkt stattfindet.

Gerüstet für den Berg

Red Point und **Climbing Village:** Sehr gute Läden für alle Arten von Aktivitäten am Berg.

Red Point, Via Santoni 15/B und Via Segantini 120; Climbing Village, Piazza Marchetti 6

Bewegen

Ain't no mountain high enough

Friends of Arco: Seit etlichen Jahren bieten Friends of Arco einen Bergführerservice mit Bergsportschule an. Neben der Kerndisziplin Klettern gehören auch

Lieblingsort

Alles überschauend

Der 30-minütige, gut ausgeschilderte Aufstieg zu Fuß vom historischen Zentrum zur **Rocca di Arco** führt durch einen idyllischen Ölbaumhang, den u. a. Rainer Maria Rilke besungen hat und der immer wieder Ausblicke über die Dächer des Städtchens freigibt. Und die erreichte Burgruine könnte kaum malerischer sein. Albrecht Dürer hat diese Festung auf seiner Italienreise 1495 präzise gezeichnet und damit ihr Aussehen vor der Sprengung durch die Franzosen (1703) der Nachwelt überliefert.
Der Aufstieg ist zwar steil, aber gepflastert und gut zu schaffen, oben sollten Sie aber doch ganz gut zu Fuß sein, denn das Klettern bis an die oberste Festungsspitze lohnt sich, nicht zuletzt wegen des überwältigenden Rundblicks! Nicht verpassen sollten Sie innerhalb der wenigen erhaltenen Räume die Fresken (vermutlich 14. Jh.) mit höfischen Szenen im »Zimmer der Spiele« – der Bilderzyklus zeigt um ein Schachbrett gruppierte Hofdamen und Ritter.
Via Castello 10, T 04 64 55 44 44, tgl. Nov.–Febr., 7.–31. Jan. nur Sa/So 10–16, März, Okt. 10–17, April–Sept. 10–19 Uhr, 3,50 €

TOUR
Keine Angst vor steilen Wänden

Arcos Cuore d'Oro

Arco ist ja für mich der Inbegriff für Laisser-faire: Für Eis essen, Kaffee trinken und Pizza essen. Mit dem Sonnenaufgang aufwachen, gemeinsam mit tollen Menschen an sonnenbeschienenem Fels einfach das Leben genießen. Entspannt. Gemütlich. Alles easy. Das stimmt auch, solange man nicht mit einer Wilden aus München loszieht.

Zwei Tage Sportklettern, ein Tag eine Mehrseillänge. Sie kenne da was, war da auch schon mal. 6+, nicht schwer! Ja gut, 6+ klingt entspannt, machen wir. Und danach schön ins Café. Am Abend zuvor spicke ich noch kurz ins Topo und lese was von »alpiner Absicherung«, denke aber irgendwie nicht weiter darüber nach. Wir sind doch in **Arco**. Während wir am nächsten Tag zum Fels zusteigen, frage ich noch mal nach. Sie druckst rum und meint dann nur: »Ja, also alpin ist es schon.«

Ich bin angespannt, hatte irgendwie mit was anderem gerechnet. Kenne die Lady nicht, weiß nicht, was sie normalerweise für Kaliber klettert. Aber gut, erst mal rein, 6+ sollte eigentlich immer gehen. Andererseits: Wie gesagt, wir sind in Arco, da ist eine 6 gern auch mal schnell eine 7. Am **Einstieg** sehe ich weit oben den ersten Haken, klettere in naiver Zuversicht los, dass sich da ganz sicher davor noch irgendwo ein Haken auftut. Nope. Alles klar, das wird ein Abenteuer! Ich freue mich über einen der drei Friends, die eher zufällig am Gurt hängen, komme nur mit Ach und Krach an den bereits verlängerten Haken ran und finde, dass UIAA 6 manchmal eben doch auch ganz schön knifflig sein kann.

Infos

Start: Ceniga, an der SS45bis, ca. 4,5 km nördl. von Arco (H 1)

Schwierigkeitsgrad: 6+

Tourlänge: 13 Seillängen, führt durch eine 300 m lange Wand

Dauer: Hängt vom Niveau der Kletterer ab, im Mittel wohl so 6 Std. (wobei so eine Angabe beim Klettern eigentlich nicht gemacht wird, sagt Erika)

Die Tour durch das **goldene Herz** ist vielen wohl ein Begriff. Wer es weiß, kann an der südseitigen Wand kurz vor Arco durchaus ein orangenes Herz erahnen in dieser teils doch etwas botanischen Wand. Die Tour führt am untersten Teil hinein und anschließend mittels multipler Quergänge oben wieder raus. Insgesamt 13 Seillängen, alles bis 6+ (oder 7–, je nach Angabe). Der Fels ist gut geputzt, insgesamt überraschend fest. Wer Keile und Friends mittlerer Größe dabeihat, findet durchaus einige Platzierungsmöglichkeiten, die ich auch gerne verwendet habe.

Wir krabbeln Seillänge um Seillänge weiter, Kerstin völlig routiniert, ich hibbelig und aufgeregt. In einem der Quergänge entfährt mir einige Meter neben der letzten Sicherung ein ganz kurzer Fluch. Ein beherzter Griff in die Exe an der Schlüsselstelle, weil ich keine Lust habe, da jetzt lange rumzuhampeln, und wupp, bin ich am Stand und alle schweren Seillängen hinter uns. Ich werde entspannter, kann die folgenden Seillängen deutlich mehr genießen. Ganz oben wird nochmals eine schwere folgen, aber angeblich steil, direkt nach oben, kein Quergang.

Wir reisen durch graue Platten, weiße Platten, gängige Verschneidungen – Seillängen, die ich eindeutig als pure Spaßkletterei bezeichnen würde. Und auch die zweitletzte, die steile Verschneidung, strotzt nur so vor Griffen und irgendwann bleibt nur noch eine für mich. Mit einer letzten graziösen Robbe lande ich ›auf‹ dem Ende dieser Felswand – alles ist flach, drum herum ist gemütlicher Wald und Sonnenschein. Ende mit senkrecht. Hach, schön dieser Moment.

Der **Abstieg** über eine Art Via Ferrata ist überraschend schön und geht wirklich fix. Keine 30 Minuten später stehen wir am Auto. Ich bin happy – eigentlich lief es ja alles wirklich gut. Ich bin halt einfach kein Fan von Quergängen. Schwierigkeitsgradtechnisch sind Kerstin und ich auf einem ähnlichen Niveau, aber was die Ruhe und Entspanntheit angeht, sind wir noch Welten entfernt. Das ist im Grunde motivierend zu sehen, denn: Wer viel macht, wird routinierter. Und damit besser.

Gastbeitrag von Erika Spengler: https://ulligunde.com, ein Alpin-Blog aus dem Allgäu

andere Outdoor-Sportarten wie Trekking, Canyoning und Skitouren sowie die Organisation von Events rund um den Bergsport dazu. Die Friends of Arco haben auch die Leitung der schon legendären Rockmaster-Kletterwand übernommen und an ihr die Climbers Lounge geschaffen, Informations- und Austauschzentrum für Besucher und Einheimische sowie Startpunkt für diverse Wochenprogramme, die sich auch an Anfänger sowie speziell an Kinder und Familien wenden, hauptsächlich Outdoor-Sportarten. Genau dort, wo auch die inzwischen legendären Rock-Master-Events (s. u.) stattfinden.

Chalet delle Guide, Parkplatz des Camping Arco, Via Legionari Cecoslovacchi 14, Località Prabi Arco, mobil 33 42 19 38 62, www.mmove.net

Radl-Mania

MTB: Wie in Riva steht in Arco alles auch im Zeichen der Mountainbiker. Infos gibt es in den Hotels (z. T. mit Biker-Weekends) und beim Touristenamt, auch das tolle Angebot an Shuttles für Biker, für Gäste von »Outdoor Friendly«-Unterkünften sogar kostenlos, zu finden unter www.gardatrentino.it/de/Garda-Dolomiti-Bike-Shuttle/. **Achtung:** Durch manche Dörfer im Trentino dürfen Mountainbiker mittlerweile nicht mehr fahren (s. Schilder am Ortseingang)! Also außen herum …

Feiern

- **Rock Junior:** Wochenende, wechselnd, im Aug. Bedeutendster Wettbewerb des Kletter-Nachwuchses.
- **Rock Master Festival:** Ende Aug.–Anf. Sept. Das international wohl wichtigste Ereignis für Extremkletterer aus aller Welt (www.rockmasterfestival.com).
- **Habsburger Weihnachtsmarkt:** 1.–4. Advent. Weihnachtsmarkt an allen vier Advents-Wochenenden rund um die große Pfarrkirche, Stände mit lokalem Kunsthandwerk, kulinarische Spezialitäten und ein Schlemmerzelt.

Infos

- **Ufficio Informazioni Turistiche:** Viale delle Palme 1, 38062 Arco (TN), T 04 64 53 22 55, www.gardatrentino.it. Sehr fundierte Infos, auch zur Umgebung.
- **Bus:** Linienbusse verbinden Arco mit dem Gardasee (Riva) und Rovereto an der IC-Bahnlinie zum Brenner.

Tórbole

H 2

Bei Sportlern ist Tórbole (2900 Einw.) als Surferparadies bekannt. Unter Kulturreisenden hingegen zehrt der kleine Ort nach wie vor von Goethes erster Begegnung mit dem Gardasee. Eine Erinnerungstafel im historischen Kern auf der dem See abgewandten Seite der Straße gedenkt der literarischen Erwähnung in der »Italienischen Reise«. Man geht am besten durch den gedrungenen Hausbogen des sogenannten Alberti-Hauses hindurch, der zur lang gestreckten Ex-Piazza Vittorio Veneto, jetzt Piazza Goethe, führt. Am grünen Haus Nr. 2 steht über einem kleinen Säulenbrunnen fast unleserlich, was Goethe hier am 12. September 1789 notierte: »Heute hab ich an der Iphigenie gearbeitet, es ist im Angesichte des Sees gut von statten gegangen.«

Der winzige Hafen von Tórbole mit seinen beiden netten Hotels und Restaurants wird dekorativ von einer früheren Zollstation bewacht, die in Privatbesitz und daher nur von außen zu bewundern ist. Man kann die Promenade am See weit nach Süden Richtung Malcésine entlangschlendern oder mit dem Rad befahren. In die andere Richtung führt die Seepromenade bis nach Riva.

Wenn im Norden des Gardasees, speziell von Tórbole aus, die Surfer unterwegs sind, dürfen auch Linienboote sie nicht stören. Dann heißt es für die Schiffe, mal eben eine Fahrpause einlegen.

Schlafen & Essen

Zentral und freundlich

Centrale: Die Familie Bertolini hat ihr Haus von 1906 im historischen Zentrum schön renoviert, darin Restaurant und 26 relativ ruhige Zimmer eingerichtet, und kümmert sich persönlich um ihre Gäste; abgeschlossene Parkplätze, auch für Surfbretter und Bikes, außerdem Werkstatt für kleine Radreparaturen.

Piazza Goethe 13, T 04 64 50 52 34, www.hotelcentraletorbole.it, Nov.–1 Woche vor Ostern geschl., auch nette Apartments, tageweise buchbar, €€

Romantisches Hafen-Ambiente

Benaco: Fast schon historisches, von der Familie Nodari seit 1908 geführtes Hotel direkt am alten Hafen mit gutem Restaurant (Trentiner Küche, tolles Preis-Leistungs-Verhältnis), ohne besondere Halle, dafür Dachterrasse mit Jacuzzi/Whirlpool und Liegestühlen sowie Tische an der Seepromenade bzw. am Minihafen. 35 nett renovierte Zimmer. Hier ist Halbpension zu empfehlen (Italiener buchen sogar die Vollpension), weil sie sehr günstig und die Küche einfach klasse ist (große Pasta-Auswahl, auch Pizza)!

Via Benaco 35, T 04 64 50 53 64, www.onbenaco.com, ganzjährig, €€

Bewegen

Tórbole gilt als das Surfzentrum des Gardasees, weshalb man hier nicht nur auf Surfer spezialisierte Campingplätze direkt am See findet, sondern auch mehrere Surfschulen, aber auch andere Sportarten, die hier ausgeübt werden können, ziehen die Urlauber an den Lago.

M

ZU DEN MARMITTE DEI GIGANTI

Auf der SS 240dir von Tórbole Richtung Nago bzw. Rovereto gelangt man mit dem Rad oder dem Wagen in wenigen Minuten linker Hand an eine Art Bergterrasse mit Blick auf den See. Hier kann man den Wagen parken und ein paar Schritte zurückgehen, um die wenigen Stufen den Hang zu riesigen, schüsselartigen Felsen namens Marmitte dei Giganti hinabzusteigen (ausgeschildert). Noch schöner ist der Weg von Tórbole zu Fuß hinauf: Es gibt einen recht bequemen Wanderweg hinter dem Hotel Vela die Via Strada Grande durch einen dichten Olivenhain. Das letzte Stück führt immer an den von den Gletschern geschliffenen, mächtigen Felsen entlang. Dauer je nach Startpunkt zwischen 15 und 30 Min.

Abenteuer gefällig?

Canyon Adventure: Auch Verleih von Mountainbikes und Kletterkurse. Alle erdenklichen waghalsigen Unternehmungen, während der Saison mit täglichen Touren, z. B. Canyoning und Climbing.

Via Matteotti 122, T 04 64 50 54 06, www.canyonadventures.it, April–Anf. Okt.

Keine Angst vor Amateuren

Surf Segnana: Kurse für jede Könnerstufe, Verleih von Brettern, Lagerplätze; auch Catamaran-Schule und -Verleih, Mountainbike-Center und geführte Touren.

Foci del Sarca, mobil 33 48 69 86 66, www.surfsegnana.it, April–Okt.

Kinder vor

Vasco Renna: Ende März–Anf. Nov. verschiedene Kurse, auch für Kinder; Brettlagerung möglich.

Professional Surfcenter, Parco Pavese, T 04 64 50 59 93, www.vascorenna.com, Mitte April–Anf. Nov.

Ein Rad für jede Gelegenheit

Carpentari Sport: Verleih von Mountainbikes und anderer Sportausrüstung.

Via Matteotti 95, T 04 64 50 55 00, www.carpentari.com, April–Sept. tgl., Dez.–März Di–Sa

Ausgehen

Fußballfieber

Ristorante Pizzeria 600: Das Bierlokal ist ein beliebter Jugendtreff, im Freien großer Bildschirm für die Übertragung von Fußballspielen.

Via Matteotti 96, T 04 64 54 80 24, April–Okt./Anf. Nov. tgl. 17–23 Uhr

Kellerambiente

Cutty Sark Pub: Im gemütlichen Kellerlokal (mit Internet Point und Billard), das wegen seiner großen Whisky-Auswahl bekannt ist, werden auch im Winter Veranstaltungen angeboten. Die Jugend, und nicht nur sie, schwärmt: lässiges Lokal mit guter Musik, gute Cocktails, leckere Snacks, urige Einrichtung, sehr freundliches Personal.

Piazza Goethe/Via Pontalti 2, Richtung Nago, T 04 64 50 50 29, Di–So 18.30–2.30 Uhr

Infos

- **Ufficio Informazioni Turistiche:** Lungolago Conca d'Oro 25, 38069 Tórbole (TN), T 04 64 50 51 77, www.gardatrentino.it.
- **Boote:** ca. Ostern–Ende Okt. Verbindungen mit allen Seeorten (aber kein Autotransport).
- **Busse:** Linienbusse in dichter Folge zwischen Tórbole und Riva bzw. Rovereto und Trento/Bahnhof; auch Verbindungen am Ostufer (inkl. Süden und Verona).

Zugabe

Böhmische Knödel im Ledro-Tal?

Wie fremde Einflüsse Eingang in die heimische Küche fanden

Während des Ersten Weltkrieges wurden viele Zivilisten aus dem Ledro-Tal in die Nähe von Prag evakuiert. Dort lernten sie, böhmische Spezialitäten zu kochen, die heute Teil der kulinarischen Tradition des Ledro-Tals sind. Daher stammen die berühmten böhmischen Knödel, der Gulasch und die Livanzen, ein weiches Gebäck, mit dem das Abendessen glanzvoll beendet werden kann. Manchmal zu kosten während der kulinarischen Abende im Ledro-Tal, manchmal aber auch so zwischendurch bei traditionsbewussten Wirten. Also nicht wundern, wenn böhmische Knödel auf der Tageskarte stehen! ■

Das venetische Ostufer

Oliven und Wein — wegen der dichten Olivenbaum-Terrassen zu Füßen des majestätischen Monte Baldo nennt man das Ostufer gern Olivenriviera, weiter südlich locken touristische Orte wie Garda und das weinselige Bardolino.

Seite 49

Malcésine 

Die heimliche Hauptstadt der Hochzeiten. Nirgendwo am Gardasee wird so gerne geheiratet wie auf dieser romantischen Skaligerfestung.

Seite 52, 56

Monte Baldo 

Mit der Panorama-Seilbahn hinauf und dann wandern, radeln oder paragliden.

Seite 60

Brenzone sul Garda

Im Rathaus befindet sich der imposante Stein von Castelletto mit steinzeitlichen Felsritzungen.

Probieren und genießen: bestes Olivenöl vom Ostufer

Eintauchen

Seite 69

Torri del Benaco

Im Museum in der Skaligerfestung am See kann man viel über das frühere Leben und Arbeiten am Gardasee lernen – von der Fischerei bis zum Olivenanbau – und von den Türmen bietet sich ein herrlicher Weitblick.

Seite 71

Punta San Vigilio

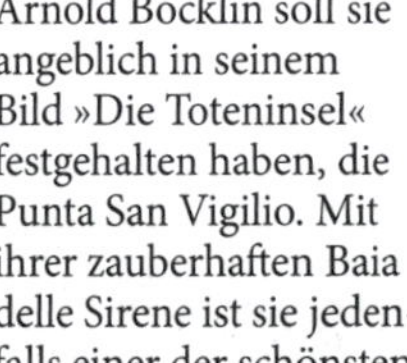

Arnold Böcklin soll sie angeblich in seinem Bild »Die Toteninsel« festgehalten haben, die Punta San Vigilio. Mit ihrer zauberhaften Baia delle Sirene ist sie jedenfalls einer der schönsten Winkel des Gardasees.

Seite 78

Val dei Molini

Der Rundweg führt von Garda durch die artenreiche Vegetation der Valtesina.

Seite 86

Hauptakteur Wein

Bardolino vermarktet seinen Wein gleich vor Ort: Ende September/ Anfang Oktober mit der Festa dell'Uva e del Vino Bardolino Classico DOC sowie der Festa del Vino Bardolino Novello DOC Anfang November.

Seite 87

Cisano

Im privaten Ölmuseum lernt man, wie Olivenbäume angebaut werden und mit welchen Techniken man über die Jahrhunderte hinweg das hervorragende Gardasee-Olivenöl gewann – Verkostung und Einkaufsmöglichkeit inbegriffen.

Seite 87

Fisch satt

Fischessen im hübschen Seeort Lazise. An der Nordflanke des Hafenkanals reiht sich ein Fischlokal an das andere – ein atmosphärischer Ort für ein Essen.

Der Berg ruft: Rauf aufs Mountainbike und auf dem Monte Baldo rumkurven.

Wer mit dem Fahrrad das Ostufer erkunden möchte, kann auf einen hervorragenden Service zurückgreifen: Die Veroneser Busgesellschaft bietet von Juni bis September Radtransfer zu den Dörfern am Monte Baldo an.

Geheimrat Goethe machte Tourismus-PR

D

Der vermeintliche Spion Goethe hat in seiner »Italienischen Reise« Malcésines Festung so genau beschrieben, dass ihm Horden von deutschen Touristen hinterherreisten. Eine bessere PR konnte Malcésine nicht passieren!

Abwechslungsreiche Olivenriviera

Bis auf rund 2000 m ragt der massige Bergzug des Monte Baldo in den Himmel und bestimmt das Bild der Riviera degli Ulivi (Olivenriviera) von Malcésine mit seiner Skaligerburg über das lang gezogene Brenzone und Torri del Benaco bis Garda. Pochendes Herz des Ostufers dürfte Garda sein, der Ort, der dem ganzen See seinen Namen gab. Er besitzt eine der breitesten Promenaden am See, schön beschattet von uralten Bäumen, unter denen die Caféhäuser ihre Tische verlockend aufstellen, sobald sich die ersten Sonnenstrahlen zeigen. Es folgen kastellbewachte Seeorte – das weinselige Bardolino und das für seine Fischlokale am hübschen Kanalhafen berühmte Lazise, allesamt mit ihrer Schokoladenseite vom See her – und die beliebten Vergnügungsparks Gardaland & Co.

ORIENTIERUNG

O

Infos: www.lagodigardaveneto.com. Alles Wissenswerte (Sehenswürdigkeiten, Unterkünfte, Restaurants, Weingüter, Sport und andere Aktivitäten) über das Veroneser Ufer des Sees bis Peschiera und Bussolengo inkl. Buchungsmöglichkeiten.
Verkehr: Entlang des gesamten Ostufers sowie ins Hinterland mit Verona und Valpolicella gibt es mehrere Busverbindungen (www.atv.verona.it), Linien Nr. 162, 163, 164, 165 und 185 auf der Strecke Verona–Peschiera–Lazise–Bardolino–Garda, Nr. 483 und 484 die Route Peschiera–Garda–Malcésine–Riva del Garda (also bis zum Nordwesten des Lago). Im Sommerhalbjahr ist auf bestimmten Routen auch die Radmitnahme möglich. Die Boote der Navigarda (www.navigazionelaghi.it) fahren während der Saison praktisch alle Ortschaften am Ostufer an. Zum Westufer verkehren dann auch Autofähren zwischen Malcésine und Limone, ganzjährig zwischen Torri del Benaco und Maderno. Mit der Seilbahn erschließt sich einem der Monte Baldo von Malcésine aus (www.funiviedelbaldo.it).

Malcésine

Südlich von Tórbole rückt der Monte Baldo so dicht an den See, dass beim Bau der Uferstraße Gardesana Orientale einige Tunnel gegraben werden mussten. Die meisten Hotels stehen auf der Bergseite, vom selten ansehnlichen Strand durch die meist viel befahrene Straße getrennt. Noch immer im Schatten des Monte Baldo taucht plötzlich die auf einem kleinen Vorgebirge am See thronende Rocca von Malcésine auf.

Zum Glück blieb Malcésine (3700 Einw.) in seinen mittelalterlichen Mauern ziemlich intakt. Viel wurde saniert und restauriert, die Gassen sind wieder mit runden Seekieseln belegt und die Häuser gepflegt. Der alte Bootshafen zu Füßen der Festung hat inzwischen seine Bootsrutsche zugunsten einer hübschen Anlage mit Riesenschildkröte verloren. Denn der Bootsbetrieb wird nun ausschließlich über den neuen Hafen abgewickelt, wo sich ein Café an das andere reiht und es ein lebendiges Kommen und Gehen gibt, sobald die ersten Sonnenstrahlen das kleine Rechteck beleuchten. Malcésine lässt sich mit Recht kein Gardaseebesucher entgehen!

Der Zug der Karawane

Logisch, dass alle, die mit dem Boot angekommen sind, die Besichtigung Malcésines am **Bootshafen** ❶ (Porto) beginnen. Er ist von netten Palästen umgeben, in deren Erdgeschoss bestimmt eine Bar, ein Café oder gar ein Restaurant locken, und im kleinen Hafenbecken (die großen Boote müssen draußen anlegen) schaukeln wenige Boote, darunter ein historischer Zweimaster, mit dem man über den See segeln kann. Meist zieht tagsüber ein unaufhörlicher Menschenstrom Richtung Festung, dem man unweigerlich folgen muss.

Malcésines Altstadt gehört zu den hübschesten und besterhaltenen am Gardasee – das wissen auch Straßenmusikanten zu schätzen.

Venedig hielt hier Hof

Beim **Palazzo del Capitano del Lago ❷**, dem Palast des venezianischen Statthalters, sollte man anhalten und durch den hohen Hausdurchgang in den kleinen Innenhof eintreten, der eigentlich eine ummauerte Terrasse zum See ist. Hier stehen einige Palmen und es gedeihen das ganze Jahr über bunte Blumen. Wendet man sich vom See ab und schaut zurück, erkennt man die Fassade des Palastes mit ihren Renaissancefenstern, Balkönchen und Fantasiezinnen, und der Blick schweift weiter nach oben zum nahen Monte Baldo. Im Erdgeschoss des Palastes befindet sich das Informationsbüro mit angrenzendem Ticketschalter für Veranstaltungen rund um Malcésine, sogar bis zur Arena von Verona. Die ornamental freskierten, repräsentativen Räume im Obergeschoss werden vom Rathaus genutzt, auch für Hochzeiten, und manchmal zur Besichtigung freigegeben.

Moderne Kunst am alten Hafen

Geht man vom Palazzo aus die Gasse weiter und folgt dem Vicolo Porto Vecchio, gelangt man zum heimeligen alten Hafen, dem **Porto Vecchio ❸** (jetzt Piazza Magenta). Die frühere Rampe, auf der man die Boote an Land zog, wurde umgewandelt in eine kleine Ruhezone mit zeitgenössischen Bronzeskulpturen. Der Platz ist umgeben von schlichten Altstadthäusern mit Restaurants, deren Terrassen im Sommer weit bis zum See reichen. Dahinter steigt die Gasse relativ steil an in Richtung Castello.

Der Spion, der malte

Schwalben umschwirren die trutzig auf einem steilen Felsen hockende Skaligerburg, auch **Castello Scaligero ❹** oder Rocca genannt. Der Burgfried aus glatt behauenen weißen Steinen ragt hoch aus dem großen Komplex aus Bruchsteinmauerwerk empor. An der Gassenecke, von der man steil hinaufblicken muss, um die Zinnen des Burgfrieds zu erkennen, ist linker Hand eine lateinische Inschrift angebracht, die übersetzt aussagt: »Von hier aus hat Goethe die Burg gezeichnet …« Und damit erlebte der Dichter das erste Abenteuer seiner Italienreise. Denn eben wegen seiner Skizzen hatte man den Geheimrat gefangen genommen und bezichtigt, als Spion Pläne von der Festung gezeichnet zu haben. Seitenlang ist Goethes dramatische Schilderung des 14. September 1786 in der »Italienischen Reise«. Das Abenteuer endete, nachdem man ihm schließlich geglaubt hatte, dass er nichts Böses im Schilde führte, und man erkannte, wie er sich um den Fremdenverkehr in Malcésine verdient machen würde: Denn, so Goethe, »der Wirt, bei dem ich eingekehrt war, gesellte sich nun zu uns und freute sich schon auf die Fremden, welche auch ihm zuströmen würden, wenn die Vorzüge Malcésines erst recht ans Licht kämen.«

Dass die gut erhaltene Anlage (seit 1902 ein geschütztes Nationalmonument) aus drei ineinander verschachtelten Innenhöfen besteht, erkennt man erst vom Burgfried aus, wenn man hinabblickt. Gleich hinter dem Eingangstor befinden sich links das umgestaltete **Museo Storia Naturale** im harmonisch wirkenden Palazzo Inferiore, den die Venezianer 1620 als Kaserne errichten ließen. Mit Malcésine, so erfährt man hier auch interaktiv, beginnt die geologisch interessante Val di Sogno (Tal der Träume), mit reichen Ammonitenfunden, Seeschnecken und anderem, denn vor 70 Mio. Jahren bedeckte noch das Thetys-Meer das Gebiet der Brescianer Berge, des Gardasees, des Monte Baldo und der Lessiner Berge.

Eine steile Treppe führt zum zweiten Hof, in dessen österreichischer Pulverkammer das kleine **Goethe-Museum** eingerichtet ist. Im winzigen Vorgarten steht Goethes Bronzebüste.

Lieblingsort

Seeblick mit historischem Rahmen

Ganz gleich, wie wuselig es in Malcésine zugeht (garantiert, wenn eines der vielen Ausflugsboote angelandet ist) – auf der Seeseite des **Palazzo del Capitano del Lago ❷**, im schmalen Innenhof, ist es immer beschaulich ruhig. Auf der Mauer sitzend können Sie in Ruhe die venezianische Palastfront bewundern.

Den dritten Hof bildet die eigentliche Skaligerburg, der Urkern der Festung, mit dem imponierenden, 70 m hohen Burgfried, den man erklettern kann, um eine fantastische Aussicht zu genießen. Nicht minder schön ist der Blick von den Mauern dieses Hofes. Hier befindet sich auch eine Zisterne, die den Bewohnern bei Belagerungen die Versorgung mit Wasser garantieren sollte. Sie steht vor dem früheren Palais mit dem neu gestalteten **Museo delle Galere Veneziane,** dem Museum der venezianischen Galeeren.

Via Castello, April–Okt. tgl. 9.30–18, Nov.–März z. T. nur Sa/So, Fei 9.30–17 Uhr, Erw. 6 €

Monte Baldo

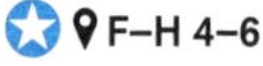

Der Hausberg Malcésines und wahrer Hingucker am gesamten Gardaseegebiet erreicht mehr als 2000 m Höhe (s. auch

Malcésine

Ansehen

1. Bootshafen
2. Palazzo del Capitano del Lago
3. Porto Vecchio
4. Castello Scaligero

Schlafen

1. Venezia
2. Castello
3. San Marco
4. Locanda Monte Baldo

Essen

1. Portovecchio
2. Baita dei Forti
3. La Capannina

Einkaufen

1. Enoteca Malcésine
2. Frantoio Consorzio Olivicoltori Malcésine

Bewegen

1. Öffentlicher Strand
2. Stickl Sportcamp & Sport Hotel
3. WWWind Square
4. Bike Extreme
5. Paragliding Club Malcésine
6. Fraglia Vela Malcésine

Ausgehen

1. Osteria Santo Cielo
2. Osteria alla Rosa

Touren S. 56 und S. 66). Kein Wunder daher, dass Wanderer, Mountainbiker sowie Paraglider Malcésine als Startort für ihre Auffahrt per Seilbahn auf den **Monte Baldo** bevorzugen. Das gesamte Monte-Baldo-Massiv ist ein Mountainbiker-Paradies, das fast ganzjährig beste Bedingungen bietet, mit Abfahrten aller Schwierigkeitsgrade. Zu bestimmten Zeiten können Bikes mit der Seilbahn nach oben transportiert werden, bei manchen Spezialisten (auch fürs Paragliding) ist die Auffahrt im Paketpreis enthalten.

Schlafen

Ganz in Weiß

1 **Venezia:** Nettes Haus mit 26 Zimmern direkt am See bzw. an der Strandpromenade. Ambiente in Weiß, Glas und Holz als dominierende Stilelemente, Balkone zum See, ausgestattete Liegefläche mit eigenem Seesteg und Anlegebojen; im Garten gibt es einen Whirlpool. Restaurant mit verfeinerter Küche.

Viale Roma 26, T 04 57 40 00 70, www.hotelvenezia-malcesine.it, ca. Ostern–Anf. Dez., Weihnachten/Neujahr €€–€€€

Hochzeit auf Italienisch

2 **Castello:** Sehr freundliches und betont familiär geführtes Haus (U-förmig angelegt) zu Füßen des Castello auf seiner ortsabgewandten nördlichen Seite, direkt am schmalen Kiesstrand (getrennt von der Hotelanlage). Beliebt als Hochzeitshotel. Sonnendurchfluteter Salon mit Terrasse zum See, 32 z. T. kleine, aber doch komfortable Zimmer, großzügige Suiten im Anbau; Restaurant mit elegantem Tischgedeck und liebevoll zubereiteten Abendmenüs. Sonnenterrasse, überdachter Whirlpool. Parkplatz. Deutsche Tageszeitungen liegen an der Bar aus.

Via Paina 21, T 04 57 40 02 33, www.h-c.it, ca. Ostern–Anf. Nov., €€–€€€

In historischem Gewand

3 **San Marco:** Historisches und trotzdem modernes Haus am Hafen mit Bar/Café. 12 Zimmer, davon vier mit Balkon zum See, sowie eine Mansarden-Suite. Zum selben Besitz gehören drei elegante Wohnungen sowie eine Villa mit zwei Apartments (eins mit Pool) rund 2 km außerhalb in einem schönen Olivenhain.

Via Capitanato 9, T 04 57 40 01 15, www.sanmarcomalcesine.it, €€–€€€

Aussichtsreich

4 **Locanda Monte Baldo:** Hotel auf dem Monte Baldo mit acht freundlichen Zimmern, meist mit Seeblick; Pool, Restaurant (gute, verfeinerte Hausmannskost, herrliche Aussichtsterrasse, daher beliebt als Ausflugslokal); Garage und Parkplätze.

Località San Michele, in 570 m Höhe an der Zwischenstation der Seilbahn am Monte Baldo, T 04 57 40 06 12, www.locandamontebaldo.com, €€

Essen

Die meisten Restaurants in Malcésine sind auf Touristen eingestellt. Wenn man nur satt werden will, wird man in allen Preisklassen fündig.

Mit Lago-Feeling

1 **Portovecchio:** Gut besuchtes Fischrestaurant und Café mit großer Terrasse am alten Hafen, der sich in eine nette Ecke Malcésines verwandelt hat; auch Pizza.

Porto Vecchio, T 04 57 40 00 57, €€

Mit Monte-Feeling

2 **Baita dei Forti:** Preiswertes Lokal mit bodenständiger Küche wie *canederli* (Knödel), Polenta, Gulasch und Wild, direkt an der Bergstation der Seilbahn, durchgehend geöffnet, mit sechs einfachen Zimmern. Deren Bewohner können die Biosauna exklusiv benutzen. Reiter können auch ihre Pferde an der Baita unterbringen, Radler sich dort E-Bikes ausleihen.

Località Tratto Spino 1, T 04 57 40 03 19, www.baitadeiforti.com, €

Mit Alm-Feeling

3 **La Capannina:** Einladend schöne Trattoria in einer mehrteiligen urigen Almhütte mit Tischen im Freien in traumhafter Lage. Trentiner und Veroneser Spezialitäten wie Kaninchen, Polenta, deftige Pasta, hausgemachter Apfelkuchen, frische Milch direkt von der Alm, die auch eigenen Käse produziert – alles bio! Dazu die Freundlichkeit der Besitzerfamilie Zuccali, die seit 1965 die Capannina bewirtschaftet: Mauro als Betreiber, Isolina schwingt den Kochlöffel, Alex und Valentina im Service, und immer dabei ist auch Nonna Cicci, die Oma, die überzeugt ist, auf dem Monte Baldo im Paradies zu sein.

Località Colma, in ca. 1800 m Höhe, etwa 350 m links von der Bergstation, T 04 56 57 00 81, www.monte-baldo.it, April–Anf. Nov. tgl. 9.30–18.30, Mitte Dez.–März 9–16.30 Uhr; wer Glück hat, wird nicht mit einer ganzen Reisegruppe konfrontiert, die zeitgleich ebenfalls bewirtet werden möchte, €–€€

Einkaufen

In den Gassen Malcésines findet man zahlreiche Souvenirläden, viele von ihnen mit typischen lokalen Produkten wie Wein, Oliven und anderen Kulinaria. Ein paar besondere Adressen sind:

Geistreich

1 **Enoteca Malcésine:** Reiche Auswahl an lokalen Weinen, Grappa und anderen Spirituosen aus verschiedenen Regionen; auch Probieren ist möglich.

Viale Roma 15 b, www.enotecamalcesine.it

Ölhaltig

2 **Frantoio Consorzio Olivicoltori Malcésine:** Verkaufsladen der Vereinigung der Olivenölproduzenten in der alten Ölpresse für Olivenöl und damit konservierte Lebensmittel.

Via Navene 21, www.oliomalcesine.it

Bewegen

Pack die Badehose ein

1 **Baden:** Malcésines öffentlicher Strand liegt im Norden, im Vorort Retelino, und beginnt zu Füßen der Festung.

Surfen mit dem Ex

2 Stickl Sportcamp & Sport Hotel: Seit der Ex-Segeleuropameister und Surfweltmeister Heinz Stickl 1976 die erste Surfschule Italiens in Malcésine gründete, ist das Sportcamp am Ostufer ein Begriff: Es ist die heute vielleicht größte Surf- und Segelschule und erste Kitesurfschule am See. Sie bietet eine Topausbildung und erstklassiges Leihmaterial.

Via Gardesana 144, T 04 57 40 16 97, www.stickl.com

Parken am Wind

3 WWWind Square: Das Wassersportcenter bildet seit 1980 im Windsurfen, Katamaran und Segeln aus. Und wirbt gerne mit der guten Parkmöglichkeit direkt vor Ort.

Via Gardesana Nord 374, T 04 57 40 04 13, www.wwwind.com

Gesamtpaket Rad

4 Bike Extreme: Radverleih und -verkauf, Werkstatt, Shuttle-Dienste, organisierte Touren, auch Ein- bis Dreiraumapartments.

Via Navene Vecchia 10, T 04 57 40 01 05, www.bikeapartments.com

Um die Wette durch die Luft

5 Paragliding Club Malcésine: Hier werden auch Wettbewerbe in Paragliding organisiert.

Via Gardesana/Ecke Strada Panoramica, c/o Hotel Ideal, mobil 33 56 11 29 02, www.paraglidingmalcesine.it, Infos u. a. beim Sailing Center Hotel, Località Campagnola, T 04 57 40 00 55, www.hotelsailing.com

Training für Olympia

6 Fraglia Vela Malcésine: Der Segelklub (mit Segelschule) ist einer der ältesten am See und gilt als Talentschmiede für Olympia. Kurse und Termine auf der Website.

Via Gardesana 205, T 04 56 57 04 39 und 04 57 40 02 74 (Büro), www.fragliavela.org

Ausgehen

Die wunderbar um den kleinen Hafen liegenden Cafés bieten sich für Aperitif und ›Absacker‹ gleichermaßen an. Es gibt aber auch einige kleine Lokale in den engen Altstadtgassen.

Tapas und Wein

1 Osteria Santo Cielo: Kleine, innen fast finstere Osteria im alten Stil, im Sommer mit Tischen auf der kleinen Piazza, einer der hübschesten Ecken des Ortes. An der Theke werden laufend *tapas, crostini* und *bruschette* sowie *tagliere,* also Holzbrettchen mit Aufschnitt u. Ä. frisch zubereitet. Dazu glasweise Wein. Die Bar der Holländerin Hella Nods ist, wie sie sagt, eine Mischung aus holländischem Bruin Café und mediterraner Tapas-Bar. Hier kann man zu jeder Tageszeit etwas essen und alle möglichen Leute treffen: Reisende, aber auch Menschen, die in Malcésine leben.

Piazza Turazza 11, mobil 34 87 45 13 45, Do–Di, im Sommer tgl. ca. 11–2 Uhr

Wie in alten Zeiten

2 Osteria alla Rosa: Echte Osteria zu Füßen der Burg, mit karierten Tischdecken und bäuerlichem Werkzeug an den Wänden. Ursprünglich parkte man seinen Esel im Hof, wenn man hier einkehrte, um Händler oder Handwerker und Bauern zu treffen, brachte sein eigenes Essen mit, das im Ofen warm gehalten wurde, und trank ein oder mehr Gläschen Wein dazu. Heute sitzt man hier an lauen Sommernächten besonders schön unter der Pergola. Auch wenn man sehr gut speisen kann (venetische Küche, hausgemachte Pasta, Seefisch), ist das Besondere weiterhin der Wein, zu dem bis spätabends Appetithäppchen gereicht werden.

Piazzetta Boccara 5, T 04 56 57 07 83, www.osteriaallarosa.it, während der Saison tgl. 9–2 Uhr

TOUR
Tolle Aussichten und Natur pur

Ausflug auf den Monte Baldo

Infos

Ausgangspunkt: Malcésine, G 4

Seilbahn: April–Anf. Nov. tgl. 9–18/19, Dez.–Anf. März 8–16.45 Uhr halbstündl.; inkl. Umsteigen in San Michele ca. ½ Std.; Zeiten für Bergfahrten mit Mountainbikes: 9.15, 10.15, 14,15, 15,15, 16.15 und 17.15 Uhr

Ticketpreise: Erw. einfach 17 €, Hin- und Rückfahrt 25 €, Kinder unter 1,20 m kostenlos; Mountainbike Bergfahrt 25 €, Gleitschirm 10 €; auf alle Tickets, die auch online verkauft werden, werden an der Kasse 2 € zugeschlagen; weitere Infos www.funiviedelbaldo.it

Mit der **Panoramaseilbahn** hinauf – und dann nach Herzenslust wandern, herrliche Ausblicke genießen, den Drachen- und Gleitschirmfliegern zusehen und genüsslich einkehren. Willkommen am Monte Baldo!

Hortus Italiae, Garten Italiens, nannte man den Monte Baldo wegen der unglaublichen Vielfalt seiner Flora, die zu einem hohen Prozentsatz endemisch ist, also nur hier vorkommt, bereits in der Renaissance. Der Boden hier oben ist schon im beginnenden Frühjahr bedeckt mit winzigen, meist leuchtenden Blumen: mit weißen Krokussen und dunklem Enzian, kleinen Kissen blassgelber Himmelsschlüsselchen.

Los geht die Tour auf den höchsten Berg am Gardasee in **Malcésine**. Halbstündlich verlässt hier die 1962 eingeweihte und inzwischen mit Drehkabinen geradezu futuristisch umgebaute Seilbahn die Talstation in 106 m Höhe. Über die Umsteigestation **San Michele** (572 m) mit der einladenden **Locanda Monte Baldo,** die noch mit dem Auto zu erreichen wäre, führt sie hinauf zur **Bergstation** des Monte Baldo (1790 m). Nach zweimal zehn Minuten plus Umsteigen ist man oben.

Der Panoramaweg führt ganz bequem von der Bergstation links Richtung **Monte Altissimo** über die weite Alm, die kaum merklich ansteigt (reine Laufzeit einfach ½ Std.). Vorbei geht es am Revier der Gleitsegler. Um den waghalsigen Sportlern zuzuschauen, muss man et-

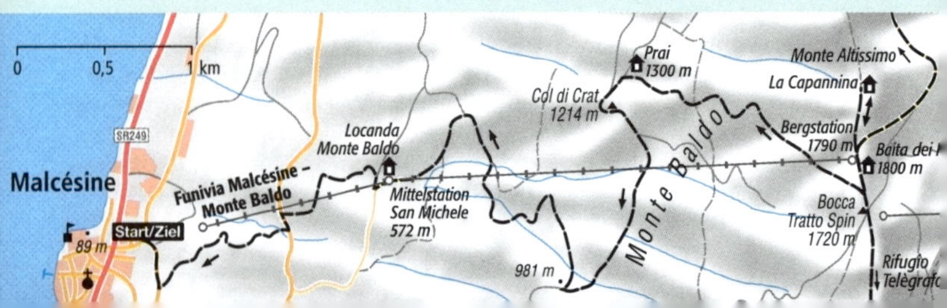

was weiter an den Rand der Alm spazieren, zu ihrem Startpunkt schräg gegenüber der Blockhütte **La Capannina**. Der Blick von hier über den See ist einfach umwerfend: Unten ist Malcésine mit seiner markanten Festung zu erkennen, weiter südlich Brenzone; ganz im Süden taucht die lange schmale Halbinsel von Sirmione auf, wie eine Kobra mit dickem Kopf. Am gegenüberliegenden Seeufer schaut man im Süden in den tiefen Einschnitt von Salò, fast vis-à-vis erscheint zum Greifen nahe Limone. Dahinter sieht man von hier oben das riesige Almgebiet von Tremosine und Tignale wie aus der Vogelperspektive – darüber die weiß strahlenden Gletscher.

Ganz gleich wo am Monte Baldo: Schönste Ausblicke auf den Lago sind garantiert.

Großartig sind auch die Ausblicke, die sich auf der **Ostseite** des Bergmassivs auftun, sobald man nur wenige Schritte nach rechts geschlendert ist, über den kleinen Stausee von Prà da Stua zum Etsch-Tal. Vorne, wo die sanfte Weide abrupt an einer Steilwand endet, breitet sich das Nordende des Gardasees im Kranz der Alpenriesen vor einem aus, mit der Totalen von Riva zu Füßen. Wenn die Sonnenstrahlen zwischen den Wolken über den See huschen, verändert sich sein Graublau in helles Blau und unglaubliches Smaragdgrün.

Den Weg abwärts direkt von der **Bergstation** sollte zu Fuß nur gehen, wer noch genügend Zeit bis zur Dämmerung hat und über eine gute Kondition verfügt. Denn der Wanderweg ist z. T. sehr steinig und nicht ungefährlich, zudem ist er weder gut ausgeschildert noch sind die angekündigten Almhütten wirklich immer geöffnet. Also auch an Trinkwasser denken!

Wenn Sie nicht unbedingt zu einer langen Wanderung aufbrechen möchten – wie wäre es mit einer kurzen von der Bergstation nach **Prai** zum Ex-Rifugio Kira? Das dauert nur etwa 45 Min. und bietet bereits tolle Aussichten. Längere Wanderwege führen von der Bergstation zu den Berghütten und Gipfeln des Bergmassivs, z. B. in südlicher Richtung zum **Rifugio Telègrafo** (3 ½ Std.) oder nach Norden zum Rifugio **Monte Altissimo** (2 ¾ Std.).

Eine Einkehr auf dem Monte Baldo sollte man einplanen, und zwar in der sehr einladenden Blockhütte der **Trattoria La Capannina** (s. S. 54) mit Tischen im Freien und gemütlichen Innenräumen. Berühmt ist die leckere frische Milch von der hiesigen Alm.

TOUR
Aufs Dach gestiegen

Wanderung zum Gipfel des Monte Baldo

Infos

Start/Ziel: San Michele/Mittelstation der Seilbahn (auch per Pkw erreichbar), G 4
Seilbahn: s. Tour S. 56
Weglänge: 17 km
Dauer: ca. 7 Std.

Diese Rundwanderung von **San Michele** über die Bergstation der Seilbahn zum Gipfel des Monte Baldo, der 2218 m hohen Cima Valdritta, beginnt auf dem **Wanderweg Nr. 5**, mit 2500 m Aufstieg und 1400 m Abstieg, und wird begleitet von tollen Aussichten über den Gardasee. Bergauf auf der asphaltierten Straße zum **›Il Signor‹**, an der Kreuzung geht es rechts ab Richtung Piombi und weiter auf einem Maultierpfad. Nach der Lichtung von Piombi geht es wieder rechts ab, dann links, den Wegweisern nach **›Forcella Valdritta‹** folgend. Der weitere Weg führt durch einen naturgeschützten Wald (Lastoni Pezzi). Jetzt folgt man den Wegweisern **›Acqua 100 m‹** auf der rechten Seite und gelangt zu einem natürlichen Brunnen mit herrlicher Aussicht über das steile Tal des Monte Baldo. Zurück zum Weg und weiter bergauf auf der linken Seite, die recht steinig und steil ist. Eben alpin – und mit viel Glück kann man Gämsen begegnen.

Unterhalb der Gabelung von Valdritta heißt es den Berg auf dem rechten Bergkamm zu erklettern – das ist der **Höhenweg 651**, der zum **Gipfel** führt. Allerdings muss man dafür den Wanderweg verlassen und zum Gipfel klettern (links auf die Wegweiser achten, die genaue Angaben dazu machen). Höhenluft und Ausblick genießen, dann geht man denselben Weg hinunter und weiter nach Norden, bergauf und bergab – die Teilstrecken sind ›nicht ohne‹!

Kurz vor der **Cima Pozzette** wechselt man von der West- auf die Ostseite und beginnt den Abstieg nach **Tratto Spino** und zur **Bergstation** der Seilbahn. Müde Wanderer können hier die Seilbahn zurück nach San Michele nehmen.

Feiern

- **Festa del Pesce:** Juni. Fischfest mit Musik und (Frei-)Sardinen für jedermann.
- **Festa Patronale:** Juli. Stadtfest mit großem Feuerwerk zum Abschluss.
- **Festa al Castello:** Juli/Aug. Schlossfest mit gastronomischen Ständen, am Abend mit Musik.
- **Konzerte im Theaterzelt:** Es ist gar nicht so einfach, im Sommer Tickets für ein Open-Air-Konzert zu ergattern, aber es lohnt sich! Vor überraschendem Regen ist man durch das hübsche Zeltdach unterhalb der Festung geschützt, das als Theaterzelt dient. Hier finden den ganzen Sommer über gut besuchte Veranstaltungen statt, klassische wie auch Pop- oder Rockkonzerte. Highlight des Konzertjahres von Malcésine ist das **Blues Festival,** normalerweise Fr, Sa ca. Mitte Aug., begleitet von Ausstellungen in den Altstadtgassen.
- **Ciottolando Gourmet:** Die Initiative, die man mit ›Mit Geschmack übers Kieselsteinpflaster ziehen‹ übersetzen könnte, ist so erfolgreich, dass man sich parallel zu ihr **Ciottolando i Giardini dei Sapori** ausgedacht hat: Wochenende um den 20. Sept. Initiative der Hotelvereinigung, der Wirte, einiger Weinkellereien und des Olivenölkonsortiums von Malcésine. Man kann sich den ganzen Tag lang kulinarisch verwöhnen lassen, indem man von Lokal zu Lokal zieht – kostenloses Parken, Bustransfer und verbilligte Seilbahnfahrten inbegriffen. Rechtzeitig Tickets (gegen Vorkasse je nach Kauftermin um 50 €) bestellen: Olivia, Via Vecchia Navene 19a, mobil 33 35 46 27 53, www.ciottolando.com.

Infos

- **Ufficio Turismo:** Informationsbüro nur April–Okt. an der Bushaltestelle Via Gardesana 238, T 04 57 40 00 44, www.visitmalcesine.com.
- **Associazione Albergatori:** Sitz der Hotelvereinigung im Palazzo dei Capitani, Via Capitanato, T 04 56 58 99 27, nur April–Okt., www.hotelsmalcesine.com.
- **Boote:** Nach Limone und Riva sowie Wassertaxi nach Limone, während der Saison Autofähre nach Limone. Linienboote auch zu allen anderen Seeorten.
- **Busse:** Entlang der Gardesana Orientale (SR 249) verkehren Busse in relativ dichter Folge (ca. stdl.) zwischen Tórbole und Garda bzw. bis nach Verona.
- **Seilbahn:** Betrieb s. Tour S. 56; T 04 57 40 02 06, www.funiviedelbaldo.it.

Cassone

F 5

Hinter den Villen der Halbinsel der Val di Sogno folgt mit seinen wenigen verwinkelten Häusern das idyllische Fischerdorf Cassone mit winzigem Hafen und interessantem Fischereimuseum an der Mündung des Aril, des angeblich kürzesten Flusses der Welt (nur 175 m). Rings um den Hafen, der von einem trutzigen mittelalterlichen Turm, *Toresela* genannt, bewacht wird, stehen wunderbar bunt bemalte Häuser. Eine echte Bilderbuch-Schönheit – erst recht mit dem nahen Monte Baldo im Hintergrund.

Das Erbe der Fischer

Auf zwei Stockwerken in einem alten Steinhaus, zum **Museo del Lago** umfunktioniert, sind diverse Fischereiwerkzeuge, vor allem aber historische Fotos ausgestellt, Zeugnisse der Vergangenheit des Dorfes als Fischerort. Bewacht im Wechsel von ein paar alten Fischern, die neugierige Besucher gerne führen und erklären, wie wichtig hier einst die Fischerei war.

Am kleinen Fischerhafen von Cassone, Okt.–März So, April–Sept. Di–So 10–12, 15–18 Uhr, Eintritt frei, Spende willkommen

E

EXPLOSIVE INSEL

Viele Gerüchte ranken sich um die kleine Insel **Trimelone** (273 m lang und bis zu 55 m breit) vor Cassone. Sicher ist, dass darauf bereits im Mittelalter eine Festung existierte, von der nur Ruinen erhalten sind, und dass hier im Ersten Weltkrieg von den Österreichern ein riesiges Munitionslager angelegt wurde. Dieses flog 1954 in die Luft, das Feuer ließ sich drei Tage lang nicht löschen. Schon vorher galt ein absolutes Betretungsverbot von Trimelone, worauf sich das Eiland zu einem wahren Naturparadies für brütende Vögel entwickeln konnte, hauptsächlich für Möwen und Kormorane, die man gut mit dem Fernglas beobachten kann. Nach dem Ende der Entschärfung und Säuberung Trimelones wird über deren Bestimmung gestritten: Militärarsenalmuseum oder strenges Vogelschutzgebiet?

Schlafen & Essen

Über der Kaskade

Cassone: Einfaches Hotel in toller Lage über der rauschenden Kaskade des kurzen Flusses, mit viel gelobtem Restaurant, auch für Tagesgäste.

Cassone di Malcésine, Via Gardesana 238, T 04 56 58 41 97, www.hotelcassone.com, €–€€

An der Seepromenade

Al Vogaor: In der netten Pizzeria mit großer Terrasse gibt es auch klassische italienische Gerichte wie hausgemachte Pasta und Kurzgebratenes. Die Einheimischen kommen aber wegen der leckeren Pizza, der gemischten Grillplatten und Desserts. Der Service ist freundlich und die Preise sind moderat.

Via Gardesana Centro 1, Cassone, T 04 56 57 00 04, zur Saison tgl. durchgehend 12–22 Uhr, €

Brenzone sul Garda

F 5/6

Gleich hinter Cassone beginnt die Streusiedlung **Brenzone,** die sich rund 10 km entlang des Sees und die Abhänge des Monte Baldo hinaufzieht und auf ca. 2500 Einwohner kommt. Die kleinen Häfen am Gemeindeufer bieten nur wenigen Booten Platz, Brenzone ist jedoch stolz darauf, auch international bedeutende Regatten auszurichten. Als Ausgangspunkt fürs Surfen eignet sich Brenzone ebenfalls. Und zu Ostern ist das der angesagteste Ort am See, wenn nicht gerade ein Unwetter die mühsamen Vorbereitungsarbeiten zunichte macht, wie wir es erlebt haben: Die nächtliche *Via Crucis* findet statt, der Kreuzweg mit rund einhundert Teilnehmern. Nach der Messe in der Kirche San Carlo Borromeo im Ortsteil Castelletto führt der Weg an vielen inzwischen farbig beleuchteten Gassen bis zum Ortsteil Biaza. Dabei wird die Passion Christi an 14 Stationen von Teilnehmern in historischen Kostümen und barfuß (!) dargestellt. Die lokale Bevölkerung und immer mehr Besucher ziehen hinterher.

Vor der Via Crucis füllen sich die örtlichen Lokale so sehr, dass man unbedingt rechtzeitig einen Tisch reservieren sollte. Hotelgäste können am organisierten Transfer durch das Touristenbüro teilnehmen, was angesichts des lang gestreckten Ortes auch nötig ist. Mit dem eigenen Wagen braucht man erst gar nicht anzureisen, da ist garantiert kein Parkplatz weit und breit zu finden!

Melonenstücke oder Brötchen?

Assenza, der nördlichste Teilort von Brenzone, hat sich speziell auf der Bergseite der Gardesana Orientale entwickelt, die hier ganz nah am See entlangführt. An der kleinen, unter Bäumen liegenden Piazza San Nicolò lohnen die Fresken der tagsüber fast immer geöffneten Kirche **San Nicola** aus dem 14. Jh. einen Besuch. Sehenswert ist vor allem die noch streng byzantinisch gestaltete Abendmahlszene links vor dem Chor mit der recht lebendig dargestellten Tischgesellschaft der Jünger. Während manche eine Wassermelone auf dem Tisch entdeckt haben wollen, sprechen einheimische Kenner eher von einer Schüssel und sehen in den sogenannten Melonenstücken einfach kleine Brötchen.

Assenza, Piazza San Nicolò, falls die Kirche geschlossen ist, gibt es den Schlüssel im Nachbarhaus links

Porto und Magugnano F 5/6

Zu Füßen von Castello di Brenzone am Berghang liegt am See das winzige, zauberhafte **Porto** mit seinem Miniaturhafen. Er besteht nur aus einem engen Kanal für zwei kleine Bootsreihen. Dann folgt übergangslos **Magugnano,** dessen durchgezogene, enge Einbahnstraße – unten parallel zur Landstraße – man vom Süden her anfahren muss (oder man parkt am Rand der Gardesana und geht ein paar Meter zu Fuß).

Ein bewundernswerter Stein

Das unmittelbar am See gelegene Rathaus mit kleinem Parkplatz auf der Seeseite birgt in der kleinen Eingangshalle den **Stein von Castelletto** (Pietra di Castelletto), der 1965 von Mario Pasotti entdeckt wurde. Nach einer längeren Odyssee kam der etwa 2 m lange, ver-

Die kleinen Häfen der Gemeinde Brenzone sind allesamt eine Augenweide und laden mit Cafés und Restaurants zum Verweilen ein.

TOUR
Von Cassone nach Castelletto

Von Cassone nach Castelletto

Infos

Start: Cassone, F 5

Weglänge: einfach 8,5 km, Rückweg am See ca. 6,4 km

Dauer: ca. 3 Std. einfach, Rückweg ca. 1 ½ Std.

Höhenunterschied: Auf- und Abstieg je ca. 370 Höhenmeter

Die Wanderung vom kleinen hübschen Hafen von **Cassone di Malcésine** nach Castelletto di Brenzone führt auf halber Höhe entlang der Bassa Via del Garda (BVG), die zwar rund um den See geht, aber nicht überall gut ausgeschildert ist. Man muss also ein wenig auf den Weg achten. Aber die Wanderung ist einfach, führt entlang alter Wirtschaftswege und Maultierpfade und bietet wunderbare Sicht auf den Gardasee. Man bekommt ein wenig von der ursprünglichen Lebensweise der Menschen am Monte Baldo zu spüren. Vor dem Bau der Gardesana diesseits und jenseits des Sees waren solche Wege die Lebensader zwischen allen Dörfern am Lago.

Der **Wanderweg Nr. 31** führt abwechselnd über Olivenbaumterrassen, durch Mischwald und einsame Weiler, auch verlassene oder fast verlassene Dörfer wie **Sommavilla** und **Zignago, Perotti** und **Tormentaie, Campo** und **Gainet** bis nach Castelletto. Den Hinweisen nach **Sant'Antonio delle Pontare** folgen, wo Ruhebänke am Kirchlein zu einer Pause einladen. Jetzt geht es mit traumhaften Ausblicken abwärts mit zwei Linksknicken des Weges nach **Campo,** das eine nähere Betrachtung lohnt: die von der Vegetation fast verschluckte Burgruine, das verfallene Kirchlein.

Nach 20 weiteren Minuten ist **Biaza** erreicht und bereits nach weiteren 15 Minuten **Castelletto** am See. Von hier ist die Rückkehr nach Cassone problemlos mit Linienbus oder Taxi möglich. Oder aber man schlendert den Fuß- und Radweg in Ufernähe nach Norden (unter www.outdooractive.com sind mehrere Varianten der Wandertour mit dem Mountainbike beschrieben).

mutlich 4550 Jahre alte Stein erst vor wenigen Jahren wieder fast an seinen Fundort zurück und wird hier eifersüchtig als ein bedeutendes Stück Kulturgeschichte der Gemeinde Brenzone gehütet. Für die auf dem Stein zu erkennenden Symbole und Zeichen gibt es die verschiedensten Deutungen. Waren z. B. die abgebildeten Äxte religiöser Ausdruck der prähistorischen Menschen? Jedenfalls ist ihre Ähnlichkeit mit den Doppeläxten der Minoer auf Kreta verblüffend.

Municipio, Via XX Settembre 8, Tel 04 56 58 95 00, www.brenzone.it, zu den Bürostunden zugänglich

Marniga und Castelletto

F 6

Das kleine Bergdorf **Marniga** schiebt sich mit seinen bescheidenen Häusern die Ölbaumhänge des Monte Baldo hinauf. Und schon nach weniger als 2 km folgt im Süden das hübsche **Castelletto di Brenzone,** der Fundort des Steins, den man im Rathaus in Magugnano präsentiert (s. S. 61). Platanen schmücken den schmalen Streifen zwischen See und Straße (mit Kurzparkplätzen). Der kleine Hafen mit Bootswerft und Segelschule wirkt auch in der Hochsaison wegen der Cafés und Fischrestaurants recht einladend. Allerdings durchschneidet die Gardesana den historischen Kern in zwei Teile.

Romanisches auf Römischem

Südlich von Castelletto steht auf dem Friedhofsgelände (Bergseite) direkt neben dem gleichnamigen Campingplatz die kleine Kirche **San Zeno de L'Oselet** (10.–12. Jh.) aus sorgfältig behauenen Steinen. Sie ist zweischiffig, aber das linke Schiff ist schmaler als das rechte. Die Trennwand ruht abwechselnd auf Säulen mit unterschiedlichen Kapitellen und auf dicken Pfeilern bzw. schlichten Wandstücken. Außerdem besitzt die Kirche – ungewöhnlich bei nur zwei Schiffen – drei Chorapsiden, die von außen dennoch harmonisch wirken. Sie sind innen ebenso wie die Nordwand freskiert, wahrscheinlich zur selben Zeit wie das Kirchlein von Assenza (14. Jh.). Die Bilder haben im Lauf der Jahrhunderte gelitten, ihre Motive sind aber noch gut zu erkennen, etwa das Leben Johannes des Täufers und mehrere Apostel. Der Kirchturm links der Fassade besitzt gedrungene romanische Klangöffnungen (Biforien). 2010 haben Archäologen bei Grabungsarbeiten die Reste einer imposanten römischen Villa entdeckt, auf der im Hochmittelalter das Kirchlein errichtet wurde.

Gardesana Orientale 95, offen zugänglich

Lust auf Urspüngliches?

Einer der insgesamt 16 Ortsteile Brenzones ist das vielleicht am ursprünglichsten gebliebene Dorf **Campo** in 200 m Höhe an den Abhängen des Monte Baldo. Leider ist es inzwischen fast verlassen, aber daher ließ sich ein Teil problemlos unter Denkmalschutz stellen: der Mauleselweg, über den vielleicht schon im 11. Jh. Schafe und Ziegen getrieben wurden und der noch in Teilen mit großen Kieselsteinen belegt ist. So friedlich kann es abseits der Zivilisation sein! Wanderern begegnen höchstens weidende Schafe oder kleine Künstlergruppen, die hier meist detailverliebt zarte Aquarelle malen.

Schlafen

Lümmeln am See

Du Lac: Kontinuierlich modernisiertes, am See gelegenes Haus mit 29 Zimmern und 10 Suiten, von der Besitzerfamilie Squarzoni persönlich geführt. Zur Innendekoration gehören Bilder des Gardesaner Malers Benito Tomezzoli. Schöne Liegeflächen am See, perfekt für Wassersportler. Das Hotel verfügt über einen eigenen Kiesstrand und einen kleinen Bootshafen, ist vom See nur durch den neuen Radweg getrennt; vorne ein großer Parkplatz.

Via Zanardelli 3, Porto, Località Vaso, T 04 57 42 01 38, www.dulachotel.it, Ostern–Mitte Okt., €€–€€€

Mein Hotel, mein Strand

Piccolo Hotel: Kleineres, liebevoll renoviertes Haus im Ortszentrum direkt am See mit eigenem Strandabschnitt (Strandliegen und -schirme kostenlos). 20 freundliche Zimmer; Restaurant mit Terrasse; Parkplatz.

Via Lavesino 12, Magugnano, T 04 57 42 03 64, www.piccolohotel.eu, Ostern–Ende Okt., €€

Villenromantik am Wasser

Hotel Brenzone & Villa del Lago: 28 große Zimmer (25 m²) und Suiten (35 m²) in einer renovierten Villa von 1911 am See in Hafennähe, familiengeführt, ruhig.

Via XX Settembre 26, Magugnano, T 04 57 42 03 88, www.hotelbrenzone.eu, normalerweise ganzjährig geöffnet, ganz sicher Ostern–Anf. Nov., €€–€€€

Essen

Es gibt mehrere kleine Restaurants mit Fischküche sowie Bars mit Snacks entlang der Ortsstraßen und an den kleinen Häfen des vielteiligen Ortes Brenzone.

Fisch satt

Alla Fassa: Angenehmes Restaurant mit Fischküche am nördlichen Ortsrand direkt am See, mit Garten und Wintergarten. Auch fünf luxuriöse Zimmer zum See (Hunde willkommen, €€).

Via Beato Nascimbeni 13, Castelletto, T 04 57 43 03 19, www.ristoranteallafassa.com, Anf. März–5. Jan., Mi–Mo, Aug. tgl., €€–€€€

Hafenatmosphäre mit Tradition

Da Umberto: Einladendes Restaurant mit großer gedeckter Terrasse am Wasser, zurückversetzt von der Hauptstraße; mit lokalen Fischgerichten und italienischer Küche wie Lasagne, Forellen und Lavarello, die Renke des Gardasees; bei den Einheimischen für Familienfeiern beliebt. Unbedingt reservieren!

Via Imbarcadero 15, Castelletto, T 04 57 43 03 88, www.daumberto.it, im Sommer durchgehend, sonst Do–Di; Degustationsmenüs, aber auch Snacks, Pizza sowie Gelateria, €€–€€€

Bewegen

Bildungsprogramm

Kulturtouren: Für kulturell Interessierte werden Juni–Sept. Mo/Di, Do/Fr unterschiedliche geführte Touren angeboten: hinaus in die Natur bzw. auf den Monte Baldo, zu den Kirchen des Gemeindegebietes sowie ins Volkskundliche Museum.

Infos unter www.comune.brenzone.vr.it

Welche Route darf's denn sein?

Mountainbike: Im Gemeindegebiet von Brenzone gibt es interessante Aufstiege durch Dörfer auf den Monte Baldo bzw. auf die Route Torri del Benaco–Assenza, die auch durch den Busservice »Bus & Bike« bedient wird.

Infos unter www.atv.verona.it

Raus aufs Wasser

Gardasurf Sail: Wassersportschule von Nikolaus Bitter. Auch Surfbrett- und Bootsverleih. Zusammen mit Kite Guru.

Via Benedetto Croce 22, mobil 33 83 38 88 17, in Deutschland 01 52 51 07 63 41, www.gardasurf.com

Blick unter Wasser

Athos Diving: Geführte Tauchgänge, Leihausrüstung.

Via Gardesana 54, Assenza, T 04 56 59 00 15, www.athos-diving.com

Bloß keine Langeweile

Acquafresca: Wassersportzentrum.
Assenza, T 04 57 42 05 75, www.circolo acquafresca.it

Wassersport und kein Ende

Circolo Nautico Brenzone: Kiten, Surfen, Segeln u.v.m.
Via Vespucci 10, Castelletto, T 04 57 43 01 69, www.circolonauticobrenzone.it

Infos

- **IAT/Pro Loco Per Brenzone:** Via Zanardelli 38, 37010 Porto di Brenzone (VR), T 04 57 42 00 76, www.brenzone.it, Büro nur während der Saison, sonst online.
- **Boote:** Linienboote der Navigarda während der Saison zweimal am Tag.
- **Busse:** Verbindungen mit den Orten des Ostufers und mit Verona ganzjährig ca. stdl.

Prada und der Monte Baldo

F/G 5–7

Wer Zeit hat, sollte statt der Uferstraße von Porto di Brenzone nach Torri die weitaus schönere, inzwischen asphaltierte Straße Richtung Prada und San Zeno di Montagna nehmen, die normalerweise das ganze Jahr über gut befahrbar ist. In vielen Kehren und Kurven geht es sanft ansteigend durch tiefen Wald. Bei Castelletto überwindet die Straße die grandiose Schlucht der Val Trovai, vom Aussichtspunkt genießt man einen Blick über fast den ganzen See und das nahe Westufer.

(K)ein Platz für Schafe

Der Monte Baldo war zur Zeit der Patrizierfamilie Montagna ein reiches Weideland, fast 50 000 Schafe wurden im 16. Jh. registriert. Heute sind es gerade mal 200, gehütet von einem einzigen Schäfer aus dem Trentino. Wo früher Schafweiden die Berghänge bedeckten, befinden sich heute im unteren Bereich dichte Macchia-Wälder. Ein Projekt zur Wiederansiedlung von Schafen am Monte Baldo scheiterte am Protest der Naturschützer. Sie sahen die Wildtiere und vor allem auch die vielfältige Vogelwelt bedroht. Eine italienische Homepage informiert ausführlich über die Geschichte und mögliche Zukunft der Weidewirtschaft auf dem Monte Baldo: www.visitsanzenodimontagna.com/san-zeno-il-baldo-la-montagna. Aus den verlassenen Schäfer- und Almhütten *(malghe)* könnten beispielsweise Anlaufpunkte für Skitouren, Reiter und Wanderer (s. Tour S. 66) werden, mit oder ohne Unterkunft, jedenfalls möglichst mit Restauration.

Schlafen & Essen

Höhenluft garantiert

Rifugio Chièrego: Zu Füßen der Cima Costabella, steil über der Bergstation der Seilbahn, mit Blick auf das Etschtal sowie auf den Gardasee, 1962 zur Erinnerung an den Veroneser Alpinisten Giovanni Chièrego errichtet. Die Schutzhütte Fiori del Baldo direkt an der Bergstation der Seilbahn bietet nur wenig, daher gehen Wanderer lieber eine Schutzhütte weiter Richtung Baldo-Gipfel und erreichen in 1911 m Höhe das Rifugio Chièrego mit 23 Betten und netten Sitzplätzen innen wie außen. Wir haben es ausprobiert: Wanderer bekommen auch durch die neuen Pächter eine gute Bewirtung und finden eine ordentliche Unterkunft vor.
T 04 52 45 75 99, www.rifugiochierego.it, Juni–Sept. tgl., sonst nur Sa/So (allerdings nicht bei schlechtem Wetter) sowie in Vollmondnächten! €

TOUR
Durch die Hintertür auf den Gipfel

Wanderung von Süden auf die Cima Valdritta

Infos

Start: Prada, F 7
Ziel: Malcésine, G 4
Weglänge: 13 km
Dauer: ca. 6 ½ Std.
Wichtig: Der Kabinenlift ermöglicht den Aufstieg für je 2 Erwachsene und 1 Kind oder 2 Erwachsene mit leichter Ausrüstung oder 1 Pers. mit Sportgerät. Für die Wanderung muss man sich die Wege Nummer 658 und 651 merken, die gut ausgeschildert sind.

Der beste Ausgangspunkt für Wanderungen auf dem Monte Baldo vom Süden her ist **Prada** in rund 1000 m Höhe. Wer länger wandern möchte, darf sich auf eine wunderbare Natur inmitten von Bergwiesen, auf Steige und alte Kriegsstraßen freuen. Wer es sich einfach machen möchte, steigt mit den seit Sommer 2022 rundum erneuerten Aufstiegshilfen in zwei Teilabschnitten (s. Seilbahn S. 67) zum **Rifugio Fiori del Monte Baldo** (1815 m) am langen Kamm des Monte Baldo auf. Oben erwarten einen herrliche Wanderwegen und Einkehrmöglichkeiten (s. S. 65).

Weiter geht es nach Norden zu Fuß über den 2074 m hohen **Coàl Santo** und die 2136 m hohe **Punta Sascaga.** Schönstes Ziel für Wanderer mit Ausdauer und richtiger Ausrüstung ist die **Punta Telègrafo** (2199 m) mit Schutzhütte im Norden (Gehdauer ca. 3 Std.) und ca. eine Stunde später die **Cima Valdritta** (2218 m), der Gipfel des Monte Baldo. Keine Frage, dass die Ausblicke von hier in alle Himmelsrichtungen mehr als grandios sind.

Denselben Weg zurück zu nehmen wäre jetzt gegen die Wanderer-Ehre – als Anschluss eignet sich die Fortsetzung am langen Kamm des Monte Baldo, der einem herrliche Ausblicke nicht nur auf den Gardasee im Westen, sondern auch ins Etschtal im Osten gewährt. Bis zur **Bergstation** der Seilbahn hinunter nach Malcésine (s. auch S. 56) bewältigen mit genügend Wasser und Proviant ausgerüstete Wanderer dann insgesamt 870 Höhenmeter aufwärts und als Abstieg stolze 939 Höhenmeter. Endstation der Wanderung ist schließlich an der **Baita dei Forti** mit der einladenden Jausestation und der Aussicht auf die bequeme Abfahrt mit der Seilbahn nach **Malcésine** bzw. an den Gardasee zurück.

Essen

Berghüttenromantik

Immer nur Ex: Die Berghütte im Rifugio Ex-Mondini (1550 m) an der früheren Umsteigestation vom Zweier- in den Einzelsessellift wechselt mit jedem neuen Besitzer den Namen. Gut, dass sie bald wieder eröffnet werden soll, denn sie hat eine einladende Restaurantterrasse.

In San Zeno di Montagna, s. Infos, nachfragen

Infos

- **Seilbahn:** Prada–Costabella/Monte Baldo (ca. 1000–1815 m). Mit Umsteigen am kleinen Rifugio Fiori del Monte Baldo. Besonders schön ist die 23-minütige Auffahrt mit dem Stehgondellift, der in einen Zweisitzer-Sessellift übergeht (weitere 10 Min.). Die Öffnungszeiten variieren, am sichersten ca. Ostern–1. Nov. Auch Transport von Sportgeräten. Im Winter ist die Bergstation nur zu Fuß erreichbar und dann ein Paradies für Naturfreunde!

Via Prada, T 04 57 28 56 62, www.prada-costabella.it, bei gutem Wetter tgl. 9–18 Uhr, Hin- und Rückfahrt insgesamt 18/15 €, Kinder bis 1,20 m Größe fahren gratis mit

San Zeno di Montagna

E 7/8

Von der stillen Hochebene von Prada führt eine der schönsten Bergstraßen entlang der westlichen Abhänge des Monte Baldo nach San Zeno di Montagna, einer recht zersiedelten Sommerfrische in 581 m Höhe. Der historische Ortskern bietet einen fantastischen Aussichtspunkt hinter der Pfarrkirche.

Kultur im Patrizierhaus

Im Vorort Ca' Montagna (590 m) befindet sich die zum Kulturzentrum mit Bibliothek restaurierte gleichnamige **Ca' Montagna** (14. Jh.), ein typisches Patrizierhaus mit Bogengängen im Erdgeschoss und einer offenen Loggia darüber, von der aus man den gotischen Saal erreicht. Das Haus der Familie Montagna, die hier zwischen dem 13. und 17. Jh. wohnte, besteht aus hellem Bruchsteinmauerwerk mit Rändern aus gebranntem Ton und zeigt an der geschützten Außenwand der Loggia u. a. das Fresko eines riesigen Christophorus sowie Rhombenmuster in brauner, beiger, grüner und weißer Farbe (14./15. Jh.). Drei harmonische, zugespitzte gotische Fenster öffnen sich über den Loggiabögen zum Vorhof, auf dem jetzt ein kleines Freilichttheater entstanden ist. Leider hat man das Treppenhaus u. a. aus Sicherheitsgründen durch eine Glas-Holz-Konstruktion geschlossen. Das hat der Ca' Montagna viel von ihrer architektonischen Eleganz genommen.

Schlafen

Sehr panoramisch

Bellavista: Der Name ist Programm, vom gepflegten Hotel der Familie Pret im leicht älplerischen Stil mit 41 Zimmern, der großen Terrasse und dem Restaurant (nur Hausgäste) genießt man eine wundervolle Aussicht auf den See. Freier Parkplatz und Pool in Panoramalage.

Contrada Cà Montana 1, T 04 57 28 52 86, www.bellavistahotel.eu, Mitte März–3. Nov., €€

Einfach, aber authentisch

Agriturismo La Part: Der Hof der Familie Bortolo Castellani trägt den Namen La Part vom Teilen der Kastanien, wie es früher üblich war, nämlich zwischen den Sammlern und ihnen. Ihre Milchprodukte kann man vor Ort kaufen oder auf den nahen Märkten ringsum. Restaurant mit eigenen Produkten s. u.

Contrada La Pora 17, T 04 57 28 52 77, www.agriturismolapart.com, drei nette DZ, praktisch ganzjährig, €

Essen

Von schlicht zu schick

Taverna Kus: Einst schlichtes Bauernhaus mit Stallungen und *cantina,* aus dem eine teure, wenn auch gemütliche und kulinarisch hochwertige Adresse vor allem für Touristen bzw. Geschäftsleute wurde, die guten Wein und eine verfeinerte lokale Küche schätzen; jahreszeitlich angepasste Degustationsmenüs, auch ein vegetarisches, mit vier Gängen, sonst à la carte.

Via Castello 14, T 04 57 28 56 67, www.tavernakus.it, Mitte Febr.–Anf. Jan. Di Abend–Mo, im Winter Di–So, im Hochsommer tgl., €€–€€€

Selbstgemachte Qualität

Agriturismo La Part: Nettes Ambiente. Hausgemachte Pasta sowie alles aus eigener Produktion. Kleine, saisonale Karte, im Herbst z. B. mit Kastanien und Pilzen: Gulasch vom Wildschwein mit Kastanien, Ossobuco mit Polenta und Pilzen.

s. Schlafen, Juni–Sept. tgl., Menü inkl. Getränke €–€€

Infos

- **Ufficio Informazioni:** Via Ca' Montagna, 37010 San Zeno di Montagna (VR), T 04 56 28 92 96, www.comunesanzenodimontagna.it.
- **Busse:** Linienverkehr nach Garda und weiter bis Verona werktags zu den Hauptverkehrszeiten, nach San Zeno di Montagna in der Saison auch bis zur Talstation von Prada.

Torri del Benacos Festung erhebt sich nicht wie meistens hoch über dem Ort, hier breitet sie sich gleich am Ortseingang aus.

Torri del Benaco und Umgebung

D/E 8

Rings um den kleinen Hafen von Torri del Benaco (gut 3000 Einw.) gedeihen prächtige Olivenbäume, seine Mole schmücken gestutzte Platanen, die Burgruine trägt eine imposante Mauer mit Schwalbenschwanzzinnen sowie einigen Turmresten und die Pfarrkirche strotzt vor Steinintarsien. Die kleine Altstadt liegt auf einer breiten Halbinsel; in den Gassen zwischen niedrigen, meist einfacheren Häusern haben Lebensmittelgeschäfte und Modeboutiquen Platz gefunden.

Das Bergmassiv des Monte Baldo rückt schon weiter ab bzw. ist bei Torri keine 1000 m mehr hoch. Auch das führt dazu, dass der Ort einen lichteren Charakter hat. Die befestigte Strandpromenade zieht sich bis zur wenig vorspringenden Punta Cavallo weit nach Norden. Sie endet am hübschen und ruhigen öffentlichen Kiesstrand vor dem Hotel Baia dei Pini und ist eine beliebte Flaniermeile. Im Süden befindet sich vor dem Parkplatz, auf dem montags der Wochenmarkt abgehalten wird, eine kleine Bootswerft. Weiter südlich nahe beim Kreuzungspunkt mit der Gardesana Orientale sorgt der Fährhafen für die einzige ganzjährige direkte Verbindung mit Maderno am Westufer (also auch für Fahrzeuge).

Platz da für Zitronen

Auffälligstes Bauwerk am historischen Hafen ist die Skaligerburg von 1383, das **Castello Scaligero.** Sie verlor 1760 ihren Festungscharakter, als man ihre Südmauer einriss, um stattdessen die *limonaia* auf der Sonnenseite zu platzieren. Übrigens ist dieses Gewächshaus für Zitronen jetzt neben dem kleinen privaten der Punta San Vigilio das einzige am Ostufer, das noch, wenn auch hier zu Demonstrationszwecken, wirklich funktioniert.

In der Burg hat das Museo del Castello Scaligero mit sieben didaktisch hervorragend aufgebauten Sammlungen seinen Sitz. Sie beschäftigen sich zum größten Teil mit dem Leben und dem Handwerk der Bootsbauer und Fischer, der Olivenölproduktion sowie dem Anbau der Zitrusfrüchte. Ein Saal zeigt ein Modell des mittelalterlichen Torri, Saal 9 informiert mit Originalen, Kopien und Gipsabdrücken sowie Filmen über die Felsgravuren am Gardasee. Die (teils gekappten) Türme der Festung gewähren fantastische Ausblicke.

Viale Fratelli Lavanda 2, www.museodelcastello ditorridelbenaco.it, Di–So April–15. Juni, 16. Sept.–Okt. 9.30–12.30, 14.30–18/18.30, 16. Juni–15. Sept. 9.30–13, 16.30–19.30, Nov.–März nur an Wochenenden und meist nur auf Anfrage 9.30–12.30, 14.30–18 Uhr, Erw. 5 €

Juwel aus dem Mittelalter

Im Scheitelpunkt des Porto Vecchio steht das schmale Haus (um 1400) mit drei Loggia-Reihen, die **Ca' Bertea,** die zwar privat und daher nicht zu besichtigen ist, aber einen hübschen Akzent am kleinen Hafen setzt.

Gut bebildert

Schräg gegenüber, also auf der Nordseite des Hafens, steht die unscheinbare **Kirche Santissima Trinità,** heute ein Kriegerdenkmal. Ihre farbenprächtigen, der Giotto-Schule zugeschriebenen Fresken sind recht gut erhalten. Man betritt den einschiffigen Kirchenraum auf seiner Südseite. Rechts vom Altar, der im Westen steht, sind Reste eines Abendmahls zu erkennen, eine mit Fischen gedeckte Tafel und sechs Apostel. An der Südwand befindet sich ein Fresko der Madonna mit Kind und Heiligen. An der Ostwand sieht man Christus in einer zart ausgemalten Mandorla, von zwei Heiligen und den kräftigen Sym-

bolen der vier Evangelisten umgeben, darunter eine Kreuzigungsszene. Links von der Mandorla zeigt ein beschädigtes Fresko einen kräftigen Christophorus und die Taufe des – völlig nackten – Christus. Diese im ländlich-retardierten Veroneser Stil ausgemalte Kirche diente dem benachbarten Palazzo Gardesana dell'Acqua (s. u.) als Kapelle.
Piazza Calderini, tagsüber geöffnet

Schaltstelle der Geschichte

Im **Palazzo Gardesana dell'Acqua** ist heute das Hotel Gardesana (s. Schlafen) untergebracht, also kann man es innen nicht besichtigen, es sei denn als Hausgast. Das harmonische Gebäude, das ursprünglich als Warenlager diente, wurde 1405 von der Republik Venedig als Sitz des Gardasee-Rates des venezianischen Statthalters eingerichtet, spielte also eine bedeutende Rolle in der Geschichte Torris. Etwas von der historischen Atmosphäre kann man in dessen früherem Ratsherrensaal genießen, wenn man im dort eingerichteten feinen Restaurant des Hotels speist.
Piazza Calderini 5

Flair der Altstadt

Zwischen der Santissima Trinità und der Trattoria Bell'Arrivo geht es hinein in die freundliche Fußgängerzone mit schönen Modegeschäften und Lebensmittelläden. Dort, wo sich eine hohe *casatorre* (Turmhaus) erhebt, endet die Fußgängerzone. Am Turmhaus erinnert auf der dem Kirchplatz zugewandten Seite eine Tafel an den Besuch Berengars I. am 31. Juli 905 in Torri.

Geständnisse im Verborgenen

Wenige Schritte vom Turmhaus entfernt steht man vor der Fassade der barocken Kirche **Santi Apostoli Pietro e Paolo,** die über den schön gestalteten Platz hinweg auf den See blickt. Sie entstand 1712 bis 1723 und überrascht mit kostbar intarsierten Marmoraltären. Am eindrucksvollsten aber ist die Innenwand des Haupteingangs. Hier erkennt man seitlich vom Hauptportal je einen versteckten Beichtstuhl. Die Wand und das prunkvolle Orgelgehäuse darüber wurden von Angelo Bonatti aus Desenzano als reich geschmücktes Gesamtkunstwerk gestaltet.
Vicolo Chiesa s/n, tagsüber geöffnet

Schlafen & Essen

Ein Palazzo bittet zu Gast

Gardesana: Giuseppe Lorenzini hat 1980 das historische Gebäude am Hafen mit schönem Blick auf die Burg und den See zum Hotel umgebaut, das jetzt von seinem Sohn weitergeführt wird. Mit eher kleinen, im venezianischen Stil elegant eingerichteten 34 Zimmern und sehr gutem Restaurant (ein ›Buon Ricordo‹), Di–So nur abends, mit Seefisch-Spezialitäten. Café ganztags. Reservierter Parkplatz.
Piazza Calderini 5, T 04 57 22 54 11, www.gardesana.eu, Anf. April–Ende Okt. und evtl. zu Weihnachten/Neujahr, €€–€€€

Design am Strand

Baia dei Pini: Zauberhaft am See gelegenes, durch den eigenen Pinienpark abgeschirmtes kleines Hotel mit zwei hübschen Dependancen (insgesamt 35 Zimmer). Immer noch im Familienbesitz, aber von der jungen Generation, Silvia und Stefano Faccioli, zu einem Designhotel umgebaut. Restaurant mit guter Küche, Pool, Terrasse über dem ausgestatteten Kiesstrand.
Via Gardesana 115, T 04 57 22 52 15, www.baiadeipini.com, Ostern–Anfang Nov., inkl. Liegen am Strand, Parkplatz, €€–€€€

Bewegen

Heute segeln …

Yachting Club Torri
Via Marconi 1, T 04 56 22 51 24, www.yctorri.com

… und morgen surfen

Centro Surf Jean Pierre Ruegsegger: Viel gelobtes Surfzentrum.

c/o Hotel San Faustino, Via Gardesana 20, T 04 57 22 52 15

Ausgehen

Entlang der gesamten Seepromenade findet man in der Saison Café an Café, genau das Richtige für eine Kaffeepause oder einen abendlichen Aperitif.

Klein am Hafen

Il Baretto: Hübsche ›kleine Bar‹ mit Tischen direkt am Hafen. Blick auf das nachts beleuchtete Castello sowie auf die Westseite des Sees.

Porto Vecchio, geöffnet im Sommer von früh bis spät

Hier trifft sich ganz Torri

Taverna Norma: Seit nunmehr einem halben Jahrhundert gilt die urige Kneipe den Einheimischen als beliebter Treffpunkt von früh bis spät. Innen eine Art Fachwerk-Dekor mit kleiner Empore, außen ein paar Tische in der Fußgängerzone. Die zum Aperitivo gereichten Häppchen werden frisch zubereitet und können sich sehen lassen. Außerdem werden wechselnde Gerichte am schwarzen Brett angeschlagen.

Via Filli Lavanda 13 (am südlichen Ende des alten Hafens zur Hauptstraße hin), April–Sept. tgl. 8–24 Uhr, sonst Di Ruhetag und früher geschlossen

Einkaufen

Marktgänger und Souvenirjäger

Wochenmarkt: Mo vormittags.
Antiquitätenmarkt: Juni–Sept. Mi
Souvenirs: Der Corso Dante Alighieri parallel zum Ufer ist die reinste Verlockung in Sachen Culinaria, Keramik etc.

Feiern

- **Festa dell'Oliva:** letztes Wochenende im Jan. Kulinarisches Fest für die Olive.
- **Festa dell'Ospite:** Anf./Mitte Aug. Fest des Gastes sowie Festa della Gioventù (der Jugend) mit gastronomischen Ständen und Musik; ein richtiges Sommerfest mit Feuerwerk.
- **Carnevale Settembrino:** ca. Mitte Sept. Sommerkarneval mit Umzug.

Infos

- **Ufficio Informazioni:** Via Gardesana 5, 37010 Torri del Benaco (VR), T 04 57 22 51 20, www.torridelbenaco.com (i.d.R. nur Saisonbetrieb, sonst online anfragen).
- **Associazione Albergatori:** wie Ufficio Informazioni, T 04 56 29 64 82, www.hotelstorri.com, und eine deutsche Anbieterseite unter www.torridelbenaco.de.
- **Autofähren:** Torri ist durch die Autofähren ganzjährig mit dem Westufer, genauer mit Maderno verbunden, im Sommer in dichter Folge (Mittagszeit ausgenommen).
- **Busse:** Dichter Fahrplan der öffentlichen Busse entlang der Gardesana Orientale, auch gute Anbindung an Verona (ca. stdl.).

Punta San Vigilio

Arnold Böcklin hat sie angeblich in seinem Bild »Die Toteninsel« festgehalten, obwohl er nachweislich niemals hier war, am wohl schönsten Winkel des Gardasees: der Punta San Vigilio. Diesen weit in den See hineinragenden Ausläufer des 416 m hohen

Schon der Humanist Agostino Brenzone wusste die großartige Lage auf der Punta San Vigilio zu schätzen, als er hier seine Villa bauen ließ.

Monte Lúppia mochten wohl schon die Menschen in prähistorischer Zeit, weshalb sie (und spätere Bewohner des Gebietes auch) der Nachwelt auf seinen von den Eiszeitgletschern glatt geschliffenen, schräg gestellten Felswänden ihre Felsritzungen hinterließen. So findet man zwischen Torri del Benaco und der Punta San Vigilio, vor allem oberhalb des Ortsteils Brancolino, eine Menge dieser *incisioni rupestre,* heute z. T. von dichter Macchia und hohen Eichen überwuchert (s. S. 74).

Die Punta San Vigilio mit rund 30 000 m² Olivenhain schmückt als kostenlose Dreingabe der Natur eine zauberhafte Bucht. Seit Prinz Charles 1986 in dieser Baia delle Sirene gebadet hat, so die Anwohner, wird hier im Sommer vom Nobelhotel für das Bade- und Sonnenvergnügen ein saftiger Obolus als Eintritt verlangt …

Renaissance vom Feinsten

Eine kurze, aber imposant hohe und dunkle Zypressenallee führt direkt zur **Villa Guarienti di Brenzone** mit ihrer einfachen, aber eleganten Architektur. Sie ist von perfekten Dimensionen: nur zweistöckig mit fast flachem Dach, die Fenster zur Landseite einfache Rechtecke, nur die beiden Loggien übereinander zum See mit Rundbögen, als eine Art Wintergarten verglast. Tatsächlich darf man die Villa nicht für sich allein betrachten, sondern muss sie zusammen mit ihrem Park und dem Gardasee als homogene Einheit verstehen. Ganz so, wie es der Humanist Agostino Brenzone sah, als er sie 1540 bauen ließ.

Schon die Römer hatten in dieser hervorragenden Lage eine Villa als Erholungsort errichtet, wie einige Fundstücke beweisen. Außerdem soll hier eine kleine Kapelle gestanden haben. Sie bildete den Grundstock für die heute noch vorhandene Kapelle, die schon 1200 in den Urkunden des Klosters San Zeno in Verona erwähnt wird und San Vigilio, dem ersten christlichen Missionar des Trentino und des Gardasees, geweiht ist. Architekt der Villa war kein Geringerer als Michele Sanmicheli (1484–1559), der damals bedeutendste Architekt Veronas und wichtigster Festungsbaumeister Venedigs. Er verstand es, die ganze Spitze von San Vigilio so zu gestalten, wie sie uns heute praktisch unverändert begegnet, mitsamt *limonaia* und *locanda* sowie mit kleiner Kapelle und Taverne der Fischer und Bootsmänner.

Wer sich's leisten kann

Zwischen den Mauern der Villa und dem niedrigen ehemaligen Personaltrakt geht es auf einer mit unregelmäßigen Steinen gepflasterten Gasse etwas absteigend weiter zum See und zur Locanda di San Vigilio sowie links durch einen Torbogen zum winzigen Privathafen des Komplexes. Während die eigentliche Villa in Privatbesitz ist und nicht besichtigt werden kann, beherbergt die **Locanda di San Vigilio** – wie die Villa im Renaissancestil mit dekorativen Bögen gebaut, hinter denen sich die gemütlichen Zimmer befinden – heute ein sündhaft teures, zauberhaftes kleines Hotel mit einem sehr feinen Restaurant. Die Taverna am Hafen mit ihren wenigen Tischen auf der schmalen Mole ist vor allem an den Wochenenden ein beliebtes Ausflugsziel – speziell mit dem Boot.

Garda

E 9

Die Bucht von Garda zeigt fast das ganze Jahr über prächtige Farben. Die lange und recht breite Uferpromenade des beliebten Ferienortes, dessen Hausberg dem See seinen Namen gab, wird beschattet von zurechtgestutzten Alleebäumen. In den Gärten und Parks erreichen die Bäume eine erstaunliche Größe (Zedern und Magnolien, Pinien und Zypressen, Ölbäume und Oleander, Lorbeer und Eichen), und die Obstbäume tragen schon früh im Frühjahr ihr duftendes Blütenkleid. Ohne Frage: Das milde Klima in geschützter Lage bekommt der Vegetation ebenso wie den Einheimischen (etwa 4100) und lockt vor allem viele sonnenhungrige Touristen hierher. Besonders schön ist es im Winter, wenn die Sonne tiefrot hinter den gezackten Bergen am Westufer versinkt. Doch leider ist dann kaum ein Hotel geöffnet und auch manche Restaurantbesitzer ziehen es vor, nach guter Sommersaison eine Pause einzulegen.

Garda besitzt einen noch recht intakten historischen Kern. An der ausnehmend hübschen Uferpromenade stehen Café an Café – mit Tischen bis zum See – sowie einige kleinere Hotels. Die großen Herbergen und Residence-Anlagen stehen am Rande im neueren Teil des Ortes oder in den umgebenden Hügeln Richtung Costermano: auf Terrassen mit Ölbäumen oder in blühenden Gärten, mit herrlichem Seeblick.

Überragt wird Garda von seiner geschichtsträchtigen Rocca (s. S. 85), von der allerdings nur noch eine Ruine erhalten ist. Der Fels in Form eines schmalen, 295 m hohen Tafelberges bildet die geografische Grenze zum Weinort Bardolino.

Noch immer leben in Garda die meisten Fischer des gesamten Sees, insgesamt rund einhundert. Hauptberuflich arbeiten jedoch gerade einmal acht oder neun. Ihre Boote schaukeln im Hafenbecken vor dem venezianischen Palazzo del Capitano del Lago und prägen damit das Bild eines ruhigen Fischerdorfes, was Garda natürlich schon lange nicht mehr ist. Jetzt lebt das Städtchen zum größten Teil vom Tourismus und ist nicht nur

TOUR
Bildergeschichte im Fels

Wanderung zum Monte Lúppia

Infos

Start: Punta San Vigilio oder SR 249 bei km 57,1, D 9

Dauer: je nach Interesse ca. 1 Std.

Richtung Garda zweigt von der Gardesana Orientale (SR 249) links die **Via Castei** ab, die mit Holztafeln auf die *graffiti* am Monte Lúppia hinweist. Man kann den Wagen entweder hier am Straßenrand abstellen oder Richtung **Punta San Vigilio** (bzw. direkt von dort aus loslaufen). Der wunderschöne Weg führt zunächst zwischen Ölbäumen und dann durch dichten Wald hindurch. Man wandert zuerst auf dem alten, steinbefestigten Weg, der bald in eine Schotterstraße und später in einen Trampelpfad übergeht, durch dichte Macchia mit hohen Steineichen. Bald trifft man auf eine kleine **Wegkreuzung** mit dem Hinweis zu den *incisioni*, den Felsgravuren (was richtiger ist als *graffiti*, denn es sind Ritzungen im Fels, keine Zeichnungen).

Kurz danach, nach insgesamt rund 20 Minuten Gehzeit, breitet sich rechter Hand die **Pietra delle Griselle** aus, unschwer an den hübschen Segelschiffen mit ih-

ren Strickleitern *(griselle)* zu erkennen. Der Stein zeigt eine lang gezogene Mulde, an der entlang der eiszeitliche Gletscher Mahlsteine vorgeschoben haben muss, die sich tief eingegraben hatten. Das soll vor 1,6 oder 1,8 Mio. Jahren geschehen sein. Auf der *pietra* ist die Landung mit Segelbooten zu erkennen, wie sie von den Bewohnern des Gebietes von hier oben beobachtet werden konnte. Prähistorisch sind diese Gravuren sicher nicht, Fachleute datieren sie sogar ins 19. Jh., weil deutlich Dampfräder zu erkennen seien. Schließlich sei es zur Tradition geworden, in den Felsen zu ritzen, was man ständig vor Augen hatte. Ob es Schäfer waren, die sich hier aus Langeweile verewigten? Der Monte Baldo bot schließlich bis in die 1950er-Jahre hinein begehrtes Weideland. Auch Sonnensymbole und Hände findet man auf den nahen Felsen, doch diese sind wohl tatsächlich jungsteinzeitlich.

Eiszeitkunst auf einer Felsplatte zu Füßen des Monte Lúppia bei Crero

Der nächste, ausladende Fels trägt wegen seiner zwölf Reiterskizzen den Namen **Pietra dei Cavalieri.** Fabio Gaggia, der Experte der Monte-Baldo-Zeichnungen, hält diese Gravuren für napoleonisch. Denn die Reiter trügen keine Lanzen, sondern Gewehre mit Bajonett, deutlich am Knick zu erkennen. Eiszeitlich hingegen sollen ein Stück weiter durch den Wald in Höhe von Crero (oberhalb einer riesigen Ferienhaussiedlung) die Felsritzungen der **Pietra di Crero** sein, die stilisierte Menschen zeigen.

Nur 10 % der Felszeichnungen am Monte Baldo gelten als eiszeitlich, der große Rest entstand in späterer Zeit, vor allem ab dem Mittelalter. Die Bewohner des Gebietes nutzten die natürlichen Schreibflächen auch zum Festhalten ihrer Tätigkeiten: Olivenanbau, Schafe hüten, Steinbrucharbeiten, aber auch in Kriegszeiten, die es in diesem Grenzgebiet zwischen Veneto und Lombardei mehrfach gab. Rund 90 % der Felsritzungen am Monte Baldo wurden katalogisiert, zum größten Teil aber wieder mit Humus bedeckt, um sie vor Wetter und Vandalismus zu schützen.

R

RADLSERVICE

Von Juni–Sept. bietet die Provinz Verona ihren radelnden Gästen einen besonderen Service an: Sie können in speziellen Bussen ihre Räder den Berg hinauftransportieren lassen. Auch die Seilbahn Malcésine–Monte Baldo (s. S. 56) und der Sessellift Prada–Costabella (s. S. 67) transportieren zeitweilig nach genauem Fahrplan Bikes. Weitere Infos auf www.atv.verona.it unter ›Bus, Walk & Bike‹.

am Markttag (freitags) eine beliebte Einkaufsadresse. Im Hochsommer sind die Gassen voller Stände mit Souvenirs und Lederwaren, einem orientalischen Basar nicht unähnlich. Angenehmer ist es daher ab Ende Oktober – und einen besonderen Charme bekommt der Ort ab Ende November, wenn der Weihnachtsmarkt in Kooperation mit der bayerischen Partnerstadt Beilngries seine Stände aufbaut.

Ein Park zum Durchatmen

Auf der Bergseite erhebt sich die von den Grafen Albertini privat bewohnte **Villa Albertini** von 1799, im 19. Jh. umgestaltet, die schon von Weitem das Ortsbild mit ihren markanten Ecktürmen bestimmt. Durch das hohe Gatter sieht man eine an die 10 m hohe Magnolienallee, die höchste weit und breit. Hinter der Prachtvilla erstreckt sich der **Parco Degli Albertini,** ein herrlicher Park ganz im Sinne des romantischen 19. Jh., möglichst der Natur überlassen und durch drei Wege erschlossen. Mit Café und Parkplatz!

Viale San Carlo, www.parcodeglialbertini.it, tgl. 10 Uhr bis Sonnenuntergang, Erw. 5 €

Venedig lässt grüßen

Schon bei der Ankunft mit dem Boot glaubt man sich nach Venedig versetzt, auch wenn der wunderschöne **Palazzo del Capitano** nicht mehr wie ursprünglich als Anlegestelle dient, man hat ihm für den künstlich geschaffenen Hafen eine lange Mole vorgebaut. Dort, wo früher der Hafen lag, erstreckt sich heute die weite Piazza Catullo mit ihren endlosen Reihen von Caféhausstühlen. Den gelblichen, im Stil der venezianischen Gotik erbauten Kapitänspalast (15. Jh., jetzt Café) könnte man bei der Promenade am See entlang vor lauter Cafés glatt übersehen. Er ruht auf drei großen Rundbögen und dem schmalen Durchschlupf in die Gasse rechts, darüber folgen zwei Stockwerke mit unregelmäßig verteilten Dreipassfenstern, das linke im ersten Stock als Biforie, das mittlere im zweiten Stockwerk mit einem kleinen Balkon, alle von Frühjahr bis Herbst mit prächtig blühenden Topfpflanzen geschmückt.

Das eigentlich historische, also venezianische Viertel erstreckt sich direkt hinter dem Kapitänspalast, und zwar von Nord nach Süd zwischen den beiden Stadttoren. Das nördliche Stadttor ist in den früheren **Palazzo Fregoso** (1510; Via Vittorio Emanuele/Ecke Via Spagna) integriert, dessen Freitreppe zu einem hübschen Renaissanceportal führt. Das südliche Stadttor wird außen bekrönt von einem Uhrturm (Piazza Calderini). Zwischen beiden Stadttoren verläuft die schmale Via Vittorio Emanuele – nicht gerade, sondern mit einem Knick. An dieser Gasse reihen sich zahllose Modegeschäfte, Eisdielen und Lebensmittelläden.

Aussichtsloggia

Südlich des venezianischen Kerns steht am See der **Palazzo Carlotti,** wegen seiner offenen Aussichtsloggia zum See ›Losa‹ genannt – ein großer und doch fast unscheinbarer Baukomplex aus der Renaissance, der an der rückwärtigen Seite bis zur Via Vittorio Emanuele reicht und von Michele Sanmicheli stammen soll. Fünf rustizierte Rundbögen im Erdgeschoss tragen die durch ihre zierlichen Säulen leicht wirkende fünfbogige Loggia des Obergeschosses.

Auch hier reiht sich wieder eine Caféhausbestuhlung an die andere. Und obwohl die Flaniermeile dadurch eingeengt wird, bleibt sie eine der großzügigsten am östlichen Gardasee. Südlich des Palastes bildet das Ufer eine breite Halbinsel. Hier stehen die ältesten Hotels Gardas und das neue Rathaus neben dem alten **Municipio** (Lungolago Regina Adelaide 15), das jetzt u. a. die Stadtbibliothek beherbergt sowie das Museo del Lago (s. S. 79).

Via Regina Adelaida/Ecke Via Manzoni

Schon so alt?

Die Promenade folgt der Halbinsel nach Süden und geht über in einen breit angelegten Weg zwischen kleinen Bade- und großen Campingplätzen, immer wieder von naturgeschützten Schilfbereichen unterbrochen, bis nach Bardolino (rund 3 km).

An dem kleinen, spitz am See endenden Park (mit kleinem Freilichttheater) im südlichen Garda erreicht man über einen kurzen Durchstich den von hohen knorrigen Platanen geschmückten Piazzale Roma und schaut jenseits der Gardesana Orientale direkt auf die Pfarrkirche **Santa Maria Assunta.** Ihr Ursprung wird auf das 6. und 7. Jh. datiert. Sie bildete den Kern einer der ältesten Diözesen am See mit dem damals einzigen Taufbecken der Gegend. Ihr heutiges Aussehen erhielt die Kirche im 15. Jh., aber 1774 wurde sie barockisiert und 1830 noch einmal umgestaltet. Immerhin besitzt sie noch den originalen Kreuzgang aus dem 10.–15. Jh., der in seiner Einfachheit eine wohltuende Ruhe ausstrahlt.

Am Hafen von Garda angekommen, schaut man direkt auf die feudale, bis heute bewohnte Villa Albertini mit ihrem riesigen Park.

TOUR
Gegessen wird heute auswärts

Wanderung in die Valtesina

Infos

Start/Ziel: Garda/ Abzweigung Via Poiano, E 9

Dauer: Rundweg ca. 2 Std.

Die Wanderung in die Valtesina, in die historische **Val dei Molini (Mühlental),** beginnt eigentlich in **Garda,** der schönere Einstieg aber befindet sich links der kleinen Brücke (von Garda kommend) Richtung Costermano, gegenüber der **Via Poiano,** etwa 1 km vom See entfernt. Der Schotterweg ist zunächst noch befahrbar, aber es wäre schade, die Ruhe der Natur zu stören. Nach ein paar Minuten muss man den Wagen ohnehin abstellen, denn der Weg verengt sich. Er geht an der **Trattoria Molini,** die noch mit dem Wagen erreichbar wäre, in einen Trampelpfad über, ansteigend und immer wilder, aber sehr schön. Die mediterrane Vegetation ist dicht und artenreich, der Tesina-Bach plätschert munter Richtung Garda, wo er sich in den See ergießt. Man steigt hinter dem Lokal recht schnell aufwärts und folgt dem ausgeschilderten **Gesundheitsparcours.** Am Ende hat man sich eine Schlemmerbelohnung verdient! Am Wochenende sollte man allerdings vorab reservieren.

Trattoria Molini: Beliebte Trattoria im einfachen Bauernhaus. Nur wenige Fisch- und Fleischgerichte vom Grill; berühmt ist der *risotto alla tinca grigliata* (mit Schleie), dazu offener Wein aus der Gegend; im Sommer sitzt man im Garten. Valle dei Mulini/Valtesina Haus Nr. 3, 37016 Garda (VR), T 04 57 25 63 39, Di–So, im Sommer tgl., im Winter besser vorab erkundigen, Menü um 25 €.

Trattoria La Val: Einfache Trattoria in einem schlichten Haus am nördlichen Talende mit Sommerveranda. Hausgemachte Pasta, Fleisch und Seefisch vom Grill, Spezialität: Gardaseeforelle, im Winter Polenta mit Seehecht oder Hausmacherwurst; preiswerter Hauswein. An Sommerwochenenden Livemusik bis spät. Valle dei Mulini/Valtesina Haus Nr. 1/A, 37016 Garda (VR), T 04 56 20 10 79, Mitte März–Okt., Do–Di, werktags reiches festes Menü inkl. Getränke 30 €.

Im eng daneben stehenden, hohen Glockenturm der Kirche sind seit 1571 ein paar langobardische Bildhauerarbeiten eingelassen: vorne direkt über dem Sockel ein Lebensbaum, in einem Dreipass unter einem Wappen ein Matthäus-Engel, auf der Rückseite recht weit oben eine Taube.

Das rechte Seitenschiff weist innen an der Südwand der Kirche ein paar Freskenreste auf, und im linken Seitenschiff steht gleich neben dem Eingang die wohl größte Kostbarkeit der Kirche: ein hölzernes Kruzifix aus dem 15. Jh. – eindrucksvoll durch die leichte Neigung des Kopfes auf die rechte Schulter und das ganze Drama der Passion widerspiegelnd.

Gardesana Orientale/Piazzale Roma, tagsüber geöffnet

Verein mit Initiative

Das **Museo Territoriale del Lago di Garda** entstand durch emsige private und Vereinssammlungen der Amici del Museo und widmet sich dem täglichen Leben der Gardesani. Im ersten Obergeschoss wird die Bedeutung der Fischerei am See dargestellt, die ja für den Ort selber durch ihre *Originari* genannten, organisierten Fischer von größter Bedeutung war.

Palazzina delle Esposizioni, Lungolago Regina Adelaide, T 04 56 20 84 44, https://museoterritorialedelgarda.weebly.com, Okt.–März Fr–So 14.30–17.30, Sa auch 10–12.30, April–Mai Fr–So 15–18.30, Sa auch 10–12.30, Juni–Sept. Fr–So 16.30–19.30, Sa auch 10–12.30 Uhr, Eintritt frei, Spende erwünscht

Schlafen

Fast herrschaftlich

La Vittoria: Schön restaurierte Jugendstilvilla mit Designermöbeln, zwischen Durchgangsstraße und Seepromenade; einladende Caféterrasse, nette Bar, 12 großzügige, z. T. mit Stilmöbeln eingerichtete Zimmer (die an der Rückseite/zur Hauptstraße wegen Lärms bei der Buchung meiden).

Lungolago Regina Adelaide 57, T 04 56 27 04 73, www.hotellavittoria.it, fast ganzjährig, 1.–23. Dez. speziell zum Weihnachtsmarkt, mit Parkplatz, verbilligter Eintritt ins Gardacqua, €€–€€€

Wald-Idylle für Romantiker

Villa Vagabondo: Kleine Villa im Wald der VIlla Albertini, der nur den Hausgästen zugänglich ist, von einem netten holländischen Paar betrieben. Drei liebevoll eingerichtete Gästezimmer für B & B, jeweils mit Vorgarten; gemeinsamer Pool in See-Panoramalage, Parkplatz; zwei moderne Apartments in der Villa Brusadela Suites Garda am Hang des Vorortes Beati.

Via Olivai 1 (im privaten Teil des Albertini-Parks), mobil 33 12 77 21 53, www.villavagabondo.com, €€

Es lebe der Sport

Poiano: Weitläufige Hotelanlage (60 ha Wald und Wiesen) der alteingesessenen Familie Albertini, Besitzer der gleichnamigen Villa am Hafen, ca. 3 km oberhalb von Garda in schöner Panoramalage; ruhig, mit separaten Ferienwohnungen, vorzüglichem Restaurant und Wellness-/Spa-Bereich; 120 Zimmer und 160 Apartments (z. T. mit Terrasse), 50-m-Pool, sechs Tennisplätze, auch mit Flutlicht (Unterricht möglich), Radverleih, Fitnessstudio mit Personal Trainer; Parkplätze.

Località Poiano, T 04 57 20 01 00, www.poiano.com, Ostern–Mitte Nov., €€–€€€

Essen

In Garda gibt es viele nicht ganz preiswerte Cafés, mit Tischen vor allem direkt am See, an denen man auch eine Kleinigkeit zu essen bekommt. Viele Gäste ziehen die meist gute Hotelküche vor. Wer zum Essen ausgeht, tut dies meist außerhalb (s. Wanderung in die Valtesina, S. 78).

Einkaufen

Garda gleicht vor allem im Sommer fast einem orientalischen Basar, so viele Boutiquen und Souvenirläden schieben ihre Waren weit in die Gassen.

Stöbern am Freitag

Wochenmarkt: Fr vormittags nahe dem Hafen. Die Boote nach Garda füllen sich daher freitags ganz besonders.

Bewegen

Einmal ausschwärmen bitte

El Vissinel: Der Kulturverein ist so erfolgreich, dass er inzwischen die Mitgliedschaft anbietet und das Wander- und Ausflugsprogramm erweitert hat auch außerhalb des Gardaseegebietes. Treffpunkt jeweils am Rathaus. Man lernt dabei vor allem Gardas Umgebung kennen wie die Punta San Vigilio, das Mühlental, die Felsmalereien auf dem Monte Lúppia sowie bei einer romantischen Nachttour die Rocca.

Gegen eine geringe Gebühr oder als Mitglied, www.elvissinel.it

Wegweiser zum Radlerglück

Mountainbike-Touren auf gut ausgeschilderten Wegen, besonders schön auf der Rocca di Garda Richtung Bardolino und am Monte Baldo.

Cowboy-Feeling

Ranch Barlot: 18 Pferde stehen für Reitunterricht und Ausritte zur Verfügung. Auch Wochenend-Programme, z. B. Ritt über den Monte Baldo bis ins Trentinische Madonna della Neve, Abendessen und Übernachtung im Rifugio-Albergo Monte Baldo; das Gepäck wird mit einem Wagen transportiert.

Località Barlot, Porcino, Caprino Veronese, mobil 34 82 31 30 55, www.ranchbarlot.it

Durchgehend nass

Gardacqua: Badespaß das ganze Jahr, supermoderne Wellnessanlage um 3 Innen- und 1 Außenpool, Wasserrutsche, große Saunalandschaft.

Via Salaorni 10, T 04 56 27 05 63, www.gardacqua.org, tgl. 10–20 Uhr, Tagesticket Erw. ab 20 €

Ausgehen

Garda-Urlauber können in den meisten Hotels die hauseigene Bar oder eine andere Hotelbar genießen. Zahlreich sind die touristischen Cafés an der Uferpromenade.

Treffpunkt der Einheimischen

Bar Riviera: Glas Wein an der Bar ab 2 €. Hier liegt noch die Tageszeitung für alle zum Lesen aus. Inzwischen gibt es auch Eisbecher und Kleinigkeiten zu essen.

Seepromenade/Ecke Via San Francesco 3/5, ganzjährig von früh bis spät geöffnet

Feiern

- **Regata delle Bisse:** Juni–Aug. (wechselnde Termine, jeder Ort wird speziell angefahren). Bootsrennen mit den schlanken langen Gardasee-Booten.
- **Coro la Rocca:** Juni–Sept. Platzkonzerte des Traditionschors (Di 21 Uhr).
- **Sardellata:** Juli. Nächtliches gastronomisches Fest mit vielen Sardinen und Feuerwerk auf dem See.
- **Palio delle Contrade:** 15. Aug. Nächtlicher Kanuwettbewerb der neun Ortsteile von Garda, Abschluss mit Feuerwerk.
- **Jazz Festival:** Sept./Okt. Musikfestival nicht nur mit Jazz-Musik; kostenlos beim Rathaus. Gleichzeitig findet der **Autunno d'Oro** statt: Sept./Okt. ›Goldener Herbst‹ mit Traubenkur, Kastanien, Pilzen, zahlreichen Konzerten, Ausstellungen und Ausflügen.

- **Natale tra gli Olivi:** Ende Nov.–Anf. Jan., vor allem an den Wochenenden. Weihnachtsmarkt mit gastronomischen Ständen auch aus der bayerischen Partnerstadt Beilngries (viele Italiener sind bekennende Fans der deftigen bayerischen Küche).

Infos

- **IAT Garda:** Informationsbüro der Pro Loco zusammen mit der Hoteliervereinigung. Piazza Donatori di Sangue 5, Garda (VR), T 04 57 25 52 79, www.turismoverona.eu.
- **Boote:** Linienverbindungen der Navigarda-Boote von Ostern bis Ende Okt. mit fast allen anderen Seeorten, speziell im Südosten.
- **Busse:** Garda liegt an der Busstrecke entlang der Gardesana Orientale, die im Sommer etwa stündlich bedient wird und auch Verona einbezieht.
- **Parkplätze:** Sie gibt es auf dem bewachten und kostenpflichtigen Platz am nördlichen Ortseingang vor der Villa Albertini sowie hinter der Busstation an der Via Colombo (beide gut und ausgeschildert) oder auf einem unbewachten Platz nahe dem Friedhof. Die enge Altstadt ist strenge Fußgängerzone.

Bardolino

E 9/10

Die meisten Reisenden dürften den hübschen Ort zumindest beim ersten Mal aufsuchen, weil sie dem Namen des berühmten venetischen Weins folgen: Bardolino. Doch mit guter Infrastruktur – Hotels und Pensionen in allen Kategorien sowie viel Wassersport – hat sich Bardolino auch als Ferienbleibe einen guten Namen gemacht, nur 3 km südlich von Garda. Der mit hübschen

Der alte Turm des zerstörten Castello am Hafen von Bardolino scheint sich traurig leicht zu neigen.

Laternen geschmückte Spazierweg am See entlang führt zwischen Bade- und Campingplätzen, Olivenbäumen und Kiefern hindurch. Am Ufer wächst dichtes, naturgeschütztes Schilf – an solchen Stellen ist Baden verboten. Ein paar Bootsanlegestellen und Badestege sowie ein kleiner Jachtklub (Roccavela) folgen. Man passiert die öffentlichen Gärten, gefolgt von ein paar hübschen kleinen Villen. Oder man fährt mit dem Bus oder Auto auf der Gardesana Orientale nach Bardolino und parkt im südlichen Ortsbereich oder beim Touristenbüro an der Gardesana. Am schönsten ist jedoch, wie so oft am Gardasee, die Anfahrt mit dem Boot.

Von den knapp 7100 Bewohnern des Ortes arbeiten nur noch wenige hauptberuflich im an sich bedeutenden Wein- und Olivenanbau. Überwiegend

Fast alles dreht sich in Bardolino um den gleichnamigen venetischen Wein.

lebt man hier vom Tourismus. Wie im Südtiroler Meran gibt es in Bardolino Traubenkuren im September und Oktober – und natürlich ein Weinfest. Im November wird außerdem der *Bardolino Novello* gefeiert, der neue Wein.

Die aufgeräumte Schöne

Das Weinstädtchen am südlichen Rand der Riviera degli Olivi wirkt etwas kühl, vielleicht liegt das am gleichmäßigen Verlauf seiner Straßen. Mittelpunkt ist die lang gezogene **Piazza Matteotti,** auf die man mit dem Boot zufährt. Sie reicht vom Hafen bis zur Pfarrkirche und verleiht so dem mittelalterlichen Ortskern eine klare Gliederung. Den Platz säumen Cafés und Geschäfte aller Art, sodass es hier sowohl tagsüber als auch abends recht lebhaft zugeht – besonders an den Markttagen. Vom Hafen mit dem Kriegerdenkmal blickt man direkt auf die **Pfarrkirche Santi Nicolò e Severo** (Piazza Matteotti 2; 1840) mit ihrer klassizistischen Fassade. Die Piazza Matteotti davor, der ›Salon‹ des Ortes, ist mit großen Steinplatten belegt. Neben der Pfarrkirche werden am Donnerstag die Marktstände der Lebensmittelhändler aufgeschlagen, sozusagen zwischen der Kirche und der von Efeu umrankten, unscheinbaren Ruine der Skaligerburg.

Rizzardis Oase

Gleich neben der eleganten Porta Verona am Ende des Borgo Cavour befindet sich die **Villa Guerrieri Rizzardi.** Durch das hohe Tor gelangt man seit der Umgestaltung zum eleganten, mit der Altstadt verbundenen **Borgo di Bardolino.** Hier befinden sich nach der Verlegung der Weinkellerei der Rizzardi aufs Hinterland außer großartigen Ferienwohnungen in diversen historischen Bauteilen auch eine Enothek und Weinbar, eine Pizzeria und das feine Restaurant Munus sowie ein großes luftiges Rechteck mittendrin mit dem sogenannten Million: Modeboutique und Gourmet-Café in einem.

Bereits im 16. Jh. angelegt und im 18. Jh. mit Bäumen aus anderen Kontinenten bepflanzt, reicht der Park bis an die Mauer zur Seepromenade. Die Villa bewohnen die wohl bekanntesten Weinproduzenten von Bardolino, die Familie der Conti Rizzardi. Sie besitzt ausgedehnte Weingüter auch in der Valpolicella und im Soave-Gebiet, auch dort jeweils mit mindestens einer Prachtvilla. Selbstverständlich kann man hier die Produkte ihrer Landgüter kaufen (s. S. 86).

Romanik zum Niederkinen

Kunstinteressierte besuchen Bardolino vor allem wegen seiner beiden romanischen Kirchen (die dritte sehenswerte Kirche steht in Cisano, s. S. 87). **San**

Severo erreicht man von der Chorseite der Pfarrkirche aus durch einen schattigen Park. Sie steht auf der Zentrumsseite Bardolinos direkt an der Gardesana Orientale am nördlichen Stadtrand. Ihr schlanker Turm trägt eine mit rotem *cotto* belegte Spitze, die weithin sichtbar ist. Die Seitenschiffe der Kirche aus Bruchstein sind unterschiedlich lang und breit. Dennoch wirkt der Bau sehr harmonisch. Er ist über und über mit verblassten, an den Mittelschiffwänden jedoch deutlich erkennbaren Bildern aus dem 12./13. Jh. freskiert, beispielsweise mit einer Apokalypsedarstellung und Passionsszenen. San Severo gilt als eine der schönsten und besterhaltenen romanischen Kirchen im veronesischen Raum. In ihrer jetzigen Form datiert man sie auf das Jahr 1100, ihr Ursprung geht jedoch weiter zurück, wahrscheinlich auf das 8. Jh.

Gardesana Orientale/Via Marconi, tagsüber meist durchgehend geöffnet

Karolingisches Kleinod

Rund 400 m südlich, jenseits der Hauptstraße, steht die karolingische Kirche **San Zeno** innerhalb eines privaten Hofes zwischen einfachen Neubauten. Man erreicht sie sicher über einen Fußgängertunnel unter der Gardesana hindurch. Die schönsten Elemente der kleinen Kirche sind bestens ausgeleuchtet. Der winzige, nur einschiffige Bau mit Querhaus (lateinisches Kreuz, und damit wie das Deckengewölbe für die Erbauungszeit eine Besonderheit) besitzt sechs architektonisch ›unsinnig‹ an die Wände gelehnte Säulen aus rotem Marmor mit etwas unbeholfenen weißen Kapitellen nach römischem Vorbild. Überall finden sich kleine restaurierte Freskenreste. Das Kirchlein soll laut einer Urkunde König Pippins von 807 ein unbekannt gebliebener *comacino,* also einer der berühmten Steinmetze und Architekten aus Como, im 8. Jh. geschaffen haben. Es dürfte damit eines der ältesten der Diözese sein.

Via San Zeno, tagsüber durchgehend geöffnet

In vino gaudium

Bereits an der Gardesana ausgeschildert, ist das etwas außerhalb im Ortsteil Costabella auf der Bergseite liegende Weingut der Familie Zeni nicht zu verfehlen. Hier liegt auch ihr privates Weinmuseum, das **Museo del Vino** – das bislang einzige am Gardasee. Es ist eher ein großer Verkaufsladen mit einigen z. T. historischen Demonstrationsobjekten zu Weinanbau und Weinherstellung wie Karren, Bottiche, Darren zum Trocknen der Trauben (für den *passito*) und vielen anderen Geräten. In der Vinoteca mit kostenloser Verkostungsmöglichkeit junger Weine kann man selbstverständlich alle Zeni-Weine, ihren Grappa, ihr Olivenöl etc. probieren und kaufen.

Via Costabella 9, www.museodelvino.it, April–Ende Okt. Mo–Sa 9–12.30, 14.30–19, So 9–13, Nov.–März Mo–Sa meist 8.30–12.30, 14.30–18.30 Uhr; Eintritt frei (man bezahlt nur die Verkostung der besseren, gelagerten Weine)

STRADA DEL VINO

Um der Straße des Bardolino-Weines genau folgen zu können, sollte man sich beim **Consorzio Tutela Vino Bardolino** an der Piazza Matteotti oder im Touristenbüro den entsprechenden Prospekt holen. Sie ist aber auch unterwegs immer wieder ausgeschildert. So erreicht man, z. T. auf Umwegen, alle der insgesamt knapp 50 Weingüter des Konsortiums. In diesen kann man z. T. Wein verkosten und kaufen. Auch für Radfahrer ist die Strada del Vino gut zu bewältigen. Weitere Infos unter www.stradadelbardolino.com.

Schlafen

Überblick aus der zweiten Reihe

San Pietro: Freundlich geführtes, hübsch renoviertes und ruhiges Hotel; Pool im schmalen Vorgarten, gutes Dach-Restaurant; komfortable 48 Zimmer und Suiten, im Erdgeschoss besonders große. Mit Parkplatz.

Via Madonnina 15, T 04 57 21 05 88, www.hotelsanpietro.eu, ganzjährig geöffnet, €€–€€€

Stets im Dienst des Gastes

Kriss Internazionale: Familiär geführtes Hotel mit moderner Dependance. Restaurant mit lokaler Küche und vegetarischer Karte (gutes Preis-Leistungs-Verhältnis), Terrasse. Modernisierte 34 Zimmer mit Seeblick im Haupthaus, in der Dependance Aida 50 m entfernt 10 Zimmer; Tiefgarage/Parkplatz kostenlos, eigener eingerichteter Liegeplatz am schmalen Strand. Radverleih. Auch Ferienwohnungen sind im Angebot der rührigen Hotelierfamilie Lonardelli (in der dritten Generation).

Lungolago Cipriani 3, T 04 56 21 24 33, www.hotelkriss.it, März–Okt., €€–€€€, in der Dependance (die Mahlzeiten werden auch für Ferienhausbezieher im Hotel serviert) €€

Aussicht im Liegen

Alla Riviera: Hübsch eingerichtetes kleineres Hotel garni mit 32 unterschiedlichen Zimmern in stilvoller Villa mit Anbau und Orangerie, beheizbarer Pool, Sonnenterrasse; zentral an der Seepromenade. Parkplatz und Garage gegen geringe Gebühr in der Nähe. Ein verträumtes Plätzchen am Rande des Promenadengewusels von Bardolino, von der freundlichen Besitzerfamilie Mezzetto seit 1939 wie das Kriss ebenfalls in der dritten Generation geführt!

Lungolago Lenotti 11, T 04 56 21 26 00, www.allariviera.it, April–Okt., €€

Im Garten der Grafen

Rambaldi: Wunderbar in diversen historischen Gebäuden der Conti Rizzardi ausgebaute, unterschiedliche elegante Apartments für 2–6 Personen, der Pool im Park der Villa Rizzardi ist allen Gästen zugänglich.

Piazza Guerrieri 1/A, mobil 34 41 15 08 47, www.rambaldiapartments.com, Apartment für 2 Pers. und mehr, €€–€€€

Essen

Aus eins mach drei

Munus: Ein Name, der für verschiedene Locations steht, von der Wine Bar über die stylishe Pizzeria zum feinen Restaurant inmitten des Borgo di Bardolino. Von 11 bis 24 Uhr gibt es immer etwas zu essen und zu trinken.

Via Verdi 2, T 04 58 53 83 52, www.munusbardolino.it, Pizza auch aus Vollkornmehl, €, im Restaurant €€–€€€

Platz auf der Piazza

La Formica: Einladende kleine Trattoria mit einem feineren Hinterzimmer und Tischen auf der kleinen Piazza im historischen Ortskern. Hausgemachte Pasta, saisonbedingt lokale Spezialitäten wie Fisch und Trüffel, auch Pizza, ohne sie geht es ja kaum noch.

Piazza Lenotti 11, T 04 57 21 17 05, www.laformica.vr.it, Mo-Abend–So, €–€€

Ausgehen

Zum Sitzenbleiben

Alla Vecchia Osteria: Einfaches Café mit Tischen auf der Gasse. Der preiswerte Einheimischentreff bei Franco hat sich aber inzwischen auch unter Touristen herumgesprochen. Hoffentlich nicht zu seinem Nachteil …

Piazza Betteloni 18, T 04 56 21 07 37, tgl. 7.30–2 Uhr

TOUR
Köstlichkeiten aus dem Kloster

Ausflug zum Eremo dei Camaldolesi

Infos

Start/Ziel: Bardolino Nord, E 9
Dauer: 1–2 Std.
Klosterpforte: Ostern–Sept. Mo–Sa 10.30–12, 15.30–17.30, So, Fei 15.30–17.45, 18.30–19, Okt.–Ostern Di–Sa 10.30–12, 15.30–17.30, So, Fei 15.30–16.45, 17.30–18.30 Uhr, www.eremosangiorgio.it

Vom Norden **Bardolinos** kann man zu Fuß oder mit dem Mountainbike einen schönen Ausflug zum Eremo dei Camaldolesi, auch **Eremo di San Giorgio** genannt, unternehmen. Der mit ›La Rocca‹ gekennzeichnete Weg führt zuerst zum **Friedhof** unterhalb des Klosters, das man über einen breiten Weg erreicht. Man kann die Klausur nicht betreten, aber beim Pförtner die Klosterprodukte, z. B. Liköre und Olivenöl, erstehen. Zurück zur kleinen Kreuzung mit einer Wandertafel, von wo aus der Wanderweg zur **›Rocca Vecchia‹** führt, der Ruine der Festung von Garda.

Es geht immer wieder steil auf und ab durch den herrlich schattigen Laubwald, vorbei an restaurierten **Grotten**, die im Krieg als Unterstand dienten. Ein Trampelpfad lockt rechts nach Garda abwärts, doch wir bleiben auf dem Rocca-Weg. Denn die **Ruine** bietet den schönsten Blick auf das Nachbarstädtchen, wunderbar schattige Plätze sowie ein paar offen zugängliche Ausgrabungen.

Wieder zurück auf den Weg, auf dem es nach links in vielen Kehren bzw. in hohem Bogen zum **Ausgangspunkt** zurückgeht. Je nach Kondition und Pause an der Rocca: 1–2 Stunden zu Fuß, mit dem MTB natürlich kürzer, dann empfiehlt sich am Ende der Weg abwärts nach **Garda** und am See entlang zurück nach Bardolino.

Der neue Treff von Bardolino

Terrazza Munus: Große Terrasse über dem Innenhof des Borgo mit einladend bequemen Sesseln, so richtig nett zum Chillen.

s. Essen, geöffnet im Sommer tgl. bis tief in die Nacht

Hauptsache Wein

Café Italia: Eine gut sortierte Enothek an der Promenade/Ecke Rizzardi-Park mit Bardolino-Weinen, auch zum Mitnehmen. Schönes Ambiente in den historischen Mauern und ein großes Terrassenareal bis zum See, um *primi* sowie diverse Platten zum Wein zu genießen. Oder die berühmten Burger, 200 g schwer.

Piazza Principe Amedeo 2, T 04 57 21 15 85, www.cafeitalia.it, Mitte März–Mitte Okt. tgl. 8–2 Uhr

Über den Dächern Bardolinos

Roof-Bar: Wenn schon nicht am See direkt, dann wenigstens mit einer Besonderheit locken: Das tut das moderne Vier-Sterne-Hotel Solho mit seinem Infinity-Pool auf der Dachterrasse im vierten Obergeschoss mit der stylishen Roof-Bar, an der sich immer mehr Bardolino-Urlauber zu den wechselnden Events einfinden – auch private Feste sind möglich. Mit Blick über die Dächer von Bardolino hinweg auf den Gardasee.

c/o Solho Hotel, Via Borgo Cavour 38, T 04 56 21 21 94, www.solhohotelbardolino.com

Einkaufen

Wein und nochmals Wein

Cantina Guerrieri Rizzardi: Hier kann man die hauseigenen Weine der Winzerfamilie und andere Naturprodukte befreundeter Produzenten erstehen. Auf dem Weingut in den Hügeln (Strada Campazzi 2) kann man auch probieren.

Via Verdi nahe der Porta Verona, ganztags bis spät geöffnet

Frisches und Altes

Wochenmarkt: immer Do vormittags neben der Pfarrkirche Santi Nicolò e Severo.
Antiquitätenmarkt: 3. So im Monat, ganztags auf der Piazza Matteotti und Umgebung.

Bewegen

Entlang des Seeufers von Bardolino, vor allem Richtung Garda, befinden sich die großen Campingplätze mit Wassersportschulen und guten Wassersportmöglichkeiten. Auch die am See gelegenen Hotels bieten Wassersport und eigene Bootsanlegestellen. Zwischen Punta Cornicello und dem Centro Nautico wurde ein breiterer Strand aufgeschüttet.

Flotte Einer, Zweier, …

Centro Nautico Bardolino: Rudern, Paddeln, Segeln …

Lungolago Preite 10 (Richtung Garda), T 04 57 21 08 16, www.centronauticobardolino.it

Leinen los!

Sailtribe: Segelschule.

Via Europa Unita 22, T 04 57 21 11 03, www.sailtribe.it

Hoch hinaus und schnittig drüber

Parasailing & Water Ski Center:

Herbert Planatscher, c/o Camping Serenella, mobil 33 56 12 90 77, www.waterskigardalake.com

Feiern

- **Festa dell'Uva e del Vino Bardolino Classico DOC:** Ende Sept./Anf. Okt. Weinfest mit ähnlichem Programm wie Anf. Nov. (s. u.).
- **Festa del Vino Bardolino Novello DOC:** Anf. Nov. Fest um den neuen Wein. Dabei werden in den Lokalen spezielle Menüs passend zum jungen Wein

serviert. Auch Ausstellungen sowie ein farbenprächtiger Umzug der Bruderschaft von Bardolino widmen sich dem Thema. Abends gibt es Livemusik am Hafen.

Infos

- **IAT:** Hilfreiche Infostelle auch für die Valpolicella. Piazzale Aldo Moro 5, 37011 Bardolino (VR), T 04 57 21 00 78, www.bardolinotop.it.
- **Associazione Albegatori Bardolino:** Hoteliervereinigung, Piazzale Aldo Moro 1, T 04 56 21 06 54, www.hotelsbardolino.com.
- **Boote:** Bardolino ist im Sommerhalbjahr mehrmals tgl. mit den Booten der Navigarda erreichbar und damit mit fast allen Seeorten verbunden, am häufigsten mit denen am südöstlichen Seeufer.
- **Busse:** Linienbus zu allen Orten des Ostufers sowie nach Verona, mindestens stündlich.

Cisano

E 10

Die ruhige Ortschaft mit winzigem Hafen 2 km südlich von Bardolino kann man von Bardolino oder Lazise auch zu Fuß am See entlang schlendernd erreichen. Feinschmecker kommen hierher, um vor Ort das gute Olivenöl von Cisano zu probieren und zu erstehen – verbunden mit dem Besuch im Olivenölmuseum.

Bedeutender, als es scheint

Schräg gegenüber dem Olivenölmuseum, also auf der Bergseite der Gardesana, erhebt sich, fast versteckt an einem kleinen, liebevoll gepflegten Platz, die Pfarrkirche **Santa Maria,** ein bedeutendes Beispiel romanischer Architektur in der Provinz Verona. Der Vorgängerbau wurde wahrscheinlich im 4.–8. Jh. über einem heidnischen Heiligtum errichtet. Die Folgekirche entstand im 12. Jh., erlitt bei einem Erdbeben allerdings so schwere Schäden, dass sie in den folgenden Jahrhunderten restauriert und dabei stark verändert wurde, zuletzt im Klassizismus. Falls man hineinkommt, was nur zu Messezeiten möglich ist, findet man in der Apsis mit ihren Rundbögen und verzierten Säulen noch Reste des ursprünglichen Baus. Zum Glück aber sind die schönen langobardischen Arbeiten an der Westfassade problemlos von außen zu bewundern.
Piazza Chiesa 3

Nicht nur Olivenöl

Das **Museo dell'Olio** können interessierte Kunden mit Führung besuchen, ein aufschlussreicher Film (auch in deutscher Sprache) klärt auf über den Anbau der Ölbäume und die Produktion des Olivenöls im Laufe der Geschichte und heute. Zum privat betriebenen Museum gehört auch ein Laden mit Erzeugnissen der Familie Turri und befreundeter Produzenten.
Via Peschiera 54, T 04 56 22 90 47, www.museum.it, Mo–Sa 9–12.30, 15–18.30, So, Fei 9–12.30 Uhr außer So Jan. und Febr., Oster-So, 15. Aug., 25./26. Dez., 1. Jan. und 15.–31. Jan., Eintritt frei

Lazise

E 11

Schon 3 km südlich von Cisano lockt eine der Perlen des Gardasees viele Besucher mit einem kastellgeschmückten und noch komplett mittelalterlich ummauerten Ortskern an. Auch die Lage ist bestechend schön, trotz der im Hinterland flacher werdenden Moränenhügel. Feinschmecker kommen nach Lazise (mit dem Umland ca. 6900 Einw.) vor allem wegen der guten Fischrestaurants in schönster Hafenlage.

Schöne, einst wehrhafte Mauern aus Flusskieseln, Bruchstein und Tonziegeln, die mit backsteinernen, nach innen offenen Türmen sowie einfachen Zinnen bewehrt sind, umschließen den historischen Kern und sind ein Schmuckstück unter den Stadtmauern des Gardasees. Die (fast autofreien) kopfsteingepflasterten Gassen haben ihren mittelalterlichen Charakter nahezu vollständig bewahren können. Die frühere, trotz ihrer Schwalbenschwanzzinnen nicht besonders auffällige Skaligerburg ist z. T. in die südliche Stadtmauer mit ihren Wehrgängen am See eingelassen. Sie gehört zur privaten Villa Bernini mit ihrem Park, aus dem hohe Zedern und andere Baumriesen herausragen.

Schafsurin für Schwarzpulver

Wer mit dem Boot an der Schmalfront des Kanalhafens ankommt, erblickt zur Linken die hübsche Häuserzeile der breiten Seepromenade mit netten Hotels, Restaurants und Cafés. Zur Rechten aber schaut er auf die beiden ausladenden Bögen der **Dogana Veneta,** des venezianischen Arsenals. Das 900 m² große Gebäude mit dem Gardemaß von 43,10 m Länge ist nur 10 m hoch und wirkt daher sehr gedrungen und massig. Schmale Backsteinstreifen im weißen Bruchsteinmauerwerk mit Seekieseln betonen die Horizontale noch mehr, ebenso die Backsteinumrahmungen der Loggiabögen. Die Fassade zum See hin trägt schwere Zinnen, die das recht niedrige Dach aus roten Ziegeln hinter sich verbergen.

Der Bau ist seit dem 14. Jh. belegt, dürfte jedoch noch älter sein. Bis 1577 wurde das Gebäude als Reederei genutzt, später diente es einem heute eher merkwürdig anmutenden Zweck: Alle sechs Monate brachte man hier eine Herde von etwa 200 Schafen unter und stellte aus ihrem Urin, mit einer speziellen Erde vermischt, Sprengstoff, genauer Schwarzpulver, her.

1606 richtete die Gemeinde Lazise unter der Aufsicht der Republik Venedig in diesem Gebäude die Zollstelle *(dogana)* für den Warenverkehr zwischen Venedig und der Lombardei ein. Nach dem Ersten Weltkrieg zog hier eine Baumwollspinnerei ein, später kamen die Faschisten. Doch nach ihrem Sturz verfiel der einst so schöne Bau und nun steht er, vorbildlich saniert, der Gemeinde für Ausstellungen und auch private Veranstaltungen wie Hochzeiten zur Verfügung.

Fast zu übersehen

Der zierliche Glockenturm, der aus dem Dach der Dogana aufzusteigen scheint, gehört zum direkt dahinterliegenden romanischen Kirchlein **San Nicolò** aus dem 12. Jh. Im 18. Jh. war die Soldatenkirche des Militärhafens von Venedig, die man heute durch das schlichte Portal (rechts ein noch konservativ restauriertes Fresko, »Thronende Madonna«, 14. Jh.) von der Hafenseite betritt, total heruntergekommen. Die letzten Restaurierungsarbeiten brachten innen u. a. schon von Giottos bewegter Bildsprache beeinflusste Freskenreste zum Vorschein. Das Hell und Dunkel der Farben und die Ausformung der Gestalten weisen auf die höfisch geprägte Gotik hin, was am besten an der Milch-Madonna gleich hinter dem Eingang rechts zu erkennen ist.

Via San Nicolò, außer zur Mittagszeit tagsüber geöffnet und meist leer

Von Platz zu Platz

Die **Piazzetta Partenio** im Scheitelpunkt des Kanalhafens geht an ihrem nördlichen Ende direkt in die großflächige, nach Osten hin lang gestreckte **Piazza Vittorio Emanuele** über. Der im Schachbrettmuster mit großen Platten belegte, mittelalterliche Marktplatz ist umrahmt von Cafés, Restaurants und kleinen Läden. Beide Plätze zieren venezianische Paläste der schlichten Art wie der Palazzo Comunale.

Vom Boot auf den Platz: Nur ein paar Schritte sind es vom Kanalhafen zur großzügigen Piazza Vittorio Emanuele mit dem stattlichen Rathaus, dem Palazzo del Comune, und natürlich vielen Cafès.

Der dritte Platz, die **Piazza Don Agostino**, blickt direkt auf die weiße, klassizistische Westfassade der Pfarrkirche **San Martino** (tagsüber geöffnet), zu der man ein paar Stufen hinaufsteigt. Die einschiffige, recht große Kirche mit halbrundem Chorabschluss ist geschmückt mit barocken und klassizistischen Altären aus rotem, weißem und grauem Marmor, der Fußboden ist mit großen Veroneser Marmorplatten (rot und weiß) belegt.

Genuss für einen ganzen Tag

Für das pure Vergnügen im warmen Wasser des herrlichen Parks der **Villa dei Cedri** wenige Kilometer landeinwärts sollte man sich einen ganzen Tag gönnen. Der Thermalpark ist in die in Jahrhunderten gewachsene, weite Parklandschaft (rund 13 ha) mit imposanten Baumriesen und zwei natürlichen Thermalwasserseen eingelassen, die aus 37 °C warmen Quellen direkt darunter gespeist werden: der Lago Piccolo mit 2200 m^2 Fläche und der Lago Grande mit 5500 m^2 Fläche. Außerdem gibt es ein Thermalbecken mit 39 °C warmem und 400 m^2 großem, kombiniertem Innen- und Außenbecken mit moderner Hydromassage und Gegenschwimmanlage. Eine Geysirzone und eine Grottenarchitektur ergänzen das feuchtwarme Vergnügen, das abends attraktiv beleuchtet wird. Wer eins draufsetzen möchte, kann hier in der Villa auch feudal übernachten oder eine private Feier veranstalten.

Villa dei Cedri, Via Madonna 23, 37010 Colà di Lazise, T 04 57 59 09 88, www.villadeicedri.com, So–Fr 9.30–23, Sa bis 1 Uhr, für Gäste ohne ärztliche Verordnung Einlass erst ab 10 Uhr, Erw. 33 €, ab 15 Uhr 28 €

Schlafen

An der Quelle

Cangrande: Nettes Hotel in den Räumen einer *cantina* mit Weinproduktion zwischen See und der Gardesana; 23 kleine, komfortabel eingerichtete Zimmer, darunter eine zweigeschossige Suite; kostenloser Parkplatz, kein Restaurant. Eine Besonderheit für die Hotelgäste: Juni–Sept. werden kostenlose Ausflüge per Kanu und Fahrrad angeboten, die immerhin drei Stunden dauern: per Kanu nach Bardolino, mit dem Fahrrad durch die weinselige Valpolicella.

Corso Cangrande 16, T 04 56 47 04 10, www.cangrandehotel.it, normalerweise nur Febr.–Mitte Dez., €€€

Umbau mit Folgen

Alla Grotta: Unglaublich, was aus den Obergeschossen des schlichten Hauses mit dem berühmten Restaurant (s. u.) gemacht wurde. Fast ein kleines Designerhotel! Unter Verzicht auf eine höhere Zimmerzahl wurden z. T. je zwei zu einer komfortablen Juniorsuite zusammengelegt, daher gibt es nur 12 Zimmer – jedes anders. Mein Lieblingszimmer: das Eckzimmer mit schönem Blick auf den Kanalhafen!

Via Francesco Fontana 8, T 04 57 58 00 35, www.allagrotta.it, Mitte Febr.–Mitte Dez., DZ, Juniorsuiten und Suiten inkl. Frühstück, €€

Verbannter Autoverkehr macht's möglich: Auch in schmalen Gassen stehen Café- und Restauranttische.

Bonbonniere mit Traumblick

Miralago: Nettes kleineres einfaches, aber renoviertes Hotel ganz in Rosa mit 14 Zimmern, hübschen schmiedeeisernen Balkonen und beliebtem Terrassenrestaurant an der Uferpromenade; Parkplatz.

Corso Cangrande 63, T 04 57 58 02 79, www.hotelmiralagolazise.it, meist ganzjährig geöffnet, €€

Essen

Tolle Hafenlage

Alla Grotta: Gutes Fischrestaurant, ausnehmend schön am Kanalhafen gelegen; innen sitzt man um den großen offenen Holzkohlengrill, draußen im Schatten einer kleinen Loggia.

s. Schlafen, Mi–Mo, €€

Jachtenverpfleger

Il Porticciolo: Familiäres Restaurant, abseits des Kanalhafens gegenüber dem kleinen Jachthafen, der im Sommer die meisten Gäste bringt. Man sitzt im Winter in einem gepflegten Raum mit riesigem Grillkamin, so kann man beim Zubereiten zuschauen, im Sommer draußen im schattigen Garten. Hauptsache sind Seefische und ein riesengroßes Vorspeisenbuffet.

Lungolago Marconi 22, T 04 57 58 02 54, www.ilporticcioloristorante.it, Febr.–Dez. Mi–Mo, €€

Nicht nur Muscheln

La Cozzeria alle Mura: Gepflegtes Restaurant, das sich auf Muscheln *(cozze,*

daher Cozzeria) spezialisiert hat, aber auch andere typische Gerichte des Lago gut zubereitet. Viel gelobt werden auch die Betreiber Massimo und Paola.
Via Cansigniorio 16, T 04 56 47 06 44, www.cozzeria.com, tgl. 18–22, März–Anf. Nov. Mi–So auch 12–14 Uhr, €–€€

Einkaufen

Die ganze Welt des Weins

Enoteca L'Arte del Bere: Alteingesessene Enothek (seit 1962). Bardolino und andere lokale und ausländische Weine sowie Grappa, Whisky etc. Luca Pachera führt die Enothek in der dritten Generation, assistiert von Vater Giuseppe, sie bieten auch Verkostungen an, und an schönen Sommertagen sind die wenigen Holzfässer als Tische vor dem Laden garantiert gut besucht.
Via Cansigniorio 10, T 04 57 58 00 32, www.artedelbere.com

Fashionistas aufgepasst

Da Fabio Yachting: Sportliche Edelklamotten der Marken Paul & Shark, Il Mozzo, Navy 3 Fly und Blue & Blue etc.
Via Arco 10

Markt

Wochenmarkt: jeden Mittwochvormittag am See entlang Richtung Norden.

Bewegen

Viele Sportmöglichkeiten auf oder bei den Campingplätzen (auch für Tagesgäste).

Mit'm Sofa aufs Wasser

Gardawake Watersports: Flyboard, Wasserski und weitere verrückte Wassersportarten, auch Radverleih.
Via Prà del Principe, südlich des Hafens (nur zu Fuß oder mit dem Boot erreichbar), mobil 34 94 07 60 04, www.gardawake.com

Ausgehen

In Lazise sitzt man am schönsten bis tief in die Nacht am Kanalhafen, sonst in einem Café auf einem der Plätze.

Mehr ›in‹ geht nicht

Igualmente: Cocktail-Bar mit Küche/Buffet im Zentrum, der richtige Ort, um den Abend bei guter Musik zu beginnen oder ausklingen zu lassen. Kenner behaupten, hier gäbe es den besten Mojito weit und breit. Themenabende mit *special guests.*
Via Scolari 18, T 04 56 47 11 93, www.bartour.it, April–Okt. tgl. 18–1.30, April–Sept. Mi auch 10–14, So 11–14 Uhr (kann variieren)

Infos

- **IAT:** Via Vittorio Emanuele II 20, 37017 Lazise (VR), T 04 56 44 51 22, www.tourismlazise.it.
- **Boote:** im Sommer Linienboote der Navigarda zu den anderen Seeorten.
- **Busse:** regelmäßige Linienbusverbindungen mit allen Orten am Ostufer und Verona. Spezielle Busse fahren während der Saison zu den Vergnügungsparks.
- **Pkw:** großer gebührenpflichtiger Parkplatz im Süden, kurzer Fußweg über die Via Rosenheimer ins historische Zentrum.

Vergnügungs- und Freizeitparks

Die größten Vergnügungs- und Freizeitparks des Gardasees befinden sich im geografischen Dreieck Lazise–Pastrengo–Peschiera, also im Südosten und recht nah beisammen.

Wasservergnügen und Kino satt

Gleich hinter dem südlichen Ortsrand von Lazise liegt **Canevaworld** auf 30 ha Fläche, das sich zu einem Wasservergnügungspark mit weiteren Attraktionen entwickelt hat. Eigentlich geht es aber nach wie vor ums Wasser, daher fehlt es an nichts, was es an Spielereien mit dem nassen Element gibt. Kino satt gibt es im **Movieland,** abends (Do–So) erlebt man im Rock Star Restaurant Disco-Ersatz mit musikalischer Unterhaltung zum reichen Buffet.

Località Fossalta 58, 37017 Lazise (VR), T 04 56 96 99 00, www.canevaworld.it; Mitte Mai–Mitte Sept. 10–18/19; Movieland Studios 10–18, Juli/Aug. Night Festival 22–2 Uhr, genaue Öffnungszeiten s. Website, Erw. 30 €, Kinder unter 1 m frei, 1–1,40 m Körpergröße 25 €, Sammelticket für beide Parks, online am günstigsten (Familie ab 38 €)

Vorsicht, kreuzende Löwen

Ein wenig Safari-Feeling gefällig? Das können Sie südlich von Pastrengo im Winkel zwischen Brenner-Autobahn und der Landstraße nach Castelnuovo del Garda erleben, wo sich der **Parco Natura Viva** ausbreitet. In einem Teil des 4 ha großen Parks können Sie sicher mit Ihrem Wagen fahren, um Nashörner, Giraffen und Löwen ganz nah zu beobachten. Auf dem übrigen Gelände warten ein Zoo mit tropischer Voliere und Treibhaus, eine Reptilienanlage und der Dinosaurierpark auf Gäste. Insgesamt leben hier mehr als 800 Tiere. Restaurants sind ebenso vorhanden wie ein 3-Sterne-Hotel.

Località Figara 40, 37012 Bussolengo (VR), T 04 57 17 01 13, www.parconaturaviva.it, März–8. Dez. tgl. 9–18 Uhr, ab 9. Dez. nur Fauna-Park zu Fuß, Erw. 25 €, 6–12 J. 18 €, ab 65 J. 20 €, Radfahrer zahlen 15 € (plus 10 € für den Safari-Leihwagen)

Größer, höher, aufregender

Das Nonplusultra eines Vergnügungsparks befindet sich kurz vor Peschiera bei Ronchi, das **Gardaland** mit zig technischen Attraktionen, sogar weltweit ein Inbegriff für das pure organisierte Vergnügen. Daneben lockt ein riesiges Broadway-Theater. Die ›leise Variante‹ einer Attraktion ist **Sealife,** mit riesigen Aquarien und für Kinder speziell pädagogisch aufbereitet. Inzwischen wurde in der Nähe das dritte Gardaland-Themenhotel eröffnet, Erweiterungen nicht ausgeschlossen ... Daher Achtung: Das Gardaland zieht so viele Besucher aus der näheren und weiteren Umgebung an, dass Sie zumindest an den Wochenenden einen großen Bogen um diese Strecke nach Süden machen sollten.

Località Ronchi, 37014 Castelnuovo del Garda (VR), kurz vor Peschiera, T 04 56 44 97 77, www.gardaland.it, Ende März–Juni 10–18, Ende Juni–Anf. Sept. 10–23 Uhr; 7. Dez.–6. Jan. weihnachtliches Gardaland, meist an den Wochenenden 10–18 Uhr; Tagesticket Gardaland Erw. 42 €, Familie ab 38 €, Sealife 16 € bzw. 10,50 €, Kombiticket 46 €, online günstiger

Italiens ›größtes‹ Thermalbad

Das hört man im benachbarten Parco Termale (s. S. 89) sicher nicht gern, ist der doch in einen 13 ha großen Park eingelassen, aber das neuere **Aquardens** wirbt, mit einer Gesamtfläche von rund 6 ha Italiens größtes Thermalbad zu sein ... Es dürften unterschiedliche Maßstäbe angelegt worden sein, was die Besucher allerdings weniger stören wird, die im Aquardens wohl mehr Action suchen als im edlen Konkurrenten. Mittelpunkt ist eine mehr als 5200 m² große Wasserlandschaft mit Salz-Brom-Jodid-Wasser, das jedem guttun soll, aber niemandem schaden. Farbtherapie und anregende Musik in der Sauna, spezielle Therapien möglich; dazu ein volles Wochenprogramm, das Unterhaltung verspricht.

Via Valpolicella 63, 37026 Santa Lucia, Pescantina (VR), T 04 56 70 67, www.aquardens.it, So–Fr 9.30–23, Sa bis 1 Uhr, Erw. Therme inkl. Sauna 36–62 €, ab 15 Uhr 41 €

Zugabe Millionenschweres Cassone

Mehr als 40 Millionen Euro für einen Gustav Klimt

Der für seine Freude an Farbigkeit berühmte österreichische Maler **Gustav Klimt** (1862–1918) verbrachte 1913 seine Ferien in Malcésine und entdeckte Cassone, das ihn so begeisterte, dass er das kleine Fischernest malte. Damals entstanden die beiden Landschaftsbilder »Malcesine am Gardasee« und »Kirche in Cassone am Gardasee«, das eine Landschaft mit Kirche und Zypressen zeigt. 2011 kam das Kirchenbild bei Sotheby's in London für 40,8 Millionen Euro unter den Hammer. Nachbildungen bzw. Kopien sind günstiger zu haben … ■

Verona und die Valpolicella

Stadt und Weinland — Verona ist ebenso ein Besichtigungs-Highlight wie die von ihren Weinbergen geprägte Valpolicella.

Eintauchen

Seite 97

Verona 

Die Stadt von Romeo und Julia ist eine großartige, von der römischen Arena geprägte und von der Etsch ›umarmte‹ Stadt mit vielen Sehenswürdigkeiten, toller Ausgehszene und super Einkaufsmöglichkeiten.

Seite 97

Oper in der Arena

Einmal im Leben sollte man sich eine Oper im wunderschönen Oval der römischen Arena ansehen – von Mitte Juni bis Ende August. Demnächst vielleicht von einem kunstvollen Dach vor Regen geschützt.

Bitte eintreten: Viele prächtige Villen im Veneto sind Hotels.

Seite 108

Nachmachen!

›Andar per i goti‹ heißt für die Veronesi: Mittags eine Runde drehen zwischen ihren Lieblingskneipen, wo sie sich bei einem Gläschen Wein und kleinen Häppchen den richtig großen Appetit auf das Mittagessen holen. Und dabei die neuesten Infos des Tages teilen.

Seite 110

Cappa Cafè

Berühmt für seine Live-Jazz-Abende im Winter, fasziniert das Lokal im Sommer durch seine Terrasse zur Etsch – mittags, zum Aperitif oder beim spätabendlichen Cocktail.

Seite 114

Radeln durch die Valpolicella

Schmale Straßen ziehen sich gemütlich durch die weinselige, hügelige Landschaft. Mit vielen Abzweigungen als Weinstraße ausgeschildert.

Seite 116

Villen im Veneto

Die herrschaftlichen Villen in der Valpolicella sind heute oft Hotels oder verkaufen den hier produzierten Wein. Nicht versäumen: die Villa Rizzardi bei Negrar.

Seite 118

Parco di Molina

Im streng geschützten Naturpark der Lessiner Berge zu Füßen der Veroneser Alpen kann man eine wunderschöne Wanderung unternehmen: über Brückchen und auf schmalen Pfaden zu kleinen Wasserfällen, Grotten und aufregenden Felsüberhängen.

Seite 121

Ponte di Veja

Der Fernwanderweg E 5 führt zum beeindruckenden Naturbogen des Ponte di Veja. Die Trattoria unter einer riesigen Kastanie, die schon Dante bewundert haben soll, ist eine wahre Verlockung!

Die Region südöstlich des Gardasees ist eindeutig Weinland.

Entlang der gut ausgeschilderten Weinstraße der Valpolicella locken Weinlokale und Kellereien, in denen man Wein probieren und kaufen kann. Vorsicht beim Weiterfahren!

erleben

Im Schatten des Sees

K

Kein Gardasee-Urlauber wird sich die schöne Stadt in der Etsch-Schleife entgehen lassen. Sie ist nicht nur ein wunderbares Ausflugsziel, sondern eignet sich auch für einen längeren Aufenthalt. Mindestens zwei Tage sind schnell mit Unternehmungen und Besichtigungen gefüllt. Verona (knapp 260 000 Einw.) ist nicht nur voller Zeugnisse der starken Präsenz der Römer – die berühmte Arena mit den gut besuchten Opernfestspielen steht dafür ja geradezu sinnbildlich. Verona wurde später, im Mittelalter, noch stark von den mächtigen Skaligern mit ihren imposanten Bauten wie dem Castello Scaligero an der Etsch und der zinnenbekrönten Stadtmauer geprägt. Außerdem ist Verona eine sehr modische Einkaufsstadt.

Dann prahlt Verona auch noch mit einem so weinseligen Hinterland wie der Valpolicella, die sich im Norden im Halbkreis von der Etschschleife bis zu den Lessiner Bergen ausbreitet. Nicht nur zur Weinlese strömen Veroneser wie Feinschmecker in die Valpolicella hinaus, vor allem im Sommer bieten die bewaldeten oder mit Weingärten übersäten Hügel zwischen tiefen Tälern eine sprichwörtliche Sommerfrische.

ORIENTIERUNG

O

Infos: Auf der Website www.turismoverona.eu gibt es Infos zu Verona, dem Ostufer des Gardasees und zur Valpolicella. Mit dem Newsletter der Stadt, Hotels, Kneipen-Tipps und Veranstaltungen.
VeronaCard: Mit der Touristenkarte (24 Std. 20 €, 48 Std. 25 €, www.veronacard.it) kann man alle wichtigen Sehenswürdigkeiten der Stadt besichtigen, inzwischen auch die historisch bedeutendsten Kirchen, und die öffentlichen Verkehrsmittel benutzen. Den Kirchenpass gibt es nicht mehr, doch auf der Homepage findet man auch zu ihnen detaillierte Beschreibungen.
Verkehr: Als Hauptort der gleichnamigen Provinz ist Verona eine sehr lebendige, in ihren Außenbezirken teilweise vom Verkehrsinfarkt bedrohte Stadt, weshalb es angenehmer ist, ohne Wagen anzureisen. Falls man hier sein Quartier aufschlagen möchte, kommt man am besten mit der Bahn. Vom Ostufer oder dem Süden des Gardasees aus fahren regelmäßig Linienbusse. Das historische Zentrum ist fast komplett den Fußgängern vorbehalten.

Verona

★ J–L 12/13

Die Visitenkarte

Durch das Doppeltor der Portoni della Brà in der mit hohen Zinnen bewehrten Stadtmauer der Skaliger gelangt man auf die **Piazza Brà ①**, Veronas Visitenkarte mit der Arena und der breiten Promenade. Hier in einem der Cafés zu sitzen und sich die hohen Mauern des römischen Amphitheaters anzuschauen, ist ein Genuss. Auch wenn man sich den Sitzplatz im wahrsten Sinne des Wortes meist teuer erkaufen muss, weil hier die Preise naturgemäß hoch sind. Doch auf diese Weise können Sie die Arena so betrachten wie Goethe, als er hier im September 1786 auf seiner Italienreise Station machte und die »Simplizität des Ovals« bewunderte.

Einfach großartig!

Unübersehbar erhebt sich auf der Piazza Brà die monumentale, zweigeschossige **römische Arena ②**, eigentlich der sonst unsichtbare Kern des inneren Aufbaus. Eine dreigeschossige, 30 m hohe Mauer aus behauenen Riesenblöcken des lokalen rosafarbenen Marmors umgab ihn. Von der gewaltigen Außenmauer sind nur vier Arkaden erhalten geblieben, der Rest ist wie so oft im Laufe der Jahrhunderte ›verloren gegangen‹. Aus Sicherheitsgründen dürfen während der Opernfestspiele nur noch 15 000 Zuschauer in das 138 m x 109 m große Bauwerk aus dem 1. Jh. hinein, obwohl es fast das Doppelte fassen würde. Man kann die Arena auch ohne Opernbesuch besichtigen.

Piazza Brà, www.turismoverona.eu, Juni–Sept. Mo 9–19, Di–So 9–15 Uhr, sonst kürzer, während der Festspiele aktuelle Angaben im Internet beachten, normalerweise 8.30–15 bzw. 17 Uhr, Erw. 10 €, mit VeronaCard frei

Verona ist Pflichtbesuch auch vom Gardasee aus, ob zu einer Oper in der imposanten römischen Arena oder einfach zum entspannten Bummeln – und Einkaufen!

Verliebte voran!

Die **Casa di Giulietta** ❸, das angebliche Wohnhaus der Julia, das bei aller Unklarheit über seine Authentizität eine besondere Atmosphäre ausstrahlt, gilt als Pflichtziel. Hübsch ist vor allem der kleine Innenhof, und die Attraktion schlechthin: der berühmte Balkon. Nicht nur Liebespärchen aus aller Welt zieht es hierher, wahrscheinlich ist dies der meistbesuchte Ort der Stadt – dem man dies leider auch ansieht! Die Schmierereien an den Außenwänden sind einfach nicht zu stoppen, trotz aller Androhungen mit hohen Bußgeldern durch die Ordnungshüter.

Via Cappello 23, Mo 13.30–19.30, Di–So 8.30–19.30 Uhr, Erw. 6 €, Hof frei zugänglich, was sich ändern könnte, weil kaum jemand das Haus besucht, sondern im Innenhof bleibt

Historisch oder schon Kitsch?

Dort, wo einst das lang gestreckte römische Forum lag, findet heute Veronas meistbesuchter Obst- und Gemüsemarkt statt, der **Mercato Piazza delle Erbe** ❹. Mit dem Tourismus nahmen aber die Buden mit Postkarten und Kitsch überhand, die grauen Stoffplanen verbreiteten eine triste Atmosphäre und von Obst und Gemüse ist kaum noch etwas zu finden.

Der nach wie vor malerische Platz selbst ist umgeben von schmalen Turmhäusern und eher schlichten Palästen, die z. T. freskierte Fassaden aufweisen und in deren Erdgeschoss sich fast durchweg Cafés und Restaurants eingenistet haben, die zu den teuren der Stadt zählen. Die Mitte der Piazza markiert die **Fontana di Madonna Verona**, die Cansignorio bereits 1386 schaffen und hier aufstellen ließ. Sie wird bekrönt von einer römischen Statue aus dem 1. Jh., ursprünglich ein Torso, der damals ergänzt wurde. Die Piazza wird bewacht von der hohen **San-Marco-Säule** (1523) aus weißem Marmor mit dem venezianischen Löwen. Das Original wurde von den Franzosen zerstört, die Nachbildung stammt aus dem Jahr 1886.

Ob Julia ebenso sehnsüchtig auf ihren Romeo hinuntergeblickt hat?

Unbedingt den Turm erklettern!

Die großzügige **Piazza Dante** oder Piazza dei Signori, von der Piazza delle Erbe durch einen Bogen mit ›Mammutrippe‹ getrennt, ziert in der Mitte ein Dante-Denkmal von 1865. Zum harmonischen Bild der Piazza Dante trägt der von Schwalbenschwanzzinnen bekrönte **Palazzo Scaligero,** heute Sitz der Präfektur, bei. Dieser Skaligerpalast (mit einem späteren Portal von 1533), ist über Eck mit der luftigen Loggia del Consiglio (1486–92) verbunden.

Dominiert wird der ausgewogene Platz aber vom prachtvollen Palazzo del Comune oder **Palazzo della Ragione** ❺, der im Kern aus dem 12. Jh. stammt. Seit 1193 erlebte dieser Gerichtspalast mehrere Umbauten, seit 2014 hat hier die Galleria d'Arte Moderna Achille Forti mit Kunstwerken aus der Zeit von 1840 bis 1940 einen würdigen Rahmen gefunden. Schreiten Sie langsam die großartige Freitreppe im Innenhof, den man Corte del Mercato Vecchio nennt, weil hier früher der Markt stattfand, zu den Galerieräumen hinauf!

Und planen Sie unbedingt die ebenfalls vom Innenhof aus zugängliche **Torre dei Lamberti** ein (s. Zugabe S. 123), die zusammen mit dem Palazzo im 15. Jh. vollendet wurde. Von dem 84 m hohen Turm, per Aufzug oder über 368 Stufen auch zu Fuß zu ›erobern‹, genießen Sie dann den vielleicht schönsten Blick über Verona.

Piazza Dante, Galleria d'Arte Moderna Achille Forti Di–So, Fei 11–19 Uhr, Erw. 8 € inkl. Torre dei Lamberti, Turmbesteigung Mo, wenn die Galerie geschlossen bleibt, Erw. 5 €, mit VeronaCard frei

Schon mal Leitern gezählt?

Direkt hinter dem Palazzo della Ragione versteckt sich einer der ruhigsten Plätze des historischen Zentrums mit dem kleinen Privatfriedhof der Skaliger. Hinter einem kunstvoll gestalteten, schmiedeeisernen Gitter aus dem 14. Jh. mit dem Leitermotiv, dem Symbol der Skaliger, stehen ihre teils monumentalen Hochgräber, die sogenannten **Arche Scaligere** ❻. Während das Grabmal des Cangrande I, der 1329 starb, noch über dem Portal der benachbarten Kirche Santa Maria Antica (s. u.) eingebaut wurde (Kopie; Original im Museum von Castelvecchio), sind die Hochgräber seiner Nachfolger bildhauerische Kleinode des 14. Jh.: Über dem eigentlichen Sarkophag mit der liegenden Figur des Toten erhebt sich ein Baldachin, überbaut mit einer Pyramide, die ein Reiterstandbild des Verstorbenen trägt.

Via Santa Maria Antica s/n, Juni–Sept. Di–So 10–13, 14–18 Uhr, Erw. 1 €; sonst von außen durch das Gitter gut zu betrachten und auch zu fotografieren, mit VeronaCard frei

Zentrum der malerischen Piazza delle Erbe ist die römische Fontana di Madonna Verona mit Marienfigur.

Eine Oase der Ruhe

Die kleine romanische Kirche **Santa Maria Antica** ❼ bei den Skaligergräbern besitzt eine ganz eigene Atmosphäre. Beinahe so, wie sie sich heute dank einer Restaurierung von 1897 präsentiert, wurde diese Hauskirche der Skaliger 1185 geweiht, sie stammt jedoch ursprünglich aus dem 8. Jh. Der recht finstere, dreischiffige Innenraum mit seinen drei Apsiden bietet im meist gut besuchten Verona eine Oase der Ruhe.

Via Santa Maria Antica s/n, 7.30–12.30, 15.30–19 Uhr, Eintritt frei

Die Straße unter dem Ufer

An der nordöstlichen Ecke Veronas befanden sich einst die Handelslager der Stadt. Heute sind hier kleine Antiquitätenläden zu finden und einige *osterie*, die nicht nur bei der Veroneser Jugend beliebt sind. Ein eindrucksvolles Relikt aus

Verona

Ansehen
1 Piazza Brà
2 Römische Arena
3 Casa di Giulietta
4 Mercato Piazza delle Erbe
5 Palazzo della Ragione
6 Arche Scaligere
7 Santa Maria Antica
8 Sant'Anastasia
9 Santa Maria Matricolare
10 Ponte Scaligero
11 Castelvecchio
12 San Zeno Maggiore
13 Tomba di Giulietta
14 Teatro Romano/Museo Archeologico

Schlafen
1 Accademia
2 Verona
3 All'Opera
4 Torcolo
5 Alle Piscine
6 The Hostello

Essen
1 Arche
2 Antica Bottega del Vino
3 Tre Marchetti
4 Al Carro Amato
5 Flora
6 Osteria del Bugiardo
7 Enoteca Zero 7
8 Osteria a le Petarine
9 Caffè Monte Baldo

Bewegen
1 Adige Verona Rafting

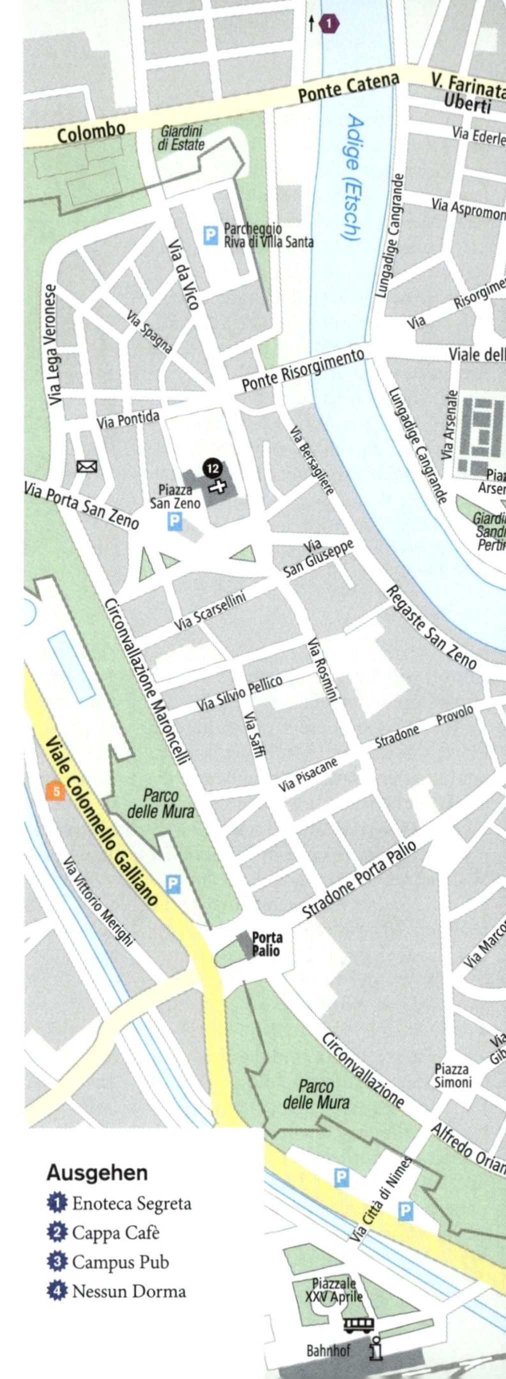

Ausgehen
1 Enoteca Segreta
2 Cappa Cafè
3 Campus Pub
4 Nessun Dorma

Porta San Giorgio
San Giorgio
Parco Cesare Lombroso
Lungadige
Via Regaste Redentore
Via Castel San Pietro
14
Viale Ninio Bixio
Via
Piazza Vittorio Veneto
Viale dei Mille
Viale D'Annunzio
Rovereto
Ponte Pietra
Piazza Broilo
9
Piazza Duomo
Vic. Accoliti
Via Ponte di Petra
Via Cappelletta
Via Duomo
Ponte Garibaldi
Via Anzani
Via Todeschini
Via IV Novembre
Via Prato Santo
Lungadige Matteotti
Via Salici
Via Barchetta
Via San Giusto
Via G. Garibaldi
Via Pigna
Via Ponte di Petra
2
Piazzetta Brà Molinari
Via Tascherio
Via Santa Chiara
Piazza Frà Giovanni
Via Tonale
Via Sole
8
Via San Mamaso
8
Via Don Bassi
Piazza S. Anastasia
Via A. Forti
Vic. Gatto
Repubblica
9
Via Rosa
Corso S. Anastasia
4
Via S. P. Martire
Vic. 2 Stelle
Lungadige Re Teodorico
Piazza Isolo
Via A. Pacifico
Vic. Cavalletto
1
Piazza dei Signori
Via Sottoriva
Via Emilei
Via Arche Scaligere
Trota
Via
Piazzale Cadorna
Arsenale Franz Josef I
6
5
7
4
Piazza delle Erbe
C. Porta Borsari
6
Via Dante Alighieri
Via F. Cattoli
Piazza Indipendenza
Via al Cristo
Ponte Nuovo del Popolo
Interrato dell'Acqua Morta
Ponte della Vittoria
Via Pellicciai
Via Nizza
Lungadige Campagnola
Via 4 Spade
V. Catullo
3
2
1
Lungadige Bartolomeo Rubele
Lungadige San Michele
V.A. Cantore
Via Oberdan
Via Mazzini
1
Via Scala
Via Stella
Via Cappello
Via San Vitale
10
Corso Cavour
11
Via A. Mario
Vicolo Tre Marchetti
Via Anfiteatro
Via San Cosimo
4
3
3
Vicolo T. Filarmonico
Via Cattaneo
Vicolo Liston
2
Via Frattini
Umberto I
3
6
Ponte delle Navi
Via Dietro Liston
Piazza Brà
Via Leoncino
Via San Paolo
Via Roma
1
Stradone San Fermo
Via Museo
Museo di Storia Naturale
Via Borelle
Via Dogana
Lungadige Porta Vittoria
Via San Francesco
Via Manin
Via dei Mutilati
Via degli Alpini
Vic. Torcoletto
Via Sant'Angela Merici
Antica Dogana
Vic. Volto San Luca
7
Piazza Cittadella
Piazza Municipio
Stradone S. Maffei
5
Via San Antonio
Corso Porta Nuova
P
Via A. Paglieri
Vic. Volto Cittadella
Via Filippini
Viale Università
Via Sciesa
V. Santa Caterina
Via Terese
Via Tezone
Via Adigetto
Via Pallone
Vic. Pallone
Via Lastre
Via Macello
Via Bentegodi
Via Carlo Montanari
Via Croce Verde
Via Ponte Aleardi
Via Valverde
2
P
Vic. Stimate
Via San Domenico
Ponte Aleardi
Viale dei Partigiani
Via Battisti
Via SS. Trinità
Via Don Gaspare Bertoni
Via del Pontiere
Via Porto
Via Shakespeare
Via Luigi
13
Lungadige Capuleti
Piazzale Cimitero
P
Corso Porta Nuova
Via del Minatore
Via del Lanciere
Via dello Zappatore
Via Franceschine
Via Montecchi
Adige (Etsch)
Lungadige Galtarossa
Cimitero Monumentale
catelli
Porta Nuova
Circ. Raggio di Sole
Via del Fante
Parco delle Mura
Piazzale Porta Nuova
Via F. Faccio
Ponte San Francesco
Mantua
0
150
300 m

Über diese Brücke sollst du gehn … der Ponte Scaligero vom Castelvecchio hinüber zum Nordufer der Etsch ist nicht nur schön, er bietet zwischen den Schwalbenschwanzzinnen auch interessante Ausblicke.

der Zeit vor den großen Überschwemmungen der Etsch ist die Via Sottoriva. An diese ›Straße unter dem Ufer‹ stößt die mächtige gotische Kirche **Sant'Anastasia ❽**, die von 1290 bis 1481 errichtet wurde, mit ihrem vielgliedrigen Chor aus fünf Apsiden. Ihre Fassade im Westen besitzt ein reich verziertes, vielfach abgetrepptes Doppelportal.

Sant'Anastasia ist Veronas größte Kirche, die Gewölbe der drei Schiffe werden von zwölf mächtigen Rundpfeilern aus Veroneser Marmor getragen. Von allen erhaltenen Kunstwerken der reichen Ausstattung gelten die Fresken der Chorapsiden als die bedeutendste spätgotische Malerei Veronas. Zu verdanken sind sie der Blütezeit der Skaliger, die mit dem sogenannten höfischen Stil beispielgebend auch für die Zeit danach war. Ob biblische oder weltliche Szenen – sie spiegeln sich in reich gekleideten und geschmückten fürstlichen und ritterlichen Gestalten wider, aber auch in klerikalen. Der höfische Stil gipfelt im sicher berühmtesten Fresko dieser Grabkirche mächtiger Veroneser Familien: im Fresko »Aufbruch des hl. Georg zum Kampf mit dem Drachen« (1433–1438) von Antonio Pisanello, nach der Restaurierung wieder an seinem Originalplatz über der Cappella Pellegrini. Interessant daran ist, dass nicht der Kampf selbst dargestellt ist, sondern der Augenblick des Abschieds von der Prinzessin von Trapezunt, die es zu retten galt. Ein großartiges höfisches Bild, so ganz und gar nicht sakral.

Piazza Sant'Anastasia, März–Okt. Mo–Sa 9–18, So, Fei 13–18 Uhr, Nov.–Febr. Mo–Sa 10–13, 13.30–17, So, Fei 13–17 Uhr; Erw. 3 €, mit VeronaCard frei

Wie ein Phoenix aus der Asche

Schon im 5. Jh. stand hier Veronas erste Kirche, im Norden der Etsch-Schleife. Auf dem geweihten Platz errichtete man im 10. Jh. den frühmittelalterlichen Dom **Santa Maria Matricolare ❾**, der wie viele oberitalienische Kirchen nach dem Erdbeben von 1117 neu aufgebaut werden musste (1139–84), nun aber mit Taufkirche, Kreuzgang und Bischofspalast. Sein heutiges Aussehen erhielt der Dom hauptsächlich aber erst in den Jahren 1444 bis 1520: Der recht massive romanische Außenbau bekam damals ein gotisches Innenleben. Sehr harmonisch wirkt seine romanisierende Westfassade, obwohl sie erst 1565 bis 1606 vollendet wurde. Ihr zweigeschossiger Portikus von Meister Nicolò (1138) betont noch die Vertikale des Mittelschiffs.

Der Raumeindruck ist imposant. Die großzügige Dreischiffigkeit, ab 1444 ganz im Sinne der italienischen Gotik umgestaltet, lässt den Innenraum mit den weiten Arkaden auf mächtigen Bündelpfeilern eher wie eine Halle wirken. Nicht verpassen sollten Sie zwei Ölgemälde: Tizians »Himmelfahrt« von 1530 im linken Seitenschiff und in der zusammengesetzten Altarwand eine »Anbetung der Könige«. Letzteres gilt als das Hauptwerk von Liberale da Verona (Ende 15. Jh.) mit einer zauberhaften venetischen Hügellandschaft, wie man sie gleich außerhalb Veronas finden kann.

Links des Doms sind im selben Komplex Ausgrabungen, das Kirchlein Sant'Elena sowie das Baptisterium zugänglich. Alles wie eingequetscht in die umgebenden Wohnhäuser.

Piazza Duomo s/n, März–Okt. Mo–Sa 10–17.30, So, Fei 13.30–18 Uhr, im Winter Mittagspause, Erw. 3 €, mit VeronaCard frei

Der Fluchtweg des Tyrannen

Herrlich ist es, über diese schöne alte Brücke zu schlendern. Die großartige, Fußgängern vorbehaltene Skaligerbrücke, der **Ponte Scaligero ❿**, verbindet das Castelvecchio mit dem Nordufer der Etsch bzw. mit der Bergseite Veronas. Wenn man zwischen den markanten Schwalbenschwanzzinnen der Brücke auf die Festung zugeht, genießt man den Blick auf das trutzige **Castelvecchio ⓫** (s. S. 104), und – von den kleinen, bastionenähnlichen Ausbuchtungen – auf die Etsch. Für die im 14. Jh. errichtete Brücke wurde Spolienmaterial römischer Vorgängerbauten benutzt, wie einige Kapitelle zeigen, die man bei Niedrigwasser im unteren Bereich erkennen kann.

Die Lieblingskirche der Veroneser

Sie ist eine der schönsten Kirchen Italiens, ein klassisches Beispiel lombardischer Hochromanik, aber nicht deshalb lieben die Veroneser **San Zeno Maggiore ⓬.** Sie gilt ihnen wie eine Gegenkirche zum Dom, zum sozusagen offiziellen Gotteshaus und Bischofssitz. Auch San Zeno Maggiore besaß einen Vorgängerbau aus dem 5. Jh., und zwar direkt über dem Grab des Stadtpatrons San Zeno, dessen Gebeine in der Krypta ruhen. Nur ein Jahr nach dem großen Erdbeben von 1117 wurde mit dem Neubau der Kirche begonnen, der bereits 1135 bis auf die großartig gegliederte Westfassade und den frei stehenden Glockenturm vollendet war. Weißer Tuff und rote Ziegel bilden seitdem die schöne Struktur der Kirchenfassade.

Beim Eintreten in den Kirchenkomplex auf der linken Seite (das Hauptportal bleibt normalerweise geschlossen) sollten Sie unbedingt erst links einen Blick in den Kreuzgang werfen, der in seiner Harmonie seinesgleichen sucht! Seine zierlichen Doppelsäulchen sind aus dem berühmten rosa Marmor von Sant'Ambrogio in der Valpolicella, Veroneser Marmor bzw. *Rosso Veronese* genannt. Richten Sie in der Kirche selbst den ersten Blick nach oben: Die gotische Holzdecke in venezianischer Schiffskielform ist zwar nicht einzigartig im Veneto, aber einfach großartig! Und nicht zu übersehen ist im linken Seitenschiff nahe beim Eingang vor dem Chor die hohe und etwas schwerfällige bemalte Marmorgestalt »San Zeno surride«, der lächelnde hl. Zeno. Sie zeigt den 380 verstorbenen San Zeno, dem die Kirche geweiht ist. Sein Lächeln, so sagen die Veroneser, habe ihr freundliches Wesen bestimmt.

Am Hochaltar, dessen Predellabilder auf Niemehrwiedersehen Napoleon nach Paris bringen ließ, befindet sich eine »Madonna mit Heiligen« von Andrea Mantegna (1456–59). Sie gilt als die erste Darstellung mit Zentralperspektive in Verona. Doch Prunkstück und größter Schatz der Kirche sind die herrlich gearbeiteten Bronzetüren der Westfassade, die um 1100 bzw. 1200 geschaffen wurden. Sie zeigen 21 Szenen aus dem Alten und 20 aus dem Neuen Testament sowie vier aus dem Leben des hl. Zeno. Lange Jahre restauriert, wurden sie nicht mehr an den Außenseiten des Portals angebracht, sondern zum Schutz vor zu starker Sonneneinstrahlung innen, beschützt durch vorgebaute Holztüren.

Piazza San Zeno, März–Okt. Mo–Sa 8.30–18, So, Fei 12.30–18 Uhr, Nov.–Febr. 10–17, So, Fei nur 12.30–17 Uhr, Erw. 3 €, mit VeronaCard frei

Egal, ob Julia wirklich hier liegt …

… denn wer nach Verona wegen Romeo und Julia kommt, dem ist es gleichgültig, ob die Schöne wirklich hier ihre letzte Ruhe fand. Wie beim berühmten Balkon geht es um die Romantik der Geschichte. Das nur vermeintliche Grab der Julia also, die **Tomba di Giulietta** ⓭, befindet sich an einem besonders ruhigen Ort, weit genug vom historischen Zentrum entfernt, sodass nur noch wenige Besucher hierher gelangen. Dabei liegt das Kloster San Francesco nur einen Katzensprung südlich der Skaligermauer. Dann steht der Besucher vor einem schlichten Steinsarkophag unter einem niedrigen Tonnengewölbe in einem fast dunklen Raum, der wie das bescheidene Kloster eine wunderbare Atmosphäre ausstrahlt. Für Kunstfreunde ist sicher das **Museo degli Affreschi** im Kloster von Interesse. Es zeigt Fresken aus dem Mittelalter und der Renaissance, die in Kirchen Veronas abgenommen wurden.

Via Luigi da Porto 5, Di–So 10–18 Uhr, Erw. 4,50 €, Sammelticket mit Casa di Giulietta 7 €, mit VeronaCard frei

Museen

Eine Festung für den Tyrannen

⓫ **Castelvecchio:** Am südlichen Etsch-Ufer erhebt sich die mächtige Skaligerburg, die Cangrande II nach 1354 zum Schutz vor den Veronesern errichten ließ. Tatsächlich weil ihm, dem Tyrannen, seine Familienpaläste im Zentrum nicht mehr sicher genug erschienen. Schon fünf Jahre später starb er – allerdings nicht durch Veroneser Bürger, die er so fürchtete, sondern durch die Hand seines eigenen Bruders Cansignorio. Dieser zeigte Kunstsinn und ließ die Burg von den besten Künstlern seiner Zeit prächtig ausschmücken. Inzwischen ist Castelvecchio zu einem einladenden **Museo Civico d'Arte** mit einer großartigen Sammlung Veroneser Kunst umgestaltet worden. Hier befindet sich u. a. das Originalgrabmal Cangrandes vom Portal der Kirche Santa Maria Antica (s. dort). Eine Dreingabe beim Besuch der interessanten Sammlungen ist das Kastell selbst: Man kommt praktisch in alle Räume hinein, schaut in Innenhöfe hinein und auf die Etsch.

Corso Castelvecchio 2, Di–So 10–18 Uhr, Erw. 6 €, Samnmelticket mit Lapidario Maffeiano 7 €, mit VeronaCard frei

Römisches Theater mit Weitsicht

⓮ **Museo Archeologico:** Die römische Via Postumia zwischen dem ligurischen Genua im Westen und dem friulaner Aquilea im Osten, die in Verona in Höhe des

Castelvecchio mit der Via Gallica (Turin–Mailand–Brescia–Verona) zusammenstieß, führte durch das damalige Stadtzentrum, am **Teatro Romano** vorbei auf die Hügel zu. Das römische Theater sollte man nicht nur wegen der Sammlungen des Archäologischen Museums besuchen, die nicht sehr reich bestückt sind, sondern vor allem wegen des wunderbaren Blicks auf die Altstadt von den Rängen aus.

Regaste Redentore 2, https://museoarcheologico.comune.verona.it, Di–So 10–18, während der Theaterspiele 9–15 Uhr, Erw. 4,50 €, mit VeronaCard frei

Schlafen

Verona ist nur dann eine teure Stadt, wenn hier viel los ist, also zur sommerlichen Opernsaison und an den beliebten ›Brückentagen‹ um Ostern herum etwa. Und erst recht zur Weinmesse! Die Preise können dann bis auf das Vierfache des niedrigsten Tarifs hochschnellen. Warum also nicht mal im Winter anreisen, wenn der Weihnachtsmarkt stattfindet und die ganze Stadt weihnachtlichen Schmuck trägt?

Sieger in Sachen Atmosphäre

1 **Accademia:** Mein Lieblingshotel in Verona, ein wunderschönes Altstadthotel bei der feinen Einkaufsmeile Via Mazzini. Den Namen trägt das Haus von der 1565 hier eingerichteten Reitakademie, 1797 wurde daraus eine Herberge mit Reitstall, 1880 bereits ein elegantes Hotel. Allein 6 Salons bietet das angenehme Haus mit 87 Zimmern und sieben Juniorsuiten seinen Gästen; Solarium und Fitnessraum mit Blick über die Dächer Veronas; Garage ganz in der Nähe, Parkplätze.

Via Scala 12, T 045 59 62 22, www.hotelaccademiaverona.it, €€€

Die Zeiten, da es mit Füßen getreten wurde, sind für dieses wunderbare römische Bodenmosaik endgültig vorbei. Inzwischen darf man es in Veronas Museo Archeologico anschauen.

Waldi darf mit

2 **Verona:** Stylishes, enges Stadthotel, günstig zwischen Bahnhof und Altstadt gelegen, mit 26 Zimmern, acht neuen Apartments und Parkplätzen; Bio-Frühstück, kostenloser Fahrradverleih, tierfreundlich, wie ausdrücklich vermerkt wird.

Corso Porta Nuova 47/49, T 045 59 59 44, www.hotelverona.it, €€€

Ein Brötchenwurf von der Arena

3 **All'Opera:** Zentrales, geschmackvolles und gemütliches B&B. 10 unterschiedliche, nach Opern benannte Zimmer, teils so geräumig wie Suiten, z. T. unter Holzbalkendecken. Liebevoll und elegant eingerichtet von den beiden Betreiberinnen Stefania und Nicoletta. Unschlagbar ist das Frühstückszimmer mit Blick auf die Arena.

Via Alberto Mario 11 A, mobil 33 88 58 87 63, www.bboperaprima.it, nur italienisches Frühstück, €€

Die Lage macht's

4 **Torcolo:** Nettes, günstiges Hotel in bester Arena-Lage, 1953 als Osteria mit Locanda eröffnet, jetzt Hotel garni. Familiäre Atmosphäre, schön restauriertes Ambiente (19 Zimmer).

Vicolo Liston 3, T 04 58 00 75 12, www.hoteltorcolo.it, ohne Frühstück, €€

Bett mit Beckenanschluss

5 **Alle Piscine:** B&B gegenüber einer privaten Sportanlage mit Pools und nahe einer Tennisanlage. drei bescheidene, aber freundliche Zimmer; Küchenbenutzung.

Viale Galliano 19, mobil 34 87 03 28 97, www.allepiscineverona.it, nur italienisches Frühstück, €–€€

Traum der Weltenbummler

6 **The Hostello:** Unterkunft, von drei jungen Menschen geschaffen, die nach ihren Weltreisen ihren Anker in Verona nahe dem Uni-Viertel östlich der Etsch geworfen und ein dreistöckiges Gebäude mit Innenhof superstylish ausgebaut haben. sieben Vier- und Mehrbettzimmer mit viel sichtbarem Mauerwerk, alle mit eigenem Bad oder exklusiver Badbenutzung, Küche für Gästenutzung. Auch sehr schöne Touren, sogar mit Vintage-Vespas.

Via Venti Settembre 80, T 04 52 21 86 47, www.thehostello.com, zu buchen jeweils Bett mit Frühstück, €

Essen

Veronas Restaurants sind sehr teuer, aber meist gut bis sehr gut. Preiswert sind noch immer viele der traditionellen Osterien im Altstadtzentrum. Die Bars haben Kleinigkeiten zu essen im Angebot, daneben gibt es noch ein paar SB-Restaurants, die zwar nichts mit Verona zu tun haben, aber eine ordentliche Qualität mit lokalem Anstrich bieten. Achtung: Während der Opernfestspiele in guten bzw. bekannten Lokalen unbedingt langfristig einen Tisch vorbestellen!

Seit 1877 ›in‹

1 **Arche:** Kleines, traditionsreiches Toprestaurant (seit 1877 in Familienbesitz), das älteste der Stadt neben dem vermeintlichen Palazzo Romeos, mit wenigen Tischen. Kreative venetische Küche, Lieblingsgerichte von Chef Giancarlo Gioco und seiner ebenfalls den Kochlöffel schwingenden Tochter Silvana werden aus Fisch und Meeresfrüchten zubereitet, aber auch Fleisch steht auf ihrer Speisekarte, die man online einsehen kann; hervorragende Wein- und Destillateauswahl. Einfach eine Top-Adresse, doch ohne Reservierung geht meist nichts!

Via Arche Scaligere 6, T 04 58 00 74 15, www.facebook.com/ristorantearche, Di–So Mittag, 3 Wochen im Jan. geschl., €€€

Riesentheke

2 **Antica Bottega del Vino:** Eines der *Locali storici d'Italia,* von 1890, früher Treffpunkt von Mundartdichtern und der Lokalpresse, der es hier wohl inzwischen

zu teuer geworden ist. Dunkel getäfelt, der Speiseraum vom Thekenraum optisch abgetrennt; Veronas vielleicht bester Weinkeller mit allen bedeutenden Etiketten und köstlichen Gerichten aus dem Veneto sowie Kleinigkeiten an der langen Theke in der Tradition der Veroneser *osterie.* Vom schwarzen Brett liest man die aktuellen Weine ab, die man auch glasweise bestellen kann, sogar den edlen Amarone.

Via Scudo di Francia 3, T 04 58 00 45 35, www.bottegavini.it, tgl. 11–24, während der Opernsaison bis 4 Uhr morgens, im Winter Mi–Mo, typisch venezianisches 4-Gänge-Menü, €€€

Klein und begehrt

3 **Tre Marchetti:** Kleines, oft lautes und volles Lokal mit Veroneser Küche wie Stockfischmus, Schweinefüßchen mit weißen Bohnen, *moscardini* (Mini-Tintenfische) mit frischen Tomaten, hausgemachte *bigoli* (Pasta) mit Sardinen aus dem Gardasee oder Entenragout. Veronas teuerstes Lokal!

Vicolo Tre Marchetti 19/b, T 04 58 03 04 63, www.tremarchetti.it, Sommer Di–So, während der Opernfestspiele bis 2 Uhr früh geöffnet, Winter Mo–Sa, 1 Woche im Juni, 2 Wochen im Sept. geschl., €€€

Beliebt bei der Jugend

4 **Al Carro Armato:** Urige Osteria unter dunklen Holzbalkendecken, bei jungen Leuten beliebt; solide Veroneser Küche (leckere Pasta, gute Tintenfische mit Polenta) und preiswerte lokale Weine. Tellergerichte und Aufschnittplatten, aber auch vollständige Menüs mit Hauswein.

Im Geviert Vicolo Gatto 2/Via Due Stelle/Via San Pietro Martire, T 04 58 03 01 75, Di–So 11–15, 18–1 Uhr, €

Vegan und verträglich

5 **Flora:** Ein Konzept, das im kulinarischen Verona aus dem Rahmen fällt – hier dürfte niemand mit egal welcher Lebensmittelunverträglichkeit Probleme bekommen. Die Küche ist vegan, gluten- und laktosefrei. Eine Besonderheit ist das reiche Mittagsbuffet: Man zahlt nach Gewicht, nimmt also nur so viel, wie man essen will, und zahlt je 100 g 2,30 €. Abends gibt es eine große Auswahl à la carte. Toll, was man alles sogar vegan bekommt!

Stradone Maffei 8c, T 04 58 00 63 00, www.ristoranteflora.it, €

6 – 9: s. Tour S. 108.

Einkaufen

In der Fußgängerzone findet man sowohl teure als auch normalpreisige Boutiquen und sogar ein gutes Kaufhaus an der Ecke zur Piazza delle Erbe. Die feinste Einkaufsstraße ist die **Via Mazzini** zwischen der Piazza Brà und der Piazza delle Erbe, in der **Via Cappello** und am **Corso Portoni dei Corsari.** Hier fehlen weder Cartier noch Fiorucci oder Al Duca d'Aosta.

Antiquitätenfans und Kunstliebhaber werden fündig am **Corso Sant'Anastasia**

MÄRKTE IN VERONA

Piazza delle Erbe: tgl. außer So, Fei; ursprünglich ein Obst- und Gemüsemarkt, inzwischen auch mit den üblichen Souvenirs.
Andere gemischte Märkte:
Di: San Zeno, San Massimo, Borgo Venezia und Piazza Isolo
Mi: Borgo Trento, Ponte Crencano und Porta Vescovo
Do: Golosine, Parona, San Michele und Santa Lucia
Fr: Porta Vescovo, Saval, San Zeno und Volto San Luca
Sa: Quartiere Stadio (Stadion)
Antiquitätenmarkt: jeden 3. Sa auf der Piazza San Zeno (mit Kunsthandwerk)

TOUR
Andar per i goti

Zum Aperitif in Veronas Kneipen

Infos

Start: Piazza delle Erbe

Zeitpunkt: ca. 11–13 und 18–20/21 Uhr

Budget: Ein Gläschen *(goto)* Wein ca. 1–3 €, Häppchen ab 2 €, Pastagerichte oder Veroneser Fisch- und Fleischspezialitäten unter 10 €

Keine andere Stadt im Umkreis des Gardasees hat so viele stylishe Bars, Cafés und traditionelle Osterien zu bieten wie Verona. So drehen Alteingesessene mittags eine Runde zwischen ihren Lieblingskneipen und holen sich bei jeweils einem Gläschen Wein und kleinen Häppchen den richtig großen Appetit für das Mittag- oder Abendessen. Ganz ehrlich – für uns reichen die Leckereien auf einer solchen Tour, da folgt zumindest mittags bestimmt keine große Mahlzeit mehr.

Schon ziemlich gut gelaunt, nach der sechsten Osteria im Dunstkreis der **Piazza delle Erbe,** sprach uns ein gewisser Radames an. Radames, der aus Verdis Aida? Ja, den Namen habe ihm seine opernbegeisterte Mutter gegeben und ihm so manche Neckerei in der Schule beschert. Wieso wir uns gerade in *seinen* Osterien nach dem schönen veronesischen Brauch erkundigt hätten? Tatsächlich sei es Tradition, vor dem Mittagessen auf einen *goto* – ursprünglich ein kurzer Stamper – in eine Osteria zu gehen und dazu ein oder zwei kleine Häppchen als Appetitanreger zu sich zu nehmen. Doch eine richtige Tour durch die Kneipen sei doch viel schöner, außerdem spare man sich so das Mittagessen – und das bei netten Gesprächen mit den Thekennachbarn. Na also, auch Radames lässt das Mittagessen ausfallen! So richtig vergnüglich wird eine *goto*-Tour am Abend, verrät uns Radames, gleich nach der Arbeit. Da trifft man sich mit Freunden oder Kollegen in noch lockererer Atmosphäre und dehnt die Aperitif-Zeit schön aus.

Und so erlebt das *andar per i goti* in Verona eine echte Renaissance. Es werden sogar neue Lokale im alten Stil eröffnet, weil die Nachfrage wächst. Eines dieser neuen Lokale mit einem so schönen Ambiente, dass man meint, es stünde schon einhun-

dert Jahre, ist die **Osteria del Bugiardo** 6, Corso dei Borsari 17/A, übersetzt das ›Gasthaus zum Lügner‹, mit einer herrlich verlockenden Auslage und ein paar Stehtischen, an denen man kaum einen Platz bekommt. Man probiert sich durch die leckeren Häppchen oder durch Tellergerichte wie *trippa* (Kutteln), *pasta faggioli* (echt venetische Bohnensuppe mit Pasta), *parmiggiana* (überbackene Auberginen), Lasagne, Pferdegulasch *(pastissada di cavallo)* oder ein *bollito*-Stück (gekochtes Fleisch) – das Glas Wein allerdings in der Hand balancierend.

Die **Enoteca Zero 7** 7 im engen Vicolo Ghiaia 2 südwestlich der Arena ist von früh bis spät ein angenehmer Ort für Weinliebhaber. Hier können Sie Ihren Lieblingswein kaufen – oder den Tag mit einem leckeren Croissant beginnen und weitermachen mit einer vielseitigen Käse- oder Aufschnittplatte zur Mittagszeit oder spät zum Dopocena, also nach dem Abendessen. Als Weinbegleiter stehen an die 900 Etiketten zur Auswahl …

In der **Osteria a le Petarine** 8 in der Via San Mamaso 6A gibt's in zwei bescheidenen Räumen nur Veneto-Weine und dazu zwar nicht selbst gemachte, aber dennoch leckere kleine Gerichte, Pasta sowie Stockfisch oder Pferdegulasch, beides mit Polenta, und frisch zubereitete Brote. Man kann hier an der dunkel getäfelten Theke auch Wein zu relativ normalen Preisen kaufen.

Auch im **Caffè Monte Baldo** 9 in der Via Rosa 12 in seinen beiden kleinen dunklen Räumen (mit Restaurant im Obergeschoss), einer voller Weinregale, wird man mit warmen Mahlzeiten aus einer Spezialküche versorgt; die Brote und Aufschnittplatten aber sind hausgemacht, der Wein aus dem Bardolino perfekt und doch preiswert.

Und sollten Sie noch eine besondere Verona-Adresse fürs *Andar per i goti* haben – schreiben Sie uns!

und in seiner Umgebung: Antichità Due Torri, Antiquità Sottoriva sowie in den Kunstgalerien Arts Nouveaux und Boxart. Und jeden 3. So des Monats auf dem Antiquitätenmarkt auf der **Piazza San Zeno.**

Die Piazza delle Erbe als gute Einkaufsadresse für Lebensmittel hat eigentlich ausgedient, dafür findet man beim Bummeln immer mehr gut sortierte **Weinläden** wie die Enoteca Storica Istituto Enologico Italiano, was sehr offiziell klingt, in der Via Sottoriva 7, dessen 800 m² großer Gewölbekeller unter dem Niveau der nahen Etsch allein schon einen Besuch wert ist, mit rund 2000 Etiketten!

Bewegen

Fluss mit Wiederkehr

1 **Adige Verona Rafting:** 3 Std. Vergnügen, davon 2 auf der Etsch auf einem Rafting-Boot für 10–12 Pers., mit Rücktransport, Versicherung, Schwimmweste für 25 €. Start (mit Parkplatz) am Centro Sportivo Bottagisio (in der Zone Chievo) an der Via del Perloso 14/A, Ankunft beim Boschetto am Lungadige Galtarossa 40, wo man sein Picknick verzehren kann. Streckenlänge auf dem Wasser: 8,5 km. Es wird auch Rafting mit Aperitif angeboten.

Via Perloso 14/A, mobil 34 78 89 24 98, www.adigerafting.it

Ausgehen

In Verona gibt es zahlreiche Kinos, außerdem Pianobars (auch in den Nobelhotels, für Nichtübernachtungsgäste zugänglich), *dopocena*- (›nach dem Essen‹/›After Dinner‹) und Karaoke-Lokale. Informationen auch u. a. auf den stets aktuellen Seiten von www.cittadiverona.it unter »Locali«.

Beim Sommelier

1 **Enoteca Segreta:** Stylishe Aperitif-Location. Hausherr Riccardo, ein veritabler Sommelier, hat sich in der kleinen Enothek mit Michela, die für die Küche zuständig ist, einen Jugendtraum erfüllt. Hauptgänge stehen nicht auf der Karte, nur Vorspeisen und Pastagerichte sowie Nachtisch, denn zum Wein genießen die meisten Gäste lieber nicht allzu schwere Kost, meint Riccardo. Immer wieder Verkostungen einzelner Weingüter, auch in der Valpolicella.

Vicolo Samaritana 10, T 045 80 15 24, www.enotecasegreta.it, Mi–Mo 17.30–22, So 12–14, 19–23.30 Uhr

An der Etsch

2 **Cappa Cafè:** Berühmt für seine Live-Jazz-Abende im Winter, fasziniert das Lokal im Sommer allein schon durch seine Terrasse zur Etsch. Man kann hier genauso gut ein leichtes Mittag- oder Abendessen (ab 20 €) wie nur einen Aperitif genießen, später geht man eher zu Cocktails über.

Piazzetta Brà Molinari 1/a, T 045 80 04 45 16, www.cappacafe.it, tgl. 9–2 Uhr

Irisch gefärbt

3 **Campus Pub:** Urig, riesig und absolut angesagt – das ist dieser Pub mit seinem großen Vordach im Uni-Viertel. Mittwochs »Crazy Wednesday«, donnerstags »Erasmus Night«, die angesagteste Party mit internationalen Studenten, und samstags ein Themenabend – einfach ins Internet schauen, was gerade abgeht. Das Bier ist hauptsächlich irisch, nämlich von Guinness, aber auch andere Exoten wie Paulaner gibt es, und natürlich diverse Schnäpse, Whiskys etc. Dazu überwiegend Sandwiches und Pizza.

Via XX Settembre 18, www.campuspub.it, Di 20.30–2, Mi–Sa 20.30–3 Uhr

In-Disco auf dem Land

4 **Nessun Dorma:** Super Disco östlich von Verona zwischen Soave und Bolca. Jede Woche Themenabende mit Animation; fantasievolle Cocktails.

Via dell'Artigianato 14, Costalunga di Monteforte (VR), mobil 329 95 34 13, www.nessundormaverona.it, Mi–Sa 20–2, So 18–2 Uhr, Eintritt frei!

Feiern

- **Opernfestspiele:** Ende Juni/Anf. Juli–Ende Aug./Anf. Sept. in der Arena, T 04 58 00 51 51, www.arena.it oder https://fondazionearenadiverona.eventim-inhouse.de.
- **Stagione sinfonica:** Die winterliche Konzertsaison genießen eher die Experten, die ein großes Programm erwartet, z. B. im Teatro Filarmonico; im Winter außerdem Jazz-Veranstaltungen in der Arena (www.arena.it).
- **Vinitaly:** Meist vier Tage Anf. April; www.veronafiere.it. Die Weinmesse ist die international relevanteste Messe Veronas; zu dieser Zeit ist im weiten Umkreis kein Hotelzimmer zu bekommen.
- **Internationale Krippenausstellung:** Dez. In der Arena, umgeben von den Buden des Weihnachtsmarktes.

Infos

- **IAT:** Offizielle Seiten der Gemeinde inkl. Provinz. Via degli Alpini 9/Piazza Brà (in der Skaligermauer), 37121 Verona, T 04 58 06 86 80, www.visitverona.it. Weitere Informationsbüros am Bahnhof sowie während der Saison auch am Viale del Lavoro (Autobahnausfahrt Verona Süd).
- **VeronaCard:** Für 24 (20 €) bzw. 48 aufeinanderfolgende Stunden (25 €) kann man mit der Card die wichtigsten Museen, Monumente und Kirchen besichtigen und die öffentlichen Verkehrsmittel der Stadt benutzen; zahlreiche Vergünstigungen, s. www.veronacard.it. Für die Kirchen der VeronaCard gibt es vor Ort im Card-Preis inbegriffen Audioguides. Schöne, informative Seiten über Veronas Kirchen unter www.chieseverona.it. Sonst kleines Sammelticket für die vier wichtigsten Sakralbauten zu 8 €, Einzelpreis je Kirche 4 €.
- **Flug:** Flughafen Valerio Catullo bei Villafranca, 14 km vom Zentrum entfernt. Mehrmals tgl. Flugverbindungen mit deutschen Flughäfen (Air Dolomiti, www.airdolomiti.it, in Zusammenarbeit mit der Deutschen Lufthansa), an bestimmten Tagen auch vom österreichischen Billigflieger Laudamotion (www.laudamotion.com) in Zusammenarbeit mit Ryanair.
- **Busse:** Der Aerobus verbindet den Flughafen und die Stadt (Bahnhof Porta Nuova); tgl. vom Bahnhof 5.15–22.50, vom Flughafen 5.35–23.10 Uhr, 6 €. In die Provinz fahren die Busse des ATV (Azienda Trasporti Verona, T 04 58 05 78 11) in dichter Folge (ca. halbstdl.). Abfahrt vom Bahnhof zum Gardasee: Nr. 162–165 ans Ostufer nach Lazise und 484 weiter nach Norden bzw. bis Riva; Nr. 483 nach Sirmione bzw. San Benedetto. Infos: www.atv.verona.it.
- **Innerstädtische Busse:** ATV-Busse (T 04 58 05 78 11) verkehren in dichter Folge vom Bahnhof (Nr. 11, 12, 13) ins Zentrum und rings um den historischen Kern, der großteils Fußgängerzone ist.
- **Bahn:** Bahnhof Verona Porta Nuova südl. des historischen Zentrums; zu Fuß über den Corso Nuovo in ca. 15 Min. erreichbar. Gute Anbindung Veronas an die oberitalienischen Städte im Stundentakt; Verona liegt an der EC-Strecke München–Bozen–Bologna. Callcenter italienweit: T 89 20 21.
- **Auto:** Veronas Zentrum ist strenge ZTL (Zona Traffico Limitato, zu Deutsch: verkehrsberuhigt). Immerhin dürfen mit ihrem Kennzeichen vorab angemeldete Hotelgäste vorfahren. Die Einfahrt ist ansonsten erlaubt: Mo–Fr 10–14.30, 16–18, Sa/So, Fei 10–13.30 Uhr. Vorsorglich nachschauen (https://de.urbanaccessregulations.eu, Suchbegriff »ZTL«), ob es Änderungen gibt, denn die Strafen sind bei Übertretung erheblich und werden garantiert an die heimische Adresse nachgeschickt.

Weinland Valpolicella

N

Nordwestlich von Verona breitet sich, im Westen abgegrenzt von Autobahn und Etsch, quasi vor der Haustür Veronas, das Weinland der Valpolicella aus, eine zauberhafte Hügellandschaft mit tiefen Tälern. Neben dem Wein bilden hier die großen Marmorvorkommen den wichtigsten Wirtschaftsfaktor.

Übersetzt bedeutet Valpolicella so viel wie »Tal mit den vielen Kellern«. Weinkellern natürlich! Den Weinanbau führten hier bereits die Römer ein, weil die hügelige, der Sonne zugewandte Lage ideal, im Norden von den Lessiner Bergen vor den kalten Winden geschützt und zudem genügend Wasser vorhanden war und ist. Denn die kleinen Seitentäler im Bogen der Etsch sind mit zahlreichen Quellen gesegnet und von den Lessinischen Bergen zu Füßen der Veroneser Alpen fließen viele Wildbäche durch die Hügellandschaft Richtung Etsch.

Unzählige Villen zieren die Valpolicella, denn in der Renaissance liebte es der Veroneser Adel, seine Landvillen in diesem fruchtbaren Gebiet zu errichten. Villa bedeutete damals Landgut und sie diente – als Pendant zu den Palästen in den Städten – der Landwirtschaft und der Sommerfrische zugleich *(villeggiatura)*.

O

ORIENTIERUNG

Infos: www.valpolicellaweb.it, Website der Pro Loco Valpolicella mit allen Orten, Weingütern, Veranstaltungen etc.
Unter www.stradadelvinovalpolicella.it findet man nicht nur gute hilfreiche wie informative Reisetipps, sondern auch die aktuellen Öffnungszeiten der Weinkellereien, die an den Wochenenden auch ohne Voranmeldung besichtigt oder für den Weineinkauf besucht werden können.
Verkehr: Die »Strada Valpolicella Classico« ist zwar etwas verwirrend zu fahren, weil sie mehrere Schleifen macht, doch es lohnt sich! Man kommt nicht nur zu den wichtigsten Weingütern des Gebietes, sondern entdeckt dabei auch Villen, Kirchen und landschaftliche Schönheiten. Wegkarten bekommt man bei den Infostellen und auf den Weingütern; an allen wichtigen Kreuzungen gibt es eine entsprechende Beschilderung. Die Weinstraße befährt man am besten mit Rad (s. S. 114) oder Pkw. Linienbusse verkehren zwar auch, jedoch für Ausflügler zu ungünstigen Zeiten.

Sant'Ambrogio di Valpolicella

G 10

Das überschaubare Sant'Ambrogio, der Hauptort der Valpolicella in 180 m Höhe mit knapp 12 000 Einwohnern, ist ein blühendes Zentrum des Wein- und Obstanbaus. Das nette Städtchen wird vor allem wegen seiner Weinkellereien, der guten Restaurants und seines schönen Hinterlands voller Weingüter besucht. Unübersehbar ist ringsum der Abbau des weißen Kalksteins und vor allem des Marmors, des berühmten *Marmo rosso veronese,* den schon die Römer zu schätzen wussten.

Der Balkon der Weinlandschaft

Im Zentrum des Vororts **San Giorgio** (375 m), der zu den schönsten *borghi* Italiens zählt, liegt der Klosterkomplex der **Pieve di San Giorgio** mit dem hoch aufragenden Glockenturm, dessen auffällige Lisenen ihn noch höher erscheinen lassen. Die langobardisch-romanische Pfarrkirche stammt aus dem 7. bis 12. Jh. Sie ist dreischiffig und besitzt keine Hauptfassade, dafür an der Westseite mit der erst 2010 geschaffenen steinernen Eingangstür eine und an der Ostseite drei Apsiden. Im Innern wird die Kirche von vier kräftigen Pfeilerpaaren im Westen und drei ungleichmäßigen Säulenpaaren im Chorbereich getragen. Alle drei Schiffe der Basilika schließen mit offenem Dachstuhl ab.

Die Innenflächen der Rundbögen zwischen den Kirchenschiffen sind mit geometrischen Motiven freskiert, an der Südwand wurde ein großes Abendmahlfresko durch den Einbau einer Tür zerstört. Fast vollständig, wenn auch blass erhalten, sind die Fresken in der westlichen Rundapsis, durch die man in die

Der Kreuzgang von San Giorgio ist zwar nur in Teilen erhalten, seinem Zauber und der friedlichen Atmosphäre tut dies aber keinen Abbruch.

V

STRAMPELND DURCH DIE VALPOLICELLA

In der Valpolicella kann man über lange Strecken hinweg durch eine von Verkehr fast freie Landschaft radeln, allerdings ist wegen der vielen Auf und Abs, auch wenn sie nicht sehr viele Höhenmeter bewältigen, gute Kondition erforderlich. Tipps für den Streckenverlauf findet man u. a. im Internet unter www.amicidellabicicletta.it, www.fiabverona.it und www.stradadelvinovalpolicella.it. Doch Vorsicht: Auch mit dem Fahrrad unterwegs sollte man bei der Weinverkostung an die Promille-Grenze denken!

Kirche tritt, überragt von »Christus in der Mandorla«. Sonst zeigt die harmonisch wirkende Basilika nackte Steinwände. Das Kleinod der Pieve von San Giorgio steht im Chorraum: ein kleines Ziborium aus der Langobardenzeit, das allerdings erst 1923 aus Teilen des Kreuzgangs zusammengesetzt worden sein soll. Den zauberhaften **Kreuzgang** schuf 712/13 ein Meister namens Ursus. Die Kapitelle, die auf vielen kleinen, schlanken Säulen und konisch geformten Rechteckpfeilern thronen, wirken richtig nordisch, also langobardisch. Sie zeigen u. a. Tiermotive und christliche sowie geometrische Symbole.

Links der Kirche wurde das sogenannte **Antiquarium** eingerichtet, durch das man nun meistens auch die Kirche betreten kann. In diesem winzigen Museum auf zwei Stockwerken sind die zwischen dem Chor der Pieve und dem Museum gemachten archäologischen Funde (ab dem 5. Jh. v. Chr.) sowie wunderschöne Fossilien ausgestellt.

Piazza della Pieve, Località San Giorgio, meist Mo–Fr 9–12.30, 14.30–18.30, Sa/So 16–19 Uhr, vorübergehend geschl.

Schlafen

Für Feinschmecker

Dalla Rosa Alda: B & B über der berühmten Trattoria (s. u.). Im 1. und 2. OG sind inzwischen 10 Zimmer eingerichtet, teils altmodisch mit Antiquitäten, teils modern, alle klimatisiert und mit Internetanschluss. Ein leiser Aufzug bringt die Gäste nach der Weinprobe im Keller hinauf auf ihr Zimmer.

Strada Garibaldi 4, 37015 San Giorgio di Valpolicella (VR), T 04 57 70 10 18, http://dallarosalda.it, März–Mitte Nov., €€

Schönes Panorama

Villa San Giorgio: Zauberhaftes, nur 6 Zimmer kleines B & B in einem restaurierten Steinhaus zwischen Sant'Ambrogio und San Giorgio in wunderbarer, unverbaubarer Panoramalage mit Blick auf den Gardasee. Entrée im Designerstil, die Zimmer gemütlich mit großen Betten, eins mit großem Balkon. Bistro mit Terrasse und leckeren lokalen Snacks, auch für Passanten Di–So ab 10 Uhr. Parkplatz. Kleiner Pool in Dependance 50 m entfernt. Geplant ist der Verleih von Nordic-Walking-Stöcken und E-Bikes.

Via Conca d'Oro 1, 37015 San Giorgio di Valpolicella (VR), T 04 56 83 81 70, www.valpolicellaline.it, €–€€

Essen

Einladend und köstlich

Trattoria Dalla Rosa Alda: Die alteingesessene Trattoria hat drei kleine, unterschiedliche Räume (einer davon mit schönem Steingewölbe), einen Weinkeller im Felsen darunter sowie einen pergolierten Innenhof für den Sommer. Die saisonabhängige Küche nutzt u. a. Originalrezepte von Mutter Alda des Wirts Lodovico. Garantiert immer zu haben sind die *paparele en brodo* (Nudelsuppe mit Hühnerleber),

Risotto je nach Saison mit Kirschen oder Gemüse (immer mit Amarone, dem Spitzenwein der Valpolicella), Polenta mit Käse und Pilzen aus den Lessiner Bergen und die Rinds-Tagliata mit Amaronesoße.

Trattoria Dalla Rosa Alda: s. Schlafen, Di–So mittags, 21. Juni–21. Sept. tgl. Satt und zufrieden wird man schon für wenig Geld (€), für ein schönes Menü inkl. Wein gilt €€–€€€

Einkaufen & Ausgehen

Urig

Enoteca El Tinel: Winzig kleine Weinprobierstube mit Verkauf in einem restaurierten Dorfhaus aus dem Jahr 1650 gegenüber der Trattoria Dalla Rosa Alda (im selben Besitz). Darunter winziger Weinkeller, mit den Händen aus dem Felsen geschlagen. Laut Sommelier Lodovico Testi ideal »für Leute, die im Glas nicht nur einen Rotwein vorfinden wollen ...«.

Strada Garibaldi, s. Schlafen, Dalla Rosa Alda

Feiern

- **La Campanna di San Giorgio:** Tgl. um 12 Uhr schlägt, nein ›singt‹ die Kirchglocke ein »Ave Maria« – so schön, dass man einfach zuhören muss!
- **Festa de le Fae:** 2. So. im Nov. Fest der trockenen Saubohnen. Sie werden nach der Messe aus großen Schüsseln in die eigens dafür hergestellten Schüsselchen gegeben und kostenlos an die Dorfbewohner verteilt. Ein alter, wieder aufgenommener Brauch heidnischen Ursprungs, für den ganz San Giorgio in die einfachen Kleider von ›anno dazumal‹ schlüpft. An der Messe um 10 Uhr sowie am Fest von 12 bis 18 Uhr können auch Touristen teilnehmen: An Ständen werden Kostproben angeboten, vor allem aus Kastanien und Pilzen, und natürlich auch Bohnensuppe – dazu Recioto und Amarone der Valpolicella sowie Musik und Tanz.

Infos

- **Consorzio Pro Loco Valpolicella:** Ausführliche Infos zur Valpolicella, mit Weingütern, Hotels und Restaurants, Ausflugstipps etc. Via Ingelheim 7, 37029 San Pietro in Cariano (VR), T 04 57 70 19 20, www.valpolicellaweb.it.
- **Tavola della Valpolicella:** Infoseiten der Restaurantvereinigung mit Veranstaltungstipps. Via Osan 45, 37022 Fumane (VR), mobil 34 63 27 53 38, www.valpolicella.it.
- **Pro Loco San Giorgio di Valpolicella:** Viale Caduti del Lavoro 10F, 37015 San Giorgio di Valpolicella (VR), mobil 33 48 73 93 97, www.unpliverona.it.

Rund um Negrar

J 10

Entlang der Weinstraße fährt man hinauf nach Monte und in Schlangenlinien wieder abwärts nach **Fumane** (192 m) mit der stolzen **Villa della Torre** (16. Jh., privat). Ein Stück nördlich von Fumane kann man einen Abstecher (mit dem Wagen befahrbar, Parkplatz in Molina) durch das Tal des Baches Progno di Breonio zu den Wasserfällen von **Molina** machen, einem wunderschönen Park mit vier ausgewiesenen Wanderwegen (s. Tour S. 118). Zurück auf der Straße von Fumane nach Marano, geht es kurz vor Marano links ab Richtung Norden über San Rocco nach **Prun**, wo oberhalb einer Straßenkurve ein aufgelassener historischer Steinbruch zu sehen ist, der einer Ruine ähnelt. Hier hat man die kostbare *Pietra di Prun*, den Stein von Prun, abgebaut und dabei natürliche Stützpfeiler stehen gelassen. Den hellen, weiß und rosa gefärbten Stein findet man in der nördlichen Valpolicella in sage und schreibe 37 Arten und Dicken. Er ist in Schichten angeordnet, die sich als Naturplatten abbauen lassen. Zum Mauerbau eignet er sich ebenso wie zum Bedecken von Dächern.

Folgt man von Prun den Hinweisen nach Negrar, kommt man automatisch durch dessen Vorort **Torbe** in großartiger Aussichtslage. Der 190 m hoch gelegene Weinort **Negrar** ist berühmt für seinen Recioto – und für seine Kirschen. Die Bäume bringen außerordentlich große Früchte hervor und liefern das feste Holz für die kleinen Weinfässer, in denen der Amarone, der Spitzenwein der Valpolicella, am besten reift. Nach Negrar selbst fährt man, um in der Umgebung Wein zu probieren und zu kaufen oder um das schönste und größte ›Grüne Theater‹ Italiens zu bewundern.

Der Weinanbau bestimmt die Landschaft um Negrar.

Giardino mit Teatro

Graf Antonio Rizzardi gab den herrlichen **Giardino di Pojega/Villa Rizzardi** seiner Villa 1783 beim Architekten Luigi Trezza in Auftrag, der auf einer Fläche von 5,4 ha einen bis heute einmaligen Garten *all'italiana* auf drei Erdterrassen mit weitem Panorama schuf. Zwischen Steineichen und Buchen, Ahorn und Eiben entdeckt man ein Tempelchen mit Statuen des Herkules, der Jagdgöttin Diana und anderen mythologischen Figuren; auf anderen Ebenen breiten sich der ›Garten der Agrumen‹, flankiert von zwei *limonaie*, und der ›Raum des Brunnens‹ aus – eine grüne, kreisrunde Zone mit einem Wasserbecken in der Mitte.

Spektakulär jedoch ist das ›Grüne Theater‹ mit sieben aufsteigenden Rängen, Italiens größtes. Bei Aufführungen wird das ›Parkett‹ vor der natürlichen (Erd-)Bühne bestuhlt. Die Abendveranstaltungen im Teatro Verde (normalerweise ab 21 Uhr) sind sehr gefragt und meist lange im Voraus ausverkauft: Klassik vor allem, aber auch Jazz. In der Villa kann man neuerdings heiraten, in der Barchessa werden Wein und andere Gutsprodukte verkauft (April–Okt. tgl. 10–18 Uhr).

Via Rizzardi 10, 37024 Negrar (VR), T 04 57 21 00 28, www.pojega.it; April–Okt., tgl. 10–18 Uhr, aber nur, wenn keine Veranstaltung stattfindet, Erw. 7,50 €

Schlafen

Wie zu Hause fühlen

Relais Valpolicella B&B: Das heimelige, persönlich von den Besitzern geführte Landhaus mitten in der weinseligen Valpolicella zwischen dem Fumane-Tal und dem hübschen Ort Negrar bietet fünf gemütliche Zimmer, eines davon sogar mit Kamin, und einen einladenden Salon; reichhaltiges Frühstück mit hausgemachten bzw. lokalen Spezialitäten. Kleiner Pool.

Piazza della Comunità 22, 37020 Valgatara (VR), mobil 34 87 50 59 08, www.relaisvalpolicella.it, €€

Familiengeführtes Weingut

Antica Corte al Molino: Zwei Zimmer und zwei Apartments mit insgesamt zehn Betten auf einem Weingut, Juli/Aug. mit Restaurant, Parkplatz.

Via Crosetta 8, San Peretto, 37024 Negrar (VR), T 04 57 50 20 72, www.anticacortealmolino.com, ÜF für 2–3 Pers. €€

Unter Holzbalken

La Meridiana: Rustikales B & B mit liebevoll gestalteten Zimmern, fünf unter dicken Holzbalkendecken, eines unter einem schönen Steingewölbe, Parkplatz.

Via Orsan 16, 37022 Fumane (VR), T 04 56 83 91 46, www.lameridiana-valpolicella.it, man kann DZ mit oder ohne Frühstück in der nahen Enoteca buchen, €€

Zwischen Pferden

Le Corone: Reiterhof 12 km nördlich von Fumane in ruhiger Lage, umgeben von grünen Hügeln, Eichen- und Birkenwäldern und natürlich Weinbergen, in großartiger Panoramalage. B & B mit einer Suite mit Terrasse, 1 Doppel- und 1 Zweibettzimmer sowie zwei zusammenhängende Zimmer für 4 Pers. Elegantes Klubhaus mit Kamin, Kachelofen und Weinkeller. Ausritte in die Umgebung und mehrtägige Trekkingtouren; Mountainbike- und Trekkingtipps.

Località Le Corone, 37022 Cavalo di Fumane (VR), T 04 56 84 50 54, www.lecorone.com, DZ/ÜF €€, bei Wochenbuchung 20 % Nachlass

Essen

Römische Ferkelei

Trattoria Alla Porchetta: Das namensgebende, im großen Kamin gegrillte Spanferkel ist Programm, nach dem Rezept des – römischen – Großvaters Franco Righetti,

Schuften für Valpolicella, Recioto und Amarone in Negrars Rebgärten

der die Spanferkel ursprünglich für die umgebenden Märkte röstete. Familie Righetti beherrscht aber auch lokale Spezialitäten wie Kalbsbacken in Amaronesoße oder Rindstatar mit Trüffeln und Parmesan.

Via San Peretto di Negrar 18, 37024 Negrar (VR), T 04 57 50 00 11, www.trattoriaallaporchetta.it, Mi–Mo, €

Tradition verpflichtet

Trattoria Caprini: Alteingesessene, gemütliche Trattoria seit 1907 gegenüber der Pfarrkirche. Zwei Räume und eine neue Enoteca für Weinproben im OG mit Aussichtsterrasse, im Erdgeschoss urige Osteria. Die Familie Caprini ist stets präsent: Davide, assistiert von Bruder Nicola und den Eltern Francesco und Pierina, an den diversen Herden, Bruder Sergio in der Cantina. Perfekte lokale Küche, hausgemachte Pasta, Nudelsuppe *(paparele)* mit Hühnerleber, Kaninchengulasch oder

TOUR
Rauschen und Plätschern überall

Wanderung durch den Parco di Molina

Infos

Start: 37022 Molina (VR), 10 km nördlich von Sant'Ambrogio, H 8

Weglänge und Dauer: ca. 5,5 km, 2 ½ Std.

Öffnungszeiten, Eintritt: April–Sept. tgl. 9–19.30, Okt. 10–18, Nov.–12. Dez. nur Sa/So, Fei 11–15.30, März 10–18 Uhr, Erw. 7 €

Weitere Infos: www.parcodellecascate.it

In den Lessiner Bergen zu Füßen der Veroneser Alpen, im Parco Regionale della Lessinia (s. S. 122), ist die Natur noch intakt und bietet mit dem Molina-Naturpark eine dichte Folge von Wasserfällen, die früher Mühlen antrieben und heute viel Freizeitvergnügen versprechen, weil man auf verschiedenen Touren den Park erleben kann. Die Region der Lessiner Berge entstand im Tertiär, also vor 25 bis 30 Mio. Jahren. Die Wasserläufe aber sind recht jung und zeichnen sich durch schnelles Fließen aus, weil sie steile und enge Schluchten passieren – und sie dabei gestalten. Bis 1930 waren in Molina allein 17 Mühlen aktiv, die meisten dienten als Getreidemühlen, manche auch zum Pressen von Nüssen (Nussöl), als Hammerschmiede, zum Walken von Wolle und als Sägemühle.

Vom Dorf **Molina** geht man in wenigen Minuten vom Parkplatz vor der Kirche den ausgeschilderten schmalen, aber befestigten Weg hinab zum Eingangskiosk, hinter dem sich die einladende Terrasse einer Bar befindet. Man kann zwischen drei Routen wählen, der halbstündigen grünen, der einstündigen roten und der zweistündigen schwarzen Tour. Wer sich für die Letztere entscheidet, kann allerlei Abstecher einplanen (außer im Winter). Schließlich gilt es, sieben Wasserfälle, Reste einer wasserbetriebenen Mühle, zwei Grotten und in den Felsen gehauene Kreuze zu entdecken.

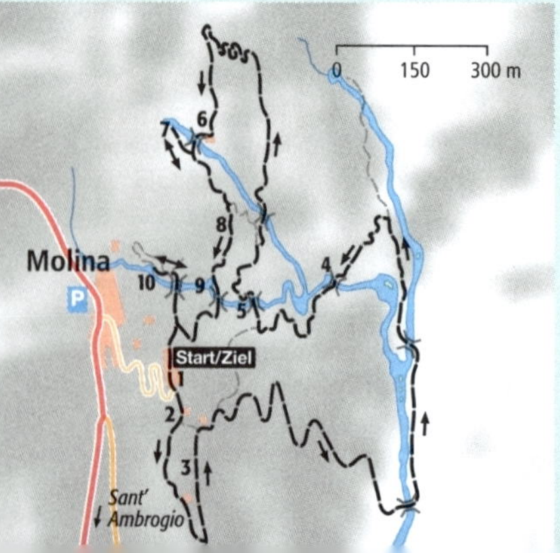

Von der **Bar (1)** einen Schlenker nach rechts, führt der schmale, schwarz markierte Pfad abwärts. Es fängt recht steil an, doch schon in der ersten Kurve steht man vor einer **Mühlenruine (2),** gefolgt von einer Spiel- und **Liegewiese (3).** Immer weiter geht es durch tiefen Mischwald, erst ein Stück geradeaus, dann wieder in

angenehmen Kehren abwärts. Rechts unten fließt ruhig ein schmaler Bach, linker Hand aber donnert ein Wasserfall herunter, die **Cascata dell'Orso (4)**, das Wasser umspielt tänzelnd einen höheren Felsbrocken. Weiter oben stürzen noch mehr Kaskaden abwärts, eine nach der anderen. Einfach herrlich!

Die Versuchung, in das kühle Nass hineinzuspringen, ist groß.

Auf der anderen Seite des Baches geht es um einen Felssturz herum und eine in ihn geschlagene und schön befestigte Treppe mit Holzgeländer hinauf. Zwischen zwei Kaskaden folgt man an seinem linken Rand einem Wasserlauf. Über dem oberen Wasserfall macht der Weg einen Knick nach rechts. Man blickt auf den hohen Wasserfall namens **Cascata Spolverona (5)**, der sich, wie sein Name sagt, in feines Wasser-›Pulver‹ aufzulösen scheint.

Es geht weiter nach oben, und Ambitionierte können bald einen Abstecher zum **Pozzo Tondo (6)** machen, einem schönen Aussichtspunkt mit Blick über fast den ganzen Park. Von hier geht's weiter zur **Grotta delle Tette More (7**, Grotte der schwarzen Brüste), mit dicken dunklen Frauenbrüsten ähnelden Stalaktiten. Man kann sie direkt vom Hauptweg aus über die etwas steile Waldtreppe erreichen. Zurück am Hauptweg sind gleich rechts kleine **mysteriöse Kreuze (8)** in den Fels gehauen worden. Der Weg führt hart an den Felswänden vorbei, und nach wenigen Minuten erreicht man einen schönen Punkt zwischen zwei Wasserfällen: Links stürzt sich die bereits erwähnte Cascata Spolverona ins Tal hinab, rechts schaut man hinauf zur **Cascata Nera (9**, Schwarzer Wasserfall), die so heißt, weil sie sich in eine dunkle Schlucht ergießt. Man kann auf einer Schaukel sogar in sie hineinschwingen!

Der Weg macht nun einen scharfen Knick nach links und wieder nach rechts, trifft auf den Hauptweg unterhalb der Bar, doch man geht noch ein Stück weiter, quert den Wasserlauf und genießt rechts den Blick auf eine blumenübersäte Wiese und geradeaus die von einer herrlichen Waldlandschaft umgebene **Cascata Verde (10)**.

Qualitätsprüfung der selbst gemachten Tagliatelle durch Chef Davide in der Trattoria Caprini in Negrar

Rindsbacken in Amarone – und aus dem immer brennenden Küchenkamin Kalbs- oder Pferdefleisch vom Grill. Berühmt ist die hausgemachte *pasta frolla di Recioto* (Mürbeteigkuchen mit dem Edelsüßwein der Valpolicella). Große Valpolicella-Classico-Weinkarte und feine Destillate.
Via Zanotti 9, 37020 Negrar di Valpolicella (VR), T 04 57 50 05 11, www.trattoriacaprini.it, Do–Di mittags, tolles 5-Gänge-Menü €€, sonst €

Wine to go

Enoteca della Valpolicella: Freundliche Trattoria in einem Landsitz aus dem 15. Jh. mit guten Weinen der Gegend. Lokale Spezialitäten wie Rinderbraten in Amarone; auch Weinprobe und -verkauf. In der Nähe besitzen die beiden Wirtinnen das B & B La Meridiana, s. Schlafen.
Via Orsan 45, 37022 Fumane (VR), T 04 56 83 91 46, www.enotecadellavalpolicella.it, Sept.–Juli Di–So mittags, €–€€

Klein, aber fein

Antica Osteria della Valpolicella: Trattoria mit Enothek, nur 7 kleine Tische; im OG kleiner Saal mit weißem Kachelofen. Weinwürzige lokale Küche, z. B. Risotto mit Radicchio und Recioto, hausgemachte *bigoli* mit Ente oder gefüllte *gnocchi*, Eselgulasch und Gerichte mit Rehfleisch.
Località San Rocco, Via Monti Lessini 35, 37020 Marano di Valpolicella (VR), T 04 57 75 50 10, www.anticaosteriavalpolicella.it, Mi–So abends, Sa/So auch mittags, perfektes Degustationsmenü inkl. Getränke, €–€€

Tropfen aus eigenem Anbau

Antica Trattoria da Bepi: Trattoria in drei kleineren Räumen und mit Garten, seit 1920 im Familienbesitz, als Bepi sie als Osteria eröffnet hatte. Aldo und Rita folgten, und nun schwingen Vittorio und Camilla den Kochlöffel. Sie bereiten die hausgemachte Pasta zu und die *dolci*, Braten und Grillwürste; es wird am liebsten Wein vom eigenen Landgut von Giuseppe Lonardi ausgeschenkt, aber kein anderes wichtiges Etikett fehlt. Zum erweiterten Angebot gehören Weinverkostung und die Locanda mit fünf Zimmern.
Via Valpolicella 14, 37020 Marano di Valpolicella (VR), T 04 57 75 50 01, www.anticatrattoriadabepi.it, Di–So, offen auch für ein Gläschen Valpolicella mit Salami und Polenta, €–€€

Einkaufen

Klar, dass man auf den meisten Weingütern der Valpolicella direkt einkaufen kann, aber leider nicht überall den Wein vorher auch probieren. Zwei empfehlenswerte Adressen (sonst s. Infoseiten): **Villa Rizzardi** (s. S. 116) und **Villa Mosconi Bertani** (Località Novare, 37024 Arbizzano di Negrar (VR), T 04 58 65 84 44, www.bertani.net, zur Weinprobe anmelden, am ehesten Mo–Fr 9–12.30, 15–19, Sa 10–17 Uhr, Verkaufsladen im linken Seitenflügel).

TOUR
Durchs kleine Tor zur großen Brücke

Wanderung von Erbezzo zum Ponte di Veja

Infos

Start: Erbezzo, K 7

Weglänge: ca. 9 km auf Fernwanderweg E 5

Dauer: ca. 3 Std. (Aufstieg 150 m, Abstieg 800 m)

Erbezzo ist bequem mit dem Wagen oder dem Fahrrad zu erreichen, von dort folgt man dem gut ausgeschilderten und von ›Nordlichtern‹ gerne benutzten Fernwanderweg E 5. Der folgt zunächst schön einem Maultierpfad, der mit den typischen Steinplatten begrenzt wird, nach Süden. Man quert die **Contrada Masselli** und den Ort **Campilonghi** und erreicht die altertümliche **Contrada Portello** (776 m), im Lessinischen auch gerne als *piccola porta*, kleines Tor, zur Gemeinde von Erbezzo bezeichnet.

Danach geht es weiter nach Nordwesten, zur **Contrada La Rocca** (654 m). Ab hier wird der Weg etwas beschwerlicher und fällt schnell abwärts Richtung **Ponte dei Basasenoci** in 480 m Höhe. Etwa 200 m von der Provinzialstraße Bellori–Sant'Anna d'Alfaedo entfernt geht es dann nach links und nach einem steilen Anstieg ist das Tagesziel erreicht: der 29 m hohe Naturbogen des **Ponte di Veja** (611 m).

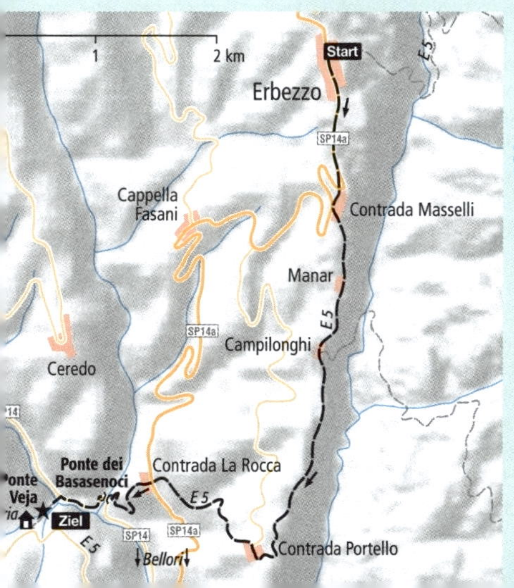

Nebenan unter uralten Kastanien liegt die überaus einladende **Trattoria di Veja** (s. S. 122) mit der netten Wirtsfamilie, wo sich Wanderer mit deftigen hausgemachten Speisen stärken und die Aussicht genießen können.

Parco Regionale della Lessinia

H–L 6–8

In den Lessiner Bergen zu Füßen der Veroneser Alpen wird kein Wein an- und kein Marmor abgebaut. Kurz: Hier ist die Valpolicella noch intakt, dürfen Bäche fließen, wie es sich die Natur ausgedacht hat, springen Wasserfälle von einer Ebene zur nächsten, kann man in Grotten hineinklettern und ganz tief Luft holen. Der Naturpark von Lessinia wurde 1990 zum Schutz des reichen Bestands an natürlichen und historischen Schätzen eingerichtet. Er erstreckt sich über den nördlichsten Teil von Lessinia, auf 1200 bis 1800 m Höhe. Zugänglich ist allerdings nur ein 10 ha großer Bereich im Süden beim kleinen Molina (10 km nördlich von Sant'Ambrogio), s. auch S. 118.

Dantes Top-Spot

Ganz im Süden des Parks überspannt die Naturbrücke von Veja, der **Ponte di Veja,** eine tiefe Schlucht. Am schönsten erreicht man diesen Platz auf einer wunderbaren Bergstraße von Molina über Fosse und Sant'Anna d'Alfaedo. Begleitet von einem herrlichen Panorama steigt die Straße bis auf fast 1000 m an. Ein riesiger Parkplatz und eine Trattoria davor zeugen von der Beliebtheit des Ponte di Veja.

Der bogenartig über dem Veja-Bach gespannte Fels soll einmal der ›Tragbalken‹ des Eingangs einer sehr großen Karsthöhle gewesen sein. Allmählich stürzte das mittlere Grottengewölbe in den Abgrund; die beiden kleineren Höhlen an den Brückenköpfen werden als Beweis dafür herangezogen. Die Brücke hat noch heute wahre Gardemaße: Sie ist 29 m hoch, hat eine Dicke von 9 bis 11 m und bedeckt eine Fläche von 23 x 16 m.

Natürlich hat so ein Fels Dichter und Künstler inspiriert, allen voran Dante, der diese Brücke vor Augen gehabt haben soll, als er die Hölle und die teuflische Überbucht in seiner »Göttlichen Komödie« beschrieb. An einer der beiden dickstämmigen Kastanien mit dem Umfang von 12,10 m vor dem Lokal steht geschrieben, der Dichter habe hier zwischen 1300 und 1320 auf der Flucht aus Florenz als Gast der Skaliger geweilt.

Schlafen & Essen

Ideale Lage, köstliche Küche

Trattoria di Veja: Kleine Trattoria oberhalb der Naturbrücke mit großer Terrasse, auf der sich gerne auch Wanderer auf dem Fernwanderweg zum Stärken einfinden oder übernachten. Hausherr Elio kümmert sich auch um verstauchte Knöchel, wie ein Herbergsvater! Er produziert im Winter, wenn weniger los ist, selber Würste und Schinken. Tochter Lorenza steht gerne hinter der Bartheke, Ehefrau Margherita kocht und hat ordentlich zu tun, denn fast alles ist hier hausgemacht. Spezialität: Antipasto mit eingelegtem Sauergemüse, gegrilltes Fleisch, im Herbst und Winter auch Pilzgerichte. Auch drei einfache DZ gibt es (€).

Via Ponte di Veja 1, 37020 Sant'Anna d'Alfaedo (VR), T 04 57 54 50 48, www.pontediveja.com, Mi–Mo, im Sommer tgl., €

Bewegen

Kragen noch nicht voll?

Veja Adventure Park: Wer vom Wandern oder Biken nicht genug hat, kann am Ponte di Veja durch den neuen Abenteuerpark mit seinen fünf verschiedenen Schwierigkeitsgraden hangeln, schwingen und balancieren.

Ponte di Veja, mobil 39 17 35 88 52, www.vejadventure.it, ca. Ostern–Sept., je 2 Std. Klettervergnügen inkl. Ausrüstung Erw. 25–28 €

Zugabe

Zu Gast im schönsten Salon der Stadt

Aperitif auf dem Dach der Torre dei Lamberti

Das wäre doch wirklich mal was anderes: ein Aperitif auf dem höchsten Turm Veronas, der 84 m hohen Torre dei Lamberti, nicht von ungefähr als der schönste Salon der Stadt bezeichnet. Nicht jeden Abend, aber an immer neu festgelegten Terminen, die sich nach der Nachfrage richten. Und die dürfte nicht zu knapp ausfallen, denn ein fantastischer Blick von der Plattform hoch über den Lichtern der Stadt ist garantiert.

Die nächsten Termine der *Aperintorre*-Abende, wie sie genannt werden, erfährt man auch online bzw. über die Mailadresse (s. u.). Sie sollten frühzeitig einen Platz reservieren. Sonst wird's nichts mit dem Glas Weißwein zu Häppchen auf der Torre dei Lamberti, denn die Plätze sind logischerweise beschränkt. Weitere Infos: www.torredeilamberti.it, Reservierung per Mail: eventi@torredeilamberti.it. ■

Der Süden

Strände und Burgen — den breiten Süden des Gardasees dominieren die drei touristisch erschlossenen Städtchen Peschiera, Sirmione und Desenzano. Auf den Kuppen der eiszeitlichen Hügel im Hinterland hocken trutzig befestigte Dörfer.

Seite 127

Peschiera del Garda

Die Altstadt des aufstrebenden Ortes wird umschlossen von einer eindrucksvollen sternförmigen Festungsanlage, der wuchtigsten Italiens überhaupt.

Seite 130

Mit dem Rad oder Boot den Mincio abwärts

Auf dem Wasser ist die Strecke von Peschiera zum Staudamm von Salizone einfach zu bewältigen, mit dem Rad empfiehlt sich die 60 km lange Distanz am rechten Mincio-Ufer nach Mantua und weiter mit einer Bootstour.

Sonne, See, Strand – der Süden hat's.

Seite 132

Sirmione 

Nirgends wuselt's so wie an der Spitze der 3,5 km langen schmalen Halbinsel im Süden des Sees, auf der über eine Brücke angebundenen Insel mit ihren vielen Sehenswürdigkeiten: Skaligerburg, Kirche San Pietro in Mavino und die Grotten des Catull.

Seite 139

Aquaria von Sirmione

Bis spät in die Nacht im angenehm warmen Thermalwasser die Seele baumeln und sich in duftenden und von farbigem Licht verzauberten Räumen massieren lassen.

Seite 143

Fleißige Putten

Die Mosaiken von Desenzano zeigen zierliche Putten auf dem Fußboden einer römischen Villa. Hier widmen sie sich typischen Arbeiten am Gardasee: Weinbau und Fischerei.

Seite 153

Parco Giardino Sigurtà

Nicht nur Botanikerherzen schlagen höher beim Besuch dieses Parks in der zauberhaften Mincio-Landschaft.

Seite 154

Castellaro Lagusello

Ein kleiner See, ziemlich genau in Herzform, ist das i-Tüpfelchen des winzigen befestigten Dorfes, das unter den *Borghi più belli d'Italia* (schönsten Orten Italiens) rangiert und auch Gaumenfreuden nicht zu kurz kommen lässt.

Seite 156, 157

San Martino und Solferino

Die Schauplätze der Schlachten des Risorgimento.

Seite 159

Lonato

Eine hohe Kuppel und ein hoher Turm sind weithin sichtbare Wahrzeichen, die neugierig machen.

Frischer Fisch: Am Lago ist er überall zu haben.

Machen Sie es den Bewohnern des Städtchens nach, die beim Aperitif an Peschieras venezianisch anmutendem Kanal den Arbeitstag ausklingen lassen.

Ein bisschen wie am Meer

D

Der Süden des Gardasees vermittelt mit seiner Breite von 17 km das Gefühl, sich auf dem Meer zu befinden. Ziemlich genau in der Mitte, weit in den See hineinragend, liegt das wunderschöne Sirmione mit seiner zauberhaft trutzigen Skaligerburg und den imposanten Grotten des Catull. Trotz aller Unkenrufe ob der allsommerlichen Touristenfülle darf man sich einen Besuch hier nicht entgehen lassen, muss man eine Cafépause einlegen. Und wohl nirgendwo gibt es mehr Eisdielen so nahe beisammen wie in Sirmione!

Eine geradezu wuchtige Festung besitzt das lange Zeit etwas verschlafene Peschiera, das zweite Highlight im Süden. Dank der großartigen Lage seines von geradezu monströs dicken Festungsmauern umgebenen historischen Zentrums auf zwei Inseln hat sich hier eine richtige ›Szene‹ mit schicken Aperitif-Bars und Restaurants entwickelt. Das lebhafte Desenzano prahlt ebenfalls mit einer – bescheideneren – Festung an höchster Stelle. Und auch hier findet man schöne Winkel wie den schmalen, historischen Kanalhafen, in dem zur Weihnachtszeit eine große Krippe schwimmt.

ORIENTIERUNG

O

Infos: www.collinemoreniche.it. Infoseiten zu Kultur, Sport, Wellness und Hotels vor allem in Desenzano und Sirmione sowie in den Moränenhügeln der Associazione Turistica Moreniche, Piazza Luigi Torelli, 46040 Solferino (MN), T 03 76 89 31 60.
Verkehr: Colombare di Sirmione, Peschiera und Desenzano sind Bahnstationen, die beiden Letzteren auch für IC-Züge auf den Strecken Brenner–Verona–Mailand bzw. Mailand–Venedig.
Linienbusse verkehren in dichter Folge zwischen Peschiera, Sirmione oder Desenzano, im Sommerhalbjahr auch Linienboote der Navigarda. Mit dem Wagen muss man im Sommer längere Fahrzeiten einplanen, weil der Verkehr fast immer zusammenbricht.

Mitten in den Endmoränen haben sich kleine Festungsorte eingenistet, zu ihren Füßen oder auf den Hügeln obenauf. Sie sind Zeugen der schlimmsten Schlachten um die Befreiung und Einigung Italiens gewesen, was hier nicht vergessen wird. Vor allem nicht in Solferino und San Martino della Battaglia.

Peschiera del Garda

D/E 12

Die Altstadt von Peschiera liegt auf zwei kleinen Inseln – bewehrt mit ihren meterdicken Mauern und fünf weit vorspringenden Bastionen. Schon allein wegen dieser monumentalen venezianisch-österreichischen Festungen lohnt die ehemalige Garnisonsstadt, die letzte Bastion des Veroneser Ufers vor dem Brescianer Teil des Gardasees, einen Besuch.

Der richtige Tag dafür (falls man die Parkplatzsuche nicht scheut oder – besser noch – mit dem Boot anreist) ist der Montag, der einen bunten, nach gebackenen Sardinen duftenden Markt zwischen Festung und Altstadt bietet. War die knapp 10 500 Einwohner zählende Stadt bis vor Kurzem noch recht monoton, hat sie sich in den letzten Jahren richtig gemausert: mit einer einladenden Fußgängerzone, einer richtigen Restaurantszene und tollen Aperitif-Bars. Auch die Hotellandschaft macht sich allmählich. Bootsliebhabern und -besitzern bot Peschiera ohnehin schon immer einen guten Hafen.

Umwallte Insulaner

Die Festungsmauern mit der Altstadt umklammern sternförmig zwei Inseln in einer Ausbuchtung des Gardasees, eine dritte bewohnte Insel liegt mit dem Ortsteil Marina nördlich im Mincio. Zwischen den beiden erstgenannten Inseln fließt als Seitenarm des Mincio der **Canale di Mezzo** und vereint sich mit dem Fluss, der hier hinter einer Art Wehr seinen Lauf nach Süden zu den Moränenhügeln und nach Mantua beginnt. Die nördliche Insel innerhalb der Festungsmauern nimmt der angenehme **Parco Catullo** ein, die südliche ist durchzogen von den engen

Peschieras Festungsanlage gilt als eine der größten des ganzen Stiefellandes und ist von der UNESCO beschützt.

Gassen der eigentlichen Altstadt. Alle drei Inseln sind durch Straßenbrücken miteinander verbunden. Eine vierte liegt östlich der beiden erstgenannten wie ein kleines Schiff im Mincio.

Fährt man von Verona kommend durch das trutzige Tor zur Hauptinsel mit der Altstadt, hat man rechts den Gardasee und links den schmalen Kanalhafen vor sich. Die z. T. begehbaren, rund 2 km langen Wälle bieten ebenso wie die venezianischen Bastionen (1550) schöne Rundblicke. In der Via Dante, der Fußgängerzone, und ihrer Umgebung haben sich kleine Geschäfte herausgeputzt. Und am Canale di Mezzo schieben Restaurants und Pizzerien bei schönem Wetter ihre Tische ganz nahe ans Wasser, eines baut sie sogar auf einem Floß auf dem Kanal auf – ein angenehmes, luftiges Plätzchen zum Verweilen.

Entschärftes Pulverfass

Die restaurierte **Caserma d'Artiglieria di Porta Verona** am imposanten Verona-Tor, die 1854 bis 1857 vom legendären Feldmarschall Radetzky errichtet wurde, erstrahlt wieder in kräftigem Gelb und Orangerot – die Farben der italienischen wie der österreichischen Artillerie. Im Großen Radetzky-Saal, dem ehemaligen Munitionslabor auf dem Dachboden unter schweren Balken sowie im ersten Obergeschoss finden Ausstellungen und Konferenzen statt, im Innenhof werden Theateraufführungen und Konzerte veranstaltet – fürs aktuelle Programm ins Internet schauen!

Parco Catullo 4, T 04 56 40 23 85, www.comunepeschieradelgarda.com, unter ›turismo‹ schauen; bei Veranstaltungen geöffnet

Peschieras Zeitkapsel

Am 8. November 1917 trafen sich König Vittorio Emanuele III und die Alliierten in der neoklassizistischen **Palazzina Storica,** genauer in der Palazzina di Comando della Piazzaforte. Sie liegt im sogenannten Militärviertel der Stadt am südlichen Ufer des Canale di Mezzo. Nichts soll seitdem in den mit Freskendecken dekorierten und mit Terrazzoböden belegten Räumen verändert worden sein: Auf dem Schreibtisch des Königs steht noch das Bild, auf dem alle Teilnehmer des ›Treffens von Peschiera‹ zu sehen sind. Es war so bedeutend, dass der Raum zum Nationalmonument erklärt wurde.

Parco Catullo, 04 57 55 08 35, www.peschieramuseo.it, Museum Juni–Okt. So 10–12 Uhr (vorübergehend geschl.), Eintritt frei

Schlafen

Schöner ankommen

Bell'Arrivo: Stylish restauriertes historisches Hotel am Kanalhafen, aber auch an der viel befahrenen Brücke, mit 27 unterschiedlichen Zimmern, meist klein, z. T. fast postmodern und luftig. Im Erdgeschoss: eine absolute In-Aperitif-Bar.

Piazzetta Benacense 2, T 04 56 40 13 22, www.hotelbellarrivo.it, normalerweise nur Ostern–Anf. Nov., €€€

Ausguck auf den Hafen

Fornaci: Freundliches weißes Hotel am kleinen Hafen von Fornaci am westl. Stadtrand mit Restaurant und Pool im Garten (Spezialität: Seefischgerichte) und 23 Zimmern, einige mit Balkon und Seeblick.

Località Fornaci 12, T 04 57 55 07 49, www.hotelfornaci.com, normalerweise nur Mitte März–Okt., €€

Zu Gast bei La Familia

Arilica: Kleine, familiär geführte Pension in einem schlichten und liebevoll renovierten Stadthaus, schön gefliest, an der Stadtmauer. 14 unterschiedliche Zimmer.

Via XXX Maggio 4/6, T 04 56 40 01 92, https://albergo-arilica.venetohotels.org, Dez.–Okt., €€

Wellness im Naturschutzgebiet

Le Ali del Frassino: Das wunderbar in alten Mauern ausgebaute Wellnesshotel am naturgeschützten Lago del Frassino ist eine echte Wohlfühloase mit 92 Zimmern und Suiten in insgesamt sechs Gebäuden, darunter eine Jugendstilvilla und Zitronenhäuser. Es gibt einen Wander- bzw. Joggingpfad um den See, Spa und drei Pools sowie zwei Restaurants (auf Vegetarier eingestellt); Hunde sind willkommen!

Strada Santa Cristina 13, 37019 Laghetto del Frassino, knapp 1,5 km von Peschieras Zentrum, T 04 54 95 03 27, www.lealidelfrassino.it, €€–€€€

Essen

Grüße aus Napoli

Il Cantinone: Kleines Lokal mit rückwärtigem, bedecktem Garten und angenehmer Innenhof-Atmosphäre. Zur Auswahl stehen Spezialitäten aus Neapel: fangfrischer Meerfisch, Meeresfrüchte, aber auch Seefische. Salatbuffet, frische Büffel-Mozzarella. Empfehlenswert: Tatar vom frischen Thunfisch, Spaghetti mit Tintenfischtinte, Seebarschrolle mit Mozzarella und Minze.

Via Galilei 14, T 04 57 55 11 62, www.ristoranteilcantinone.net, Mai–Sept. tgl., sonst Do–Di, gutes Preis-Leistungs-Verhältnis, schönes Fischmenü, €–€€

Grillmeisters Glück

L'Osteria: In einem früheren Stall unter Holzbalkendecken in der Altstadt eingerichtetes Lokal mit Tischen auf der Fußgängergasse. Kleiner pergolierter Hofgarten, im Winter eine Cantina. Serviert werden lokal angehauchte Tagesgerichte wie Minitintenfische *(moscardini)* mit Polenta oder hausgemachte Nudeln *(bigoli)*, auch Kindermenüs und viele verschiedene Pizzen. Ein besonderes Vergnügen: auf dem heißen Stein Gemüse oder Fleisch selber grillen. Große vegetarische Karte!

Via Albarello 33, T 04 57 55 05 45, www.osteria-peschieradelgarda.it, tgl., im Sommer durchgehend geöffnet, Pizza €, sonst €–€€

Bewegen

Ufererkundung

Begleitet von Radwegen erstrecken sich vom Hafen kiesige **Strände** nach Westen, vorbei an den Badeanstalten von Bergamini bis zum hübschen kleinen Bootshafen von Fornaci. Nach Norden führt eine angenehme *passeggiata* teilweise zwischen Röhricht und unter Schatten spendenden Bäumen hindurch.

Erkundung zu Wasser

Tour della Fortezza Veneziana heißt das Angebot der Stadt, per Boot das UNESCO-Weltkulturerbe zu erkunden. Dauer: 25 Minuten (10 €). Nähere Infos unter www.gardavisit.it.

Landerkundung

Peschiera ist ideal als Ausgangspunkt für Radtouren entlang des Seeufers oder in die südlichen Moränenhügel. Kombinierte Tour mit Rad und Kanu s. S. 130. Doch auch die trutzigen Bastionen Peschieras lassen sich mit einer Führung erkunden: Dauer: 45 Minuten, Kostenpunkt 12 €; weitere Infos ebenfalls unter www.gardavisit.it.

Chance für die Jugend

Der örtliche Segelverein bietet spezielle Kurse für Jugendliche an.

Fraglia della Vela: Punta Marina 1, T 04 57 55 07 27, www.fragliavelapeschiera.it

Ausgehen

Peschiera hat sich zu einem Aperitif-Ort gemausert. Immer mehr Lokale und Cafés

TOUR
Ab ins Hinterland!

Mit dem Rad und Kanu am und auf dem Mincio

Infos

Start: Peschiera del Garda, D/E 12
Länge und Dauer: 60 km Radstrecke bis Mantua, ca. 2–3 Std.
Kanu- und Fahrradverleih: bei den Campingplätzen
Parco del Mincio: www.parcodelmincio.it
Bootstouren: Barcaioli del Mincio, T 03 76 34 92 92, www.fiumemincio.it

Mit seinen Pappelrändern ist der Mincio vom Wasser aus am schönsten, mit einem Kanu lässt er sich von **Peschiera** bis zum Staudamm von **Salionze** (rund 6 km) befahren. Doch eine längere Bootstour bietet garantiert einen besonderen Tag in einem wunderschönen, naturbelassenen Ambiente. Hierfür sollte man eine kombinierte Rad-Kanu-Tour mithilfe der Barcaioli del Mincio (s. Infos) planen. Die Boote starten zwischen März und Oktober täglich ab dem kleinen Hafen von **Grazie di Curtatone** (zu Füßen der Wallfahrtskirche) bei Mantua, wohin man auch radeln kann. Eine Vorbuchung empfiehlt sich, da es sich nicht um einen Liniendienst handelt. Zur Wahl stehen drei Bootstouren von 1, 1 ½ und 2 Stunden Dauer, was 11, 13 oder 15 € kostet. Sehr praktisch: Das Fahrrad kann mit an Bord (3 €).

Mit dem Fahrrad gelangt man auf einem 60 km langen Radweg von Peschiera del Garda am rechten Flussufer des **Mincio** entlang bis nach Mantua. Die angenehme, leichte Strecke führt über **Salionze** durch eine zauberhafte Mincio-Landschaft und **Monzambano** mit seinem Castello (s. S. 150) durch die von Weingärten geprägten Endmoränenhügel nach **Valeggio sul Mincio** und weiter über **Porto Mantovano** ins wunderschöne, von gotischen Palästen und Plätzen geprägte **Mantua.** Von dort sind es gut 6 km nach Westen, am Südufer des ausgebuchteten **Lago Superiore** bzw. dem Mincio bis **Grazie di Curtatone** mit der Wallfahrtskirche, dem Ausgangspunkt der Bootstouren. Unterwegs bieten sich kurze, aber lohnende Abstecher an, so nach **Ponti sul Mincio** bzw. **Borghetto** mit seiner berühmten Brücke (s. S. 151) oder ins gastliche **Goito.**

bieten kleine Häppchen zu einem Glas Wein oder einem *spritz* (Weißwein mit Sprudel und Campari bzw. Aperol). Man zahlt nur den Drink, das Knabberzeug bringt der Kellner gratis dazu.

Stadtgeflüster inklusive

Caffè Bell'Arivo: Im Designerstil umgestaltetes Traditionscafé mit langer Bartheke im gleichnamigen Hotel, Aperitif-Treff der Angestellten aus den umliegenden Büros, Bürgermeister inbegriffen. Wer Mäuschen spielt, kann hier die neuesten stadtpolitischen Themen erfahren. Einladende Tischreihe am Canale di Mezzo mit Blick.

s. Schlafen, im Sommer bis spätabends geöffnet

Genuss im Schwanken

Centrale: Gelateria, Bar, Caffetteria in einem dekorativen roten Palazzo (vornehme Ex-Kaserne) aus dem 19. Jh. mit original erhaltenen, schönen Innenräumen und großer, teilweise bedeckter Terrasse. Schwimmende Terrasse auf dem Canale di Mezzo. Kleinigkeiten und Aperitifs den ganzen Tag über. Schwankende Qualität, aber unschlagbar als Location.

Via Dante 21, nahe dem Canale di Mezzo, im Sommer bis spätabends geöffnet

Neapel zu Gast

Napule...è: Lounge-Bar, spätabends American Bar mit Cocktails und guten Weinen. Fr ab 18 Uhr Happy Hour mit Musik, So ab 18 Uhr Aperitif mit reichem – wie der Name verspricht – neapoletanischem Buffet sowie wechselnden DJs.

Via Roma 11 (Fußgängerzone), Mi–Mo 17.30–2 Uhr

Feiern

Infos zu allen Veranstaltungen *(manifestazioni)* auf www.comunepeschieradelgarda.com.

- **Carnevale:** An einem Sa zur Karnevalszeit, langer Umzug mit Themenwagen, 14 Uhr ab Parco Catullo.
- **Palio delle Mura:** Fr–Mo nach Ferragosto (15. Aug.), Wettrennen mit venetischen Ruderbooten rund um die Mauern in der Tradition der Fischer.
- **Fuoco dei Voltoni:** 1. Mo nach Ferragosto (s.o.). Riesiges Feuerwerk als Abschluss des *Palio delle Mura.*
- **Santo Patrono:** 11. November. Der Tag des Stadtpatrons San Martino wird den ganzen Tag über, zuerst mit feierlicher Messe, dann mit kulinarischen Ständen begangen. Am späten Abend beleuchtet ein langes eindrucksvolles Feuerwerk die ummauerte Altstadt. Man sieht: Auch im Winter hat Peschiera etwas zu bieten.

Infos

- **IAT:** Tolle Infoseiten der Stadt, mit vielen Audioguides, die man anhören bzw. für einen Rundgang aufs Handy herunterladen kann. Piazzale Betteloni 15, 37019 Peschiera (VR), T 04 52 23 71 83, www.tourismpeschiera.it.
- **Flug:** Der Flughafen von Verona (s. S. 111) ist ca. 20 km von Peschiera entfernt; Busanbindung.
- **Boote:** Navigarda-Boote fahren Peschiera im Sommer zwar regelmäßig, aber nicht sehr häufig an, dafür verkehren Ausflugsboote.
- **Bahn:** ca. stdl. Zugverbindungen nach Venedig sowie nach Mailand. Der kurze Viale Stazione führt in wenigen Minuten über zwei Brücken zur Hauptinsel mit dem historischen Zentrum.
- **Busse:** Verbindungen zwischen Verona und Brescia über Peschiera sowie Sirmione und Desenzano in dichter Abfolge. Um an die östlichen Seeorte zu gelangen, kann man in Peschiera/Bahnhof den Bus über Malcésine nach Riva nehmen; für die westlichen Seeorte muss man in Desenzano umsteigen.

Sirmione 

›Perle des Gardasees‹ oder ›Geliebte des Catull‹ – trotz der Touristenströme sind es Beinamen, die Sirmione gut stehen. Der mehr als 3,5 km weit in den See reichenden, schmalen Halbinsel mit dem Städtchen auf dem winzigen Eiland und dem engen Konglomerat an mittelalterlichen Steinhäusern, beschützt von der trutzigen Skaligerburg, kann kein Rummel etwas anhaben. Und noch immer gedeihen die Olivenbäume auf dem Mavino-Hügel zwischen dem historischen Altstadtkern und den sogenannten Grotten des Catull.

Sirmione ist ein teures, teilweise sogar sehr teures Pflaster. Im Vorort Colombare am Beginn der Halbinsel findet man jedoch zahllose Ferienwohnungen und Campingplätze für die etwas preiswertere Urlaubsvariante. Außerdem ist Sirmione Kurort: Seine Boiola-Quelle speist eine Therme, deren Abteilung für Ohrenheilkunde (auch Lungen- und Hautkrankheiten) fast schon Weltruhm genießt. Keine Frage: Der einstige Fischerort Sirmione mit seinen rund 8200 Einwohnern (davon nur knapp 300 im historischen Kern) lebt heute vom Tourismus, bereits ausgelöst durch die 1889 wiederentdeckte und bald darauf neu gefasste Thermalquelle, die auch für eine großartige Badelandschaft erschlossen wurde.

Die Altstadt

Fast 3 km fährt oder läuft man von Colombare auf der engen Halbinsel nach Norden. Entlang alter und neuerer Villen, heute vielfach Hotels oder Pensionen. Kurz vor der Skaligerburg steht linker Hand der Pavillon der rührigen Touristeninformation. Hier endet auch die Fahrt für alle Fahrzeuge, die keine Sondergenehmigung vorzeigen können (Anwohner oder gebuchte Hotelgäste).

Für Reisende mit dem Boot ist schon die Annäherung an Sirmione aber ein Erlebnis. Oft liegt der See im leichten Dunst, seine Ufer verschwimmen – denn dort, wo die schmale Halbinsel wie eine Kobra mit ihrem dicken Kopf aus dem Wasser ragt, ist der See am breitesten. Dann taucht zart die verschleierte Silhouette auf: die Rocca mit ihrem hohen *mastio,* die Grotten des Catull, weiß strahlend ihr kalkiger Fels. Hinter den Grotten erhebt sich der mit Zedern und Zypressen bestandene Hügel der Villa Cortine, der sich fast schwarz vom Horizont abhebt. Einen Akzent setzt dazwischen der massige Glockenturm der Pfarrkirche.

Zwei große Plätze bestimmen das urbane Bild Sirmiones: die **Piazza Castello** mit der Skaligerfestung und, nicht weit davon, die **Piazza Carducci** mit der Anlegestelle der Linienboote. Von der hübschen Piazza Carducci mit ihren zahlreichen Cafétischen, Hotels und Restaurants zieht sich die feine und recht teure Einkaufsmeile der Via Vittorio Emanuele als Hauptachse nach Norden. Mehrere Seitengassen führen linker Hand direkt zum See, die mittelalterlich verwinkelten auf der anderen Seite zur Pfarrkirche Santa Maria Maggiore. Eine Alternative zu der meist überfüllten Hauptachse ist die Via Dante, die im Norden der Skaligerburg beginnt und zwischen schön restaurierten, kleineren Steinhäusern direkt auf die Südpforte der Kirche zuführt.

Wie trutzig!

Mit dem Auf und Ab seiner Türme und Mauern sowie den zierlichen Schwalbenschwanzzinnen gilt das **Castello Scaligero** ❶ als eine der besterhaltenen und imposantesten Burgen Italiens. Die Wasserburg steht auf der südöstlichen

Wo Schwalbenschwanzzinnen in den Himmel ragen, hatten garantiert die Skaliger ihre Finger im Spiel, so auch hier bei dem nach ihnen benannten Castello Scaligero in Sirmione.

Seite der Insel, der größte ihrer stark befestigten Höfe diente ihr als Hafen. Zwei Zugbrücken verbinden die Festung mit der Insel bzw. Halbinsel.

Sie sollten schon gut zu Fuß sein, um bei einem Rundgang all die herrlichen Ein- und Ausblicke genießen zu können. Man betritt das Skaligerkastell durch das wappengeschmückte Tor der doppelten Westmauer mit ihren beiden Wachttürmen. Der einzige größere Raum beherbergt ein kleines Museum mit römischen und mittelalterlichen Funden aus Sirmione. Der höchste Turm (im großen Hof) ist 47 m hoch und nur von den Wehrgängen über eine Zugbrücke zugänglich: außen heiter, romantisch geradezu, innen finsterstes Mittelalter, bis zu den Zähnen bewaffnet und verteidigungsbereit. Dieser Burgfried diente den Skaligern nicht nur zum Schutz vor äußeren Feinden, sondern auch vor den Bewohnern des Ortes selbst.

Piazza Castello, Ende Juni– Sept. Mo 9–13, Di–Sa 8.30–19.30, So, Fei 9.15–17.45, Okt.–März Di–Sa 8.30–19.30, So 8.30–13.30, Fei 8.30–19.30 Uhr, Erw. 6 €, EU-Bürger bis 18 J. frei

Ganz schön versteckt

Fast rührend schön ist der zarte Backsteinfries aus gotischen Dreipässen, der die Außenmauern unter dem Dach der Kirche **Santa Maria Maggiore** ❷ ziert. Wahrscheinlich stand vorher an dieser Stelle schon ein langobardischer Kirchenbau, bevor im ausgehenden 15. Jh. die heutige Pfarrkirche erbaut wurde. Innen wurde sie im 18. Jh. barockisiert, ihr Hauptaltar im tiefen gotischen Chorraum ist ganz aus Marmorintarsien gearbeitet – mit hellen Säulen und vorspringendem

Sirmione

Ansehen
1 Castello Scaligero
2 Santa Maria Maggiore
3 Casa Romana
4 Lido delle Bionde
5 San Pietro in Mavino
6 Grotten des Catull

Schlafen
1 Villa Pioppi
2 Corte Regina
3 Meridiana
4 Oleandri
5 Villa Paradiso
6 Meublè Adriana

Essen
1 Tavernetta Maria Callas
2 Piccolo Castello
3 Bar Ai Cigni

Bewegen
1 Lana Planet Kite & Windsurf School
2 Centro Surf Martini
3 Bisoli
4 Aquaria

Ausgehen
1 Maria Callas Cocktail Bar
2 Osteria Al Torcol
3 Damm Atrà

Gesims. Eine wunderschöne Schnitzarbeit ist die ebenfalls barocke Orgel an der Westwand, mit ein paar Freskenresten darüber, die wie die anderen dieser Kirche aus dem 15. Jh. stammen. An der Südwand gleich beim Eingang hängt das künstlerisch wertvollste, ein abgenommenes Fresko, das eine Kreuzigungsszene zeigt. Verlässt man die Pfarrkirche an ihrer Westseite, sollte ein Blick noch der hübschen Säulenvorhalle gelten. Eine der Stützen dürfte römischen Ursprungs sein: diejenige an der rechten Ecke.

Via S. Maria Maggiore 13, meist durchgehend geöffnet

So hausten die Römer

Die jüngste Sehenswürdigkeit Sirmiones liegt in der Via Antiche Mura im engen Altstadtgewühl nahe der Pfarrkirche: eine römische und frühchristliche **Casa Romana** 3, die bis zum 5. Jh. benutzt wurde. Insgesamt fand man hier auf kleinster Fläche drei Siedlungsphasen mit zahlreichen Alltagsgeräten für das Weben, Fischen und Kochen. Betritt man den engen Raum, fällt der Blick geradeaus auf eine intime christliche Hauskapelle in einer Rundapsis; darunter liegen die älteren römischen Funde: Mauern aus hellem Stein im Wechsel mit rotem Backstein sowie große steinerne Bodenplatten und ein Heizsystem.

Via Antiche Mura, meist durchgehend geöffnet, Eintritt (noch) frei

Der grüne Norden

Zum ›Strand der Blondinen‹

Die Via Antiche Mura führt weiter zum hübsch gestalteten Stadtpark. Der Spaziergang durch den Park, der nach der berühmten Sopranistin und Bewohnerin von Sirmione Maria Callas heißt, kann im Sommer eine Labung sein. Danach folgt man der Via Catullo bis zu den Grotten des Catull. Oder man geht am östlichen Seeufer, das zu Recht *Passeggiata Panoramica* genannt wird, nach Norden und genießt das imposant-schöne Massiv des Monte Baldo in der Ferne. Man kommt vorbei am dichten Park des **Cortine-Hügels** mit seiner berühmten Hotelvilla, hier wachsen uralte Steineichen, Zypressen, Pinien und Akazien.

Lido
delle Grotte
Garda-
see
Spiaggia delle Grotte
Piazza Orti
Manara
V. Caio Valerio Catullo
Via C. Arici
V.le Gennari
Parco
Maria Callas
Via San Pietro in Mavino
Passeggiata delle Muse
(Passeggiata Panoramica)
Via Punta Staffalo
Via Punta Staffalo
V.C.V. Catullo
Parco Don
Lino Zorzi
Aquaria
Thermal SPA
Piazza
D. A. Piatti
Via G. Piana
V. Re Desiderio
Parco
Pubblico
Spiaggia
Parrocchiale
Via Vittorio Emanuele II
Via S. Salvatore
Piazza
Poto Valentino
Via Antiche Mura
Via Dante
Vic. Strentelle
Via Dante
Piazza
Flaminia
Via S. M. Maggiore
Vic.
Piazza
Carducci
Piazza
Castello
S. Anna
d. Rocca
Piazzale
Porto
V.le Marconi
150
300 m

Die Grotten des Catull öffnen Spekulationen Tür und Tor – waren sie der Unterbau einer Villa oder gar ein römisches Militärlager? Eins jedoch ist sicher: Die Villa des römischen Dichters Catull waren sie nicht.

Gleich hinter der schwefelbromjodhaltigen Boiola-Quelle, die für die modernisierten Thermen gefasst wurde, ragt der lange Badesteg des **Lido delle Bionde ❹,** der ›Strand der Blondinen‹, in den See hinein. Gefolgt von der **Spiaggia delle Grotte** in herrlicher Lage zu Füßen der Grotten des Catull auf ihren weißen, steilen, wenn auch nicht sehr hohen Felsen. Ein Bar-Restaurant mit Eisverkauf sowie Verleih von Liegestühlen und Sonnenschirmen lädt zu einer Bade- oder Schlemmerpause ein.

Ein Kirchlein im Olivenhain

Steigt man kurz vor dem schmalen, kiesigen Badestrand in den schattigen Stadtpark hinauf, tauchen bald die Hinweise zur **Chiesa San Pietro in Mavino ❺** auf, dem kunsthistorischen Kleinod Sirmiones, mitsamt Olivenhain und Zypressen zu einem Gesamtkunstwerk erklärt. Die Lage des geduckten romanischen Kirchleins auf dem kleinen Mavino-Hügel mitten im Olivenhain ist zauberhaft. Wer Stille sucht, wird sie hier fast immer finden. An der **Campana dei Caduti,** der Glocke für die Gefallenen vorbei, erreicht man die Westfassade der kleinen Kirche, die 765 von langobardischen Mönchen errichtet, im 11./12. Jh. erweitert (Glockenturm und Chor mit drei Apsiden) und im 14.–16. Jh. mit Fresken ausgemalt wurde.

Um San Pietro herum hat man in den vergangenen Jahren interessante Funde eines frühchristlichen Friedhofs (2.–4. Jh.) sowie langobardischer Reste (6./7. Jh.) gemacht und die Ausgrabung nach ihrer Auswertung wieder geschlossen. Man betritt das einschiffige Gotteshaus durch das bescheidene Portal und schaut direkt auf die Fresken der drei Apsiden, magisch angezogen vom »Christus Pantokrator«, dem Weltenrichter in der Mandorla, ganz der byzantinischen Tradition verhaftet. Das Fresko der linken Apside zeigt eine »Thronende Madonna«, das der rechten eine Kreuzigungsszene. Alle Fresken sind in kräftigen Farben wunderbar aufeinander abgestimmt.

Via San Pietro in Mavino s/n, tagsüber fast immer geöffnet

Dem Dichter angedichtet

Der dritte Hügel und damit auch die sogenannten **Grotten des Catull** ❻ sind über die schmale Via San Pietro und die breite Via Catullo zu erreichen. Die viel zu groß geratene Piazza Orti Manara davor ist Endstation einer bunten Bimmelbahn, wie sie aus europäischen Ferienorten kaum noch wegzudenken ist. Ganz gleich, welche Funktion die Grotten einst hatten, eine schönere Lage hätten die Römer kaum wählen können, um diese wuchtige Anlage, die größte ihrer Art in ganz Italien, zu bauen. Auf ein Militärlager tippen die einen, wegen der hohen Untergeschosse; der Unterbau für eine prunkvolle Landvilla, meinen die anderen. Ganz sicher jedoch war es nicht die Villa Catulls, denn der römische Dichter war zur Zeit der Gründung (150 n. Chr.) bereits 200 Jahre tot und wurde erst posthum wegen seiner Poesie berühmt. Dennoch wurde die Diskussion erst jüngst wieder entfacht, als man ein Fresko fand, das einen Menschen mit einer Schriftrolle in den Händen zeigt – doch Catull? (im Museum ausgestellt)

Wie auch immer: Allein die Lage der Grotten auf den weißen Klippen über dem ringsum smaragdgrünen See sowie ihre Größe (auf mehr als 20 000 m²) werden Sie bestimmt beeindrucken. Das silberne Glitzern der Olivenblätter und der intensive Duft der mächtigen Rosmarinhecken, der kleinen rosafarbenen Oreganokissen an den Hängen sowie der Minze, auf die man ungeachtet tritt, runden das Bild auch sinnlich ab.

Meist tragen die einzelnen Ruinenteile Fantasienamen: z. B. ›Sala dei Giganti‹ (Saal der Riesen) oder ›Piscina‹ (Schwimmbecken oder Becken); Letztere war wohl das Calidarium der Therme, die von der bereits bei den Römern genutzten Boiola-Quelle gespeist wurde. Der Kryptoportikus, vielleicht sogar etruskischen Ursprungs, ist eine 158 m lange, nur zum Teil wieder aufgerichtete Wandelhalle (leider oft geschlossen), die auch bei weniger schönem Wetter oder großer Hitze Auslauf ermöglichte (oder Lagerraum war?).

Das Museum nahe dem Ausgang zeigt auf zwei Geschossen dekorativ die Fundstücke, die man hier in mehreren Ausgrabungsphasen gehoben hat, aber auch solche aus anderen Grabungsfeldern der Gegend bis nach Desenzano, darunter Bodenmosaiken, Freskenreste, Steinmetzarbeiten, Vasen, Bronzen u. v. m.

Piazzale Orti Manara 4, im Sommer Di–Sa 8.30–19.30, So 14–19.30 Uhr, im Winter kürzer (besser anrufen, T 030 91 61 57), 8 €, EU-Bürger bis 18 J. frei

DIE THERMEN

Eine große Thermengesellschaft kümmert sich in Sirmione um die Erschließung des kostbaren Thermalwassers. Sie führt die beiden Thermalzentren der Stadt, **Centro Termale Catullo** zwischen der Altstadt und den Grotten des Catull sowie das in Colombare befindliche **Centro Termale Virgilio,** dazu ein paar Hotels und – besonders interessant für alle, die nicht krank sind, sondern einfach das wohlig warme Thermalwasser genießen wollen – das **Aquaria** bei der Catull-Therme (s. S. 139).

Schlafen

Jugendstil auf halber Strecke

1 **Villa Pioppi:** Kleines Hotel in einer hübschen Villa von 1930 auf herrlichem Seegrund zwischen Colombare und dem historischen Kern Sirmiones. Mit Pool im großen Garten und Bootsanlegesteg. 12 Zimmer, davon vier in der Dependance nebenan (für je 4 Pers.); z. T. schön renoviert. Restaurant (auch Pizzeria) mit Veranda am See, nicht nur für Hotelgäste.

Via XXV Aprile 76, T 03 09 90 41 19, www.villapioppihotel.com, im Winter kurz geschl., €€–€€€

Rose oder Mimose?

2 **Corte Regina:** Gepflegtes kleines Hotel mit 14 Zimmern, davon einige für Familien (bis zu 4 Pers.) geeignet. Nahe dem Skaligerkastell und deshalb in der verkehrsberuhigten Zone ZTL, dafür parkt man kostenlos auf Privatgrund außerhalb. Im separat betriebenen Restaurant im selben Haus mit netter Terrasse speisen Hotelgäste zum Sonderpreis. 25 % Nachlass für den Besuch des Thermalkomplexes Aquaria.

Via Antiche Mura 11, T 030 91 61 47, www.corteregina.it, normalerweise nur Mitte März–Okt. , €€–€€€

Jung setzt auf Selbstgemachtes

3 **Meridiana:** Freundlicher Familienbetrieb auf dem Weg zu den Grotten Catulls, der um einen Innenhof herum völlig neu aufgebaut wurde und von zwei jungen Leuten geführt wird: vom Sommelier Elia und der gastronomischen Expertin Margherita, die sich auch um das hoteleigene Bon Ton Bistrot mit viel Selbstgebackenem kümmert. Sonnenterrasse im Obergeschoss, 21 komfortable Zimmer, davon einige Familienzimmer für 3–4 Pers. und 2 behindertengerecht; einige Bäder mit Hydromassage. Eigener Parkplatz; brave Haustiere dürfen mit.

Via Catullo 5, T 030 91 61 62, www.hotelmeridianasirmione.com, nahezu ganzjährig geöffnet, €€

Das Haus hat Geschichte

4 **Oleandri:** Familiär geführtes kleines Hotel mit langer Geschichte der weit verzweigten Familie Bettinazzi zwischen Skaligerburg und Pfarrkirche in einem wunderbar herausgeputzten Haus aus dem 15. Jh. Kleines Restaurant. Dependance (als B & B) daneben. 24 z. T. geradezu elegante Zimmer, mit schönem Blick über die Dächer von Sirmione. Parkplatz außerhalb gegen Gebühr (um 15 €/Tag).

Via Dante 31, T 03 09 90 57 80, www.hoteldeglioleandri.it, normalerweise nur April–Anf. Nov., €€€

Wahrlich paradiesisch

5 **Villa Paradiso:** Zauberhafte, einst herrschaftliche Jugendstilvilla mit einem kreuzgangähnlichen Vorbau in einem großen Park auf dem Mavino-Hügel gleich beim romanischen Kirchlein. Sieben unterschiedliche, hübsche und mit Antiquitäten eingerichtete Zimmer und Suiten, z. T. mit schönem Blick über Sirmione, für höchstens 13 Pers. Weil die wichtigste Devise hier Ruhe ist, werden Sie in den Zimmern weder Fernseher noch Radio finden.

Via Arci 7, T 030 91 61 49, www.villaparadisosirmione.com, April–Okt., Parken 4 €/Tag, €€

Alles so schön bunt hier

6 **Meublè Adriana:** Acht Zimmer bzw. Suiten, Terrasse und Nr. 10 mit Castello-Blick. Im höchsten Wohnhaus der Altstadt mit dem Atelier der Malerfamilie Raffaele und Jacopo Castellazzo, die gerne farbenfroh malen und ihr Haus entsprechend gestaltet haben. Einer neuen Philosophie folgend gibt es neuerdings kein TV mehr, dafür eine gutbestückte Bibliothek mit Büchern in mehreren Sprachen und ein veganes Restaurant.

Vicolo Strentelle 21, mobil 35 17 98 63 58, www.meubleadriana.it, März–Okt., €€

Essen

Sirmiones Restaurants gehören fast durchweg der teuren Kategorie an. In der Einkaufszone findet man Cafés und Bars mit Pizza am Stück, *panini* oder Eis. Sobald man sich aber in ein Café setzt, muss man auch da mit höheren Preisen rechnen (plus Coperto und 15 % Service).

Rückkehr der Diva

1 **Tavernetta Maria Callas:** Runderneuertes Terrassenrestaurant am Ende der Einkaufsmeile mit liebevoll zubereiteten Spezialitäten der Region in neuem Look.

Via San Salvatore 5, T 030 91 62 48, www.tavernettamariacallas.it, Mi–Mo, im Aug. tgl., €€

Trick verhilft zum Blick

2 **Piccolo Castello:** Auch so hübsche kleine Lokale, dieses mit gleich zwei Terrassen übereinander mit super Blick auf die Skaligerburg, greifen zu Pizza und sogar Hamburger, um mehr Gäste anzulocken. Also wird man bei der gebotenen Küche nicht gleich abheben, aber man sitzt sehr hübsch und wird sicher auch satt.

Via Dante 7, T 030 91 91 87, Pizza und Pastagerichte €, sonst €–€€

Qual der Wahl

3 **Bar Ai Cigni:** Von der Theke an der Straße sehr leckere, großzügig belegte *panini* in Riesenauswahl und viele Eissorten; innen ein freundliches Café auch mit diversen Pastagerichten.

Via Vittorio Emanuele II 12, T 03 09 19 61 71, €

Bewegen

Strände

Der schönste Strand Sirmiones ist der **Lido delle Bionde** 4 fast an der Spitze der Halbinsel (hier werden u. a. auch Paddelboote vermietet). Zwischen dem Castello und dem Stadtpark erstreckt sich ein erweiterter Kiesstrand, die **Spiaggia Parrocchiale** mit netter Bar (La Torre). Weitere längere Strände liegen vor allem im Süden rechts und links der Halbinsel.

Lernen im Wind

1 **Lana Planet Kite & Windsurf School:** Kite- und Windsurfkurse für Anfänger und Fortgeschrittene, Kajakverleih.

Spiaggia Garda, mobil 033 86 24 36 50, www.lanaplanet.it

Surfen mal 2

2 **Centro Surf Martini:** Schule und Geräteverleih, auch an der Punta Grò.

Lido Porto Galeazzi, T 030 91 62 08

Kapitänsheim

3 **Bisoli:** Eigener Hafen und Geräteverleih des wohl bekanntesten Bootsherstellers am See.

Via XXV Aprile 29, T 030 91 60 88, www.bisoli.com

Wohlfühlwasser

4 **Aquaria:** Die wohlige Poollandschaft ist die moderne Fortsetzung der Thermen Sirmiones und bietet ein breit gefächertes Wellnessprogramm; im Eintrittspreis sind Gesundheitscocktail, frische Salate und Bademantelservice inbegriffen. Außerdem gibt es Sonderpakete, etwa zum Wochenende, zum Valentinstag oder zu Silvester mit Übernachtung in einem 4- oder 5-Sterne-Hotel der Gruppe.

Piazza Don Piatti 1, T 030 91 60 44, www.termedisirmione.com, Febr.–Dez. So–Mi 9–22, Do 11–24, Fr/Sa 9–24 Uhr, 5 Std. ab 44 €, Tageskarte 86 €, diverse Online-Angebote

Ausgehen

Sowohl Discos als auch Nachtbars fehlen in Sirmione fast gänzlich. Die Jugend zieht es eher in den Vorort Colombare oder nach Desenzano. Eine recht teure Alternative sind die Bars der luxuriöseren Hotels. Angenehm sind auch die Strandlokale, die im Sommer lange offen bleiben.

Himmlische Cocktails

1 Maria Callas Cocktail Bar: Die edelsten, fast schon historischen Drinks und neue Cocktails gibt es an der Bar des superfeinen Hotels Villa Cortine Palace.

Viale C. Gennari 2, T 03 09 90 58 90, www.palacehotelvillacortine.com, während der Saison tgl. 9–24 Uhr

Kuscheln beim Wein

2 Osteria Al Torcol: Urige kleine Weinbar mit Miniterrasse auf der engen Gasse. Kleine, tgl. wechselnde Gerichte, sonst Aufschnittplatten zu ausgesuchten Weinen.

Via San Salvatore 30, T 03 09 90 46 05, Do–Di 12–22.30 Uhr

Luxus-Aperitif beim Jetset

3 Damm Atrà: Hier soll sich der lokale wie internationale Jetset treffen. Tagsüber elegantes Café, später tolle Aperitifs, danach gut besuchtes Nachtlokal. Angenehmes Ambiente mit Holzböden, Ledersofas, Pop-Art-Bildern; Riesenlampen hängen über der Bartheke. Einladender Außenbereich. Chill-out-Music. Fingerfood.

Via Colombare 164, mobil 34 75 14 66 45, www.2night.it/dammatra, im Sommer tgl. 16.30–2 Uhr

Feiern

- **Aperitivo in Musica:** Juni–Sept. Do, Piazza Carducci.
- **Mercatino di Venerdì:** Flohmarkt im Sommer Fr-Abend, Via Colombare und Piazza Campiello.
- **Gran Pescata alla Sardina:** Im Juni Sardinenfest, im Juli Aolata, beides kulinarische Feste mit Fischspezialitäten.
- **Sirmione in Scena:** Juli/Aug. Theaterfestival.
- **Festa dell'Uva:** Sept. Weinfest.

Infos

- **IAT Sirmione:** Hervorragende Auskunftsstelle des Städtchens, auch im Winter präsent. Viale Marconi 2, 25019 Sirmione (BS), T 030 91 61 14, www.provincia.brescia.it/turismo für Direktanfragen iat.sirmione@provincia.brescia.it.
- **Flug:** Die Flughäfen von Verona (s. S. 111) und Bergamo (s. S. 248) bieten tgl. Anbindungen mit deutschen Flughäfen und schnellen Transfer nach Sirmione.
- **Boote:** Linienverbindungen mit den anderen Seeorten von kurz vor Ostern bis Ende Okt., besonders dicht in der südlichen Hälfte des Sees. Im Hochsommer sowie zu Neujahr auch nächtliche Bootsfahrten mit Musik und Abendessen; www.navigarda.it.
- **Busse:** Nach Colombare bzw. zur Hauptstraße im Süden ist die Anbindung vom Parkplatz nahe dem Informationsbüro je nach Jahreszeit gut; schwieriger, weil mit Umsteigen verbunden, ist die Fahrt in die anderen Seeorte; ca. halbstdl. Verbindung über Peschiera nach Verona sowie über Desenzano und Lonato nach Brescia (Saia Bus und ATV Verona, meist Nr. 183).
- **Bimmelbahn:** Während der Saison verkehrt die bunte Touristenbahn zwischen historischem Zentrum und den Grotten des Catull.

Desenzano del Garda

B 11/12

Wer Städtisches sucht oder einen ausführlichen Einkaufsbummel plant, der nicht allzu sehr ins Geld geht, für den ist Desenzano (29 000 Einw.) nicht nur am Markttag (Dienstag) interessant. Außerdem zeigt sich das Ortsbild erst dann überraschend abwechslungsreich,

Der alte Hafen von Desenzano ist ein herrlicher Ort, um bei einem Eis, einem Aperitivo oder einem ausgiebigen Mahl zu entspannen.

wenn man schon drin ist: Kaum wird man sonst die Mauern des auf einer kleinen Hügelkuppe hockenden Kastells bemerken, zu dem sich schmale Gassen hinaufziehen. Das zweite attraktive Viertel des kommerziellen wie administrativen Zentrums des südwestlichen Sees liegt rings um den schmalen Kanalhafen, der von der Gotik ebenso geprägt wurde wie von der Renaissance. Außerdem besitzt Desenzano heute hervorragend ausgestattete Jachthäfen und die Zentrale der Linienboote. Kunstkenner zieht es hierher vor allem wegen der römischen Villa mit ihren herrlichen Mosaiken sowie wegen Tiepolos »Abendmahl« in der Pfarrkirche Santa Maria Maddalena.

Ein Hauch Venedig

Ankunft mit dem Boot an der großen Anlegestelle gegenüber der ausladenden Piazza Matteotti. Das Hafenbecken wird im Westen von den zahlreichen Molen des Jachthafens begrenzt, in dessen Höhe sich der alte Bootshafen in das historische Zentrum hineinschiebt. Am Kopfende des **Porto Vecchio** ❶ steht der hübsche **Palazzo del Turismo** mit seinen hohen weißen Arkaden, das frühere Rathaus, schon länger Sitz des Informationsbüros und des Kongresszentrums. Auf der rechten Seite ist ein venezianisch anmutender Palazzo, gegenüber die ganz anders gestaltete Front mit dem Hotel Piroscafo zu sehen, mit Cafétischen unter niedrigeren Arkaden mit stark betonter Rustika-Fassade. Sie sind das prägende Stilelement auch auf der dahinterliegenden **Piazza Giuseppe Malvezzi** ❷. In der Mitte des schönen Platzes steht das Denkmal für Angela Merici (1474–1540), die Ordensgründerin der Ursulinerinnen und seit 1962 Schutzherrin ihrer Geburtsstadt Desenzano. Auf der Piazza, einer ruhi-

gen Fußgängerzone, sind verlockende Caféhaustische aufgebaut. Tun Sie's den Desenzanern nach – sie kommen hierher, um gesehen zu werden oder zu flanieren. Das geht ziemlich lange, denn die Fußgängerzone zieht sich weit nach Süden parallel zum See und nimmt die Gassen auch rechts und links von ihr ein.

Verdrehte Tischgesellschaft

Nördlich davon stößt die Piazza Duomo auf die Pfarrkirche **Santa Maria Maddalena ❸.** Sie entstand über einer gotischen *pieve*, von der hauptsächlich der Glockenturm übrig geblieben ist. Heute präsentiert sie sich fast noch so, wie sie der damals im Brescianischen führende Baumeister Giulio Todeschini (1524–1603) in antikisierenden Spätrenaissanceformen konstruiert hatte. Nur das Portal wurde erst im 18. Jh. in die Fassade eingefügt.

Die reichen Bürger der Stadt ließen die Kirche kostbar ausstatten und konnten sich auch ein so bedeutendes Kunstwerk wie Giambattista Tiepolos (1696–1770) »Letztes Abendmahl« leisten. Es hängt in der Sakramentskapelle und zeigt eine Besonderheit: Der lange Tisch steht nicht breit vor dem Betrachter, sondern ist perspektivisch perfekt von seiner Schmalseite

Desenzano del Garda

Ansehen
1 Porto Vecchio
2 Piazza Giuseppe Malvezzi
3 Santa Maria Maddalena
4 Castello di Desenzano
5 Villa Romana
6 Museo Civico Archeologico

Schlafen
1 Lido International
2 Piroscafo
3 Alessi
4 The Tower of the Old King

Essen
1 Alla Stella
2 Alessi
3 Colomba

Einkaufen
1 Wochenmarkt

Bewegen
1 Spiaggia d'Oro
2 Spiaggia Feltrinelli
3 Fraglia Vela Desenzano
4 Tritone Sub
5 Aquapark Le Ninfee

Ausgehen
1 Enoteca Alessi
2 Enoteca La Vite 2.0
3 The Main Street
4 Circus Café
5 Teatro Alberti
6 Chiosco Madai
7 Coco Beach

---

in die Tiefe gezogen. Außerdem sitzt Christus nicht wie üblich in der Mitte, sondern am linken Rand des Bildes, in so lockerer Haltung, als würde er den anderen nur zuhören. Die Jünger, auch die raffiniert schemenhaft beleuchteten im Hintergrund, haben ihren Blick fest auf den jugendlichen Christus gerichtet und damit wiederum zum Betrachter.
Via Roma 5, tgl. 7.30–11.30, 16–18.30 Uhr

Raufgehen zum Runtergucken

Zum **Castello di Desenzano** 4 aufzusteigen ist nur dann interessant, wenn eine Veranstaltung stattfindet, die es vor allem im Sommer öfters gibt, wie Freiluftkonzerte und -kino. Oder man will die wunderbare Aussicht genießen, die den Blick über die Dächer der Altstadt hinweg zum Lago bietet. Denn eigentlich ist das außer dem früheren Offiziersgebäude (heute für Ausstellungen und Kongresse gedacht) fast ausgehöhlte Castello mit seinem Zinnenkranz ziemlich schlecht restauriert, wirkt ein wenig wie im Disneyland. Wohl anstelle eines römischen Castrum zur Abwehr barbarischer Eindringlinge im frühen Mittelalter errichtet, im 15. Jh. weiter befestigt, bot das mit vier Ecktürmen befestigte Castello an die 120 Wohnhäusern und einer Kirche für den hl. Ambrosius Platz; am Eingangsturm, den man erklettern kann, sind noch Reste der Zugbrücke erhalten. Ab dem Ende des 19. Jh. war es Kaserne, die erst 1943 aufgelöst wurde.
Via Castello 63, Juni–Mitte Nov. Di–So 10–12.30, 15–18 Uhr, sonst nur Sa/So, Fei, Erw. 3 €, Sammelticket mit Archäologischem Museum 5 €

Museen

Wenn Engel arbeiten

5 **Villa Romana:** Als der Handwerker Emanuele Zamboni 1921 auf dem gerade erworbenen Grundstück die Fundamente für sein Haus ausheben wollte, kamen römische Mosaiken zum Vorschein. Und was für welche! Auch wenn nur ein Bruchteil der antiken Villa ausgegraben werden konnte, weil sie von späteren Häusern bereits überbaut ist, gilt sie als eine der schönsten Anlagen in Oberitalien. Sie besteht aus drei Gebäuden: der Prunkvilla

aus dem 3. Jh., einer Thermenanlage mit schwarz-weißen Mosaiken und einem Gebäude mit Apsis, wohl Teil einer frühchristlichen Basilika (4. Jh.).

Die Mosaiken der Prunkvilla auf rund 240 m² zeigen eine reiche Farbskala mit mindestens 30 verschiedenen Abstufungen und viel Bewegung in der Darstellung. Besonders niedlich sind die nackten, geflügelten Begleiter Amors, Putti, ein immer wiederkehrendes Motiv in den verschiedenen Räumen. Doch sie liegen nicht nur faul herum oder hantieren mit Pfeil und Bogen, hier am Gardasee verrichten sie wie im richtigen Leben bäuerliche Arbeiten wie Weinlese und Obsternte, auch die Angel werfen sie für den Fischfang aus.

Die nicht besonders große Villa Romana und ihr kleines integriertes Museum (behindertengerecht) sind hervorragend beschriftet. Schauen Sie sich vor dem Besuch unbedingt den Film an, der im ersten Raum gezeigt wird! So finden Sie sich beim Besuch der Villa noch besser zurecht. Ein besonderer Service ist aber auch der archäologische Wegweiser mit Grundriss und Rekonstruktion, den man mit der Eintrittskarte erhält, auch in Deutsch, was am Gardasee nicht unbedingt zum Standard gehört.

Die Mosaikbilder der Villa Romana von Desenzano zeigen, was die Römer damals so beschäftigte.

Via Crocefisso 22, März–Okt. Di–Sa 9–19, So 14.10–19.30, Nov.–Febr. Di–Sa 9–19.30, die nicht beleuchteten Flächen bis 17 Uhr, So 9–14 Uhr, Erw. 4 €, bis 18 J. frei

Ältester Fund ever

❻ **Museo Civico Archeologico:** In einem herrlichen, aufgelösten Kloster ist dieses (behindertengerechte) Museum zusammen mit der Stadtbibliothek nahe der Bootsanlegestelle untergebracht. Es trägt den Namen des eifrigsten Archäologen des Gebietes, Giovanni Rambotti, dem auch die bedeutendsten Fundstücke zu verdanken sind. Prunkstück des Museums: der bronzezeitliche, älteste jemals gefundene Pflug. Er wird nach dem nahen Fundort *il lavagnone* genannt. Entdeckt wurde er – fast vollständig erhalten – erst 1978 zwischen den Stämmen des Pfahlbautendorfes von Lavagnone. Der Pflug wird auf 2028 bis 2004 v. Chr. datiert.

Monastero di Santa Maria de Senioribus, Via Anelli 42, Di, Do 9.30–13, Sa/So, Fei 9.30–12.30, 14.30–19 Uhr, Erw. 4 €, mit Castello 5 €

Schlafen

In schönster Seitenlage

1 **Lido International:** Ruhig am See gelegenes, modernisiertes Haus mit 36 Zimmern/Suiten mit Pool am Stadtrand; direkter Zugang zum See. Schöne Terrasse mit Blick auf die Halbinsel von Sirmione, Restaurant.

Via Tommaso Dal Molino 63, T 03 09 14 10 27, www.lidointernational.it, März–Okt., €€–€€€

Am Kanalhafen

2 **Piroscafo:** Das Schönste an diesem Hotel ist seine Lage am Kanalhafen. Renoviertes, aber schlichtes Haus mit Café/Restaurant. 32 relativ kleine Zimmer, 8 schauen auf den Hafen; kleiner Aufenthaltsraum.

Via Porto Vecchio 11, T 03 09 14 11 28, www.hotelpiroscafo.it, März–Okt., Parken in benachbarter Garage, 10 €/Nacht, €€

Alles unter einem Dach

3 **Alessi:** Altstadthotel mit 18 flippigen Zimmern und Sonnenterrasse, Restaurant/Pizzeria, Enoteca und Bar (s. Essen und Ausgehen) auf dem Weg zum Castello.

Via Castello 3, T 03 09 14 19 80, www.hotelalessi.com, ganzjährig, €€, Parkplatz 15 €/Nacht

Im Turmgelass

4 **The Tower of the Old King:** Der Name dieses B & B täuscht: Typischer kann man hier nicht wohnen! 2 komplette Zimmer und ein drittes mit Bad im Flur in den Obergeschossen eines schmalen Turmhauses unterhalb der Castello-Mauer. Mit Balkönchen! Sehr ansprechend eingerichtet mit ein paar Antiquitäten, sonst in hellem Holz. Gefrühstückt wird in der Küche im Erdgeschoss, im Sommer im kleinen Garten dahinter, von Eltern und Tochter Gigliola Gandolfi persönlich umsorgt.

Via Castello 66, mobil 34 61 88 84 10, www.thetoweroftheoldking.it, €€

Essen

Romantisch speisen

1 **Alla Stella:** Hier sitzt man in heimeliger Atmosphäre unter schönen Gewölben, von der Wirtsfamilie verwöhnt. Hausgemachte Pasta, auch gefüllte; auserlesene Fleischgerichte wie verschiedene *tagliate*, also rosa gegrilltes und dann in Scheiben aufgeschnittenes Fleisch, alles bio.

Vicolo Molini 6, T 03 09 91 11 87, www.allastellaristorante.it, Di-Abend–So, €€

Dreimal klasse

2 **Alessi:** Drei unterschiedliche Lokale, die einen kleinen Komplex in zwei Altstadthäusern mitsamt Innenhof bilden und zum gleichnamigen Hotel gehören: das Hauptrestaurant unter Backsteingewölbe, das Nebenrestaurant mit poppigem Flair, das Hofrestaurant und eine Enoteca mit dunkler Täfelung und wenigen Plätzen, auch von außen direkt zugänglich. Spezialitäten vom Holzkohlengrill (Fisch und Fleisch).

s. Schlafen, im Winter Do–Di; sonst tgl.; Trattoria Sa/So bis 24 Uhr und später, €€–€€€, Enothek: Aperitif mit dem üblichen Buffet je nach Wein und Aufschnitt/Häppchen €–€€

Premiumblick vom Kopfende

3 **Colomba:** Familie Andreis führt dieses rustikal und doch elegant eingerichtete Restaurant in einem historischen Gebäude aus dem 12. Jh., das früher auch als Herberge diente. Die Lage am Kopfende des alten Kanalhafens mit Tischen auch draußen ist ausnehmend schön, zu den Hausspezialitäten gehören Fischgerichte vom Gardasee und aus dem Meer. Ohne Pizza kommt aber auch dieses Haus nicht aus.

Porto Vecchio 16, T 03 09 14 37 01, www.ristorantecolombadesenzano.com, tgl., große Steinofenpizza €, sonst €€

Einkaufen

Hauptgeschäftsstraße ist der lange **Corso der Altstadtgassen** parallel zur Uferstraße landeinwärts vom Dom über die Piazza Malvezzi, Via Papa Giovanni XXIII, Piazza Matteotti bis zur Piazza XXV Aprile. Im mittleren Bereich locken sehr feine Auslagen. Schöne Mode für Damen und Herren findet man auch am alten Hafen bei **Marchetti Sport**, Via Porto Vecchio 23), an der Via Generale Achille Papa 37 Richtung Castello schicke Schuhe bei **Fiorini**. In der Nähe an der Via Castello liegen auch die **Eno-**

teca Alessi 1 und die **Enoteca La Vite 2.0** 2, s. Kasten S. 147, für die Verkostung und den Weineinkauf.

Immer wieder dienstags

Wochenmarkt: Di großer Wochenmarkt entlang des Lungolago Battisti.

Bewegen

Desenzano ist ein Dorado für Bootsbesitzer, die dennoch um die begehrten Liegeplätze kämpfen müssen.

Spaß am Wasser

Die schönsten Badestrände Desenzanos sind die **Spiaggia d'Oro** 1 im Osten Richtung Rivoltella und die **Spiaggia Feltrinelli** 2 nördlich am Westufer.

Spaß auf dem Wasser

3 **Fraglia Vela Desenzano:** Der Segelverein bietet Kurse für alle Altersgruppen und ist berühmt als eine der besten Segelschulen Italiens für Kinder und Jugendliche; März–Okt. auch 2-wöchige Erwachsenenkurse. Daneben Organisation von Segeltouren und Regatten.

Porto Maratona, T 03 09 14 33 43, www.fragliavela.it

Spaß unter Wasser

4 **Tritone Sub:** Tauchkurse und Sportangeln für alle Altersklassen. Der Klub fördert speziell Kinder zwischen 6 und 12 J.

Via Via Giotto 104, beim Centro Sportivo Tre Stelle, tritonesub.it/com

Rundumbespaßung

5 **Aquapark Le Ninfee:** Wasserpark mit Rutschen und Wasserspielen sowie Minigolf, Tennis- und Fußballfeld. Ein Paradies vor allem für Kinder.

Via del Pilandro 17, 1 km von der Autobahnausfahrt Sirmione, T 03 09 91 04 14, www.leninfeedelgarda.it, Mai–Sept. 10–19 Uhr, Erw. werktags 12 €, Sa/So, Fei 14 €

Ausgehen

In Desenzanos toller Ausgehszene kann man ›die Kuh fliegen lassen‹, auch die Jugend aus der weiteren Umgebung kommt hier nicht zu kurz. Man hat die Wahl zwischen Aperitif-Bars, Weinlokalen, Diskotheken, Strandlokalen oder Bierpubs (1-3 s. S. 147).

Jahrmarkt der eitlen Cocktails

4 **Circus Café:** Sozusagen der mondäne Salon Desenzanos, mit Cocktails vom Feinsten (berühmt ist der ›Sweet & Sour Circus‹). Man sitzt auf Barhockern entlang der mit Bildern und Spiegeln vollgehängten Wände oder auf einladenden Couches. Fr–So geht die Post ab, aber erst spät!

Piazza Matteotti 23, T 03 02 07 75 09, www.circuscafe.it, tgl. 19–3 Uhr

Jede Menge Theater

5 **Teatro Alberti:** Dinner Show, Restaurant, Disco, private Feste etc., Mitte Sept.–Mitte Juli.

Via Santa Maria 49, T 030 12 16 70, https://teatroalberti.it

Mehrwert durch Fitness

6 **Chiosco Madai:** Sommerlokal mit Bootsverleih u. a. Sport am kiesigen Badestrand, 200 m südl. des In-Treffs Coco Beach, s. u. Von morgens bis spät nachts je nach Wetter und Programm, beliebter Jugendtreff, Programm auf Facebook.

Via Catullo s/n, Lido di Lonato, mobil 33 36 22 34 56, www.facebook.com/chioscomadai

Lieblingsbar der Lago-Besucher

7 **Coco Beach:** Beach Club mit Bar und Restaurantservice an den Strandliegen. Fr–So Mittag- und Abendessen, sonst nur Mittagessen von einer kleinen, aber ausgesucht feinen Karte. Holzterrassen und aufgeschütteter Sandstrand, schönes Ambiente für warme Sommernächte: sich fühlen wie an der Côte d'Azur, Drinks und

Musik unter Sternenhimmel genießen …
Via Catullo 5, 25017 Lido di Lonato nördl. von Desenzano, mobil 34 95 81 02 43, www.cocobeachclub.net, im Sommer tgl. 9.30–2, Fr–So 21.30–4 Uhr Disco, So meistens Aperitif mit Buffet 18–2 Uhr

Feiern

- **Festa del Lago e dell'Ospite:** Anf. Aug. Fünf Tage lang Fest des Sees und des Gastes, eine rein touristische, sehr beliebte Veranstaltung im Vorort Rivoltella mit gastronomischen Ständen am See und Feuerwerk am letzten Abend um 23 Uhr.
- **Luci sul lago:** Sa Anf. Sept. (kann variieren). Nacht des Gesangs auf dem See. Mit schön dekorierten Booten, vielen Lichtern und Feuerwerk.
- **Presepe sull'acqua:** Mitte Dez.–ca. 6./7. Jan. Hübsche, immer erneuerte Weihnachtskrippe im historischen Kanalhafen.
- **Festa del Capo d'Anno:** Große Silvesterfeier am 31. Dez. auf der Piazza Malvezzi im Herzen der Stadt.

Infos

- **IAT Ufficio Informazioni:** Palazzo del Turismo, Porto Vecchio 34, 25015 Desenzano (BS), T 03 03 74 87 26, www.bresciatourism.it, iat.desenzano@provincia.brescia.it.
- **Flug:** Nächster Flughafen ist Montichiari (vor allem Inlandflüge) 20 km südwestl. von Desenzano. International vor allem wegen der Billigflüge von Ryanair interessant ist Bergamos Flughafen Serio al Orio ca. 70 km westl. vom Gardasee, mit Bustransfer nach Desenzano. Auch Veronas Flughafen (keine 30 km östli.), der von der Lufthansa bzw. von Air Dolomiti angeflogen wird, ist per Transfer an Desenzano angebunden.
- **Boote:** Linienbootsverkehr zu den anderen Seeorten im Sommer recht gut, speziell nach Sirmione.

ZUM APERITIVO DURCH DIE ALTSTADT

In der **Enoteca Alessi** (1) im Hotel Alessi (s. S. 145) gibt es ein feines Aperitif-Buffet zu auserlesenen Weinen oder Spumanti. Etwas bescheidenere Häppchen bietet gleich nebenan in der Via Castello 17 das ehemalige Internet Caffè ab 18 Uhr seinen Gästen – ein netter Treffpunkt für junge Leute! In der Via Castello 50 ist die **Enoteca La Vite 2.0** (2) das Paradies für Aperitif-Fans, die es stilvoll und nicht zu laut mögen. Tolle Häppchen werden hier zum bestellten Wein ungefragt und kostenlos serviert, wie es sich eigentlich zum *aperitivo* gehört. (https://laviteduepuntozero.it/winebar, auch tolle Apartments). Ein Highlight für die ausgehfreudigen Desenzani ist **The Main Street** (3) in der Via Marconi 78 – ein originalgetreuer englischer Pub, daher von Nicht-Engländern bei Fußballspielen der EU-Abtrünnigen eher zu meiden, wenn die Spiele auf großen Leinwänden übertragen werden. Auch sonst: Während der Saison geht es jeden Abend ab 19 bis 3 Uhr feuchtfröhlich zu; leckere Salate und kleinere Speisen gibt es auch.

- **Bahn:** Die IC-Züge auf der Strecke Mailand–Venedig halten hier und bieten damit auch gute Verbindung mit Peschiera und Verona bzw. Brescia: ca. einmal pro Stunde. Auch die österreichischen Nachtzüge der ÖBB verkehren von München über Salzburg nach Mailand und halten in Verona und Desenzano – man braucht also nicht einmal umzusteigen.
- **Busse:** Linienbusse nach Verona (über Sirmione/Colombare) bzw. nach Brescia (über Lonato) in dichter Folge.

Das südliche Hinterland

R

Richtung Padana, der breiten und flachen Po-Ebene, dehnen sich südlich des Gardasees die sanft gewellten Hügel der eiszeitlichen Endmoränen aus. Genau richtig für den Anbau von Wein und ein für Radfahrer hervorragend mit mehreren Routen ausgeschildertes Gebiet. Kleine Dörfer zeugen von den blutigen Schlachten um die Einigung Italiens wie Solferino und San Martino della Battaglia. Andere Ortschaften sind allein wegen ihrer Lage von besonderem Reiz wie Valeggio sul Mincio und sein Vorort Borghetto oder das winzige Castellaro Lagusello, beide wegen ihrer guten Restaurants berühmt.

Im Osten begrenzt der Mincio die Moränenhügel, im Westen Castiglione delle Stiviere, die Provinzen Verona, Mantua und Brescia treffen hier aufeinander. Das Gebiet gilt bei Kennern in Sachen Küche und Keller zwar nicht mehr als Geheimtipp, ist aber nach wie vor unbedingt einen Ausflug wert. Wachsen hier doch der erfrischende Bianco di Custoza und der lokal bedeutende, süffige Bianco Colli Morenici und auch der samtige Merlot. Außerdem verstehen sich so manche Wirte auf eine hervorragende Küche in angenehmer Atmosphäre. So ist an den Wochenenden und an Feiertagen mit starkem Ausflugsverkehr zu rechnen, auch im Winter. Wer einkehren möchte, sollte dann unbedingt reservieren.

O

ORIENTIERUNG

Infos: www.collinemoreniche.it (informative Seiten der Associazione Turistica Colline Moreniche del Garda), www.gardacolline.it (Infos zu den Moränenhügeln und Sehenswürdigkeiten, Unterkunft- und Restauranttipps, Links zu den Museen und den Stätten der Schlachten), www.terrealtomantovano.it (hervorragende Seiten zum gesamten Gebiet der mantovanischen Colli), www.solferinoesanmartino.it (ausführliche und vor allem stets aktuelle Beschreibung der Sehenswürdigkeiten mit Öffnungszeiten, Links zu Hotels, Restaurants, Aktuelles).

Verkehr: Von allen Orten des südlichen Gardasees sind die südlichen Moränenhügel per Pkw gut erreichbar, man braucht nur die Autobahn A 4 hinter sich zu lassen. Die Busverbindungen verkehren leider nur zu Schulzeiten und im Berufsverkehr in dichter Folge.

Ponti sul Mincio

D/E 13

Schade, dass man nicht einfach über den Ort fliegen kann, denn dann würde man erkennen, wie hübsch die Festung mittendrin aussieht, das eigentliche **Castello** der Skaliger (13. Jh.) mit seiner ungleichmäßig gestreckten Mauer aus großen Flusskieseln in leicht erhöhter Lage über dem Mincio. Ein fast perfektes Rund aus Wohnhäusern umgibt es. Insgesamt beschützten fünf Türme die Anlage, zwei davon geschlossen, die anderen zum Innenhof hin offen. Den kleineren der beiden Südtürme hat man zum Glockenturm umfunktioniert, den Mastio, den höchsten also, den man erklimmen kann, original gelassen. Und das lohnt sich, denn der Blick bis zum Gardasee ist einfach großartig.

Castello im Sommerhalbjahr Sa/So, Fei 9.30–13, 15.30–18, Juli–Mitte Sept. tgl. 9.30–13 Uhr, Erw. 2 €

Rundes in Eckigem

1856 bis 1861 errichteten die Österreicher **Forte Ardietti,** die uneinnehmbare Festung an der Grenze zwischen Peschiera im Veneto und Ponti sul Mincio in der Lombardei, kreisrund und noch einmal in großem Abstand von einer sternförmigen Mauer umgeben. Die Festung aus glatt behauenen Steinen, die Umgehungsmauer in Trockenmauerwerk. Nach den Unabhängigkeitskriegen diente der wehrhafte Komplex als Munitionslager. Da hat die Gemeinde von Ponti sul Mincio 2014 gerne zugeschlagen, als es um die Übernahme des hervorragend erhaltenen Bauwerks ging. Ende August/Anfang Sep-

Das Schönste an Ponti sul Mincio ist sein winziger Vorort Borghetto, ein Schlemmerparadies, das an den Wochenenden von Freunden des guten Essens überrannt wird. Also werktags nichts wie hin!

tember wird seit wenigen Jahren Freitag bis Sonntag eine sogenannte Opera Sesta aufgeführt, bei der die Zeit des Risorgimento nachempfunden wird (Eintritt 25 € und nur nach Reservierung).

Via Valscarpina 3 (im Vorort Dolci, über Via Mano di Ferro erreichbar), Apr./Mai, Mitte Sept.–Okt. Sa/So, Fei 9.30–12, 15–18, Juni–Mitte Sept. tgl. 9.30–13 Uhr, Erw. 5 €

Einkaufen

Wein und andere lokale Produkte

Cantina Colli Morenici Alto Mantovano: DOC-Weine der Moränenhügel.

Strada Monzambano 75, T 03 76 80 97 45, www.cantinacollimorenici.it, Mo–Sa 8.30–12.30, 14–18.30, So 8.30–12.30 Uhr

Infos

- **Pro Loco:** Via Marconi 40, 46040 Ponti Sul Mincio (MN), T 037 68 81 21, www.prolocopontisulmincio.it.

Monzambano

D/E 13

Während Ponti sul Mincio mit seinem Namen suggeriert, am Mincio zu liegen, in Wahrheit aber fast 2 km entfernt ist, fließt der große Strom direkt an Monzambano vorbei, das natürlich ebenfalls von seinem Castello bewacht wurde. Man erreicht das ruhige, verschlafen wirkende Städtchen nach einer geruhsamen Fahrt von Ponti sul Mincio nach Süden. »Un paese, due castelli«, so wirbt Monzambano um Gäste. Und tatsächlich gehört zur Kommune sowohl das eigene Castello als auch das vom Winzling Castellaro Lagusello (s. S. 154).

Spielball der Geschichte

An seinen sanften Hausberg gelehnt, mit Blick auf das Mincio-Tal, wird auch Monzambano von seinem mittelalterlichen **Castello di Monzambano** überragt. Der Löwe an seinem Turm zeigt, dass es venezianisch war, doch erst ab 1495. Vorher, beweisen archäologische Funde, haben hier bereits Römer zumindest ihr Lager aufgeschlagen. Erste Dokumente gehen auf das Jahr 967 zurück, ab 1187 hatte Verona das Sagen, also die Skaliger. Napoleon jedoch sorgte 1805 dafür, dass der Ort an Mantua fiel. Dann die Kämpfe des Risorgimento: König Vittorio Emanuele II traf hier am 10. Juli 1859 auf Camillo Benso Conte di Cavour, den ›Architekten der Einigung Italiens‹ und seinen ersten Ministerpräsidenten. Nach dem Sieg über Österreich 1866 wurde Monzambano dann Teil des Königreichs Italiens.

Außer dem hinreißenden Blick vom Wachtturm über die ruhige Flusslandschaft des Mincio und zum Gardasee hat das Castello heute nicht viel zu bieten, es sei denn bei Festen (s. u.).

Ostern–Aug. meist nur So, Fei 15.30–19 Uhr

Infos

- **Ufficio Turismo:** Piazza Vittorio Emanuele 15, 46040 Monzambano (MN), T 03 76 80 05 02, www.monzambanotourist.it.

Feiern

- **Vino in Castello:** Letztes Juli-Wochenende 18–23 Uhr. Im Innenhof der kleinen Festung von Monzambano werden die typischen Weine der Gegend ausgeschenkt, begleitet von mittelalterlicher Musik und anderen künstlerischen Aktivitäten. Eintritt frei.
- **Festa dell'Uva:** 3. Sept.-Wochenende. Weinfest mit Musik, einem Jahrmarkt,

N

NATURENTDECKUNGEN ZWISCHEN GARDASEE UND PO

Bei Ponti sul Mincio beginnt der **Parco del Mincio**, der sich nach Süden vorbei an Monzambano bis Mantua erstreckt, wo der Mincio nach einigen weiteren Kilometern in den Po mündet – eine gut gehütete Naturlandschaft, zu der auch die Seen um Mantua zählen. 1994 wurde hier ein erfolgreiches Repopulationsprojekt für den Weißen Storch begonnen, das mit mehreren Neugeburten jedes Jahr erfolgreich verläuft. Außerdem bevölkern unzählige andere Vogelarten die Flussauen und es gedeihen hier an die 300 Arten von Wasser- und Uferpflanzen, darunter die gelbe und weiße Seerose oder der Sumpfenzian. Das Gebiet kann auf einer Tour per Boot, Fahrrad oder zu Fuß erkundet werden (Infos beim Parkbüro in Mantua, T 03 76 39 15 50, www.parcodelmincio.it), das Consorzio Barcaioli del Minicio (T 03 76 34 92 92, www.fiumemincio.it) veranstaltet im Sommer Ausflugsfahrten. S. auch Tour S. 130.

fabelhaftem historischem Umzug und anderen Veranstaltungen. Besonders schön am Abend, wenn die Gassen mit Fackeln beleuchtet werden, wie früher eben!

Valeggio sul Mincio

E 14

In großen Schleifen führt die von Akazien gesäumte Straße von Monzambano hinab bis zum Mincio (ca. 5 km). In einer Kurve biegt kurz vor Valeggio sul Mincio, das mit den Türmen seiner Skaligerburg auf dem Hügel jenseits des Flusses thront, noch diesseits des Mincio ein Sträßchen nach Borghetto ab.

Hinaus ins Dorf!

Ausgestattet mit Picknickkörben oder einem entsprechenden Portemonnaie, um sich in den Landgasthöfen und Restaurants verwöhnen zu lassen oder in einem der verlockenden Läden Kulinarisches oder Kunsthandwerkliches zu kaufen, ziehen an Sommerwochenenden Karawanen nach **Borghetto sul Mincio,** Vorort Valeggios und eines der schönsten Dörfer Italiens. Man parkt den Wagen auf dem ausgewiesenen Platz, der ganze Ort ist den Fußgängern überlassen.

Schlafen

Ein bisschen Landleben

Faccioli: Kleines Hotel mit 18 Zimmern in einem renovierten Bauernhaus plus Anbau mitten im mittelalterlichen *borgo;* im früheren Weinkeller hat die Wirtsfamilie ein nettes Restaurant eingerichtet, folgerichtig ›La Cantina‹ genannt. Die Spezialitäten konzentrieren sich auf Seefisch, es gibt aber auch ein paar Fleischgerichte vom Grill, und die Weinkarte kann sich sehen lassen – die meisten Flaschen stehen in Regalen an den Wänden.

Via Tiepolo 8, T 04 56 37 06 05, www.hotelfaccioli.it, evtl. Jan. geschl., €€

Ganz viel Mühlenromantik

Villaggio il Borghetto: Sechs historische Mühlen über einem Wehr sind heute ein kleines Feriendorf mit Brückenanbindung mitten im Mincio; zur Auswahl stehen 10 völlig unterschiedliche Wohnungen mit kompletter Küche, eine davon sogar mit Terrasse auf der Spitze des Wellenbrechers. Das Frühstück bereitet, so man möchte, eines der Cafés gegenüber zu (s. S. 154). Wer's richtig romantisch haben möchte, kann gegen Aufschlag Kerzen, Schampus u. Ä. vorbestellen.

Via Raffaello Sanzio 20, T 04 57 95 20 40, www.borghetto.it, ganzjährig, mit kostenlosem Parkplatz, €€€

Essen

Fisch oder Fleisch?

Gatto Moro: Ab 1900 einfache Schänke, in der sonntags die frisch aus dem Fluss geangelten Fische frittiert und zum Wein serviert wurden, heute geräumiges Restaurant mit zwei Nebenzimmern, Gewölbekeller und schattiger Pergola. Inzwischen dank des neuen Küchenchefs Flavio Rigatelli zu einem eleganten Restaurant mutiert, das sich zwar an der traditionellen Küche orientiert, sie aber innovativ verändert. Immer wieder empfehlenswerte Spezialmenüs wie zu Ostern oder musikalischen Veranstaltungen im Ort.

Via Giotto 21, T 04 56 37 05 70, https://ristorantegattomoro.it, Mi–Mo 12–22/23 Uhr, Ende Jan.–Mitte Febr. und Anf. Aug. geschl., €€–€€€

Maisgrieß de luxe

Vecchia Bottega di Borghetto: Heimelige Osteria am Parkplatz, rustikal-gemütlich eingerichtet. Anspruchsvolle Küche mit den besten lokalen Spezialitäten, vielen Polenta-Variationen, die leckere Pasta ist hausgemacht. 1912 haben die Großeltern mit einer Bottega angefangen, einer Metzgerei mit Eigenproduktion von Wurst und Schinken, wie man sie bis heute im Vorraum einkaufen kann. Oder eben einkehren und sich verwöhnen lassen, vom Küchenchef und Patron Francesco, unterstützt von seinem Bruder Lorenzo, dem Sommelier.

Via Michelangelo 6, T 04 56 37 01 83, www.lavecchiabottegadiborghetto.it, im Sommer Mi–Mo, sonst nur an Wochenenden, Wurst- und Käseplatten in vielen Variationen sowie diverse hausgemachte Pasta und Fleischgerichte, €€

Kreuzritter-Stopp

Antica Locanda Mincio: Schon im frühen Mittelalter schufen hier Kreuzritter der Templer eine Herberge als Station für Pilger auf dem Weg nach Jerusalem (!). Und lange wurden hier Postkutschenpferde gewechselt, bevor 1919 Angelo Bertaiola, der Großvater des heutigen, schnauzbärtigen Besitzers Gabriele, die Station in eine Trattoria umwandelte. Seitdem werden hier die traditionellen Gerichte der Moränenhügel und des Mincio gepflegt (mit Fluss- und Seefischen) zu hervorragenden lokalen Weinen. Eine besondere Spezialität sind die *agnolotti* (Teigtaschen), deren Rezept der Großvater aus Mantua hierherbrachte. Innen sitzt man in einem teils getäfelten elegant-ländlichen Ambiente, außen unter schattigen Bäumen direkt am Mincio – herrlich an heißen Sommerabenden. Hervorragendes Preis-Leistungs-Verhältnis.

Via Michelangelo 12, T 04 57 95 00 59, www.anticalocandamincio.it, zwei Wochen im Febr. und Nov. geschl., Fr–Di, Sommer auch Mi, Do Mittag, €€

Einkaufen

Volle Speisekammer

La Dispensa: Die früheren Besitzer eines Lokals sind zurück zu ihren Wurzeln als Lebensmittelhändler und haben in Valeggio sul Mincio auf dem Weg zum Parco Sigurtà ihren Bio-Lebensmittelladen eröffnet. Verkauft werden nur hochwertige Lebensmittel der bekanntesten, vor allem oberitalienischen Produzenten und dazu die passendern Weine. Schön für Einheimische wie Ferienhausbewohner: Es werden auch Fertiggerichte angeboten – einfache, aber lokaltypische.

Lieblingsort

Ein Park zum Durchatmen

Der private **Parco Giardino Sigurtà** in Valeggio sul Mincio ist eine immer wieder aufblühende Parklandschaft von besonderer Pracht auf 56 ha vor der bewohnten Villa aus dem 17. Jh. Eine kleine Bahn erschließt über eine 7 km lange Einbahnstraße den Park mit pflanzenreichen Teichen, Rosen- und Irisbeeten, Zypressenalleen, Tulpenfeldern, Azaleengärten und skurril gestutzten Buchsbäumen. Oder man genießt den Park auf eigene Faust – zu Fuß oder per Fahrrad, das man sich am Eingang ausleihen kann. März–Anf. Nov. tgl. 9–19 Uhr je nach Sonnenstand, Einlass bis 1 Std. vor Schluss, www.sigurta.it, Erw. 14 €, ab 65 J. 10 €.

Wasser ringsum – in Borghetto am und im Mincio schlagen Romantikerherzen bestimmt höher.

Via Antonio Murari 40, mobil 34 60 79 11 64, Mo–Sa 8.30–13, 16–19.30, Sa 8.30–12.30 Uhr

Bewegen

Rutschiges Vergnügen

Parco Acquatico Cavour: Wasserpark u. a. mit Turborutschen, Lagunen, Whirlpool, Beach-Volleyball und Animation.
Località Ariano, Valeggio sul Mincio, T 04 57 95 09 04, www.parcoacquaticocavour.it, Juni–Aug./Anf. Sept. 10–19 Uhr, Erw. 22 €

Ausgehen

Genuss überm Fluss

Caffè Visconti: Früher heimelige Cafeteria mit kleinen Gerichten sowie Platten zum Wein, jetzt eher Restaurant und Winebar mit Cocktails und venezianischen Aperitivi mit Knabbereien.
Via Raffaello Sanzio 19, T 04 57 95 85 55, www.caffeviscontiborghetto.it, Mi–Mo 9–23 Uhr

Der Drink danach

Caffè il Mulino: Stylishes Lokal, das sich ganz wunderbar für einen kurzen Stopp eignet (aber auch zum Frühstück und Aperitif). Mit Terrasse am Fluss, erfrischend im Sommer, beheizt im Winter. Mitunter werden Abende mit Weinverkostung und dazu passenden lokalen Spezialitäten veranstaltet.
Via Raffaello Sanzio 16, T 04 57 95 12 79, tgl. 10–19 Uhr

Feiern

- **Nodo d'Amore:** 3. Di im Juni. Kulinarisches Fest, s. S. 284.
- **Mercato dell'Antiquariato:** Der Antiquitätenmarkt am 4. So im Monat in Valeggio sul Mincio gilt als einer der schönsten im Gardaseegebiet.

Infos

- **Pro Loco:** Piazza Carlo Alberto 44, 37067 Valeggio sul Mincio (VR), T 04 57 95 18 80, www.valeggio.com.

Castellaro Lagusello

D14

Von Borghetto geht es in fast gerader Linie westwärts Richtung Solferino. Nach etwa 9 km zweigt rechts eine Straße nach Castellaro Lagusello (nochmals 2 km) ab. Nicht ohne Grund zählt es zu den *Borghi più belli d'Italia*, zu den schönsten Dörfern Italiens. Es besteht aus einem Burgdorf aus dem 12. Jh. und gehört wegen seiner

Lage (und mit Ausnahmen wegen seiner Verschlafenheit) zu den bezauberndsten Ecken im Mantovanischen. Geht man durch das kleine Tor, stößt man auf die Pfarrkirche **San Nicola** (Piazza Castello 27), die erstaunlich groß ausgefallen ist. Ursprünglich wohl romanisch, zeigt sie sich heute im barocken Kleid von 1741 mit weißgrauen Pilastern auf altrosa Wänden. Die bäuerliche, zart lächelnde und für die Zeit vielleicht etwas zu steif geratene Madonna dürfte das wichtigste Kunstwerk der Kirche sein.

Der schlicht-schöne **Palazzo Tacoli** in der Via Castello 88 (13. Jh. mit späteren Umbauten) endet an einem schmiedeeisernen Tor in der südlichen Ortsmauer. Es gibt den Blick frei auf einen kleinen verschilften See, den man früher für die Fischzucht nutzte und der heute unter strengstem Naturschutz steht. Er besitzt die Form eines Herzens, was nicht nur bei Romantikern besonders gut ankommt.

Schlafen

Zum Dichten und Denken

Corte Uccellanda: 14 wunderschön in historischem Gehöft am Ortsrand fantasievoll ausgebaute Suiten und Apartments um einen großen Innenhof, je 47–60 m², mit Kochzeile; von kuschelig bis geradlinig-modern und jeweils einem großen Dichter gewidmet. Kleine Beauty Farm; Pool im Innenhof. Benutzung der Sauna oder des türkischen Bades, Mountainbike. Parkplatz. Das Restaurant La Pesa im Ortszentrum (s. u.) gehört zum selben Besitz.

Via Castello 1, T 037 68 87 63, www.corteuccellanda.it, 7. Jan.–Mitte Febr. geschl., Apartments mit Frühstück €€

Werktagsidylle

Antico Borgo: Kleine Familienpension im historischen *borgo* mit großem Ausflugsrestaurant (an Wochenenden und Feiertagen also nicht gerade ruhig) und sieben z. T. recht großen, modernen Zimmern mit Bad.

Via Castello, T 037 680 95 73, www.facebook.com/anticoborgocastellaro, ganzjährig, an den Wochenenden kostet die Übernachtung etwas mehr, €

Essen

Eine Region kommt auf den Tisch

Antico Borgo: Ausflugslokal mit einer großen Terrasse.

s. Schlafen. drei verschiedene, recht fleischlastige, aber für die Gegend typische 4-Gänge-Menüs, Getränke inkl., €–€€

Rares für wenig Bares

La Pesa: Diego kümmert sich bereits in der dritten Generation um Küche und Keller

R

MIT DEM RAD DURCHS MORÄNENLAND

Schöne Radtouren führen entlang der hervorragend ausgeschilderten Weinstraßen. Asphaltiert, schmal und normalerweise wenig befahren, folgen sie dem angenehmen Auf und Ab der Hügel. Auf drei Routen lassen sich die Moränenhügel erschließen: von Monzambano über Ponti sul Mincio, Pozzolengo, Castellaro Lagusello, Volta Mantovana, Valeggio und zurück nach Monzambano (ca. 48 km); von Castiglione delle Stiviere über Medole und Solferino zurück nach Castiglione (ca. 44 km); oder von Solferino über San Martino della Battaglia, Pozzolengo, Castellaro Lagusello, Volta Mantovana und Cavriana zurück nach Solferino (ca. 50 km).
Weitere Infos auf der Website Colline Moreniche del Garda unter www.collinemoreniche.it.

und den Service in dieser unkomplizierten Trattoria (seit 1906) in mehreren Räumen, mit Innenhof am Ortsrand. Hervorragende und trotz ländlicher Eleganz recht preiswerte Küche mit hausgemachter Pasta. Hier werden Gerichte serviert, die man woanders kaum noch findet, z. B. aus Esel- und Pferdefleisch, Schnecken, Ente und Hase. Natürlich fehlen die typischen Süßwasserfische nicht. Die Speisekarte ist groß, empfehlenswert sind die vier verschiedenen Menüs mit jeweils vier Gängen zur Wahl, Sorbet zwischendurch, *caffè* und Wasser inkl. Unbedingt eine Polenta probieren!
Piazza Orlandi, T 037 68 89 01, www.lapesa.it, Mi–Mo, die angeschlossene gemütliche Bar bleibt von früh bis spät geöffnet, €–€€

Infos

- **Castellaro Buskers Festival:** Am 1. Sept.-Wochenende füllen sich die Gassen von Castellaro Lagusello mit Straßenkünstlern, Musik und Rhythmen aus aller Welt, etwa portugiesischer Fado und argentinischer Tango; Erw. 2 €.
- **Ufficio Turismo:** s. Monzambano, S. 150.

San Martino della Battaglia

C 12

Wer den Spuren der Schlachten um die Unabhängigkeit Italiens, des *Risorgimento*, folgen möchte, muss San Martino della Battaglia einplanen. Der mehr als 65 m hohe Turm ist vom Gardasee aus weithin sichtbar und strahlt abends ein sich drehendes, weithin sichtbares Leuchtfeuer in den Farben der Trikolore Italiens – Grün, Weiß, Rot – aus.

Die Reittreppe hinauf

Der hohe Rundturm mit seinem Zinnenkranz ist Vittorio Emanuele II gewidmet. Das Dach erreicht man über eine 400 m lange Rampe, die auch als Reittreppe dienen könnte, und genießt von oben einen unvergesslichen Rundumblick. Oben erhielt der Turm ein dreifarbiges Leuchtfeuer. Dahinter zeigt das **Museo di San Martino** Waffen und Fresken von allen Schlachten des Risorgimento und Erinnerungsstücke der Schicksalsschlacht von San Martino. Neu installiert wurde hier ein multimedialer Raum, in dem die wichtigsten Phasen der Schicksalsschlacht vom 24. Juni 1859 nachgestellt werden – sehr eindrucksvoll!
www.solferinoesanmartino.it, Mitte März–Mitte Okt. Mo-Sa 9–12.30, 14.30–19, So, Fei 9–19, Mitte Okt.–Mitte März Di–So 9–12.30, 14–17.30 Uhr, Turm und Museum Erw. 7 €

Galerie der Schädel

Gegenüber dem Turm führt eine kurze Baumallee zur Kapelle mit den Gebeinen der im zweiten Risorgimento-Krieg Gefallenen, dem **Ossario di San Martino.** Ursprünglich war es die Privatkapelle der Grafen Tracagni, denen die hiesigen Ländereien gehörten. Ähnlich wie in Solferinos Ossario sind in der am 24. Juni 1870 eingeweihten Kapelle in der Apsis 1247 Schädel und in der Krypta die Knochen von 2619 Gefallenen ohne Unterscheidung ihrer nationalen Herkunft aufbewahrt. Ein wenig gruselig ist es hier schon!
Tagsüber immer zugänglich, Eintritt frei

Infos

- **Rievocazione della Battaglia:** Drei Tage lang wird alljährlich um den 24. Juni mit interessantem Beiprogramm wie Musik und Folklore an die Schicksalsschlacht von 1859 erinnert, Höhepunkt ist das Nachspielen der Schlacht in historischen Kostümen.

Sowohl in Solferino als auch in San Martino della Battaglia gibt es ein interessantes Museum über die blutigen Schlachten des Risorgimento.

- **Festa del Vino:** Seit 1966 wird dieses mehrtägige Weinfest um den 15. Aug. begangen und mit einem großen Feuerwerk beendet.
- **Società Solferino e San Martino:** T 03 09 91 03 70, www.solferinoesanmartino.it. Der Verein bietet für beide Orte der Schlachten um die Unabhängigkeit Italiens hervorragende Informationen (auch in Deutsch).

Solferino

B 14

Auch dieser Ort genießt traurigen Ruhm als Sinnbild der blutigen Schlachten um die Unabhängigkeit Italiens. Das sieht man dem verschlafenen Solferino (ca. 2600 Einw.) mit der winzigen Festung aus dem 11. Jh. heute freilich nicht an.

Auf der **Piazza Castello** innerhalb der Burgmauer (mit hinreißendem Panorama) kann man außer bei Veranstaltungen den Wagen unter Schatten spendenden, ausladenden Kastanienbäumen parken. Neben der klassizistischen **Kirche San Nicola** steht direkt am hohen Torbogen der mächtige **Gonzaga-Turm** mit seinem hohen Tambour, den sich Orazio Gonzaga 1563 errichten ließ, als er die ganze Festung neu gestaltete.

Dem Humanismus zu Ehren

Hinter dem Gonzaga-Turm führt der Weg direkt zum **Memoriale Croce Rossa Internazionale.** Es wurde 1959 zum hundertjährigen Bestehen des Internationalen Roten Kreuzes im Gedenken an seinen Gründer, den Friedensnobelpreisträger Henry Dunant (1828–1910), errichtet. Die Stücke aus Marmor und anderen Steinen an dem Denkmal stammen aus

den 148 Ländern, die damals dem Roten Kreuz angehörten, und sollten ergänzt werden, wenn weitere dazukommen. Ein schöner Ort unter hohen, schattigen Bäumen!
Parco della Rocca, frei zugänglich

Pace!

In der dafür aufgelassenen Kirche San Pietro in Vincoli wurde, von der Hauptstraße über eine leicht ansteigende, abgesperrte Zypressenallee zu erreichen, die **Cappella del Ossario** als Mahnmal gegen den Krieg eingerichtet. Hier ruhen 1413 Totenschädel und 5600 Gebeine von 7000 in der Schlacht von Solferino gefallenen Soldaten ungeachtet ihrer Nationalität.
Via Ossario s/n, im Sommer tgl. 9–19, sonst 9–17 Uhr, frei zugänglich

Museen

Erinnerungen im Turm

Museo della Rocca: Vom Gonzaga-Turm führt ein Weg aus der Festung hinauf zu dem Museum mit Bildern, Waffen und Erinnerungsstücken der französischen und österreichischen Truppen, die hier 1859 aufeinandertrafen, aber auch zur italienischen Geschichte von 1796 bis 1870. Der 23 m hohe Turm der Rocca wurde bereits 1022 errichtet und galt während der Unabhängigkeitskriege als die *Spia d'Italia,* der Spion Italiens: gegen Venedig, das damals noch österreichisch war. Und tatsächlich genießt man vom trutzigen Museumsturm auf quadratischem Grund einen der schönsten Rundblicke in der Region.
Vicinale del Castello, T 03 67 85 52 23, Di–So 9–12.30, 14.30–19 Uhr, Okt.–Febr. nur nach Vereinbarung, manchmal an den Wochenenden, mit Museo Erw. 5 €

Der Einheit auf der Spur

Museo del Risorgimento: Unten an der Landstraße gegenüber dem übersichtlichen Ortskern Solferinos befindet sich in einem neoklassizistischen Palazzo das Museum mit Dokumenten, Uniformen und Zeugnissen zur Geschichte der Befreiungskriege. Nicht überladen.
Via Ossario di Solferino, Mitte März–Mitte Okt. Di–So 9–12.30, 14.30–19 Uhr, im Winter auf Anfrage, mit Rocca Erw. 5 €

Schlafen & Essen

Irgendwas ist spanisch hier

La Spia d'Italia: Das Hotel liegt nur 200 m von der Festung Solferinos entfernt und bietet ganzjährig nette, renovierte Zimmer, einen eigenen Parkplatz, Fahrräder und Mountainbikes. Im Restaurant mit schönen Steingewölben im selben Gebäude gibt es abends auch Pizza und spanische Paella – der Wirt sagt, die einheimischen Gäste brauchen Abwechslung. Also auch mal etwas Nicht-Italienisches, dafür sind alle Nachspeisen hausgemacht.
Via dei Francesi 2, T 03 76 85 49 82, www.albergolaspiaditalia.com, DZ €–€€, Restaurant Di–So Mittag, €

Brett überm Kopf

Residenza Del Duca: Sechs unterschiedliche Zimmer unter Holzbalkendecken in historischen Mauern, im selben Familienbetrieb wie die Pizzeria Perhonen (s. u.).
Piazza Castello 24, T 03 76 85 52 55, www.residenzadelduca.it, ganzjährig, €

Pizza mit Panorama

Perhonen: Von der Familie Cobelli in einer früheren Loggia der Gonzaga an der Castello-Mauer seit 1984 geführte, aber über die Jahre kontinuierlich modernisierte Pizzeria auf der schönen Piazza des Castello, im Sommer mit tollem Panorama von der großen Terrasse aus. Außer der vielgelobten Pizza stehen auch Fleisch- und Fischgerichte auf der Speisekarte.
Piazza Castello 19, T 03 76 85 53 36, Mi–Mo nur abends, €

Infos

- **Pro Loco:** Piazza Torelli 1, 46040 Solferino (MN), mobil 33 89 86 91 30, guter Blog unter www.prolocosolferino.wordpress.com.
- **Società Solferino e San Martino:** s. San Martino della Battaglia, S. 157.

Castiglione delle Stiviere

A 13/14

Castiglione erhebt sich in auffallender Hügellage, obwohl es nur 116 m sind. Es ist die Stadt des hl. Luigi Gonzaga, dem zu Ehren Francesco Gonzaga 1608 die **Basilica San Luigi** (Via Cesare Battisti 1) errichten ließ. Überragt vom **Castello** (Ripa del Castello) aus dem 9. Jh., ist Castiglione (ca. 23 500 Einw.) heute ein Wirtschaftszentrum für Handel und Handwerk, insbesondere für die Zuckerwaren-, Strumpf- und Schuhindustrie.

Die Stadt ist reich an Palästen wie die hervorragend erhaltene **Villa Brescianelli** (Via Campasso 26) mit ihrem prächtigen Barockportal von 1763 (heute Ausbildungsstätte für den Jugendjustizvollzug) oder der **Palazzo Pastore** (Via Ascoli 31; ab dem 16. Jh., heute Sitz der städtischen Bibliothek) in einem weitläufigen Park.

Haus für eine große Idee

Das **Museo Internazionale Croce Rossa** im schönen Renaissancegebäude des Palazzo Triulzi-Longhi wurde zum hundertjährigen Bestehen des Roten Kreuzes 1959 gegründet. Während der Schlacht von Solferino weilte der Humanist und Philanthrop Henry Dunant in Castiglione, der zusammen mit dem Priester Luigi Barzizza an den Hilfsaktionen für die Kriegsopfer aktiv teilnahm. Aus dieser Erfahrung entstand die Idee, eine freiwillige, fest etablierte humanitäre Organisation zur Versorgung von Kriegsopfern – egal welcher Nation – zu gründen: das Rote Kreuz. Später kamen für die arabische Welt der Rote Halbmond und für die jüdische die Rote Raute mit integriertem Davidstern hinzu. Das Museum zeigt Bilder von den Schlachten um Solferino ebenso wie chirurgische Instrumente und andere Hilfsmittel des Roten Kreuzes.

Via Giuseppe Garibaldi 50, T 03 76 63 85 05, www.micr.it, April–Okt. Di–So 9–12, 15–18, Nov.–März 9–12, 14–17 Uhr, Erw. 5 €, z. Zt. wegen Renovierung geschl.

Infos

- **Info Point:** Palazzo Gonzaga, Via Battisti 4, 46043 Castiglione delle Stiviere (MN), T 03 76 67 93 05 und 03 76 67 92 10, www.valorecastiglione.it.

Lonato del Garda

A 12

Wie sehr Lonato mit dem Gardasee verbunden ist, merkt man schon daran, dass der Ort südlich von Desenzano nördlich davon einen schmalen Strandabschnitt sein Eigen nennt: den im Sommer gut besuchten Lido di Lonato. Aber obwohl Lonato in den Moränenhügeln nur einen Katzensprung vom See entfernt liegt, kennen es die wenigsten Besucher der Gegend. Dabei ist der Burgberg eine echte Sehenswürdigkeit, das Städtchen (15 600 Einw.) zu seinen Füßen ausnehmend schön und nicht allzu trubelig, mit engen Gassen zwischen zwei- und dreistöckigen Häusern der eher bescheidenen Art.

Der Pest sei Dank

Im Ratsherrensaal im Obergeschoss des Rathauses, des **Palazzo Comunale** (Ende 16. Jh.), malte im Auftrag des Stadtrats als Dank für das Ende der Pest der Venezianer Andrea Celesti (1637–1712) 1692 das 2,62 x 7,35 m große Bild. Im Mittelpunkt sind Maria und Johannes der Täufer zu sehen, wie sie das Jesuskind um Erlösung für Lonato bitten. Links die Allegorie Lonatos mit einem Dogen und den drei theologischen Tugenden, rechts ein Lazarett mit Pestkranken und ein fliehender Dämon (= die Pest).

Vor dem Rathaus erhebt sich eine Säule, bekrönt vom Markuslöwen – eine Verbeugung vor der Dominanz Venedigs vom 15. bis zum 18. Jh. in der Stadt. Es ist allerdings nur eine Kopie, das Original haben Brescianer Jakobiner im März 1797 zerstört.

Piazza Martiri della Libertà, im Informationsbüro im Erdgeschoss um Einlass bitten

Nach dieser Uhr lebt Lonato

Ganz schön hoch ist dieser Uhr- und Glockenturm, der zwischen 1555 und 1589 errichtet wurde: genau 55 m. Warum auch immer, wurde die kupferne Kuppel der **Torre Civica** 1880 durch die neugotischen Zinnen ersetzt, die wirklich unpassend wirken. Seit 1589 regelte dieser Turm also das Leben in Lonato, und im Erdgeschoss befand sich während der venezianischen Herrschaft der Kerker. 1773 bekam die Uhr ein ›modernes‹ Werk von dem Cremoneser Spezialisten Domenico Crespi. Man kann den Turm an manchen Tagen (Anschläge an der Tür beachten!) besteigen. 150 Stufen, aber der Blick ist eine echte Belohnung.

Via Ugo da Como 8, T 030 91 39 22 16, während der Antiquitätenmesse sowie bei wichtigen Stadtfesten zugänglich; ziemlich sicher 21. Juni–15. Sept. Do und So vormittags, aktuelle Termine unter www.associazionelapolada.it/visite-d-arte-e-storia/torre-civica

Die überschaubare Piazza Martiri della Libertà vor dem Palazzo Comunale, dem Rathaus, ist Lonatos Herzstück, Versammlungsort und Marktplatz zugleich.

Dem Himmel entgegen

Nicht zu übersehen ist die hohe Kuppel der **Basilica Nattività di San Giovanni Battista,** nach der Torre Civica das zweite Wahrzeichen Lonatos, die man in wenigen Schritten vom Rathaus die leicht abfallende Hauptstraße entlang erreicht. Die barocke, dreischiffige Kirche mit ihrer klar gegliederten weißen Fassade ist der Geburt Johannes des Täufers geweiht. Die Kirche wurde 1738 über zwei älteren Kirchen (ab 1339) errichtet. Die herrliche Kuppel hat einen Durchmesser von 20 m und erreicht eine Höhe von 60 m.

Via Gaspari 7, meist nur zu Messzeiten geöffnet

Stadt und Land im Blick

Oberhalb des Stadtturms breitet sich die für militärische Zwecke erbaute **Rocca di Lonato** auf eigenem Hügel aus. Sie gilt als eine der bedeutendsten Festungen in der Lombardei, allein schon durch ihre strategische Lage zwischen Gardasee und der hügeligen Landschaft der Moränen – und der Po-Ebene gleich dahinter. Die Gardemaße der Rocca: 180 x 45 m, in der Form eines sehr spitzen langen Dreiecks, vollständig umgeben von einer wuchtigen guelfischen Zinnenkranzmauer aus großen Kieselsteinen von den Moränenhügeln. Schön ist der Aufstieg hinter der Torre Civica die Treppe hoch zur Südseite der Rocca, durch ein Tor und über eine Hängebrücke, die zu den Pfaden zwischen den beiden Hauptgebäuden und in den weitläufigen Park hinaufführt.

Via Rocca s/n, www.roccadilonato.it, Juni–Sept. tgl. 10–18.30, Okt.–Mai Sa/So 10–12, 14.30–18.30 Uhr, Erw. 5 €, Kombiticket mit Casa del Podestà (s. u.) 10 €

Nachlass des Förderers

Dem Politiker, Historiker und Kunstsammler Ugo da Como (1869–1941) hat Lonato viel zu verdanken, vor allem die Restaurierung der **Casa del Podestà**, des Hauses des venezianischen Stadtvogts, das der Senator auf Lebenszeit selber bewohnte. Der gesamte Komplex wird daher auch Fondazione Ugo da Como genannt. Das Gebäude prahlt heute mit historischen Möbeln, Waffen und Fresken in geradezu wohnlichen Räumlichkeiten. Einige wurden von Ugo da Como historisierend umgestaltet. Besonders sehenswert ist die Bibliothek in einem neugotischen kleinen Nebengebäude im Garten mit 50 000 historischen, seltenen Büchern ab dem 12. Jh., speziell zur Politikwissenschaft. Zauberhaft ist der Garten auf einer erhöhten Erdterrasse mit super Stadtpanorama.

Via Rocca 2, www.fondazioneugodacomo.it, tgl. 10–12, 14.30–18 Uhr, Erw. 8 €, Kombiticket mit Rocca 10 €

FIERA DI SANT'ANTONIO ABATE

Um den 17. Januar, den Tag des Ortsheiligen und generell Schutzpatrons der Tiere, begeht Lonato drei Tage lang den großen **Markt für Sant'Antonio Abate.** Die Ursprünge sind agrarisch, heute ergänzt durch Handel und Kunsthandwerk. Für Besucher sind die Stände im gesamten historischen Zentrum eine besondere Verlockung und im auch am Gardasee dann recht kühlen Monat Januar eine wahre Bereicherung. Eine Besonderheit: Am 17. Januar werden in der Kirche Sant'Antonio die Tiere gesegnet. Und das berühmt-gute Schweinefleisch der Gegend wird in allen Variationen an Ständen und in den Restaurants der Stadt in Spezialmenüs angeboten.

Ziegelsteine für Soldatenheime

Im 1. und 2. Jh. n. Chr. gab es im Gebiet von Lonato noch reichlich Wälder, Wasser und Lehmboden, für die Römer der richtige Platz, um Ziegel und Kalk für die Villen ihrer Veteranen, die wie üblich vor Ort blieben, zu brennen. Das hat man vor einigen Jahren entdeckt, als die italienischen Elektrizitätswerke ENEL Fundamente für die Stützen einer neuen Stromtrasse schaffen ließen. Einer von sechs dabei entdeckten Ziegelbrennöfen, **La Fornace Romana** genannt, wurde vollständig ausgegraben und durch eine überbaute Halle geschützt. Unbedingt den Besuch einplanen, denn man lernt hier vor Ort, wie die römischen Handwerker bei 15 Tagen Vor- und Nachbereitung nach drei Tagen Befeuerung mit 800 °C rund 60 000 Backsteine produzieren konnten.

Località Fornace dei Gorghi, Via Mantova 54, in Lonato Richtung Castiglione delle Stiviere, dann Hinweisen folgen, mobil 36 65 47 46 56, www.fornaciromanedilonato.it, geführte Touren können auf der Website oder telefonisch gebucht werden, sonst So 10–17 Uhr, Erw. 2 €

Essen

Günstig durch den Tag

Le Lasse Cafè: Frühstück, Mittagessen (auch *panini)* und Aperitivi zu günstigen Preisen, dazu ein überaus freundlicher, familiärer Service.

Via Repubblica 45, T 03 09 13 20 53, Do–Di 7–21.30 Uhr, €

Meeresfrüchte satt

La Rocca Contesa: Gepflegtes Restaurant zu Füßen der Rocca, Garten auf drei Terrassen; auf Meeresfrüchte spezialisiert, aber auch Pizzen aus Naturhefeteig. Im Sommer abends Livemusik.

Via Ugo da Como 8, T 03 09 91 37 80, www.laroccacontesa.it, normalerweise Mi–Mo

Einkaufen

Kleider links, Schuhe rechts

Il Leone di Lonato: Shoppingcenter mit rund 120 Geschäften aller Art und Restaurants von Pizzeria bis Weinbar; großer Kinderbereich mit Spielen und Aufsicht, Kino.

Via Mantova 36, https://illeonedilonato.klepierre.it, tgl. 9–22 Uhr

Bewegen & Ausgehen

Ein Tag im Park

Acquaparc La Quiete: Großzügige Badelandschaft mit Familienbecken und Abenteuerpool für Kinder von 3–12 J., Kinderspielplatz, Babysitterteam kostenlos, Fußball-, Beachvolleyball- und Basketballplätze, Restaurant und Picknickplätze.

Via Corte Bettina, www.parcolaquiete.it, Ende Mai–Mitte Sept., tgl. 9/9.30–18.30 Uhr, Tageskarte 12 €, So und im Aug. 15 €

Lonatos Hotspot

Coco Beach: Der vielleicht heißeste Klub am Gardasee, s. S. 146.

Infos

- **Ufficio Informazioni Turistiche:** Piazza Martiri della Libertà 12 (im Rathaus), 25017 Lonato del Garda (BS), T 030 91 39 22 26, www.lonatoturismo.it. Hier kann man kostenlos einen Audioguide ausleihen (Ausweis als Pfand genügt), der zu allen Sehenswürdigkeiten der Stadt führt.
- **Bahn:** Nur 4 Min. dauert die 5,3 km kurze Fahrt zwischen Desenzano und Lonato mit der Regionalbahn, die vor allem im Berufsverkehr fährt.
- **Busse:** Die einfachste Art, Lonato zu erreichen, dauert zwar etwas länger (12 Min.), bietet aber die höchste Frequenz.
- **Parken:** Der große freie Parcheggio del Corlo (ausgeschildert) befindet sich im Norden, an der Via dei Fanti oberhalb der Burg, 3 Gehminuten entfernt. Im historischen Zentrum sind die Parkplätze rar und nur stundenweise per Automat zu belegen.

Zugabe

Schlemmen bei Donna Daniela

Rundumbetreuung der Seele

Ihre Pasta-Gerichte sind berühmt und sie selbst ist eine tolle Gastgeberin auf dem Familiengut Ortaglia.

Nach den leidvollen Geschichten um die Schlachten des Risorgimento wäre es eine gute Idee, sich bei einem köstlichen Mahl auf andere Gedanken zu bringen. Wir haben so eine Möglichkeit entdeckt, auch noch zu Füßen des Turms von San Martino della Battaglia. Es ist eine tolle, schon historische Trattoria mit Produkten vom eigenen Landgut, die hervorragend verarbeitet werden. Es gibt wunderbare, hausgemachte Pasta in vielen Variationen, beste Fleischgerichte mit frischem Gemüse; auch die eigenen Weine des Gutes können sich sehen lassen und man kann sie gleich vor Ort kaufen.

Man sitzt unter einem wunderschön restaurierten Backsteingewölbe des aufgelassenen Klosters oder im Wintergarten mit seinen Spitzengardinen, die Tische schmücken Damastdecken und -servietten. Und man wird geradezu liebevoll bedient, auch wenn das Lokal noch so voll ist. Aus der Küche werden ständig dampfende Teller hinausgetragen unter dem wachsamen Auge des strengen und doch liebenswerten Germano. Seine Chefin und Gründerin des Gutes, Daniela Marotti, schwingt den Kochlöffel. Nach ihr ist sogar ein in Flaschengärung erzeugter Perlwein benannt (Donna Daniela), der sich prima zum Aperitif macht.

Nach der Köchin ist sogar ein Perlwein benannt.

In dieser Trattoria fühlt man sich fast wie bei einer italienischen Großmutter zu Hause. Nur: An Feiertagen und Wochenenden sollte man besser rechtzeitig einen Tisch reservieren, so man noch einen bekommt. Aber Sie können es ja noch vor dem Besuch des Turms bei einem kurzen Spaziergang versuchen, wir hatten Glück! (Località Ortaglia 1, San Martino della Battaglia (BS), T 03 09 91 01 06, www.agriturismoortaglia.it, ganzjährig Di–So, €) ■

Der Westen

Zitrusfrüchte und Bergdörfer — von der Valtènesi im Süden bis nach Limone im Norden bietet das Westufer des Gardasees landschaftlich viel Abwechslung, verbunden mit hübschen Ortschaften sowohl am Lago als auch im Hinterland.

Seite 173

Rocca di Manerba

Die imposante Festungsruine auf dem steilen Felsen bietet einen großartigen Blick auf das gegenüberliegende Ufer, die beiden Inseln zu ihren Füßen und Sirmione. Auch kleine Wanderungen kann man hier unternehmen.

Seite 177

Salò

Die ebenso schöne wie lebendige Verwaltungsstadt Salò ist im historischen Kern wunderbar intakt, an der Seepromenade lockt ein Cafè am anderen und auch die Einkaufsmöglichkeiten sind zahlreich.

Gestatten: seine Heiligkeit der Karneval von Bagolino.

Eintauchen

Seite 184

Gardone Riviera

Bei D'Annunzio zu Hause fühlen sich viele Italiener im Vittoriale degli Italiani richtig verstanden.

Seite 202

Ein neugieriger Gast

D. H. Lawrence war da und setzte Gargnano ein literarisches Denkmal.

Seite 216

Hochebene mal zwei

Tignale und Tremosine, die ungleichen Schwestern mit ihren unzähligen Dörfern – ein Wanderparadies.

Seite 217

Madonna di Montecastello

Die Wallfahrtskirche in fast 800 m Höhe ist nur über einen Pilgerweg und eine enge Fahrstraße erreichbar.

Seite 226

Limone sul Garda

Klein und zauberhaft schön, trotz der Touristenmassen, die sich häufig durch den historischen Ort schieben.

Seite 234

Bagolino

Die Bagóssi, wie die Bewohner von Bagolino im Dialekt genannt werden, waren schon immer aufmüpfige Bürger, die sich ihre Eigenständigkeit zu bewahren wussten. Berühmt ist der Ort für den nach ihnen benannten würzigen Bergkäse Bagóss.

Seite 241

Ponte Càffaro

Wo einst tiefer Sumpf bestand, hat sich nach der Trockenlegung ein schlichter Ort mit Ferien- und Freizeitidylle vor langem Strand entwickelt.

Irgendwann will es doch jeder mal: segeln.

Wenn schon mit dem Boot auf den See, dann bitte segeln oder ein E-Boot mieten! Zu haben im kleinen Hafen zu Füßen von San Felice del Benaco bei Stefania (S. 176).

Das Land, wo die Zitronen blühen

Nördlich von Desenzano erstreckt sich die doppelte Halbinsel der Valtènesi bis kurz vor Salò. Auf ihren Hügelkuppen hocken kleine befestigte Ortschaften, am Ufer gibt es schmale Kiesstrände oder enge Badebuchten, und vorgelagert locken kleine Inseln, sie anzuschwimmen. Die größte im Gardasee, die Isola del Garda, ist allerdings privat und tabu, es sei denn bei einem gebuchten Besuch! Als Weinland kann die Valtènesi zwar nicht mit der Valpolicella im Osten oder den Colli im Süden konkurrieren, aber Kenner schwärmen von den guten Tropfen, die hier gedeihen.

Das Westufer von Salò bis Limone wird am See entlang als Zitronenriviera bezeichnet und in ihrem Hinterland breitet sich der Parco Alto Garda Bresciano nach Westen fast bis zum Idro-See aus mit seinen vielen, z. T. fast unverändert gebliebenen Dörfern, die sich an die Berghänge klammern oder auf weiten Almen stehen. Salò gibt sich geradezu urban, fast vornehm ist Gardone Riviera mit dem Vittoriale degli Italiani. Den Doppelort Toscolano Maderno entdeckt nur, wer in die historischen Zentren entlang der alten Durchgangsstraßen vordringt. Gargnano hatte zum Glück den Tourismus erst verschlafen, an den beiden Hochebenen Tignale und Tremosine erkennt man, was geschieht, wenn gierige Investoren zuschlagen, auch am sonst so hübschen Limone. Die 400 bis 550 m hohen Felswände wurden im nördlichen Bereich für die erst 1931 gebaute Uferstraße mit Galerien und Tunnels durchstoßen. Darüber liegen auf den Hochalmen kleine Streusiedlungen mit den herrlichsten Aussichten auf den See – Sommerfrischen inmitten eines fantastischen Wander- und Bikergebiets.

ORIENTIERUNG

O

Infos: www.gardasee.de/valtenesi, www.gardalombardia.com, www.bresciatourism.it. Alle mit Links zu Orten und Unterkünften sowie weiteren Informationen.

Verkehr: In der Valtènesi schlechte Anbindung an den öffentlichen Verkehr, besser unterwegs ist man mit dem eigenen Fahrzeug. Auch die Linienboote legen eher selten am Ufer der Valtènesi an.

Umso besser erschlossen sind die Seeorte der Riviera dei Limoni (Zitronenriviera) von Salò im Süden über Gargnano als Zentrum bis Limone im Norden.

Padenghe sul Garda

A 10/11

Das Westufer beginnt im Süden zwischen Desenzano und Salò mit einem zauberhaften Landstrich, der **Valtènesi**, die als gutes Weinanbaugebiet bekannt ist. Mit zwei Halbinseln und einer dazwischenliegenden breiten Bucht ragt dieses leicht gewellte Moränenhügelland in den See hinein.

Nördlich von Desenzano breiten sich bis **Padenghe sul Garda** (rund 4500 Einw.) fünf große Campingplätze aus, vier davon gehören zu Padenghe. Schon von Weitem ist das mächtig breite **Castello di Padenghe** zu sehen, das in schönster Panoramalage in 119 m Höhe auf einem Hügel thront. Vom neueren Ortsteil führen Treppen zur Burg hinauf, und die mit hübschen schmiedeeisernen Laternen gesäumte Straße endet am Parkplatz vor dem Eingangstor mit seinem Schandkäfig. Von hier oben bietet sich ein grandioser Blick über den See.

Das Castello mit seinem teils erhaltenen Zinnenkranz und den mit großen Kieselsteinen gepflasterten parallelen Gassen zwischen den kleinen Häusern ist bewohnt und gepflegt. Die Mauer der Südwestecke trägt dekorative Schwalbenschwanzzinnen, die Ostbastion ist rund. Unter den Burganlagen der Valtènesi dürfte Padenghe (auf den Grundmauern einer römischen Festung) die älteste sein. Sie besteht aus zwei Teilen: dem nordöstlichen (11. Jh.) und dem von einem Turm geschützten westlichen aus der Zeit der Kommunen (13. Jh.). Nach Peschiera und Riva besaß Padenghe in der Antike (und während der venezianischen Epoche) den drittgrößten Hafen des Gardasees, reiche Römer lebten bevorzugt in ihren Sommervillen auf dem Hügel.

Schlafen

Frühstück im Kaminzimmer

Il Melograno: Wunderschönes B&B in einem liebevoll restaurierten Steinhaus im historischen Zentrum von Padenghe mit drei komfortablen Zimmern, zwei davon mit Balkon/Seeblick. Parkplatz, kleiner Garten mit Grill, kostenloser Radverleih.

Via Dugali 7, mobil 33 94 22 76 75, www.ilmelogranodelgarda.com, €

Zwei Häuser, zwei Pools

Le Terrazze sul Lago: Recht neue, gepflegte Anlage aus zwei Gebäuden mit je einem Pool westlich der Seestraße mit 125 modernen, komfortablen Wohneinheiten für 2–6 Pers., die wie Hotelgäste behandelt werden: Sie bekommen Frühstück und die Apartments werden tgl. gereinigt.

Via Prais 2, T 03 09 90 04 68, www.leterrazzesullago.eu, März–Okt., €€–€€€

Der Eintritt nach Padenghe, einem der befestigten Dörfer der Valtènesi, führt durch ein trutziges Tor im Hauptturm.

Bewegen

Hügelland ist Radelland

Die Hügel hinter Padenghe sind ideal für **Mountainbiker**. Auf der Website der Valtènesi (www.gardasee.de/valtenesi) finden sich mehrere Routenvorschläge.

Und immer wieder aufs Wasser

West Garda Yacht Club: Segelclub in der gleichnamigen Marina, mit Segelkursen auch für Jugendliche. Schönes Klubhaus.

Via G. Marconi 57, T 03 09 90 71 64, www.westgardamarina.it

Infos

- **Pro Loco:** Via Barbieri 3, 25080 Padenghe sul Garda (BS), T 03 09 90 88 89, www.prolocopadenghe.it und www.gardasee.de/valtenesi.
- **Freilichtkino:** an mehreren Abenden im Juli und Aug. im Palazzo Barbieri oder den Scuole/Schulen.

S

STRÄNDE DER VALTÈNESI

Ob klein, winzig oder größer und mit Bar und Liegestühlen, Sonnenschirmen und Wassersportmöglichkeiten, die Valtènesi bietet eine schöne Vielfalt an Stränden. Eine Auswahl:

Padenghe sul Garda: Lido di Padenghe und Coco Beach

Moniga del Garda: Spiaggia del Porto, S. Michele, Preara und Liner

Manerba del Garda: La Romantica, Porto Torchio, Porto Dusano, Baia Bianca und Pisenze

San Felilce del Benaco: Baia del Vento, Spiaggia del Porto, Spiaggia Gardiola und Spiaggia Porto Portese

Moniga del Garda

B 10

Auch das beschauliche, inmitten von Olivenbäumen und Weingärten gelegene Moniga del Garda (ca. 2500 Einw.) besitzt ein sehenswertes **Castello** aus dem 11. Jh. Man betritt die rechteckige Anlage, von der das historische Zentrum überragt wird, durch ein vom massigen Turm bewachtes Tor. Von außen gar nicht zu erkennen sind die kleinen Häuser, die sich im Lauf der Jahrhunderte an drei parallelen Gassen in seinen Mauern mit den niedrigen halbrunden Wachttürmen und einer Eckbastion eingenistet haben.

Monigas kleiner Hafen, der **Porto di Moniga,** befindet sich einen knappen Kilometer vom historischen Kern entfernt. Ringsum gibt es viele Campingplätze, die Familien im Sommer gern nutzen. Weinliebhaber wissen, dass Moniga das Zentrum der Chiaretto-Produktion ist. Diesen weichen duftigen Rosé serviert man hier am liebsten kühl zu leichten Gerichten wie Fisch aus dem Lago.

Schlafen

Hafenluft schnuppern

Hotel Du Lac: Kleines, familiär geführtes Hotel rund 100 m vom Hafen, 12 Zimmer mit Balkon zum See. Traditionelles Restaurant für die Hausgäste mit großer Terrasse; Parkplatz.

Via Porto 19, T 03 65 50 20 44, www.hoteldulacmoniga.it, Ostern–Okt., €

Essen

Auf den See gucken

Trattoria Al Porto: Als Bar beliebter Treff für Jung und Alt, tolle Drinks. Als

Restaurant mit großer Terrasse bietet es hübsch angerichtete Teller, d. h. übersichtliche Portionen und nichts für den großen Hunger. Dafür sind die Preise auch etwas zu hoch. Aber die Lage mit Freisitz am Hafen ist herrlich.

Via del Porto 29, T 03 65 50 20 69, im Sommer tgl. 8–23 Uhr, viel gelobte Fischgerichte, aber auch Kleinigkeiten, €€–€€€

Osteria oder doch Pizzeria?

Mama Zita: Eigentlich eine typische Osteria mit hübsch gedeckten Tischen innen wie im Außerbereich, aber mit Pizza. Dennoch: Das Brot wird im Hause gebacken, die Pasta vor Ort zubereitet und Fleischgerichte wie die Tagliata auf den Punkt bzw. wie bestellt gegart.

Via Cavour 4, T 03 65 50 33 60, https://osteriamamazita.com, Do–Di 18–22 Uhr, €–€€

Einkaufen

Durchprobieren

Cantina La Pergola: Ausstellungs- und Verkaufsraum der Winzervereinigung der Valtènesi mit Wein, Olivenöl und zahlreichen Leckereien, die z. T. von den Mitgliedern der Vereinigung selbst produziert, z. T. bei Freunden eingekauft werden. Probieren möglich.

Cantine delle Valtènesi e della Lugana, Via Pergola 21, T 03 65 50 20 02, www.cantinelapergola.it, tgl. außer Weihnachten und Neujahr 9–12.30, 15–19.30 Uhr

Alles zu haben

Wochenmarkt: Jeden Mo-Vorm. in der Zona Mercatale/Piazza San Martino.

Bewegen

Flitzen auch ohne Führerschein

Rappy Drive: Bootsverleih.

Via Porto 10, T 03 65 50 48 61, www.rappydrive.it

Feiern

- **Italia in Rosa:** Drei Tage am 1. Juni-Wochenende. Fest mit rund 150 italienischen Roséweinen auf der Piazza San Martino, mit Verkostung und Verkauf vor allem des lokalen Chiaretto; www.italiainrosa.it.
- **Konzerte:** an Juliwochenenden Konzerte und Theater im Garten der Volksschule, 2. und 3. Aug.-Woche Konzerte und abendliche Spektakel im Freien.

Infos

- **Pro Loco:** Piazza San Martino 1, 25080 Moniga del Garda (BS), T 03 65 50 20 15, https://monigatourism.com.
- **Boote:** Moniga wird im Frühjahr und Herbst nur morgens und abends von den Booten der Navigarda angefahren, im Hochsommer auch mittags. Man muss daher den Besuch des Ortes sehr genau planen oder die Gegend mit dem Pkw bzw. dem Fahrrad erkunden.
- **Busse:** Im Berufsverkehr und zu den Schulzeiten verkehren Linienbusse entlang der Gardesana Occidentale.

Soiano del Lago

A/B 10

Ohne den Golfplatz, sagen böse Zungen am Gardasee, würde kein Mensch hierher kommen, dabei bietet der Ort zumindest im Sommer eine Menge Kultur: Konzerte und Theater auf dem Castello. Das freundliche Soiano (1900 Einw.) liegt westlich der Hauptstraße der Valtènesi in 196 m Höhe, also relativ hoch für die Gegend. Sein historisches Zentrum ebenso wie sein Neubaugebiet sind sehr gepflegt mit großzügigen Villen zu Füßen des kleinen Kastells. Flache, mit Kieseln gepflasterte, breite Stufen führen von der barocken Pfarrkirche San Michele hinauf zum Castello.

Ruinöse Schmuckkulisse

Früher war die Festung aus dem 10. Jh. über den Fundamenten einer noch älteren, die den ganzen Hügel einnimmt, nur über eine Zugbrücke zu erreichen, wie man von außen am **Castello di Soiano** noch erkennen kann. Die Ruine bildet im Sommer eine herrliche Kulisse für die beliebten Musikveranstaltungen. Der dekorative, kantige Uhrturm, früher der Wachtturm der Festung, dient heute der Pfarrkirche als Glockenturm. Die Festung war 1985 ein Geschenk der Besitzerfamilie Omodeo-Salè an die Gemeinde.

Güldenes Klanggebilde

Die Pfarrkirche **San Michele Arcangelo** aus dem 16. Jh., im beginnenden 17. Jh. erweitert und umgestaltet, besitzt u. a. eine »Verkündigung Mariä« aus der Schule des berühmten venezianischen und am westlichen Gardasee fleißigen Andrea Celesti. Außerdem eine üppig vergoldete barocke Orgel mit ebenfalls goldglänzender Sängertribüne von 1694, von Antonio Franchino di Montichiari geschaffen, einem Meister seiner Gilde von den nahen Moränenhügeln.

Via Castello 4, tagsüber meist geöffnet

Schlafen & Essen

Planschen zwischen Oliven

Porta del Sole: Familiengeführtes Hotel gegenüber dem Castello mit 24 großen, gepflegten Zimmern (je 35 m²). Pool mit drei bis zu 150 Jahre alten Olivenbäumen mittendrin in herrlicher Panoramalage; Riesenterrasse. Elegantes Restaurant mit lokalen Spezialitäten wie *bresaola* sowie hausgemachter Pasta. Da das Restaurant wirklich eine Top-Qualität liefert, ist die Halbpension zu empfehlen.

Via Omodeo 3, T 03 65 67 47 04, www.hotelportadelsole.it, für Nichtübernachtungsgäste Reserv. des Restaurants empfohlen, €–€€

Das kleine Panoramadorf

Il Ghetto: Die Anlage auf einem kleinen Hügel wurde von den jungen Landwirten Cesare und Paola Annovazi zu einem kleinen Dorf ausgebaut. Über das Grundstück verteilt sind 20 Apartments (1 bis 3 Zi.), Pool, elegantes Restaurant. Hunde nach Anmeldung erlaubt. Verkauf eigener Produkte: Olivenöl und Marmeladen.

Vicolo Ghetto 3/A, mobil 33 56 07 27 84, www.agriturismoilghetto.it, ganzjährig, 1-Zi.-Apartment für 2 Pers. oder 3-Zi.-Apartment für 6 Pers. €–€€, auf Wunsch mit Frühstück (10 € pro Pers.)

Bewegen

Ballspiele

Gardagolf Country Club: Gepflegter 27-Loch-Platz auf 110 ha zwischen der Rocca di Manerba und den mit Wein und Olivenbäumen bepflanzten Hügeln der Valtènesi.

Via Angelo Omodeo 2, T 03 65 67 47 07, www.gardagolf.it, März–Nov. Di–So

Feiern

- **Soiano Blues Festival:** Meist an den Wochenenden Mitte Juli–Anf. Aug. Jazz- und Blues-Konzerte. Infos unter eventi/calendario bei der Pro Loco.

Infos

- **Pro Loco:** 25080 Soiano del Lago (BS), Via Ciucani 2, mobil 33 37 73 35 77, www.prolocosoianodellago.it, auch www.gardalombardia.de.

Nicht zu übersehen ist die fast weiße Pfarrkirche San Pietro Apostolo, die Polpenazzes Ortsbild bestimmt.

Polpenazze del Garda

A 9/10

Die größere Nachbarin Soianos mit rund 2600 Einwohnern erhebt sich in 260 m Höhe und ist von Soiano fast übergangslos erreichbar. Genießer fahren nach Polpenazze, weil sie eher das dazugehörige Dörfchen Picedo aufsuchen wollen, um dort in einer Cantina Wein zu verkosten und zu kaufen. Denn Picedo besteht eigentlich nur aus ein paar Weingütern, und die haben einen sehr guten Ruf!

Nicht zu übersehen

Die fast weiße Pfarrkirche **San Pietro Apostolo** erkennt man schon von Weitem, denn sie steht auf einer ausladenden Terrasse, dem Mittelpunkt des Ortes. Die einschiffige Kirche mit ihrer palladianischen Vorhalle und den kleinen Obelisken wurde noch während der Renaissance (1579–88) erbaut und später leicht barockisiert, die Fassade aber erst 1808 bis 1903 fertiggestellt. Völlig barock wirkt das Innere, dessen Tonnengewölbe freskiert ist. Der abseits stehende Glockenturm dient gleichzeitig als Rathausturm, und der parkartig mit Ruhebänken angelegte Vorplatz bietet einen grandiosen Blick über Soiano und Moniga hinweg auf den Gardasee bis hin zur schlanken Halbinsel von Sirmione.

Piazzale Biolchi 1, tagsüber geöffnet

Von Weinkeller zu Weinkeller

Der hübsche kleine Ortsteil **Picedo** mit seinen z. T. noch traditionellen Landhäusern lebt vom guten Wein, den seine Winzer auf ihren historischen Gütern produzieren. Hier kann man nicht nur Wein (und Olivenöl) einkaufen, sondern auch besonders lecker speisen (s. u.).

Essen

Einfach lecker!

- **Taverna Picedo:** Uriges Restaurant auf zwei Stockwerken mit Terrasse und kleiner Enothek im Untergeschoss. Hervorragende Küche mit lokalen Gerichten, spezialisiert auf Fleisch wie *tagliata di manzo* (Scheiben vom am Stück gegrillten, feinsten T-Bone-Steak), sowie ausgebackenes Gemüse, hausgemachte Pasta und alles Süße. Sergio Gligorin berät die Gäste über das, was sich Wirt Stefano Slaviero und Koch Andrea Torcinovic für den aktuellen Monat ausgedacht haben. Und die Weine, die sind natürlich hauptsächlich aus Picedo. Die Weine der gesamten Valtènesi sind auch glasweise zu haben.
Via Sottoraso 7, Polpenazze, Località Picedo, T 03 65 67 41 03, www.tavernapicedo.it, Mo mittags geschl., €€€

Ein Ausflugsziel für Naturfreunde ebenso wie für Archäologie-Fans: die Rocca di Manerba

Feiern

- **Fiera del Vino:** Weinfest meist am letzten Maiwochenende bis Montag mit Probierständen und abschließendem Feuerwerk am Montagabend.

Infos

- **Comune:** Piazza Biolchi 1, 25080 Polpenazze (BS), T 03 65 67 40 12, www.comune.polpenazzedelgarda.bs.it.

Manerba del Garda

B 9

Der freundliche Hauptort der Valtènesi mit rund 5300 Einw. wird wie üblich in der Hügellandschaft von seiner imposanten Kastellruine überragt. Inmitten von Ölbaum- und Weingärten steigt das Gemeindegebiet vom See auf 162 m an. Freundlich ist Manerba auch wegen der preiswerteren Hotels und Campingplätze sowie seiner langen Strände (insgesamt rund 12 km), ideale Voraussetzungen für Familienferien also.

Umgeben von Felsplatten, schimmert das Wasser rings um die Landzunge der Punta Belvedere in smaragdfarbenem Grün. Zwischen dem Steilfelsen der Rocca (s. u.) und der Landzunge befindet sich das vielleicht beliebteste Strandbad des Ortes, **Lido di Manerba,** von wo aus man watend die vorgelagerte Insel **San Biagio** erreichen kann – ein herrliches Plätzchen für Wasserratten. Nördlich beginnt die Reihe der Campingplätze, die sich bis Porto Portese kurz vor Salò hinzieht: fast immer schattige Plätze.

Die Kobra im See

Steil fällt der helle Fels, der **Rocca di Manerba** genannt wird, 200 m tief in den See ab. Von Weitem, etwa von meinem Schreibtisch in Musaga, sieht die lange schmale Halbinsel aus, als wäre sie eine dicke Kobra mit aufgestelltem Kopf. Es hat lange gedauert, bis man die Rocca ausgegraben und besucherfreundlich gemacht hat. Inzwischen wurde sie mit einem wunderbaren, wenn auch kleinen und daher übersichtlichen Besucherzentrum zu einem **Parco Archeologico Naturalistico** ausgebaut, mit kleiner Caffetteria. Besonders schön ist von oben der Blick nach Norden auf die Landzunge der Punta Belvedere, die sich bis zu der von ihr abgeschnittenen, mit Zypressen bewachsenen Isola di San Biagio ausdehnt. Ein Netz von fünf von der CAI ausgewiesenen Wanderwegen sowie einem Dutzend thematischer Wege (kostenlosen Plan im Museum geben lassen) erschließt Park und Rocca.

Via Rocca 20, www.riservaroccamanerba.com, Museum April–Sept. tgl. 10–18, Okt.–März außer 23. Jan.–5. Febr. Mi–Fr 9–13, Sa/So, Fei 10–17 Uhr, Eintritt frei; archäologischer Park immer geöffnet. Parkplatz vor dem Museum, steiler, aber asphaltierter Weg (nicht befahrbar) hinauf zur Rocca

PRESEPE MECCANICO

Zur Weihnachtszeit bauen die passionierten Amici del Presepe di San Bernardo die eindrucksvollste **mechanische Krippe** am Gardasee auf: 322 m², die größte der Provinz Brescia. Sie wird jedes Jahr neu zusammengesetzt und ergänzt. Die mit vielen mechanischen Finessen betriebene Krippe nimmt den gesamten Innenraum der aufgelassenen Kirche San Bernardo mitten in Manerba ein. An den Öffnungstagen bildet sich eine lange Schlange vor der Kirche, schließlich haben die Besucher ja eine Weile mit der Besichtigung zu tun. Die Amici spendieren dann den Wartenden heiße Getränke! Kein Eintritt, aber Spenden sind natürlich willkommen. San Bernardo, Piazza Garibaldi, Mitte Dez.–Ende Jan., genaue Termine im aktuellen Ortskalender (www.amicidisanbernardo.it).

Schlafen & Essen

In der alten Spinnerei

Agriturismo La Filanda: *Filanda* heißt Spinnerei, und tatsächlich gab es auf dem historischen bäuerlichen Anwesen auf dem Weg zur Rocca u. a. auch eine Spinnerei. Blick auf die Ölbaumplantage, gepflegte Zimmer und verschieden große Apartments für bis zu 6 Pers. in mehreren Gebäudeteilen um den Innenhof. Pool, Radverleih, Parkplatz.

Via del Melograno 35, T 03 65 55 10 12, www.agriturismolafilanda.com, ganzjährig, Mini-Apartment oder DZ/ÜF, **€–€€**

Fantasiebegabt

Dalie e Fagioli: Nach einer längeren Karriere als Koch im besternten Restaurant Esplanade in Desenzano und dem eigenen Quintessenza in Moniga del Garda hat Fabio Mazzolini 2012 die kleine Osteria in Manerba mit Terrasse eröffnet. Seine fantasievolle Küche aus lokalen Produkten hat sich herumgesprochen und innen sitzt man hübsch und ruhig an fein gedeckten Tischen, bekommt vorweg diverse Brotsorten zum Naschen und sollte für den ersten Besuch auf das 4-Gänge-Menü vertrauen oder sich auf die Tagesempfehlung von Antonella Varese verlassen. Die beiden haben übrigens auch ein kleines Agriturismo mit 4 DZ und ein Apartment für 4 Pers. anzubieten.

Via Campagnola 45, T 036 51 90 33 11, www.dalieefagioli.it, Fr–Mi, Aug. tgl., **€€**

Bewegen

Baden und Wassersport

Wassersportmöglichkeiten gibt es insbesondere an den **Campingplätzen** zwischen Manerba und San Felice. Hier kann man auch zur vorgelagerten Isola di San Biagio schwimmen bzw. waten.

Boot gefällig?

Nautica Benaco: Wasserskiverleih und Verkauf von Booten, neu oder gebraucht.

Via Belvedere 4, T 03 65 65 40 74, www.nauticabenaco.it, deutschsprachig

Schiff ahoi

Vela Club Manerba: Guter Ort für Segler, mit Segelschule.

Piazzale Paolo Grassi, mobil 34 82 64 84 07

Gute Fahrt und Rückenwind

Garda Bike Center: Großer Laden mit Verleih und Verkauf von Rädern.

Via Trevisago 53, T 036 51 92 00 38, www.gardabikecenter.com

Feiern

- **Carnevale Re del Maöl:** Febr. Karneval mit farbenprächtigem Umzug und allerlei Spektakel.
- **Freilichttheater und Konzerte:** Juli/Aug. Freilichttheater jeden Fr im Anfiteatro Balbiana (Località Balbiana), jeden Di abendliche Märkte mit Musik sowie Konzerte mit Musik der 1960er- und 1970er-Jahre.
- **Armonie sotto la Rocca:** rund drei Wochen im Aug. Internationales Musikfestival, Jahrmärkte mit Feuerwerk, Veranstaltungen meist kostenlos.

Infos

- **Pro Loco:** Via Zanardelli 17, 25080 Manerba del Garda BS, mobil 32 45 96 68 52, https://m.facebook.com/prolocomanerbadelgarda.
- **Servizi Turistici:** bei der Pro Loco, T 03 65 55 27 45, www.manerbaservizituristici.eu.
- **Öffentlicher Nahverkehr:** Manerba wird nur schlecht von den Booten der Navigarda bedient, und auch mit dem Bus ist es kompliziert; am besten mit Pkw oder Fahrrad zu erreichen.

San Felice del Benaco

B 9

Der hübsche Ort mit knapp 3400 Einwohnern thront ebenfalls auf einem eigenen Hügel (109 m), dehnt seinen Besitz aber bis zum etwa 1 km entfernten See aus. San Felice ist wohl die grünste der Valtènesi-Ortschaften, das Gemeindegebiet durchzogen von Gärten und Wäldchen. Hinzu kommen kleinere Strandzonen, Campingplätze und zwei Häfen – **Porto San Felice** und **Porto Portese.** Zwischen den beiden Häfen schiebt sich wieder eine Landzunge weit in den See hinein, länger noch als die von Manerba. Die Insel, die sie anpeilt (bis auf 200 m), ist die größte und dürfte auch die schönste am Gardasee sein, weshalb sie auch stolz den Namen **Isola del Garda** tragen darf. Für die Besichtigung der 1 km langen Privatinsel mit ihrem neugotischen Palast und den herrlichen Gärten muss man an einer der geführten Bootsfahrten teilnehmen (s. S. 177).

Gefällt nicht nur Wallfahrern

In San Felice del Benaco ist ein Besuch der Wallfahrtskirche **Madonna del Carmine** Pflicht. Die schlichte äußere Hülle mit dem kleinen Portikus lässt nicht erahnen, was sich für Schätze im Inneren verbergen. Die herrliche Freskenausmalung der

Ein Highlight der Valtènesi liegt im See: die private Isola del Garda mit dem Palazzo im nachempfundenen Stil der venezianischen Gotik.

lombardisch-venetischen Schule zwischen Spätgotik und Renaissance ist wohl gleich nach Vollendung des Außenbaus 1452 bis 1482 entstanden: die Figuren noch typisch gotisch lang, die antikisierende Scheinarchitektur bereits vorsichtig der Perspektive gehorchend (»Thronende Madonna«). Um die »Madonna del Carmine«, einer innig verehrten Skulptur im Chorraum, die der Karmeliterkirche den Beinamen ›Karmelberg des Gardasees‹ einbrachte, gruppieren sich die schönsten Fresken. Einige waren von neueren Fresken verdeckt, die man abgenommen und getrennt aufgehängt hat.

Via Carmine 11, http://santuariodelcarmine-sanfelice.it, tgl. 7–12, 15–18/19 Uhr

Vom Winde verweht

Die 500 m lange, kiesige Bucht mit dem hübschen Namen **Baia del Vento** östlich von Portese ist der schönste Strand von San Felice. Die nette Bar/Pizzeria setzt während der warmen Jahreszeit ihre Tische ins Freie und verleiht Liegen. Es ist ein interessantes Tauchgebiet, speziell wegen der vorgelagerten Inseln.

Schlafen

Drei-Generationen-Haus

Garden Zorzi: Familiäres Haus, und das ist in diesem Fall wörtlich zu nehmen, denn die ganze Familie Zorzi macht mit: drei Generationen vom Gründer Aldo mit der Küchenchefin Clara, Luca dem Direktor, bis Stefano fürs Marketing, und auch beim Jüngsten, Marco, ist man zuversichtlich, dass er weitermachen wird. Das Haus hat 26 kleine, aber modernisierte Zimmer und ein farbenfrohes 3-Zimmer-Apartment für bis zu 6 Pers. mit eigener Garage. Alles im gepflegten Garten direkt am See mit Blick

auf Salò und schönen Liegeterrassen, eigenem Badeplatz und Bootssteg. Nur richtige Aufenthaltsräume fehlen, den Platz braucht man für das gute Restaurant (nur für Hotelgäste). Abgeschlossener Parkplatz. Diverse Pakete locken zu einem längeren Aufenthalt, u. a. mit Golf und Bootsmiete.
Località Porticcioli, Via delle Magnolie 10, T 036 54 36 88, https://hotelzorzi.it, April–Mitte Okt., €€–€€€

Hofidylle hinter hohen Mauern

San Filis: Sehr freundliches Haus der Familie Turra in einer kleinen historischen Residenz aus dem 16. Jh. mit wundervoll bewachsenem Innenhof hinter hoher Mauer mitten im Ort. 25 hübsch eingerichtete Zimmer, gemütliches Kaminzimmer, Pool und gutes Restaurant mit lokalen Spezialitäten, in dem auch Tagesgäste willkommen sind (Menü 30 €). Haustiere willkommen!
Via Marconi 5, T 036 56 25 22, https://hotelsanfilis.com, Ende März–5. Jan., €–€€

Auch Klöster können komfortabel

Il Carmine: Das Gästehaus des Karmeliterklosters, in dem jedermann willkommen ist, lockt in toller Lage, von schönen Olivenhainen umgeben. 55 komfortable Zimmer, sogar mit Telefon, Minibar und TV. Restaurant Fontana Monte mit Kamin und preiswertem Menü, Übernachtungsgästen ist die VP zu empfehlen, Parkplatz.
Via Fontanamonte 1, T 036 56 23 65, www.carminesanfelice.it, März–Okt., €

Essen

Die pure Landlust

Bar Ristorante Scovolo: Eine echte ländliche Trattoria. Man kann auch im blumenduftenden Garten sitzen oder unter der pergolierten Terrasse voller Glyzinien, fußläufig zur Wallfahrtskirche und in den Ort. Und das Essen, gerne deftig, stimmt auch.
Via Carmine 9, T 036 56 20 36, tgl. mittags und abends, €

Einkaufen

Das Beste aufgepickt

Cooperativa Agricola San Felice del Benaco: Selbst produziertes Olivenöl, Käse, Wein, Bioprodukte aus der Valtènesi.
Via delle Gere 2, T 036 56 23 41, www.oliofelice.com, Mo–Sa 9–12.30, 15.20–19, So 10–12.30 Uhr

Alles Eigenbau

Le Chiusure: Das Gut produziert Wein und Olivenöl. April–Sept. Di 18 Uhr: Besichtigung des Landguts und Verkostung im Garten von Wein und Öl inkl. Buffet.
Via Boschette 2, T 03 65 62 62 43, www.lechiusure.it

Vor Ort produziert

Birra Felice: An die 20 Biersorten von jungen Brauern lokal hergestellt.
Via Garibaldi 20, T 03 02 07 05 11, www.birrafelice.it

Bewegen

Planschen oder paddeln?

Baia del Vento: Verleih von Kanus und Paddelbooten am Badestrand (9–19 Uhr) mit Bar-Pizzeria (bis 22 Uhr geöffnet).
Via Baia del Vento 7, T 03 65 62 60 94, https://m.baiadelvento.eu

Schongang für den See

Nautica Felice: Stefania Turra vom Hotel San Filis vermietet Elektroboote für die stille Erkundung ›ihres‹ Lago.
Via Spizzago, Porto San Felice, mobil 34 72 56 35 85, www.nauticafelice.com

Ausgehen

Der Lockruf des Strandes

Cafè del Porto: Einfaches Strandlokal am kleinen Hafen und eine auch bei Einheimi-

schen beliebte preiswerte Snackbar bzw. Trattoria mit *primi* und gutem Wein sowie Eisdiele. Im Sommer mit Seeterrasse, im Winter durch eine Art Wintergarten geschützt. Dann sitzt man hier und genießt das, was tagesfrisch angeboten wird. Auf alle Fälle immer dabei: gute Drinks, Aperitifs und die gute Laune von Sabine und Carlo.
Via Porto San Felice 5, T 03 65 55 99 79, ganzjährig, im Sommer tgl. 8–2 oder 3 Uhr

Infos

- **Ufficio Turistico:** Piazza Municipio 1, 25010 San Felice del Benaco (BS), T 036 56 25 41, www.visitgarda.com.
- **Boote:** Die Linienboote der Navigarda halten im Sommer mehrmals tgl. in Porto Portese/San Felice.
- **Busse:** Linienbusse verkehren nur zu Schulzeiten, daher ist San Felice del Benaco nur mit dem Pkw oder mit dem Fahrrad gut erreichbar.

Isola del Garda

C 8

Die 1 km lange und maximal 60 m breite Insel, die aus drei kleinen, durch Brücken verbundenen Eilanden besteht, ist in Privatbesitz und noch immer bewohnt, weshalb man sie nur im Zuge einer drei- bis vierstündigen Bootsfahrt (Navigarda) mit Führung und Weinverkostung mit Spezialitäten vom Landgut der Besitzer besuchen kann (je nach Abfahrtshafen bzw. Entfernung von der Insel Erw. 31–38 €). Schmuck- und Kernstück ist die **Villa Scipione-Borghese** im neugotisch-venezianischen Stil.

Tochter Alberta, eine von sieben Kindern der verwitweten Fürstin Borghese Cavazza und eine der vier festen Bewohnerinnen der Isola del Garda, zeigt ein paar Räume der feudalen Villa, führt die Besucher über die Insel und erzählt ihre lange und interessante Geschichte (s. auch Zugabe S. 244): Sie beginnt mit den Römern und geht über die Gründung einer Einsiedelei durch Franz von Assisi (1221), eines Klosters durch Sankt Bernhard von Siena (zerstört 1795), die Versteigerung der Insel mitsamt den Ruinen (1870) bis zum Bauauftrag für die neugotische Villa (1903). Am liebsten aber erzählt Alberta von den Gartenanlagen, die – dank des warmen Mikroklimas und der schützenden Mauern – eine unglaubliche Artenvielfalt und sagenhaft groß blühende Rosen hervorbringen. Man kann auf der Insel private Feste, Konzerte oder Banketts veranstalten und sogar heiraten. Oder einem Sommerkonzert beiwohnen.
mobil 32 86 12 69 43 u. 38 84 97 16 40, www.isoladelgarda.com, April–Okt. Di–So von diversen Abfahrtsorten

Salò

A/B 8

Das Kreisstädtchen gehört zu den Schönheiten am Gardasee und bietet gleichzeitig hervorragende Einkaufsmöglichkeiten, speziell für Mode. Bei der Einfahrt mit dem Boot in die fjordähnliche Bucht von Salò, an der Isola del Garda vorbei, genießt man die schönste Salò-Totale und begreift, warum dieser Ort als einer der elegantesten am See gilt – mit seiner geradezu charmanten Atmosphäre eines Seebades. Parallel zum Ufer zieht sich die Einkaufsstraße mit ihren Cafés und feinen Geschäften durch den ganzen Ort. Salò mit seinen knapp 10 700 Einwohnern lebt heute hauptsächlich von Verwaltung und Tourismus. Aber im Hochsommer erstickt man geradezu an schwülen Tagen im engen Fjord…

Das historische Zentrum breitet sich zwischen den beiden Stadttoren parallel zum See aus. Die Bootsanlegestelle befindet sich etwa in der Mitte des Lungolago Zanardelli vor der Piazza della Vittoria, sodass es sich anbietet, die Besichtigung hier zu starten. Und obwohl bereits am vorgebauten breiten Lungolago fein herausgeputzte Kolonnaden locken, sollte man erst die andere Richtung einschlagen und den Dom besichtigen, denn er schließt zur Mittagszeit.

Für einige Überraschungen gut

Die Via Duomo führt direkt auf die schlichte Backsteinfassade des Doms **Santa Maria Annunziata** zu und damit auf sein weiß leuchtendes Renaissanceportal. Der an sich spätgotische Bau entstand ab 1453, als andernorts bereits die Renaissance erblühte. Überraschend ist der riesige, nur durch kleine Fenster beleuchtete dreischiffige Innenraum, der als der größte und bedeutendste am Gardasee überhaupt gilt. Der Chor ist spätgotisch, doch das Kuppelfresko »Mariä Himmelfahrt« von Palma il Giovane (1544–1628) sowie der vergoldete, prunkvolle Altaraufsatz kamen später hinzu. Die barocken Seitenkapellen wurden Ende des 16. Jh. angebaut und mit kostbaren Kunstwerken ausgestattet. Das bedeutendste Altarbild des Doms (in der zweiten Kapelle links) schuf Girolamo da Romano aus Brescia, genannt Romanino (1486–1560). Es zeigt Sant'Antonio von Padua und gilt als eines der Meisterwerke des Künstlers. Auch der Laie erkennt den Hang Romaninos zur Satire: Den Stifter des Bildes stellte er feist und dick zu Füßen des Heiligen dar, die Engel wenden sich angewidert von ihm ab.

Unter dem Triumphbogen hängt ein eindrucksvolles Kruzifix (1499) von Hans von Ulm. Besonders beeindru-

Elegant, elegant – Salò schmückt sich nicht nur mit einer hübschen Hafenpromenade, sondern auch mit stilvollen Fassaden dahinter.

ckend jedoch ist die lebensgroße, farbig gefasste Holzgruppe aus sieben Figuren in der ersten Kapelle rechts vom Eingang, der Cappella di San Girolamo: eine ausdrucksstarke Grablegung, vermutlich aus einer Südtiroler Werkstatt (16. Jh.).
Via Duomo, tgl. 8.30–12, 15.30–18.30/19 Uhr

Der Stempel Venedigs

Hinter den hübschen, langen Kolonnaden, die an der Piazza della Vittoria beginnen, verbirgt sich das **Rathaus** (Lungolago Zanardelli 52) aus dem 14. Jh., das der Renaissancekünstler Sansovino (1486–1570) später mit einer venezianischen Fassade versehen hat. Direkt angebaut ist der zierliche venezianische **Palazzo della Magnifica Patria** von 1524, dessen Laubengang mit dem des Rathauses eine harmonische Einheit bildet. Im Obergeschoss finden Konzerte und Lesungen statt.

Beidseitige Verlockungen

Geht man hinüber zur rückwärtigen Parallelgasse (Via Butturini, Via San Carlo etc.), so befindet man sich gleich in der schönen **Einkaufsmeile** von Salò, auch sie eine lange Fußgängerzone. Modeboutiquen, Schmuckläden und kleine Lebensmittelgeschäfte sowie verlockende Cafés (z. T. mit eigener Pralinenherstellung) ziehen viele Einkaufsbummler an. Sie finden freilich auch auf der Uferstraße schicke Läden, vor allem Schuhgeschäfte und feine italienische Mode. Manche Läden haben zwei Eingänge, einen an der Uferpromenade, den anderen in der Parallelgasse.

Abzweig zur Ruhezone

Richtung Uhrturm kommt man in der leichten Kurve einer engen Gasse zum etwas versteckten Eingang des Barockkirchleins **San Giovanni Decollato,** von den Einwohnern der Stadt Chiesa Diaconale di San Carlo genannt: eine Oase der Ruhe inmitten der meist gut besuchten Fußgängerzone. Das kostbare Hochaltarbild von Paolo Veronese (1484–1554) zeigt die Enthauptung Johannes des Täufers. Achten Sie speziell auf die perspektivisch raffiniert dargestellte Renaissancearchitektur, die sich weit in eine typische Gardaseelandschaft öffnet.
Piazza A. Zanelli 4/6, tagsüber meist durchgehend geöffnet

Abstecher ins Unbekannte

Gleich hinter San Giovanni endet der historische Kern: an der **Porta Garibaldi** oder **Porta dell'Orologio** aus dem 18. Jh. Hinter dem Uhrturm brandet wieder der Verkehr um die schön begrünte und mit uralten Rosskastanien bepflanzte Piazza Vittorio Emanuele II. Von hier führt die Via Gasparo da Salò in ein sehr bürgerliches Viertel mit bescheideneren Wohnpalästen, kleinen, schlichteren Geschäften und Handwerksläden. Dieser Teil Salòs wird daher eher selten von Fremden aufgesucht.

Museen

Der ganze Stolz der Stadt

Museo di Salò: Es hat ewig gedauert, bis das – kurz und stolz **MUSA** genannte – Museum in dem dafür umgestalteten großen Klosterkomplex mit der Kirche Santa Giustina auf der Bergseite fertiggestellt wurde. Es ist nun ein Museumszentrum geworden, das neben den Sammlungen zur Geschichte der Stadt auch die beiden früher im Palazzo Coen untergebrachten Museen aufnehmen konnte, also das **Museo Nastro Azzuro** und das **Museo Archeologico.** Außerdem bietet es jetzt noch genug Platz für Sonderausstellungen. Hier lohnt es sich, an einer Führung (auch deutschsprachig!) teilzunehmen.
Via Brunati 9, www.museodisalo.it, April/Mai Fr–So, Juni–Sept. Do–So, Okt.–Anf. Jan. Fr–So jeweils 10–18 Uhr, bei Ausstellungen auch länger, Erw. 9 €, bei Ausstellungen teurer

Schlafen

Zentral und freundlich

Duomo: Freundliches Haus mit 21 Zimmern und drei Suiten zwischen Seepromenade und Dom. Modern restauriert mit kleinem Fitnesszentrum, Whirlpool und Sauna, Restaurant- und Sonnenterrasse, auch Passanten zugänglich; Garage.

Lungolago Zanardelli 63, T 036 52 10 26, www.hotelduomosalo.it, €€–€€€

Die Promenade im Blick

Locanda del Benaco: Zum Designhotel renoviertes Haus mit 13 Zimmern an der Seepromenade, Restaurant. Von Gianni Briarava und seiner Frau Cristina geführt. Das erlesene Frühstücksbuffet und das innovative Restaurant unter der Leitung von Gianni Briarava (auch für Passanten) sind weitere Pluspunkte.

Lungolago Zanardelli 44, T 036 52 03 08, www.benacohotel.com, 16. März–Anf. Jan., €€–€€€

Kostenloser Strandanschluss

Lepanto: Kleines Hotel gegenüber der Uferpromenade. Nur acht Zimmer, alle mit Seeblick und TV. Bekannt gutes Terrassenrestaurant (Do–Di). Freier Eintritt und Strandliegen im Sportzentrum Rimbalzello in Barbarano (im selben Besitz; s. rechts).

Lungolago Zanardelli 67, T 036 52 04 28, www.hotelristorantelepanto.it, März–Mitte Jan., €€

Dem Himmel ganz nah

Il Bagnolo: Die Lage für ihren Bio-Hof hatten Nico Gnes und seine deutsche Frau Elisabeth bewusst gewählt: Weit oben auf einem Pass, »wo man die Stille des Himmels beobachten kann, die sich im Lago spiegelt …« Die Eco-Lodge bietet 12 individuell eingerichtete, rund 40 m² große Zimmer und Suiten, z. T. mit Himmelbett. Im Laden kann man die Produkte des Hofs kaufen oder sich schicken lassen.

Località Bagnolo di Serniga, T 036 52 02 90, www.ilbagnolo.it. März–Mitte Jan., Restaurant (s. u.), €€–€€€

Im edlen Landhausstil urlauben

Agriturismo Villa Bissiniga: Landhausstil ist für dieses Agriturismo eigentlich untertrieben, es ist eher ein edleres Landgut auf 90 ha Parkgrundstück mit 12 Zimmern und Restaurant (nur während der Hochsaison) im früheren Herrenhaus auf einem Hügel mit Seeblick. Alles ist biologisch bzw. umweltschonend, auch der neue Pool im schönen Garten mit Panorama-Blick. Frühstück auf einer der Terrassen oder im Innenhof möglich. Haustiere auf Anfrage erlaubt. Parkplatz.

Via Bissiniga 6, 25087 Loc. Bissiniga, T 036 51 98 04 08, www.villabissiniga.com, €€

Essen

Traditionell und sehr familiär

Alla Campagnola: Fantastische Adresse auf der Bergseite der Durchgangsstraße für alle, die sich kulinarisch verwöhnen lassen möchten, im Winter in der historischen Osteria, im Sommer auf einer geschützten Terrasse und am Hang mit Gemüsegarten dahinter. Seefisch, hausgemachte Pasta oder raffinierte Wild- und Pilzgerichte nach traditionellen Rezepten; seit 1952 im Besitz der Familie Dal Bon, mit einer wunderbaren Geschichte zwischen Chauffeur bei Roosevelt und der fehlenden Schule am Veroneser Ufer, wo sie herkommt. Perfekte Weinkarte.

Via Brunati 11, T 036 52 21 53, auf Facebook, Di abends–So Mittag, Febr. geschl., €€–€€€

Eigene Rinderzucht

Il Bagnolo: Ausflugslokal mit Spezialitäten aus eigenen Produkten, vor allem Fleisch (Rinderzucht), Käse und Gemüse; hausgemachte Pasta.

s. Schlafen, März–Dez. nur abends, Sa/So, Fei auch mittags, €€

Einkaufen

Für Fashionistas und -os

Der **Lungolago Zanardelli** sowie die dazu parallel verlaufende Fußgängerzone sind ein Paradies für Modebewusste. Läden u. a. **Elite** am Lungolago Zanardelli mit damenhafter Markenmode, **Max & Co** mit junger Mode für sie und ihn sowie **Maroni** mit Markenmode von Max Mara, Divina, Sportmax. Sonst **Sisley, Intimissimi** (Unterwäsche) und gleich mehrmals **Benetton** in der inneren Flaniermeile. Wer für feinste Kinderkleidung die Reisekasse plündern möchte, kann dies im **Piccolo Lord** an der Piazza San Carlo tun.

Für den feinen Geschmack

Melchioretti: Delikatessladen in der originalen Einrichtung der Antica Salumeria Drogheria Girardi von 1839, nach 1952 lange Zeit im Besitz der Familie Melchioretti. Doch die Bewohner von Salò nennen den Laden immer noch Girardi.

Piazza Zanelli 11

Für Bummler

Wochenmarkt: Sa vormittags findet in Salò einer der größten Wochenmärkte am Gardasee statt mit Wäsche, Schuhen und Lebensmitteln.

Bewegen

Strände für jede Gelegenheit

Salòs beliebtester Strand liegt im nördlichen Vorort Barbarano, an der Grenze zu Gardone Riviera, beim Sportzentrum **Rimbalzello** (gegen Gebühr), auf der Bergseite gegenüber befindet sich auch ein **Klettergarten;** in der Nähe die freie **Spiaggia Rive Grandi** mit Bootsverleih. Auch alle anderen Strände sind frei zugänglich und teilweise eingerichtet: Im Süden Salòs Richtung Valtènesi einige wie immer kiesige Badestrände wie die sogenannte **Spiaggia libera** vom Porto Canottieri Richtung il Mulino; **Spiaggia del Mulino e Mokai Beach** mit Liegen und Sonnenschirmen, Duschen/WC sowie Bar-Kiosk; **Hundestrand** in der Zone der Via Tavine.

Samstagvormittag ist großer Markt in Salò. Wer mit dem Auto kommt, sollte Zeit für die Parkplatzsuche einplanen.

Ein Boot für alle Fälle

Società Canottieri Garda Salò: Vor allem Segler finden hier alles, was sie brauchen. Der Kanuverein verleiht Kanus.

Via Canottieri 1, T 03 65 432 45, www.canottierigarda.it

Ein See, viele Ziele

Ausflugsfahrten: Mit den Linienbooten oder auch von privaten Anbietern organisiert, meistens nach Garda, Bardolino, Cisano, Desenzano, Sirmione und Peschiera. Schönstes Ausflugsziel: Isola del Garda (s. S. 177).

Wandern

Bassa Via del Garda (BVG): Die von lokalen Wanderfreunden markierte Route erschließt das Gebiet sozusagen auf halber Höhe. Fünf Etappen zwischen Salò und Limone, rund 70 km lang, mit herrlichen Ausblicken, vielen kulturell interessanten Punkten sowie Ortschaften und Lokalen zum Einkehren.

Ausgehen

Entlang der Seepromenade, aber auch in der inneren Fußgängerzone finden sich zahlreiche Cafés bzw. Bars. Sehr zu empfehlen sind die beiden Cafés der für ihre Patisserie bekannten Familie **Vassalli:** das eine mit leckerem Kuchen und hausgemachten Pralinen direkt bei der Konditorei in der Via San Carlo 86, das andere an der Seepromenade. Einladend: mit langer geschützter Terrasse das **Barcadero** an der Promenade/Ecke Piazza della Vittoria; super zum Aperitif und zum Frühstück.

SERATE DI GIOVEDI

Der Gemeinderat von Salò hat eine schöne Initiative ins Leben gerufen: die Donnerstagabende namens **Salò Happy Blue Hour.** Sie erlauben je nach Planung ab Mitte Juni/1. Juli bis Ende Aug./Mitte Sept. allen Wirten der Stadt, ihre Tische über die gesamte Promenade und in die Gassen hineinzuschieben, also ihre Gäste auf größerer Fläche im Freien zu verköstigen. Außerdem dürfen auch Geschäfte bis 22.30 Uhr geöffnet bleiben, Apotheken inbegriffen. Überall erklingt Musik, Bands unterschiedlicher Stilrichtungen spielen auf. Die Hauptsache aber wird wohl das Kulinarische sein, also Essen und Trinken.

Top und ›in‹

Bar Italia: In bester Lage mit Eingang von der Seepromenade wie von der Einkaufsgasse dahinter, bekannt für leckere Aperitifs und Cocktails in Jachtklub-Ambiente. Historisch, es gab hier einmal ein Hotel mit Bar. Leicht höhere Preise für die dafür aber hervorragenden kleinen Salate und Platten aus besten Zutaten.

Lungolago Zanardelli 24, T 036 52 14 79, www.baritalia1920.com, Di–So 10–2 Uhr

Südamerikanische Klänge

Plaza Disco: Drei verschiedene Säle, Tanzmusik unterschiedlicher Stilrichtungen, bevorzugt lateinamerikanische Klänge.

Via Domenico Signori 41, Località Roè Volciano (BS), mobil 34 06 91 60 92, www.plazadisco.it, Fr–So 21/23–4 Uhr

Feiern

- **Sagra di Sant'Antonio:** meist 2. Juniwochenende. Patronatsfest mit Musik, gastronomischen Ständen sowie Regata delle Bisse (meist 2. So im Juni), ein Ruderbootrennen auf dem gesamten See, das auch im Golf von Salò ausgetragen wird.
- **Platzkonzerte:** Im Juli/Aug. wird fast täglich Musik aufgespielt, auch zum Tanz im Freien.
- **Adventszeit:** Die innere Hauptgasse wird mit einem langen roten Teppich ausgelegt und festlich geschmückt. Die netten Läden vereinen sich so zu einer Art Weihnachtsmarkt.

Infos

- **IAT:** Piazza Sant'Antonio 4, 25087 Salò (BS), T 036 52 14 23, iat.salo@provincia.brescia.it.
- **Boote:** Salò wird im Sommerhalbjahr so häufig von den Linienbooten der Navigarda angefahren, dass man die Fahrt mit dem Pkw vermeiden kann.

• **Busse:** Linienbusse verbinden Salò mit dem Norden des Westufers über Gargnano sowie mit Desenzano im Süden und direkt mit der Provinzhauptstadt Brescia.
• **Parken:** Auf der Bergseite Parkplätze und eine Tiefgarage (kostenpflichtig); in Seenähe kann man nur stundenweise und auf sehr beschränktem Raum parken.

Barbarano, San Michele und Colomber

B 7–8

Gleich hinter Salò steigen die Berge auf knapp 1600 m Höhe und fallen z. T. steil zum See ab. Tief schneiden sich darin enge Flusstäler ein und bilden eine wilde, meist unwegsame Landschaft. Der nördlichste Ortsteil von Salò, **Barbarano**, wird entlang der Landstraße vom mächtigen Palazzo Martinengo-Terzi geprägt. Ihm gegenüber steigt man auf ins Gemeindegebiet von Gardone Riviera nach **San Michele** und **Colomber**, wo ein Hotel mit gutem Restaurant (und Pool!) lockt und Gleitschirmflieger ihre Startpunkte haben. Insgesamt eine wahre Sommerfrische, die ein beliebtes Ausflugsziel der Gardesani selber ist und daher an schönen Wochenenden und an Feiertagen recht überfüllt. Im Hintergrund erhebt sich der Schönste an dieser Stelle, der 1582 m hohe Pizzócolo.

Schlafen & Essen

In der Sommerfrische

Colomber: Bei der Qualität der Küche im großen Ausflugslokal lohnt es sich, hier die Halbpension zu buchen. Mit dem Rücken zum Pizzócolo und am Beginn der Wanderwege in 400 m Höhe wird dieses Haus auf parkähnlichem Grundstück bereits seit 1928 bewirtschaftet, nach wie vor bescheiden und familiär. 18 helle Zimmer, beheizbarer Pool (auch für Tagesgäste, daher nicht immer ruhig), Solarium und Whirlpool. Restaurant mit typisch Brescianer Küche wie *spiedo* (meterlange Fleischspieße mit Kartoffelstücken und Salbei), überhaupt gegrillte Spezialitäten, zur Saison Pilze und Wild mit Polenta. Hausgemacht sind die großen Ravioli mit Käsefüllung (aus lokalem Käse), Bandnudeln mit Steinpilzen oder Wildschweinsoße. Dazu Weine der Valtènesi. An bestimmten Wochenenden große Familienfeste, wer Ruhe sucht, sollte sich vorm Buchen danach erkundigen.

Via Val di Sur 111, 25083 San Michele di Gardone Riviera (BS), T 036 52 11 08, www.colomber.com, ca. Ostern–Anf. Dez., DZ/ÜF €€, Restaurant Mi–Mo, gerne mit festem Menü, €

Bewegen

Gibt's nicht gibt's nicht

Parco Rimbalzello: Es gibt fast nichts, was das Rimbalzello nicht bietet: Strand, Pool mit Hydromassage, Beachvolleyball, Tennis; außerdem Verleih von Ruderbooten, Tretbooten und Kanus, Bar und Kinderecke. Auf Anfrage Schwimmkurse für Kinder sowie Tauchkurse. Abendliche Wochenprogramme.

Via Trento 28, Barbarano, mobil 33 84 03 75 51, www.rimbalzello.com, ca. Juni–Mitte Sept. Dazu gehört der **Parco Avventura**, ein Abenteuer- und Kletterpark mitten im Grünen, mobil 33 18 43 88 69, www.rimbalzello adventure.com

Volare, oh oh …

Volere Volare: Die Aufwinde im Gebiet von San Michele bieten ideale Bedingungen fürs Paragliding.

Beim Hotel Colomber, San Michele, T 036 52 11 08, Angelo Contini mobil 34 85 11 20 73

Gardone Riviera

B/C 8

Übergangslos ist auf der Gardesana Occidentale nach Barbarano das auf der Seeseite eng an die Hauptstraße gedrückte Gardone Riviera erreicht, das ›Klein-Nizza‹ des Gardasees. Der ausgesprochene Villenort zieht sich – als **Gardone di Sopra** – mit seinen alten Parks die Hänge des 907 m hohen, mit Olivenbäumen, Zypressen und baumhohem Lorbeer bewachsenen Monte Lavino hinauf. Auf halber Höhe breitet sich das Vittoriale degli Italiani des exzentrischen Dichters Gabriele D'Annunzio (1863–1938) aus. Dazwischen liegt ein Kleinod der Gartengestaltung, der Giardino Botanico Hruska.

Reisenden aus dem deutschen Sprachraum hat Gardone (2700 Einw.) seit dem 19. Jh. seine Beliebtheit als Seebad zu verdanken – und damit verbunden die Entstehung der ersten Hotels und Privatvillen für die Sommerfrische. Paradebeispiele: das Grand Hotel Gardone am See und die Villa Alba auf der Bergseite, Letztere rein klassizistisch, mit einem grandiosen Treppenaufgang zwischen schlanken Zypressen. Das i-Tüpfelchen setzte jedoch Gabriele D'Annunzio mit dem Bau des Vittoriale und seines Wohnhauses, das er von 1921 bis zu seinem Tod 1938 bewohnte und zu einem besonderen politisch-literarischen Treffpunkt machte.

Ein Österreicher mit Folgen

Auch Gardones Promenade wurde wie die Salòs nach dem Erdbeben von 1901 dem See abgetrotzt, indem man sie auf Stelzen in ihm verankerte. Sie ist jedoch relativ kurz: Von der Piazza Wimmer über die Piazza Marconi ist es nur ein Katzensprung bis zum kleinen Jachthafen, der vom Parco Rimbalzello (s. S. 183) im Gemeindegebiet von Salò begrenzt wird.

Gleich an der Anlegestelle vor der kleinen **Piazza Wimmer** beginnt der mit einem Turm geschmückte, lang gestreckte Komplex des luxuriösen, wenn auch etwas angestaubten **Grand Hotel** mit seinen weiten Räumen und den einladenden Terrassen am See. Das Hotel, 1880 bis 1883 von Louis Wimmer erbaut, war die Keimzelle der Geschichte des Tourismus in Gardone. 1874 kam der österreichische Ingenieur in den Ort und wurde 1881 sogar Bürgermeister. Nach ihm wurde nicht nur die Piazza, sondern auch das dortige Café benannt. Auf der anderen Seite der Anlegestelle steht am **Lungolago D'Annunzio** Hotel an Hotel, jeweils mit Caféterrasse, bis zum jüngst renovierten Savoy, das ebenfalls von der vornehmen Hoteltradition des Ortes zeugt.

Parallel dazu zieht sich die kleine Fußgängerzone mit ein paar verlockenden Geschäften nach Süden und endet in der auf der Bergseite verlaufenden, verkehrslauten Hauptstraße, dem Corso Zanardelli. Ein paar Treppengassen verbinden die Ufer- mit der inneren Einkaufsgasse und diese wiederum mit der Hauptstraße. Sie vermitteln einen für Gardone Riviera überraschend altertümlichen Eindruck und ermöglichen hübsche Blicke von oben auf den See hinab.

Zwei Österreicher mit Fantasie

Gardones historisches Zentrum liegt an den Hängen in Gardone di Sopra. Über den Corso Zanardelli hinweg kommt man (zu Fuß über eine Treppengasse oder mit dem Wagen über die Via Roma) auf halber Höhe zu einem besonderen botanischen Garten, dem **Giardino Botanico,** den sich der Arzt, Zahnarzt und Botaniker Arthur Hruska (1880–1971) schuf. Er pflanzte hier ab 1910 liebevoll Gewächse aus aller Welt und fügte sie zu einem harmonischen Ensemble. Die Wahl des Ortes war perfekt, denn Gar-

Bunt und fantasievoll: André Heller spielt immer wieder mit überraschenden Effekten in seinem botanischen Garten.

done ist klimatisch besonders begünstigt, wird es doch von bis auf 1582 m aufragenden Bergen (Monte Pizzócolo) vor kühlem Wind geschützt. So herrscht hier ein regelrecht mediterranes Klima. Der nicht allzu große und doch artenreiche Garten mit seinen Miniaturbergen und winzigen Bachläufen, Teichen und Brückchen ist heute eine Stiftung des österreichischen Allround-Künstlers André Heller, der einige (auch humorvolle) Details hinzufügte und das dazugehörige Haus zeitweise privat bewohnte.
Via Roma 2, www.hellergarden.com, März–Nov. tgl. 9–19 Uhr, Erw. 12 €

Ein Italiener mit Flausen

Vorbei am Rathaus mit dem von hohen Bäumen bestandenen Stadtpark, dann nach rechts, führt der Fußweg zum Vittoriale mitten durch den schön restaurierten alten Kern von Gardone di Sopra. Er ist den Fußgängern vorbehalten und trotz des nahen Rummels um das Vittoriale normalerweise eine Oase der Ruhe. Einen schönen Blick auf den Gardasee genießt man von der Rückseite des Chors der großen, etwas abseits stehenden Pfarrkirche.

Von 1921 bis zu seinem Tod 1938 lebte Gabriele D'Annunzio in der Villa des **Vittoriale degli Italiani,** das der große Exzentriker zu seinem Ruhm ausbauen ließ und das so viel wie ›Siegeszeichen der Italiener‹ bedeutet. Aus der oberitalienischen Villa Cargnacco, die Louis Wimmer (s. S. 184) als Treffpunkt für berühmte Wissenschaftler seiner Zeit hatte ausbauen lassen, machte er eine skurrile Weihestätte für sich selbst. Die Villa ist nur im Rahmen einer Führung zu besichtigen: ein Sammelsurium von Kitsch und Kunst in meist abgedunkelten, theatralisch dekorierten Räumen. Beeindruckend ist seine Bibliothek mit mehr als

30 000 Bänden. Das **Museo D'Annunzio Eroe** in einem Seitenflügel soll seine Rolle als Kriegsheld untermauern, voller Andenken an seine Kriegseskapaden.

Das Vorschiff der »Puglia«, auf dem der Dichter in Dalmatien am Kriegsgeschehen teilnahm, ließ er wie ein gestrandetes Schiff in seinen Garten ›einpflanzen‹. Weiter oben befindet sich in einer eigenen Halle das Torpedoboot »MAS 96«, außerdem D'Annunzios Flugzeug. Oberhalb thront in schönster Gardasee-Panoramalage das kreisrunde **Mausoleum** aus weißem Marmor für D'Annunzio und einige Kriegskameraden.

Unterhalb der Freilichtbühne wurde das **Museo D'Annunzio Segreto** u. a. mit Kleidung und (mehr als 200 Paar) Schuhen eingerichtet, die lange ›versteckt‹ in den Schränken lagerten.

Die Gesamtanlage des Vittoriale degli Italiani dient heute als Rahmen für kulturelle Veranstaltungen, und im Amphitheater finden während des Sommers begehrte Konzerte statt, für die man lange im Voraus Karten organisieren muss.

Via Vittoriale 12, www.vittoriale.it, ganzjährig tgl. geöffnet, April–Okt. tgl. Park 9–20, D'Annunzio Segreto, Prioria (D'Annunzios Wohnhaus) und D'Annunzio-Eroe-Museum 9.30–19, Nov.–März Park tgl., D'Annunzio Segreto, Prioria und D'Annunzio-Eroe-Museum Di–So, Fei 9–17.30 Uhr, Erw. 12–18 €, je nach Kombination

Lebenstraum erfüllt

Hiky Mayr, Hotelbesitzerin aus Gardones Vorort Fasano, hat sich einen Lebenstraum erfüllt und die wohl größte Sammlung italienischer Jesuskindfiguren in einem eigens dafür eingerichteten Museum eröffnet: das **Museo Il Divino Infante**. Mehr als 200 Skulpturen aus drei Jahrhunderten hat sie gesammelt, mehr als 100 sind zu bewundern – ob nackt oder prächtig gekleidet und reich mit Edelsteinen und Perlen besetzt, ob allein oder in den Armen seiner Mutter Maria. Die Figuren sind

Exzentriker mit Leselust: In seiner reich bestückten Bibliothek soll sich D'Annunzio besonders gerne aufgehalten haben.

aus Holz oder Pappmaché, Wachs oder Ton. Zusätzliches Prunkstück: eine echte neapoletanische Krippe, die bekanntlich zu den schönsten und reichsten der Welt zählen. Für Sammler gibt es einen kleinen Katalog und den großartigen Bildband »Il piccolo Re« (dt./ital.).

Via Dei Colli 34, www.il-bambino-gesu.com, April–Sept., Fr–So 15–19, 30. Nov.–6. Jan. Di–So 14–18, 21. Dez.–1. Jan. tgl. 10–18 Uhr, Erw. 7 €

Schlafen

Ein Platz in der ersten Reihe

Du Lac: Freundliches Haus mit 39 Zimmern zwischen Bummelmeile und Strandpromenade mit Snackbar/Café und großer Restaurant-Terrasse zum See.

Via Repubblica 58, T 036 52 15 58, www.hotel-dulac.net, April–Okt., €€, Garage auf Anfrage (15 €/Tag)

Je höher, umso größer

Diana: Kleines Hotel an der Uferpromenade mit Frühstücksterrasse im 1. OG; 18 einfache Zimmer mit Balkon (im 3. OG besonders groß), die meisten mit Seeblick. Panoramaterrasse, Bar. Hunde willkommen.

Lungolago Gabriele D'Annunzio 30, T 036 52 18 15, www.dianagardone.it, Mai–Anf. Okt., €€

Bei himmlischen Schwestern

Agli Angeli: Kleines, von den Schwestern Patrizia und Elisabetta Pellegrini liebevoll geführtes Haus im hübschen ›Oberdorf‹ auf dem Weg zum Vittoriale. Sieben individuelle Zimmer plus acht im restaurierten Dorfhaus dahinter, z. T. mit Himmelbetten, Holzbalkendecken und anderen heimeligen Details – einfach schön! Gutes Restaurant (s. u.). Parken auf reservierter Fläche auf dem großen Vittoriale-Parkplatz.

Via Dosso 7, T 03 65 22 09 91, www.agliangeli.biz, März–Anf. Nov., €€–€€€

Essen

Hauptsache gemütlich

Taverna: Komplett umgebaute, aber gemütliche kleine Trattoria in der Altstadt, in der man teils an die alte Tradition anknüpfen. Seefisch gibt es je nach Tagesfang, aber Tortelli und andere Pasta sind nicht mehr selbstgemacht, und der Nachfrage folgend gibt es auch Pizza ... Sonst saisonbedingte Speisenfolge, im Winter gerne wärmende Suppen – wie früher.

Corso della Repubblica 34, T 036 52 04 12, Mi–Mo, €–€€

Wenn Engel den Tisch decken

Agli Angeli: Feines und doch familiäres Restaurant mit Tischen auf der hübschen Piazza im zauberhaften alten Ortskern nahe dem Vittoriale. Verfeinerte lokale Küche (tolle Seefischgerichte!) und hausgemachte Pasta, alles wunderbar angerichtet; vor allem während der Konzertsaison im Vittoriale unbedingt Tisch reservieren.

Piazza Garibaldi 2, T 036 52 08 32, Mi–Mo, im Sommer außer Sa/So nur abends, €€€

Zur Pizza den schönsten Blick

Ai Pines: Von der rührigen Pellegrini-Familie eröffnete Pizzeria und Aperitif-Bar mit riesiger Terrasse in großartiger Panoramalage unterhalb ihres Hotels und Restaurants Agli Angeli. Große, superleckere Pizze und fantasievolle Drinks, ab 17 Uhr Aperitif-Zeit.

Piazza Garibaldi 5, T 036 52 06 25, Mi–Mo mittags und abends, €–€€

Ideal vor dem Konzert

Taverna del Borgo: Zwar ist es nach der Übernahme des Lokals durch die engagierte Beatrice keine ganztags geöffnete Location mehr, aber eine besonders angenehme zur Mittagszeit und abends, ideal um sich vor einem Konzert im Vittoriale zu stärken. Man sitzt vor allem draußen unter der offenen Loggia

zu Füßen der Pfarrkirche. Ein schönes Plätzchen, auch nur für einen Aperitif oder für eine ganze Mahlzeit, mit vielen glutenfreien Gerichten.
Piazza dei Caduti 22, mobil 32 79 87 71 12, https://spinelluca.wixsite.com/taverna-del-borgo, Di–So abends, Fr–So auch mittags, €€

Einkaufen

Kurze, aber nette Einkaufsmeilen am **See/ Uferpromenade** und am parallel dazu verlaufenden **Corso della Repubblica.**

Für Sammler

Antiquitätenmarkt: Juni–Sept. Sa alle 14 Tage.

Ausgehen

Besonders beliebt sind die Lokale von Gardone di Sopra vor dem Eingang zum Vittoriale, die wie Pilze aus dem Boden schießen. Tagsüber von Vittoriale-Besuchern belagert, ab dem Nachmittag und am Abend vor allem im Sommer angenehm-erfrischend – genau richtig für einen Aperitif.

Wer drin ist, ist in

La Torre: Allerfeinste, von Künstlern ausstaffierte Cocktail- und Pianobar im ›Ruhlandturm‹ (oder Torre San Marco) beim Hotel Villa Fiordaliso am See. Livemusik. Besonders schön ist die Aussicht von der Vineria im OG, wo man ein romantisches Abendessen genießen kann. Über diese Lokalität sagt man am See: »In ist, wer drin ist …« Man fährt stilgerecht mit dem Boot vor, kann vielleicht noch im winzigen Hafen einen Platz finden, in dem D'Annunzio festzumachen pflegte. Den Wagen kann man von 23–5 Uhr früh auf dem Vittoriale-Parkplatz abstellen, zum Sondertarif.
Corso Zanardelli 132, T 036 52 01 58, www.torresanmarco.it, Mai-Ende Sommer Di–So 22.30–3 Uhr (Abendessen ab 20 Uhr)

Feiern

- **Konzerte:** Mai–Okt. im Wechsel in der Villa Alba, im Vittoriale und in den einzelnen Stadtvierteln.
- **Musikabende:** Juni–Sept., vor allem am See.
- **Theatersaison:** Juli/Aug. im Vittoriale vor allem mit Ballett, Oper und klassischer Musik, Gastkonzerte internationaler Musiker.

Infos

- **IAT:** Corso della Repubblica 1, 25083 Gardone Riviera (BS), mobil 33 42 82 51 86, iat.gardoneriviera@provincia.brescia.it.
- **CARG (Hoteliervereinigung von Salò u. Gardone Riviera):** Corso della Repubblica 8, mobil 33 42 82 51 86, www.carg.it.
- **Boote:** Im Sommer eine Hauptstation der Navigarda-Linienboote mit guter Anbindung an alle anderen Seehäfen.
- **Busse:** Linienbusverbindungen mit den Orten am Westufer, am besten zwischen Desenzano und Gargnano, aber auch nach Brescia.
- **Pkw:** Während der Saison Parkplatzprobleme; günstig sind daher Hotels mit eigenem Parkplatz oder Garage. In Gardone di Sopra haben die Hotels Gäste-Parkplätze auf dem großen Vittoriale-Parkplatz.

Toscolano Maderno

C 7/8

Die beiden völlig verschiedenen Ortschaften Toscolano und Maderno mit zusammen ca. 8100 Einwohnern sind bereits 1928 während des Faschismus zusammengelegt worden und im Lauf der Zeit auch zusammengewachsen. Sie liegen auf einer fast 2 km langen und 1 km tiefen, zum See hin flach abfallenden Kiesaufschüttung, einer Art Delta des Toscolano-Baches, der sich mühsam einen Weg zwischen dem Monte Castello di Gaino (870 m) und dem Monte Pizzócolo (1582 m) gebahnt hat und die beiden Ortsteile trennt.

Von Süden kommend trifft man zuerst auf Maderno, wo sich auch die Bootsanlegestellen für beide Orte befinden, die erste für Passagierboote, die zweite für die Autofähren nach Torri del Benaco auf der Ostseite, die ganzjährig verkehren. Touristen verirren sich normalerweise nur selten bis ins geschäftigere Toscolano, es sei denn, sie haben ihr Quartier auf einem der Campingplätze am See aufgeschlagen oder wollen den wirklich guten Donnerstagsmarkt besuchen. An den Abhängen von Toscolano Maderno ist seit Jahren eine regelrechte Bauwut ausgebrochen, die ohne Rücksicht auf die Ortsbilder und den Regionalpark eine Ferienhaussiedlung nach der anderen ›hochzieht‹.

Maderno

Mit seiner halbrunden Bucht, der schmalen, aber langen Seepromenade, den Parks und Villen ist Maderno eindeutig der hübschere Ortsteil. Am Berghang breitet sich eine große *limonaia* aus, und von der Uferstraße zurückversetzt steht ziemlich genau im Scheitelpunkt der Bucht eine der schönsten langobardisch-romanischen Kirchen des Gardasees, Sant'Andrea Apostolo. Dahinter führt die Via Benamati durch die Altstadt von Maderno mit ihren recht hohen und gepflegten Steinhäusern nach Norden und weiter durch die Via Cavour

Praktisch: Die Kaimauer von Maderno, dem wichtigen Hafen am Westufer, eignet sich auch prima als Sitzbank zum Zeitunglesen.

mit ihren meist kleinen Geschäften für den täglichen Bedarf und guter Bäckerei. Oben überragt das Dorf Gaino mit seinem weithin sichtbaren Kirchlein die Halbinsel von Toscolano Maderno.

Rankenreiches Vorspiel

Vor der aus drei verschiedenfarbigen Steinarten (rostrot, weiß und grau) sowie römischem und langobardischem Spolienmaterial errichteten Fassade von **Sant'Andrea Apostolo** (1130–50) verweilen auch kunstgeschichtlich sonst weniger interessierte Betrachter gerne. Bei den Details der handwerklich hochwertigen Steinmetzarbeiten am sechsfach abgetreppten Portal und am schmalen Fenster darüber handelt es sich ja auch um wunderschöne kleine langobardisch-romanische Schätze: Flechtornamente, Blattranken und Früchte, Adler, Löwen und Fabelwesen. Und die Konsolen des Rundbogenfrieses im Giebelfeld darüber zeigen menschliche Köpfe.

Innen erhellt gedämpftes Tageslicht einen überschaubaren dreischiffigen Raum, der von schweren, aus rohem Stein gehauenen Pfeilern und Säulen mit prächtig gearbeiteten Kapitellen getragen wird. Die Gebeine des hl. Herkulan (Sant'Ercolano) wurden 1580 aus der nur zur Hälfte in den Boden gesenkten Krypta entfernt, in einer benachbarten Kapelle zwischengelagert und 1825 in die neue Pfarrkirche **Sant'Ercolano** (ein paar Schritte Richtung Anlegestelle) überführt, die den Namen des Heiligen trägt.

Piazza San Marco 10, tgl. 8–11.30, 15.30–19 Uhr, im Sommer durchgehend, Eintritt frei

La Bella Figura

Die **Piazza San Marco** vor dem sakralen Juwel ist nach dem Markuslöwen benannt, der hier auf hoher Säule steht. Doch markanter ist hier die weißmarmorne Statue des Bildhauers Leonardo Bistolfi: **Bella Italia,** eine schöne Frau als Symbol für das italienische Vaterland, 1909 zu Ehren des Staatsmannes und Ratspräsidenten Giuseppe Zanardelli aufgestellt. Zanardelli lebte länger im kleinen Vorort Bornico und wird vielfach am westlichen Gardasee mit Straßennamen, Plätzen etc. geehrt.

Toscolano

Hinter der großen Straßenbrücke über den Toscolano-Bach beginnt der gleichnamige Ortsteil, der sich bergwärts hochzieht und auf dem Delta bis zum Seeufer ausdehnt. Toscolano lockt das ganze Jahr über jeden Donnerstag viele Menschen zum vormittäglichen Wochenmarkt, der im Sommerhalbjahr vom kleinen Kreisel an der Gardesana bis zum See reicht. Zwei weitere Ladenzeilen an der Durchgangsstraße machen aus dem Ort eine gute Einkaufsadresse, auch für die Camper der beiden großen Plätze am See.

Hinter der Papierfabrik, die auf die lange Tradition der Papierherstellung in der Valle delle Cartiere bei Toscolano hindeutet (s. Magazin S. 286), beginnt ein beliebtes Wohngebiet. Die neueren Häuser wurden zum Teil in die alten Papierfabriken bzw. deren hohe Trockenhallen integriert. Am See davor breitet sich vor den Campingplätzen ein langer Kiesstrand aus.

Direkt hinter der Pfarrkirche (s. u.) und der kleinen Wallfahrtskirche Madonna del Benaco Richtung Gargnano versteckt sich, von der Straße aus kaum zu sehen, der **Porto Vecchio**, der alte Hafen von Toscolano, dessen Mole verlängert wurde. Erfreulicherweise sind die schönen umliegenden Paläste inzwischen restauriert, doch bewohnt werden sie nur selten, im Sommer vielleicht als Ferienwohnungen vermietet.

Experimentelle Exotik

Gleich hinter der Brücke, die beide Ortsteile trennt, in einer Seitenstraße auf der

Seeseite, liegt der **Orto Botanico Sperimentale G. E. Ghirardi,** ein Experimentiergarten der Universität Mailand. Er wurde zur Kultivierung und Erforschung von Heilpflanzen bereits 1964 von der pharmazeutischen Industrie angelegt, denn dank des günstigen Klimas am Gardasee gedeiht hier neben der Mittelmeerflora eine große Vielfalt auch tropischer Pflanzen z. B. aus Südafrika, Südamerika und China. Erst 1991 bekam die Universität von Mailand den rund 10 000 m^2 großen Garten übereignet. Von besonderer Pracht sind einige chinesische Büsche, etwa die *Gardenia spatulifolia*. Ein schöner Katalog hilft dem Besucher beim Bestimmen der Lieblingspflanzen.

Via Religione 25, 25. April–Mitte Sept. Mi, Fr 16.30–18.30, Sa 10.30–12.30, 16.30–18.30 Uhr oder nach Anmeldung, T 03 65 64 12 46, www.ortobotanicoitalia.it/lombardia/brescia, Eintritt frei

Wie eine Celesti-Pinakothek

Schon von der Brücke ist der hohe Turm der Pfarrkirche **S.S. Pietro e Paolo** zu sehen. Diese auffallend große Kirche von 1584 wurde auf den Grundmauern eines römischen Tempels für Zeus Ammon errichtet. Schon ihre monumentale Renaissancefassade erstaunt, und innen hat sich mit fast zwei Dutzend Bildern und Fresken der große venezianische Maler Andrea Celesti (1637–1712) verewigt. Vom Chor mit seinen drei großen Bildern wird man gleich vom Eingang her geradezu magisch angezogen. Sogar die Orgelflügel hat Celesti mit einer »Anbetung der Heiligen Drei Könige« bemalt. Ein Meisterwerk barocker Holzschnitzerei ist der 1621 geschaffene Bischofsstuhl unter der Orgel. Vor dem Verlassen der Kirche lohnt sich ein Blick auf die Innenwand der Fassade, für die Celesti u. a. einen bewegten »Kindermord zu Bethlehem« schuf.

Piazza Santa Maria del Benaco 10, Mo–Sa z. T. nur nachmittags, So zur Messe länger geöffnet, unsichere Öffnungszeiten

Freigelegter Luxus

Neben S.S. Pietro e Paolo stehen noch vor der Papierfabrik, der Cartiera di Toscolano (Via Amerigo Vespucci 28), vier schlanke Säulen: ein Rest des Zeus-Ammon-Tempels. Noch ein Stück weiter sind in einem archäologischen Park römische Grabungsfunde wettergeschützt, die Reste der **Villa romana dei Nonii Arrii.** Sie stammen wohl aus dem 1./2. Jh. und waren Teil einer großen Villa der Brescianer Familie der Nonii, die am See und im Hinterland große Ländereien besaß. Es ist nach Sirmione und Desenzano die dritte bedeutende römische Ausgrabung am Gardasee, auch noch in solch grandioser Lage am Lago. Gut erhalten sind Bodenmosaike und Wandfresken in Bodennähe, gefunden hat man jedoch auch Keramiken und Münzen.

Piazzale S. Maria del Benaco, Juni–Sept. Sa/So 10–12, 15–18 Uhr, sonst anrufen, T 03 65 54 60 23, Eintritt frei

Schlafen

Nostalgisch

Maderno: Was Urgroßvater Filippo Erculiani 1904 begann, setzen seine Nachfahren in der vierten Generation als Hoteliers fort, die Familie Piva. Das Jugendstilgebäude ist bis heute im Erdgeschoss kostbar mit Antiquitäten (Möbeln, Wandbespannungen, Vorhängen und Bildern) ausgestattet und wirkt leicht nostalgisch-angestaubt, aber sympathisch. Zwischen Haupt- und Uferstraße gegenüber dem Fährhafen gelegen, umgeben von einem großen Garten mit Pool, daher relativ ruhig. Restaurant für die Hausgäste mit speziellem Angebot für Veganer; Parkplatz. 45 nette altmodische, aber renovierte Zimmer.

Via Statale 12, Maderno, T 03 65 64 10 70, www.facebook.com/hmaderno, normalerweise nur April–Mitte Okt., €€–€€€

TOUR
Giovannis Pferde kennen den Weg

Reittour in den Parco Alto Garda Bresciano

Ein unvergessener Tag ist garantiert für Anfänger wie für geübte Reiter, wenn sie sich Giovanni oder einem Mitarbeiter anvertrauen und von der gepflegten kleinen Pferdepension, der **Scuderia Castello** am höchsten Punkt von **Gaino** oberhalb von Toscolano am westlichen Ufer des Gardasees, direkt in die Foreste Lombarde des **Parco Alto Garda Bresciano** reiten. Hinein in die wunderbar natürlich erhaltenen Wälder. Man könnte den Weg auch zu Fuß oder mit dem Mountainbike bewältigen, aber auf dem Pferderücken ist es etwas ganz Besonderes!

Gleich hinter der Scuderia beginnt der Weg leicht anzusteigen, um dann wieder sanft hinabzuführen. Zur Linken rauscht der wilde **Toscolano-Bach** vom Valvestino-Stausee Richtung Toscolano, wo er sich in den Gardasee ergießt. Doch hier passiert er eine wilde Landschaft, sein Bett begrenzen hohe Felswände, die einen fast finsteren Eindruck machen. Immer tiefer scheint sich der Bach in den Felsgrund zu graben, bis man ihn bei Camerate über eine schmale Brücke überquert. Bald taucht rechts am Ende des tiefen Taleinbruchs in der Ferne die Staumauer von **Valvestino** auf, oft verdeckt durch die hohen Bäume des vielfältigen Mischwaldes, der neben Ahorn und Buchen, Kiefern und Tannen auch Kastanienbäume aufweist. Achtung im Frühherbst, wenn die reifen Früchte platzend zu Boden (oder auf den Kopf) fallen! Dann beginnt sich der

Infos

Start: Scuderia Castello, Gaino
C 7
Länge: insgesamt rund 20 km
Dauer: Tagestour
Höhenunterschied: 450 m
Kosten: diverse Angebote, auch inkl. zwei Weekend-Übernachtungen mit VP im Rifugio 200–320 €
Info: www.scuderiacastello.it
Parco Alto Garda Bresciano: www.parks.it/parco.alto.garda.bresciano
Einkehr: in der Scuderia bzw. im Rifugio Campei di Fondo
Alternativen: Wanderung ca. 6 Std.; Mountainbiketour bergauf 2–3 Std., bergab 1–2 Std.

Wald rostrot zu verfärben, blitzen violettrote Zyklamen aus dem Unterholz, breiten sich die großen Blätter der wilden Christrosen in Vorbereitung ihrer winterlichen Blüte aus – und es duftet intensiv nach Pilzen. Wenn sich in dieser Zeit überhaupt jemand blicken lässt, ist es höchstens ein Einheimischer mit einem Korb voller Pilze.

Erst nach Überquerung des Toscolano-Baches beginnt der nach Nordwesten führende Weg anzusteigen, aber nur sanft, ideal für Reiter, die nicht jeden Schritt des Pferdes beaufsichtigen möchten und sich eher dem angenehmen Ritt durch den Wald hingeben. An zwei Stellen hängen die Felswände so weit über den Weg, dass es nach heftigen Regenfällen noch mehrere Tage tropfen kann. Der Weg führt entlang des **Campiglio-Baches,** der dem Tal seinen Namen gab. An einem Brücklein über den Bach ist die Weiterfahrt für Autos gesperrt, sie müssen in einer kleinen Ausbuchtung abgestellt werden. Verbotsschilder weisen auf den nun sehr streng geschützten Wald hin und eine Infotafel lockt zu einem botanischen Rundweg, dem **Sentiero dei Cuei** (etwa 1 Std. zu Fuß) – nichts für Reiter also. Bereits vorher könnte man, was im Hochsommer sehr erfrischend ist, an drei oder vier Stellen im Bach ein kühlendes Bad nehmen, doch nun folgt die vielleicht schönste Stelle mit schmalen Wasserfällen, die sich in kleine Wannen ergießen.

Die Reitergruppe biegt nun nach rechts ab und passiert die Schranke zur Campiglio-Alm. Ab hier geht es recht steil hinauf, aber nur kurz und immer noch so, dass es für Pferd und Reiter angenehm ist. Dann die Überraschung: Über einer weiten Hangwiese thront der **Rifugio Campei di Fondo**, das Tagesziel. Hier dürfen die Pferde weiden oder in den Stall, die Reiter erwartet ein gedeckter Tisch – je nach Jahreszeit vor der Hütte in herrlicher Panoramalage oder drinnen. Die Schutzhütte bietet auch Übernachtungsmöglichkeit mit Halbpension, Wanderern ebenso wie Mountainbikern oder eben Reitern. Guten Reitern empfiehlt die Scuderia, zurück einen kleinen Umweg bergauf über den **Monte Spino** zu nehmen. Die Strecke dauert zwar ein wenig länger, führt aber durch ein besonders schönes und dichtes Waldstück.

Mit Hafenblick

Milano: 45 Zimmer in jüngst renovierter Jugendstilvilla (zeitweise durch die benachbarte Familie Piva geführt) mit modernerem Anbau gegenüber der Bootsanlegestelle, kurz vor dem Fährhafen. Garten mit Pool und Bar; Restaurant für die Hausgäste.

Lungolago Zanardelli 12, Maderno, T 03 65 54 05 95, www.hotelmilanomaderno.com, April–Okt., €€

Wirklich schöne Aussicht

Belvedere: Von der ganzen Familie Perini seit rund einem Jahrhundert liebevoll und professionell geführtes sieben-Zimmer Haus mit kleinem Garten und Dependance mit sieben Zimmern in schöner Panoramalage. Das Restaurant (s. u.) mit der guten lokalen Küche von Luca und Francesco ist bis heute das Zugpferd des Familienbetriebs und nimmt auch Rücksicht auf Gäste, die glutenfreie Kost brauchen.

Via Maclino, Monte Maderno, T 03 65 64 12 10, www.belvederevillahotel.it, Weihnachten–Ende Okt. DZ im Haupthaus oder in der Dependance, €–€€

Das Hotel Milano mit seinem blitzblanken Pool

Agriturismo für Reiter

Scuderia Castello: Der Besitzer und passionierte Reiter Giovanni bleibt lieber im Hintergrund auf seinem 30 ha großen Landgut (Obst und Gemüse, Olivenöl- und Honigproduktion). Er bietet Reitunterricht sowie Ausritte, diese aber nur für Könner (s. S. 196). Seine acht Zimmer im bescheidenen Haupthaus sind mit hellem Holz und ohne TV eingerichtet, das Restaurant mit offenem Kamin ist richtig urig, die Küche unter der Egide von Andrea ist brescianisch-ländlich mit vielen Zutaten vom Landgut, aber auch mit Gardaseefisch und berühmtem *spiedo* (Menü inkl. Hauswein €–€€). Hunde erlaubt. Im Naturpark weiter oben gehört das Rifugio Campei (s. Tour S. 192) dazu.

Via Trento 135, Gaino, T 03 65 64 41 01, mobil 35 18 43 84 16, www.scuderiacastello.it, fast ganzjährig, €–€€

Mitten im Dorf

All'Orologio: Cristina Milani, engagierte Sprecherin der *Legambiente Lombardia* für das westliche Gardasee-Ufer, und ihr Mann Francesco haben im Dachgeschoss ihres alten Steinhauses im historischen Zentrum von Toscolano zwei helle Wohnungen mit einem gemeinsamen Wohnraum (mit kleiner Küchenzeile) ausgebaut und bieten sie als B&B an. Hunde erlaubt. Wer also nicht nur ruhige Tage unweit des Lago verbringen, sondern auch interessante Gespräche führen möchte, ist bei Cristina genau richtig aufgehoben.

Via Mazzini 24, Maderno, T 03 65 64 19 51, www.bresciatourism.it/dormire/bb-allorologio, ganzjährig, Apartment/ÜF für 2 Pers. oder 3 Pers., Juli/Aug. nur als ganze Ferienwohnung zu mieten, dann für bis zu 5 Pers., €€

Essen

Qualität im Gewölbe

La Tana: Der Name bedeutet auf Italienisch ›Bau eines Tieres‹, meist eines Bären, und die weißen Gewölbe in der zweiten Reihe von Maderno unweit des Hafens wirken tatsächlich schützend, jedenfalls bieten sie eine gemütliche Atmosphäre für das angenehme Lokal, das seit vielen Jahren auf Qualität zu normalen Preisen setzt. Eine tolle Käseauswahl und hausgemachte Dolci ergänzen das Angebot an Fleisch- und Fischgerichten, das sich saisonal ändern kann. Und endlich einmal ein Restaurant, das sich dazu bekennt: keine Pizza!

Via Aquilani 14, Maderno, T 03 65 64 42 86, www.trattorialatana.it, Mi–Mo

Kulinarik mit Panorama

Belvedere: Eine Art Wintergarten und eine geschlossene Veranda bieten Raum für das familiär geführte Restaurant, dessen Köche eine Auszeichnung verdienen. Vorwiegend lokale Küche mit hausgemachter Pasta in großen Portionen, leckeren Antipasti und am Wochenende *spiedo,* der berühmte Brescianer Spieß, dazu käsewürzige Polenta.

s. Schlafen, Fr–Mi, im Sommer tgl., mit leichterem Menü, €€

Direkt am See

La Foce: Bar, Café, Pizzeria und Restaurant zugleich, jedenfalls ein schönes Plätzchen, vor allem wenn man draußen sitzen kann. Spezialität sind *Spaghetti allo Scoglio,* also mit Meeresfrüchten, aber auch viel gerühmte Pizze, Risotti, Seefisch und die berühmte *carne salada,* das eingepökelte zarte Rindfleisch aus dem Trentino. Die Camper der Umgebung kommen schon zum Frühstück; Aperitif und im Sommer praktisch den ganzen Tag Eis. Äußerlich hat sich mit dem Besitzerwechsel einiges geändert.

Via Religione 44, Toscolano, T 03 65 64 42 01, März–Dez., bei schönem Wetter durchgehend 8–22 Uhr, €–€€

Lecker und preiswert

Sant'Ercolano: Großes, helles Lokal neben dem Supermarkt, von der Durchgangsstraße zurückversetzt, gerne von Arbeitern und Angestellten der Umgebung zum preiswerten Mittagessen aufgesucht. À la carte jedoch sind die Preise überzogen und die Qualität nicht überzeugend.

Via Gabriele D'Annunzio 5, Toscolano, T 03 65 64 26 74, www.facebook.com/pizzeriasantercolano, Mi–Mo Fleisch vom Grill und auch mittags Pizza, €–€€

Schlemmen auf dem Golfplatz

Ristorante Golf House: Essen auf dem Golfplatz? Warum nicht. Ob im fein eingedeckten, lichtdurchfluteten Saal des Klubhauses oder auf der großen Terrasse mit Blick auf den schönen grünen Platz – hier kann man auch nur auf einen *caffè* einkehren, auf einen Drink oder um richtig zu schlemmen. Unbedingt probieren: gefüllte Pasta oder zitronenduftende Tagliolini und den Seewolf in Salzkruste! Alles hausgemacht, ob die Pasta oder die *dolci* (tolle Kuchen!). Dazu eine passende Weinkarte. Preise, die man in diesem kleinen feinen Klubhaus nicht vermuten würde.

Via Golf 21, Toscolano, T 03 65 54 05 48, www.golfbogliaco.com/it/ristorante, Do–Di 12–14.30, 19–21.30, Mi 12–18.30, Snack-Bar 7–22, Mi 7–20 Uhr; nicht abschrecken lassen, wenn die Schranke zum Golfplatz geschlossen ist: Einfach klingeln und man wird auch als Nicht-Golfer eingelassen

Einkaufen

Der Doppelort gilt, vor allem Richtung Toscolano, als guter Einkaufsplatz, u. a. mit dem Donnerstagsmarkt, drei Supermärkten und einem hervorragenden Fischladen (Lagomar Fish, ausgeschildert).

Hier gibt es alles

Wochenmarkt: Jeden Do-Vormittag findet einer der besten Wochenmärkte des Gardasees in Toscolano zwischen Gardesana und dem See statt.

Zum Durchstöbern

Antiquitätenmarkt: in Maderno Juni–Anf. Sept. jeden Sa 15–23.30 Uhr vor Sant'Andrea auf der Piazza San Marco.

Bewegen

Baden in der Anstalt

Im Ortsteil **Maderno** breitet sich eine Badeanstalt am jetzt mit Sand aufgeschütteten Kiesstrand ab der Bootsanlegestelle entlang des Lungolago Zanardelli aus. Größere kiesige Strandabschnitte gibt es außerdem vor den beiden Campingplätzen vor dem Toscolano-Bach.

Im Ortsteil **Toscolano** lockt ein langer und tiefer Kiesstrand mit Badeanstalt, dahinter ein Olivenhain. Klein, mit Erdterrassen unter alten Olivenbäumen und daher sehr hübsch ist der Kiesstrand zwischen der Cartiera und der Pfarrkirche am nördlichen Ende von Toscolano. An allen Stränden gibt es Liegenverleih und Kiosk oder Café/Restaurant.

Runde auf dem See

Circolo Vela Toscolano Maderno: Ankerplätze für Boote, auch Unterricht im Kiten und Segeln.

Via Religione 130, T. 0365 54 08 88, www.cvtmaderno.com

Runde am See

Cisco Sport: Im Verleih des Fahrradshops sind auch E-Bikes. Von Madernos Kirche Sant' Ercolano führt der Weg am See entlang bis zur Mündung des Toscolano-Baches und weiter um die Halbinsel bis zu Toscolanos langem Kiesstrand.

Via Statale Maderno 66, mobil 34 70 39 08 87, www.facebook.com/ciscosport

Runde über dem See

Golf Bogliaco: Einer der ältesten Golfplätze Italiens (seit 1912), eine gepflegte 18-Loch-Anlage in herrlicher Landschaft.

Via del Golf 21, T 03 65 64 30 06, www.golfbogliaco.com

So weit die Füße tragen

Wandern: Das Toscolano-Tal ist ein herrliches Wandergebiet mit Papiermühlen.

Erzähl was vom Pferd

Scuderia Castello: Bekanntester Reiterhof am Westufer. Der Betreiber Giovanni Zambiasi pflegt 30 Rassepferde, darunter Maremmano und andere italienische Rassen, 12 eigene für die Gäste, die anderen zur Pension. Reitunterricht für alle Klassen ab 8 J., Ausritte bzw. Trekking durch die Valvestino sowie auf den Hochebenen von Denai, Tignale und Tremosine (s. auch Tour S. 192).

s. Schlafen, www.scuderiacastello.it

Sache mit Haken

Angeln: Forellenfang in den Gumpen des Toscolano-Bachs im engen Tal auf der Bergseite; Genehmigung vor Ort erhältlich.

Ausgehen

Madernos lange Uferpromenade ist eine beliebte abendliche Bummelmeile: Man macht Halt an der Bootsanlegestelle, kauft sich ein erfrischendes Eis bei der **Gelateria Azzura** (abends auch super Cocktails) oder setzt sich ins große Strandlokal **Lido Azzuro.** Wein und eine Käse- oder Aufschnittplatte genießt man im **Cantinone** mit seinem urigen Gewölbe und Tischen auch im Freien.

Feiern

- **Gardalonga:** Mai. Sehr populäres Ruderbootrennen.

Warten auf den großen Auftritt? Bogliaco ist Ausgangspunkt und Ziel der weltberühmten Regatta Centomiglia, die im September stattfindet.

- **Festa di S.S. Pietro e Paolo:** Juni. Patronatsfest in Toscolano mit gastronomischen Ständen und Musik.
- **Festa di Sant'Ercolano:** um den 11. Aug. Patronatsfest in Maderno mit Feuerwerk.

Infos

- **Pro Loco:** Via Ugo Foscoli 3, 25088 Toscolano Maderno (BS), T 03 65 51 51 14, www.facebook.com/proloco.toscolanomaderno, Ostern–1. Sa im Okt., im Winter eingeschränkte Öffnungszeiten.
- **Boote:** Ganzjährig Autofähre zwischen Maderno und Torri del Benaco (Ostufer), Ostern–Okt. auch Verbindungen (ohne Autotransport) zu anderen Seeorten.
- **Busse:** Maderno und Toscolano werden von den Bussen zwischen Brescia (über Salò) bzw. Desenzano und Gargnano regelmäßig bedient.

Gargnano und seine 13 Dörfer

Die lang gestreckte Gemeinde mit insgesamt knapp 3000 Einwohnern besteht unten am See aus den drei Teilen Bogliaco, Villa und dem Hauptort Gargnano, im Hinterland, auf dem Montegargnano, liegen weitere zehn, landwirtschaftlich geprägte Bergdörfer, die ebenfalls zum Gemeindegebiet gehören.

Bogliaco

📍D 6

Von Süden kommend erreicht man zuerst den Ortsteil Bogliaco mit seinem modernen Jachthafen, der trotz Erweiterung nicht alle Boote fassen kann, deren Besitzer hier gerne einen festen Ankerplatz hätten. Denn es ist der Hauptort der *Centomiglia,* der wohl berühmtesten Segelregatta auf einem europäischen See, die hier seit 1951 jedes Jahr ausgetragen wird. Anfang September verwandelt sie den beschaulichen Ortsteil in einen Wallfahrtsort für Segelfans, ob als Aktive oder Zuschauer. Ansonsten dreht sich alles um den kleinen **alten Hafen**. Frisch herausgeputzt mit neuer Pflasterung, bildet er den Mittelpunkt des netten Ortes, der allerdings nur während der warmen Jahreszeit zu leben scheint. Nicht einmal am Markttag (alle 14 Tage Mittwoch im Wechsel mit dem Hauptort Gargnano) ändert sich das im Winter. Gerade mal eine Bar ist dann geöffnet und nur ein Lebensmittelgeschäft.

Unten segeln, oben beten

Bogliaco setzt sich auch jenseits der Gardesana auf der Bergseite fort. In Panoramalage stehen seine beiden Kirchen: die Pfarrkirche **San Pietro d'Agrino**, 1576 erbaut mit einer interessanten Sonnenuhr, und – ihr gegenüber – die winzig kleine Wallfahrtskirche, das **Santuario del Cristo,** die praktisch den ganzen Tag über geöffnet bleibt. Sie besitzt beim Hochaltar ein intensiv angebetetes Kruzifix, das Christus mit langem Echthaar zeigt.

Bereits in Bogliaco sind einige *limonaie* (s. S. 276) zu sehen, teilweise zu Wohnzwecken oder als Hotel ausgebaut. Viel zu spät hat sie das Denkmalamt unter strengsten Schutz gestellt. Die Kette der Zitronengewächshäuser setzt sich bis Gargnano und weiter nach Limone fort. Aber das absolute Zentrum ist Gargnano, das sich dessen immer mehr bewusst wird!

Palazzo am See, Garten am Berg

Endlich kann man die mächtige **Villa Bettoni-Cazzago** zwischen dem See und der Durchgangsstraße Richtung Villa, durch sie von ihrem terrassierten Garten abge-

Ein Erlebnis der besonderen Art: Ballettabend vor der imposanten Kulisse der Villa Bettoni-Cazzago mit dem See im Rücken – Eintritt frei.

trennt, besichtigen. Da hat das Kulturamt Gargnanos lange gebraucht, um dies bei der Besitzerfamilie, die hier inzwischen öfters wohnt, durchzusetzen. Der Bau zeigt sich in seiner neoklassizistischen Strenge noch so, wie er im 18. Jh. vergrößert wurde, lang gestreckt, insgesamt 25 Fensterreihen breit, mit einem leicht erhöhten Mittelrisalit, von dessen Terrasse große Steinfiguren dem Vorbeifahrenden zu winken scheinen. Jetzt kann man also einige der freskierten Innenräume besichtigen und staunen, welche hochkarätigen Künstler sich der Brescianer Adel leisten konnte. Eine Besonderheit ist das kunstvoll integrierte enge Treppenhaus.

Durch die hohen Schmiedeeisengitter hat man den Blick frei auf den herrlichen italienischen Garten mit seiner ausladenden Exedra und dem Nymphäum auf der Bergseite, den man bei der begleiteten Besichtigung ebenfalls erkundet. Amerigo Vincenzo Pietrallini, einer der größten Gartenbauarchitekten der Toskana, entwarf den terrassenartig angelegten Park 1764 bis 1767 mitsamt *limonaia*. Ihren Reichtum erwarben sich die Bettoni nämlich auch durch den Handel mit den Zitronen aus Gargnano, die sie bis an den russischen Zarenhof lieferten. So waren die Grafen Bettoni im 19. und zu Beginn des 20. Jh. wichtige Arbeitgeber für Mägde und Zitronenbauern.

Im Sommer finden immer wieder kulturelle Veranstaltungen statt. Unvergessen: ein Ballettabend (Dornröschen) auf der See-Terrasse der Villa mit ihr als Kulisse, Tänzer: der Primo Ballerino Francesco Smaniotto, geboren in Bogliaco. Der Zugang musste wegen Überfüllung bereits früh geschlossen werden.

Via della Libertà 77, mobil 34 50 53 36 53 oder 34 97 70 28 10, www.villabettoni.it, im Internet nach den Besichtigungsterminen schauen, man kann nur (auch in Deutsch) begleitet durch die bewohnten Räume schlendern, Erw. 15 €

Schlafen & Essen

Historisch am See

Bogliaco: Traditionsreiches Hotel mit 30 Zimmern am See, ruhig am Ende einer kurzen Sackgasse gelegen, die größeren Zimmer befinden sich in der angebauten historischen Villa Teodora; Pool. Angeschlossen ist ein auch bei Tagesgästen beliebtes Seerestaurant mit Garten (saisonbedingte Seeküche).

Via Battisti 4, T 036 57 14 04, www.hotelbogliaco.it, Mitte März–Okt., €€

Tolle Lage, klasse Küche

Allo Scoglio: Größere Trattoria in einem hübschen Steinhaus mit zauberhaftem Garten nahe dem alten Hafen, im Freien sitzt man unter Olivenbäumen oder unter der Sonnenmarkise. Die Wirtsleute Mauro und Marisca haben sich vor allem der Seeküche verschrieben, aber auch Gerichte mit Meeresfisch und Fleisch bietet die schöne Karte; viel gerühmt ist *Coregone al sale,* also das Gardaseefelchen in Salzkruste; auch mehrere fantasievolle Salate. Die Weinkarte bietet u. a. an die 100 Weißweine, die ja am besten zu den Seefischen passen.

Via Barbacane 3, T 036 57 10 30, www.alloscoglio.it, März–Dez., Di–So, empfehlenswertes 4-Gänge-Degustationsmenü mit etwas kleineren Portionen je Gang (um 36 €), €€

Bewegen

Am Geburtsort der *Centomiglia,* wo morgens der Wind Pelèr und nachmittags die Ora blasen, steht der Bootssport ohne Frage an erster Stelle.

Segeln in Begleitung

Marina di Bogliaco: Bootsverleih mit und ohne Mannschaft sowie Segelschule.

Via Bettoni 25/a, T 036 57 25 75, www.marinadibogliaco.it

Ferngesteuerte Schule

Water Tribe: Der Mailänder Tourveranstalter bietet ganzjährig Segelkurse in Zusammenarbeit mit dem Circolo Vela Gargnano.

Via Bettoni 23, T (in Mailand) 02 36 72 30 20, www.watertribe.it

Segler unter sich

Circolo Vela Gargnano: Seglertreff.

Via Alessandro Bettoni 23, T 036 57 14 33, www.centomiglia.it

Feiern

• **Centomiglia:** 1. Sept.-Wochenende. Wichtigster Termin im Ort ist die ›Regatta der 100 Meilen‹, zu der alljährlich mehr als 300 Segelboote, 3000 Segler und 6000 Teilnehmer erwartet werden. Es gibt drei Etappen, alle ab Bogliaco: die traditionelle *Centomiglia* für Einrumpfboote auf drei unterschiedlichen Strecken rund um den See, mit Bojen in Riva-Tórbole und Desenzano, eine kürzere Strecke für mittelgroße Boote bis Malcésine und eine für kleine Boote mit Boje zwischen Moniga und Manerba, außerdem die *MultiCento* für Mehrrumpfboote wie Katamarane sowie die *Centopeople* für Segeljachten. Programm unter www.centomiglia.it.

Villa

D 6

Wer weiter nach Norden will, sollte motorisiert sein, denn die mächtige Villa Bettoni-Cazzago (s. S. 198) steht so nah an der Straße, dass kein Platz mehr für einen Bürgersteig bleibt. Erst hinter der Bootswerft Feltrinelli gelangt man wieder an den See und folgt der Einbahnstraße vom Süden her, vorbei am Bar-Restaurant des aufgepeppten Strandes von Lido und am Sitz der für den Naturpark zuständigen Comunità Montana mit dem Büro der Riviera dei Limoni (Via Oliva 32) sowie des Parco Alto Garda Bresciano (https://cm-parcoaltogarda.bs.it).

Im engen historischen Kern von Villa lebt man am und um den winzigen **Hafen,** man trifft sich bei Valentino in der Bar Al Porto (s. u.) zum Drink oder gutem Essen. Schöne Villen aus mehreren Jahrhunderten haben sich hier erhalten (einige sind heute nette Hotels). In einem eher bescheidenen Haus an der Durchgangsstraße südlich vom Hafen hat D. H. Lawrence gewohnt und seine Reisetagebücher verfasst. In der »Italienischen Dämmerung« erzählt er von seiner Wanderung über die Alpen bis zum Gardasee (s. Tour S. 202).

Am Strand der Zitronen

Der grobkiesige **Lido dei Limoni** mit den kleinen Einbuchtungen fällt recht steil ab, wenn der Wasserspiegel des Sees so niedrig ist wie z. T. in den letzten Jahren. Ansonsten ist der Einstieg angenehm, doch wer empfindliche Füße hat, sollte lieber nicht ohne Badeschuhe hineingehen. Verleih von Tretbooten. Café, Dusche und Restaurant (s. u.) vorhanden.

Schlafen

Jugendstilvilla am See

Du Lac: Die Familie Arosio, ursprünglich Klavierfabrikanten, hat sich am Gardasee ganz der Hotellerie verschrieben. In ihren beiden Hotels am See und dem verschönerten Lido dei Limoni im Ortsteil Villa. Das Du Lac bietet in einer Jugendstilvilla direkt am See 12 Zimmer (mit neuen Bädern), teils mit Terrazzoböden und Stilmöbeln eingerichtet. Das Restaurant mit solider Küche hängt in einer Art Wintergarten über dem See, darüber eine große Sonnenterrasse, und ist auch für Passanten offen

Via Colletta 21, T 036 57 11 07, www.hoteldulacgardasee.de, April–Okt., €€–€€€

Ein Hauch von Nostalgie umweht den kleinen Hafen von Villa di Gargnano, wo sich ›tutto il villaggio‹ bei Valentino trifft.

Komfort am See

Gardenia: Das traditionsreiche Haus mit 30 unterschiedlichen Zimmern war die erste Pension der Familie Arosio (s. o.). Schöner Garten am See, Parkplätze, eine große Sonnenterrasse, eigener Bootsanlegesteg. Die Atmosphäre ist familiär. Neu sind zwei schlichtere Apartments in einem Wohnhaus am See nebenan.

Via Colletta 53, T 036 57 11 95, www.hotelgardenia.it, April–Ende Okt., €€–€€€

Essen

Standfeste Tische am See

Osteria Civico 20: Winzig kleine Osteria mit riesiger Außenfläche direkt am kleinen Hafen unter uralten hohen Pinien, deren Wurzeln den Standort der Tische bestimmen, weil sie sonst wackeln würden. Kleine Karte mit saisonal wechselnden kreativen Gerichten, immer zu haben sind die köstliche Vorspeise mit Tintenfisch (geht auch als Hauptgang durch) und diverse hausgemnachte Pasta, auch gefüllte. Der freundliche und professionelle Service muss hier extra genannt werden!

Piazza Villa 20, T 036 57 26 43, mobil 34 52 10 45 44, auf Facebook, ganz sicher April–Ende Okt. Fr–Mi, €–€€

Ausgehen

Aperitivo und mehr

Da Valentino Al Porto: Man kann hier inzwischen zwar auch wunderbar speisen, denn die jungen Familienmitglieder haben von Valentino seine Bar übernommen und umgestaltet. Aber immer noch gilt das Valentino als ›der‹ Treff in Villa – und zwar ganzjährig! Man sitzt in der sonnigsten Ecke des kleinen Hafens,

TOUR
Kommt ein Literat an den Gardasee …

Spaziergang auf den Spuren von D. H. Lawrence nach Villa

Infos

Start: Hafen von Gargnano, D 6

Dauer: ca. 1 Std.

Länge: ca. 2 km

Das verträumte **Villa**, ein Vorort von Gargnano, mit seinem winzigen, in den Ort ›eingelassenen‹ Hafen ist fast so geblieben, wie es Lawrence liebte und in seiner »Italienischen Dämmerung« beschrieb. Grund also für eine Spurensuche vor Ort. Seine Reisetagebücher gehören zur Standardliteratur am Gardasee, erst recht für die Besucher Gargnanos. Denn viele Seiten lang beschreibt Lawrence das einfache Leben der Menschen im Ort, schwärmt von den ersten mediterranen Gefühlen und erzählt genauestens, wie die merkwürdigen, gestelzten *limonaie* gebaut sind und wie sie funktionieren (s. Magazin S. 276).

1912 kam David Herbert Lawrence in Begleitung von Frieda Weekley von Richthofen aus England über Deutschland nach Österreich. Sie überquerten mit dem Rucksack auf den Schultern die Alpen und kamen zuerst nach Riva. Von dort aus zogen sie nach Gargnano um, wo sie vom 18. September 1912 bis zum 11. April 1913 blieben. Gewohnt haben die beiden bis Ende März 1913 im Ortsteil Villa (danach zogen sie nach San Gaudenzio um) in einem möblierten Apartment im Obergeschoss der **Villa Igea** (Via Coletta 44, nicht wie gerne behauptet in Gargnano am Hafen). Und dahin führt der kleine Spaziergang.

Der Weg beginnt am **Hafen von Gargnano,** am Hotel, das den Namen des Ortes trägt und in dem die beiden Italienreisenden der Legende nach gewohnt

D. H. Lawrence hat Gargnano genau unter die Lupe genommen und beschrieben. (Porträt von Jan Juta, 1920)

haben sollen. Hier kann man zur Einstimmung einen *cappuccino* oder Aperitif trinken. Der hölzerne Seesteg vermittelt, wenn die Wellen des Sees gegen die Hausmauern und in die steinernen Nischen schlagen, den Eindruck, man sei in Venedig. Wegen der großen Baustelle am Kloster von **San Francesco** muss man den Weg wohl länger abbrechen und über die **Via Roma** hinauf zur Gardesana schlendern, aber nur kurz. Der Weg geht an dem von den Feltrinelli in einer Jugendstilvilla eingerichteten Kindergarten entlang, am angebauten Seniorentreff vorbei und wieder leicht abwärts die innere Durchgangsstraße hinab, die hier **Via Donatori di Sangue** heißt und früher wegen des vorbeifließenden Baches, in dem heute wieder Krebse leben, den hübscheren Namen Via Gamberera trug.

Jetzt wird es eng zwischen den hohen Hauswänden. Auf der linken Seite (zum See hin) steht das **Hotel Baia d'Oro** (Nr. 13), hier sollte man den Blick nach oben richten und die schönen Fensterläden betrachten. Die schmale **Via San Tommaso** mit dem Bach liegt schon in der Contrada del Ponte mit der kleinen Brücke und (darunter) einem winzigen Kiesstrand. Bald schaut man in den quadratischen, über dem See hängenden Garten einer privaten Villa, der von einer großen Magnolie völlig vereinnahmt wird. Nur noch wenige Schritte sind es bis zum Miniaturhafen von Villa, umrahmt von Bitterorangenbäumen wie in Gargnano, mit der stets verlockenden und meist von der Sonne verwöhnten **Bar Al Porto** (Piazza Villa 1/2), bei Insidern eher als ›Da Valentino‹ bekannt – wegen des netten Wirts, der sich jetzt eher seiner Zeitung als den Gästen widmet, weil er die Bar seinen Kindern übergeben hat, die sie um die gute Trattoria erweitert haben.

Im Scheitelpunkt des kleinen Hafens zeigt die deutsche Malerin Sabine Frank in der **Galerie Pane** (Piazza Villa 12) seit vielen Jahren ihre aktuellen Werke, ohne ihre »Brote«, die sie bekannt gemacht haben, zu vernachlässigen: u. a. Zitrusfrüchte, anderes Obst und Gemüse sowie »Meerstücke«, wie sie ihre Bootsbilder vom Mittelmeer nennt. Zum 100-jährigen Jubiläum des Besuchs von Lawrence in Gargnano hat sie einen Bilderzyklus »Lawrence-Weg« geschaffen. Wenn die Tür offen steht und niemand da ist, am besten bei Valentino schauen!

Ein Stück weiter, gleich hinter dem **Hotel Du Lac,** steht rechter Hand die **Villa Igea** (Via Coletta 44), in der Lawrence den Winter 1912/1913 verbrachte. Wie damals ist sie auch heute privat bewohnt und nur von außen zu betrachten. Mit Lawrence geht es dann Richtung **San Tommaso** (Poggio degli Ulivi 6) den Weg über die Gardesana hinweg in den oberen Teil von Villa und weiter über die wiederhergestellte Treppengasse zur Kirche hinauf. Anfänglich fand Lawrence seinen »… Weg nie. Ich verlief mich in Seitengassen, an deren Ende Sonnenschein und Olivenbäume wie Zauberspiegel schwankten.« Dann aber entdeckte er besagte »zerbrochene Steintreppe, zwischen deren Fugen Unkraut wucherte … ich stieg nur ungern hinauf; die Italiener behandeln solche Stiegen als Privateigentum.«

Lawrence bewunderte im Frühjahr auf seinen vielen Spaziergängen in der Umgebung die Blumenpracht in der freien Natur, vor allem die »Primeln, die nach Erde und Wetter rochen« und die Krokusse, »blasse, zarte, lilafarbene, dunkelgeäderte Blumen, die lebhaft mitten im Gras unter Olivenbäumen aufzüngelten wie Myriaden kleiner, lilafarbener Flammen« – nicht anders als heute! Und dann die mächtigen Aufbauten der *limonaie*. »An den Hängen steil über dem See leuchten den ganzen Sommer über die Reihen nackter Pfeiler aus dem grünen Laubwerk wie Tempelreste. Weiße, vierkantige Mauerpfeiler, verloren in ihren rechtwinkligen Kolonnaden … Es sind Zitronenplantagen …«, die ihren Besitzern eine Menge Arbeit bereiteten: »Im November, wenn kalte Winde aufkamen und der erste Schnee in den Bergen fiel, holten die Männer Bretter aus den Schuppen, und wir hörten das Gepolter fallender Planken … und wir hörten die Männer miteinander sprechen und singen, wenn sie da oben gefährlich balancierten und ihre Stangen anbrachten«, um die *limonaie* winterfest zu machen. Nicht anders als heute – wieder!

mit Blick auf den See wie auf den Montegargnano mit seinen kleinen Dörfern. Frische Pasta mit diversen Füllungen, ob mit Kürbis oder Käse, darüber zerlassene Butter mit gerösteten Salbeiblättern, Gardaseefisch gegrillt sind ein Genuss. Aber bitte keine Pizza bestellen, es ist ja keine Pizzeria …

Porto Vecchio, Piazza di Villa 1, mobil 33 55 71 98 51, Mi–Mo 10–23 Uhr

Herausgeputzt

Lakefront Beach & Bar: Die Hotelierfamilie Arosio hat die kleine Bar am vergrößerten Kiesstrand übernommen und zu einer feinen sommerlichen Aperitif-Location aufgemöbelt, in der man tagsüber auch Kleinigkeiten zu essen bekommt; abends immer wieder besondere Veranstaltungen.

Lido dei Limoni, mobil 33 92 07 24 49, www.lidodeilimoni.it, im Sommer von früh bis sehr spät

Gargnano D 6

Von Villa kann man nach Gargnano schlendern, vorbei an Villen hinter hohen Mauern. Kurz vor dem Kindergarten und der kleinen Tiefgarage trifft man auf die Gardesana, kann jedoch gleich wieder abwärts in den Ort hineinlaufen. Am schönsten ist es entlang des **Stegs über dem See,** der vor den früheren Fischerhäusern schwebend ins Zentrum führt. Leider ist der Weg schon länger wegen der Baustelle beim Kloster San Francesco unterbrochen – die Hoffnung auf baldige Lösung stirbt zuletzt …

Aber auch hinter San Francesco kann man durch den Bogen des Rathauses an den Seesteg gelangen. Hier fühlt man sich angesichts der an die Häuser schlagenden Wellen fast nach Venedig versetzt. Und gegenüber genießt man den Blick auf den bis tief ins Frühjahr

Auch zur blauen Stunde sitzt man gern an Gargnanos Seepromenade, im Café oder Restaurant oder einfach auf einer Bank.

Auf Fischfang vor dem Ufer von Gargnano

hinein verschneiten Monte Baldo. Auf der schmalen Hauptstraße dagegen, der Via Roma, geht es vorbei an allem, was man täglich zum Leben braucht. Am kleinen **Porto Vecchio,** dem Hafen, angekommen, findet man Parfümerie, Schreibwarenladen mit allen möglichen, auch deutschsprachigen Büchern über Gargnano und den See, Cafés und Eisdielen.

Der Ort besticht schon allein durch seine herrliche Lage zu Füßen der Abhänge des 1047 m hohen Monte Magno, im Norden vor kühlen Winden durch den 1458 m hohen Monte Denervo geschützt. Zwischen den weiteren zur Gemeinde gehörenden 10 kleinen Bergdörfern erstreckt sich das weite, panoramareiche Wandergebiet des Montegargnano.

Außerdem stehen in und um Gargnano die meisten *limonaie* des Gardasees, schließlich sollen hier die ersten Zitrusfrüchte durch die Franziskaner gepflanzt worden sein – ein Hinweis auf das milde Klima des Seeortes, der seit ein paar Jahren auf anspruchsvolleren Tourismus setzt. Vor allem seit sich am nördlichen Ortsrand in San Faustino ein Nobelhotel (Villa Feltrinelli), am Montegargnano ein feines kleines (Villa Sostaga) und ein feudales Wellnesshotel (Lefay Resort) eingenistet haben. Und: Kein anderer Ort am Gardasee kann inzwischen so viele Michelin-Sterne auflisten wie Gargnano: zwei Sterne in der Villa Feltrinelli, je ein Stern in der Villa Giulia und im kleinen La Tortuga der rührigen Familie Filippini (nunmehr in der zweiten Generation) mit dem ersten Michelin-Stern (seit 1980) am Gardasee überhaupt. Außerdem sind sterneverdächtig die Hotelrestaurants von Meandro und Sostaga.

Warten auf den zweiten Frühling

Unter österreichischer Herrschaft entstand in Gargnano 1829 die **Società Lago di Garda,** eine Gesellschaft, die sich um die Pressung des Olivenöls, den Vertrieb der von den Frauen gezüchteten Seidenkokons und die Verpackung des am Berg geernteten Lorbeers etc. kümmerte. Ihr historisches Gebäude ist Teil des Klosters von San Francesco und wartet wie der gesamte Komplex auf Restaurierung. Eine Bürgerinitiative will sich um den Erwerb des Anwesens und dessen Ausbau zum Kulturzentrum kümmern, nachdem die privaten Investoren mit der Gemeinde in Streit geraten sind, aber in Gargnano braucht das alles erfahrungsgemäß immer viel Zeit … Inzwischen finden hier Ausstellungen und andere kulturelle Aktivitäten statt wie an zwei bis drei Tagen die **Giardini d'Agrumi** etwa Mitte bis Ende April.

Markenzeichen Zitrusfrüchte

Dem Kreuzgang des **Klosters San Francesco** am südlichen Ortseingang sieht man nicht mehr an, dass Gargnano im 13. Jh. ein bedeutendes Franziskanerzentrum war. Sicher ist, dass es die Franziskanermönche waren, die hier mit dem Zitrusfrüchteanbau begannen. Der interessante Kreuzgang aus dem 14. Jh. mit seinen schlanken Säulen, den spätgotischen Arkaden und den mit Fischen, Kürbis und Zitrusfrüchten geschmückten Kapitellen ist eine wahre Oase der Ruhe. Aber nebenan befindet sich für längere Zeit leider eine Baustelle: Das Klostergebäude soll umgewidmet werden, aber in was genau, ist noch offen. Ein Spekulationsprojekt mit teuren Apartments scheint wenigstens ›beerdigt‹. Die Kirche mit ihrem Hauptportal, das wegen der notwendigen Straße zurückgesetzt wurde, wirkt recht düster und wurde innen im 17. und 18. Jh. mit kostbaren Marmoraltären barockisiert. Einen Extrablick wert sind die intarsierten Fronten der Seitenaltäre: Wer findet die Zitronenhälften, sozusagen das Markenzeichen der auf Intarsien spezialisierten Künstlerfamilie Corbarelli?

Via Roma, Kirche tagsüber meist geöffnet

Eine Familie hinterlässt Spuren

Der Hafen von Gargnano wurde wie in Villa zwischen die drei umgebenden Häuserzeilen eingelassen. Wer genauer hinschaut, wird die Kanonenkugeln aus österreichischem Beschuss 1866 entdecken, die an den Wohnpalästen ringsum kleben. Und wer am nahen Anleger mit dem Boot ankommt, wird im Frühjahr geradezu betäubt vom Duft der Bitterorangenbäume an der herausgeputzten, kurzen Seepromenade, dem Lungolago Zanardelli. An ihr findet man gleich zwei Restaurants, eine einladende Osteria und ein Cafè, Treff der Einheimischen auch an kalten Wintertagen. Im Sommer kann man hier auf das nächste Boot für einen geruhsamen Ausflug über den See warten.

Von der früheren Bedeutung Gargnanos zeugt der ehemalige **Palazzo Comunale** (16.–19. Jh.), eine Stiftung der größten Wohltäterin des Städtchens, der Verlegerfamilie Feltrinelli, die ursprünglich durch den Holzhandel reich wurde. Jetzt wird dieses alte Rathaus nur noch für Ausstellungen benutzt. Den Feltrinelli hat Gargnano auch soziale Einrichtungen in allen größeren Ortsteilen zu verdanken. Und die beiden Feltrinelli-Villen: Im **Palazzo Larghi Feltrinelli** (Piazza Vittorio Veneto) im Ortskern, einem Gebäude im Neorenaissancestil des ausgehenden 19. Jh., residiert heute die Mailänder Università per Stranieri (Ausländeruniversität). Die **Villa Feltrinelli** im Vorort San Faustino (Via Rimembranza 38–40), gleich hinter dem hübschen **Strandbad Fontanella,** diente der Familie als Sommersitz. Sie ließen sie 1894 im eklektischen Stil von dem Mailänder Architekten Belgioioso errichten. Diktator Benito Mussolini lebte hier 1943–45 während der sogenannten Republik von Salò. In Gargnano nennt man sie daher ›Villa del Duce‹. Seit 2001 hat sie eine neue Bestimmung als exklusives, sehr teures Luxushotel auf einem der schönsten Seegrundstücke im Gardesanischen überhaupt gefunden. Leider kann man die Villa daher nur von oben oder – noch besser – vom See her betrachten, es sei denn, man kommt als zahlungskräftiger Hotelgast oder ins Restaurant.

Bunte Bildergrüße

Geht man hinter dem Hotel parallel zum See weiter, kommt man an mehreren *limonaie* vorbei, deren hohe Schutzmauern einen so harten Schatten werfen, dass es einen im Sommer geradezu frösteln kann, und entdeckt am Berghang oberhalb noch weitere, sehr große Zitronengewächshäuser. Der Weg endet auf einer kurzen, mit Seekieseln gepflasterten, abfallenden Gasse, an deren Ende das Kirchlein **San Giacomo di Calino** aus dem 11./12. Jh. steht. Dieses älteste Gotteshaus Gargnanos besitzt innen Freskenreste aus dem 13.–15. Jh. und seitlich zum See und zur

TOUR
Auf der Rennstrecke der Sonntagsfahrer

Mit dem Mountainbike auf den Comer

Diese MTB-Tour ist etwas für Könner, die es nicht bereuen werden. Anstrengend, aber machbar. Den Wagen lässt man auf dem kostenlosen Parkplatz von **Bogliaco** an der Gardesana stehen und fährt kurz die Gardesana entlang nach **Gargnano,** fährt in den hübschen Ort hinein bis zum kleinen Hafen und weiter geradeaus parallel zum See. Am Ende führt ein kieselsteingepflasterter kurzer Abstieg zum winzigen Fischerhafen von **San Giacomo** mit dem gleichnamigen Kirchlein und der Bootsrutsche der hier lebenden Fischerfamilie Dominici. Zurück zur Straße, links folgt ein leichter Anstieg und danach eine Schranke, die Autos die Weiterfahrt verwehrt und Bikern hoffentlich gestattet (trotz zeitweisem Verbot wird hier gefahren, denn die Strecke ist Teil der neuen, noch nicht fertiggestellten Piste rund um den See). Ansteigend erkennt man einige hübsche Buchten und kommt auf die **Gardesana,** die Hauptstraße zwischen zwei Galerien, hinaus. Hier links hochfahren, ohne die Galerien zu benutzen, es ist die alte noch asphaltierte Gardesana-Straße, die aber nicht mehr gepflegt wird.

Weiter hinauf, dann links den weiß-roten Zeichen folgen (CAI-Weg 263). Er führt nach einigen steilen Aufstiegen ins kleine Dorf **Piovere,** das schon zu Tignale gehört. Auf dem zentralen Platz biegt der Weg scharf nach links ab und steigt steil hinauf zum CAI-Weg 252.

Infos

Start: Gargnano, D 6

Länge: rund 26 km

Höhenunterschied: 1250 m

Dauer: 5 Std.

Nach einigen Hundert Metern beginnt eine Reihe von Kurven, an deren Ende die Straße in einen unbefestigten Weg übergeht – und hat es in sich mit ein paar ganz schön steilen, wenn auch kurzen Rampen.

Jetzt aufpassen und unbedingt rechts bleiben, um nicht auf den abwärts führenden Weg zu gelangen (CAI 35 nach Muslone). In **Valzana** muss man schon wieder genau aufpassen: Man befindet sich auf einer großen Wiese, links steht eine Kapelle, rechts geht es ohne besondere Hinweise genau gegenüber weiter. Kurz danach ist der Weg wieder sichtbar mit den weiß-roten Zeichen der CAI, bis zur **Malga Premaur** (1160 m). Hier teilt sich der Weg: Links geht es abwärts wieder nach **Muslone,** aber hinter dem Stall geht es weiter hinauf bis zu einer Kreuzung von drei Wegen, wo der Anstieg endet – der **Monte Comer** ist erreicht, dessen Gipfel (1281 m) man nur zu Fuß erklimmen kann. Ein ganz toller Aussichtspunkt (mit Ruhebänken) direkt über Gargnano!

Abwärts folgen Mountainbiker dem mittleren Weg nach **Briano** und genießen eine spektakuläre Abfahrt. Vorbei am Kirchlein mit der Bezeichnung **Rifugio ANA,** links abwärts zum CAI-Weg 31. Dieser führt zur Abzweigung nach **San Valentino,** das man nicht verpassen sollte. Das Rad stellt man besser ab und geht die steilen Felsstufen und den folgenden Trampelpfad zu Fuß zur sehr hübschen Einsiedelei mit ihrem großartigen Gardasee-Panorama von der Erdterrasse davor. Wieder beim Bike, geht es rechts ab ins Dorf von **Sasso,** wo der nun asphaltierte Weg an einem großen Waschplatz vorbei direkt zur Dorfkneipe (mit kleinem Lebensmittelladen) namens **Pisturi** führt, wo man sich stärken kann, so sie offen ist. Von hier geht es gleich abwärts mit Blick auf die große Pfarrkirche **Sant'Antonio Abate** (tagsüber immer offen und sehenswert) und abwärts in die Via del Perdono, die steil durch das winzige **Musaga** führt, das man ganz nach unten durchfährt. Links biegt man auf die **Via del Pastore** ab, die steinig und sehr steil ist. Oder man fährt in Musaga auf die Piazza und von dort zur Provinzialstraße 9, die nach 6 km Kurven ebenfalls nach Gargnano führt. – Dies ist die Rennstrecke der sonntäglichen Radfans.

schmalen Bootsrutsche der Fischerfamilie Dominici eine kleine Vorhalle. Darunter sind wettergeschützte Fresken aus dem 14. Jh., sie zeigen u. a. einen lebensgroßen Christophorus mit dem Jesuskind auf der Schulter, der die über den Lago ankommenden Pilger begrüßt. – Ein schöner Spaziergang, für den man von Gargnanos Hafen etwa eine Stunde einplanen sollte.

Via Rimembranza, Località San Giacomo, tagsüber durch die verglaste Tür einsehbar, die freskierte Vorhalle von außen

Ein bisschen Rom am Gardasee

Nicht zu übersehen bei der Anfahrt auf Gargnano ist die große helle Pfarrkirche **San Martino** mit ihrem hohen Glockenturm auf halber Höhe an der dem See zugewandten Seite der Gardesana Occidentale. Das überraschend große, 1837 im historisierend barocken Stil über einem Renaissancebau errichtete Oval mit vorgesetzter Säulenhalle schuf der Brescianer Architekt Rodolfo Vantini, zum Vorbild hatte er wohl das römische Pantheon. Vom Vorgängerbau ist der Glockenturm erhalten geblieben, der später ebenfalls einen barockisierenden Aufsatz erhielt. Die anmutige Madonna des Hauptaltars im Inneren wird Alessandro Moretto (1498–1554) zugeschrieben. Wegen der guten Akustik wird die Kirche gerne auch als Konzertsaal genutzt.

Via della Repubblica 19, unregelmäßig geöffnet, sicher zu Messzeiten

Besuch im Zitronengarten

Auf der Bergseite der Gardesana erhebt sich die großartige **Limonaia La Malora,** die inzwischen mit regelmäßigen Öffnungszeiten besichtigt werden kann, nachdem Fabio Gandossi als Zitronenbauer die Nachfolge seines Vaters angetreten hat (s. auch Magazin S. 276).

Via Libertà 2/Gardesana, www.limonaialamalora.it, während der warmen Jahreszeit tgl. 10–12, 16–18 Uhr, Führungen um 11 Uhr oder nach Voranmeldung, Erw. 3 €

Schlafen

Familiär und stylish umgebaut

Meandro: Vor rund 40 Jahren baute Vater Samueli an der wichtigen Strecke zwischen Limone und Gargnano eine Bar mit Bocciabahn, daraus wurde später eine Trattoria und dann das Hotel, das nun von den drei Töchtern geführt wird. Zuletzt z. T. umgebaut im Designerstil durch die lokale Architektin Fulvia Bazoli; mit 44 komfortablen Zimmern am nördlichen Ortsrand 100 m oberhalb des Strands von La Fontanella. Beheiztes Schwimmbad, Sauna und Whirlpool, Parkplatz. Das Restaurant (abends) mit Seeblick präsentiert sich neuerdings mit sterneverdächtiger Küche.

Via Repubblica 40, T 036 57 11 28, www.hotelmeandro.it, Mitte März–Nov., **€€–€€€**

Individuell am Seesteg

Riviera: 20 individuelle, z. T. recht große Zimmer in einem renovierten, alteingesessenen Hotel garni (Gebäude von 1840) zwischen Via Roma und dem Seesteg, seit vielen Jahren liebevoll von Elisa Pirovano und Gianfranco Scanferlato geführt, die immer Tipps für ihre Gäste parat haben. Das Tollste: die große bedeckte Terrasse, ein wunderbarer Frühstücks- und Abendplatz für die Hausgäste über dem See (gerne mit mitgebrachtem Wein, für den man sich Gläser aus der Vitrine holen darf).

Via Roma 1, T 036 57 22 92, www.garniriviera.it, Ostern–Okt., **€€**

Zauberhaft am Seesteg

Bartabel: Sehr hübsch renoviertes kleines B & B am See in der Altstadt, von der rührigen Angela Collini geführt. 12 in venezianischem Stil eingerichtete Zimmer (zwei mit Seebalkon); Klimaanlage, neue Bäder. Total renovierte Caffetteria, auch hier eine Seeterrasse im Obergeschoss.

Via Roma 35, T 036 57 13 30, www.hotelbartabel.it, April–Okt., **€€**

Im Zitronengarten

Fondo La Campagnola: 10 gemütliche 2- bis 3-Zimmer-Apartments, verteilt auf vier Gebäude in einem historischen Zitronengarten mit Seeblick und Pool, gegenüber dem Hotel Europa (im selben Besitz), ca. 500 m vom Badestrand. Zuständig für beide und immer für ihre Gäste da sind Silvana und Liliana Frassine.

Via Repubblica 40, T 036 57 11 91, www.frassinehotels.it (mit genauen Grundrissen der Apartments), ganzjährig, in der Hochsaison nur wochenweise zu mieten, Apartment/Nacht für 4 Pers. 95–200 €

Zitronenduft und Seezugang

La Limonaia: Sechs Apartments und Suiten in einer früheren *limonaia* mit eigenem kleinem Badeplatz (Leiter zum See), Terrasse, netten Ecken, Garten und Parkplatz. Besitzerin Liana kümmert sich persönlich um ihre Gäste. Restaurant auch für Tagesgäste.

Via Rimembranza 16A, T 036 57 16 94, www.apartmentslalimonaia.com, ganzjährig, für 2–4 Pers. €€, Wochenmiete günstiger

Beim Fischer

Casa del Pescatore Berto: In einer *limonaia* ausgebaute Ferienunterkunft für bis zu 6 Pers. auf vier Etagen über dem winzigen Hafen der Fischerfamilie Dominici. Herrlicher Seeblick in besonderer Atmosphäre – fangfrische Fische garantiert!

Località San Giacomo, mobil Vater Umberto 33 37 14 32 55, dominici.pescatori@gmail.com, Wochenpreis für das ganze Haus €€€

Essen

Frisch umweht

Pizzeria Al Lago: Nette Pizzeria am Seesteg bzw. Tische auf ihm, stets von der Seebrise angenehm umweht, im Sommer der vielleicht schönste Platz im Ort! Auch die Pizzen sind okay, ebenso die Felchen vom Grill und die Salate; der Service allerdings ist verbesserungswürdig.

Via Marconi 1, T 036 57 27 59, Ostern–Okt./Anf. Nov. Do–Di, in der Hochsaison tgl., €–€€

Da freut sich der Besitzer: Giuseppe Gandossi mit den prallen Früchten seiner ›limonaia‹.

Mit Blick auf den Hafen

Miralago: Freundliches kleines Restaurant mit großer Terrasse an der kurzen Promenade beim Hafen, von der Wirtsfamilie selbst geführt, die garantiert für ein genussvolles Essen sorgt, ob mittags oder abends. Wechselnde saisonale Karte, klein, aber fein wie Muscheln in köstlicher Tomatensoße mit geröstetem Brot oder die hausgemachten Spaghetti *alla chitarra* mit Meeresfrüchten, frischgemachte Lasagne grün oder Bologneser Art, Seefisch und bester Rindstartar. Schön eingedeckt.

Lungolago Zanardelli 5, T 036 57 12 09, mobil 39 29 07 44 05, auf Facebook, je nach Wetter nahezu ganzjährig geöffnet, Ruhetag Di, €–€€

Lieblingsort

Unsere ›Winterkneipe‹ von oben gesehen

Die jungen Wirtsleute in der **Bar L'Officina,** einer früheren Fahrrad-Reparaturwerkstatt (daher L'Officina), wissen: Wir kommen vor allem im Winter in ihre gemütliche Kneipe, während der warmen Jahreszeit verhalten wir uns wie die Eidechsen am Gardasee und suchen die Sonne, setzen uns in eines der Cafés am Ufer, mit Blick auf den Monte Baldo. Unsere Winterkneipe liebten wir früher besonders kurz vor der Mittagszeit, wenn sich Alt und Jung aus Gargnano zum Aperitif trafen, aber nun öffnet sie erst nachmittags. So kommen die Gargnanesi nach der Arbeit hierher, um zu entspannen und die Neuigkeiten des Tages auszutauschen, zu später Stunde dann die jungen Leute. Piazza Vittorio Veneto 6, Mi–Mo ab 17 Uhr bis spät.

Einkaufen

Füllhorn der Möglichkeiten

Die Via Roma ist ideal zum Einkaufen. Hier gibt es die **Macelleria Bignotti** (Nr. 13), in der man neben auserlesenen Delikatessen auch von den Brüdern Bignotti selber hergestellten Käse in vielen Variationen kaufen kann. Schräg gegenüber werden im **Panificio Bertelli** (Nr. 8) knuspriges Brot und leckerer Kuchen gebacken. Nebenan bieten die Brüder **Gramatica** (Nr. 18) unglaublich günstige Schuhe an und auf der anderen Seite der Bäckerei findet man das **Ferramenta Federici** (Nr. 4): Es gibt nichts, was es in dieser erstaunlichen Eisenwarenhandlung nicht gibt, und das sagt man nicht nur in Gargnano …

Hinter dem Hafen befinden sich in der Verlängerung der Via Roma, der Via XXIV Maggio, der hübsche **Juwelierladen Zanaboni** (Nr. 1), der auch kleinere Mitbringsel und Uhren anbietet, ein weiterer Metzger und an der nächsten Ecke die **Casa del Formaggio,** ein Lebensmittelladen, in dem es alles Erdenkliche an Kulinaria gibt. Im Sommer werden hier für Badegäste auf dem Weg zur Spiaggia Fontanella auf Wunsch ganze Picknickkörbe zubereitet.

Schräg gegenüber lockt in Haus Nr. 14 **Terre & Sapori,** der hübsche Verkaufsladen einer Gruppe Gargnanos, die sich der Vermarktung ihrer selbst erzeugten Spezialitäten widmet: u. a. Olivenöl und Marmeladen, Säfte und Safran und natürlich alles Erdenkliche aus Zitrusfrüchten.

Ausgehen

Tolle Weine

Osteria Baccaretto: Winzige Osteria mit Tischen unter einem Pavillon am See bei leiser Jazz-Musik. Große Weinauswahl und leckere Kleinigkeiten zu essen. Im Sommer an manchen Tagen auch Weinproben und (Do oder Fr) abendliche Jazz-Konzerte.

Lungolago Zanardelli 10, T 03 65 79 10, Di–So 8 Uhr bis spät abends, im Winter meist geschl.

Beim freundlichen Ugo

Caffè Olimpia: Die Betreiber des Cafés, Ugo und seine Frau Lorenza, haben ihr Lokal der Bootsanlegestelle gegenüber an jüngere Betreiber übergeben, doch noch immer trifft sich hier so ziemlich alles, was in Gargnano unterwegs ist, Einheimische wie Touristen. Aperitivi mit Knabbereien, frische Toasts, *panini* und *piadine.*

Lungolago Zanardelli 10, mobil 35 15 55 27 42, Mi–Mo 7–19.30 Uhr und im Sommer später

Hafen-Ambiente

Caffè Gargnano: Nicht nur bei den Einheimischen beliebtes Café im historischen Hotel Gargnano, das gekonnt renoviert wurde. Eine Front schaut auf den See, die andere an der Eingangsseite zum kleinen Hafen. Ein wunderbares Plätzchen, an dem auch Passanten gerne frühstücken. Und alle werden freundlich bedient von der Besitzertochter Letizia.

Via Roma 19, mobil 33 31 32 38 63, April–Okt. ganztags, im Hochsommer von früh bis spät geöffnet

Bewegen

Unter schattigen Oliven

Fontanella: Badestrand am nördlichen Ortsrand auf Erdterrassen unter Olivenbäumen, flacher Einstieg, Kiesuntergrund. Pizzeria und Bar mit Eis vorhanden.

Sanft surfen

OK Surf: Gargnano garantiert eine nicht allzu windige Ecke für Surfanfänger. Inmitten des Olivenhains am Strand von Fontanella bietet OK Surf seit 1987 speziell Surfkurse für Kinder ab 8 J. und für ganze Familien an, auch Verleih von Tretbooten, Mountainbikes sowie Touren für Surfer und Segler. Alles in deutscher Sprache.

Località Fontanella, mobil 32 84 71 77 77, www.oksurf.it

Begleitet entdecken

In den Monaten Mai, September und Oktober werden Führungen durch Gargnano und Wanderungen in die Umgebung angeboten; kostenlos beim Info-Büro (s. u.) zu buchen.

Losfahren ohne Lappen

Lanfredi Boat Service: Fünf Motorboote (Allegra All 19 Open), für max. 7 Pers. zugelassen, kann man während der Saison auch ohne Führerschein am Hafen mieten.

www.gargnanoboatrental.it, inkl. Treibstoff 1 Std. 70 €, 2 Std. 130 €; exkl. Treibstoff ½ Tag 140 €, 1 Tag 240 €. Auf Brescianer Seite kann man gebührenfrei anlegen, auf Veroneser Seite kostet der Bojenplatz extra

Feiern

- **Centro Civico Multifunzionale Andrea Castellani:** Gargnano gehört mit Salò zu den Gemeinden am See, die – trotz ihrer geringen Einwohnerzahl – das vielleicht größte Kulturprogramm bieten. Fast alles findet im Centro Civico, einem wunderbar hergerichteten früheren Kino statt, das ursprünglich eine Kirche war, oder im alten Rathaus am Hafen. Sogar im Winter gibt es hier Veranstaltungen zur Geschichte Gargnanos und seinen Persönlichkeiten, den Zitronenhäusern, Fischern und ihren Booten oder den geologischen Ursprüngen des Gardasees. Und alles ist kostenlos! (Via Teatro 14, Termine unter www.comune.gargnano.brescia.it/eventi)
- **Giardini d'Agrumi:** 2–3 Tage Mitte/Ende April. Kreuzgang von San Francesco, Via Roma am Ortseingang, mit Ausstellungen zahlloser Agrumensorten und allem, was daraus produziert wird. Führungen zu den sonst geschlossenen privaten *limonaie*.
- **Cara Vecchia Gargnano:** 1. oder 2. So im Juli. Kunst, Musik und Gastronomie mit Weinproben und Leckerbissen entlang der Hauptstraße parallel zum See.
- **Sagra di San Giacomo:** Um den 25. Juli am gleichnamigen Kirchlein; bis in die Nacht hinein. Mit Musik, Gastronomie (gebackene Sardinen, Würste und Wein), Tanz sowie Kinderspielen in schöner Atmosphäre zwischen hohen *limonaia*-Mauern.
- **Incontri Chitarristici:** In der Tradition der Gitarrenwettbewerbe, die ab 1976 in Gargnano stattfanden, finden im Sommer weiterhin zahlreiche Konzerte statt (Termine s. Info-Seiten).

Infos

- **This is Gargnano:** Via Roma 45, 25084 Gargnano (BS), T 03 65 04 21 00, www.thisisgargnano.it. Auch Organisation von kulturellen und sportlichen Veranstaltungen, Wanderungen etc.
- **Verkehr:** Am Berg empfehlen sich ein Pkw oder ein Motorrad; Radfahrer tun sich an den steilen Steigungen schwer (aber toll für Profis); in den winzigen Ortschaften am See geht man am besten zu Fuß.
- **Boote:** Während der Saison fahren Passagierboote der Navigarda zu allen größeren Seeorten, dichteste Verbindungen zur Nordhälfte.
- **Busse:** Auf der Strecke Brescia–Salò–Riva halten die Linienbusse an der Gardesana – gute Anbindungen gibt es aber nur während des Berufsverkehrs; deutlich eingeschränkte Verbindungen in die Dörfer am Montegargnano. Aber häufigere Verbindung mit Brescia.
- **Parken:** Relativ kleines Parkhaus am Ortseingang an der Gardesana, zahlreiche Parkplätze am nördlichen Ortsrand oberhalb des Badestrands von Fontanella, nur wenige im Ortszentrum beim alten Rathaus sowie nahe dem kleinen Postamt; alle mit Parkuhr. Kostenlos, aber selten sind freie Plätze nur entlang der Straße zwischen Hafen und Fontanella.

Montegargnano D 6

Insgesamt zehn Dörfer, je weiter oben, desto weiter auseinander, liegen auf dem Montegargnano, jedes anders als das benachbarte. Fast alle sind noch bewohnt, keines der Dörfer aber ganzjährig wie unser **Musaga** mit traumhaften Ausblicken auf den Monte Baldo gegenüber und im Süden auf den See bis Sirmione, an klaren Wintertagen sogar bis zum Toskanisch-Emilianischen Apennin.

Schlafen

Traumvilla, Traumblick

Villa Sostaga: Zauberhaftes kleines Hotel in der Sommervilla der Feltrinelli (um 1900); neun Zimmer plus zehn in der Dependance, inmitten eines 40 ha großen Parks; liebevoll und luxuriös mit großartigem Ambiente von der Familie Seresina ausgebaut, die das Haus führt. Aus etwa 500 m Höhe genießt man den schönsten Blick auf alle drei Seeorte, die zu Gargnano gehören, sowie auf den Monte Baldo gegenüber. Mit Solarstrom beheizter Pool, Fitnessraum, Sauna. Ambitioniertes Restaurant, auch klassische Konzerte mit festem Menü.

Via Sostaga 19, Navazzo, T 03 65 79 12 18, www.villasostaga.it, ganzjährig, €€€, nach drei Nächten gestaffelter Nachlass, saisonale Sonderpakete

Wohlfühl-Familienbetrieb

Mariano: Familiär geführtes kleines Hotel in freier Lage über dem See zwischen Sasso und Navazzo mit Garten und eigener Landwirtschaft (u. a. Olivenöl, Trüffel); Pool in Panoramalage, kleiner Wellness-/Fitnessbereich. 17 Zimmer, z. T. sehr groß, auch Einzelzimmer. Gutes Restaurant mit Seeterrasse für Hausgäste.

Via Sasso 8, Navazzo, T 036 57 16 89, www.hotelmariano.it, Ostern–Okt., €€

Für Ruhesuchende

Le Fiorini: B&B mit einem Riesengarten in Traumlage am Ortsrand von Sasso in rund 550 m Höhe, im restaurierten Haus der Großmutter Giovanna, nun von Alessandra mithilfe ihres Mannes Enrico und deren Söhnen geführt. Die drei Zimmer tragen Frauennamen der Familie Fiorini – Angela, Maria und Giovanna.

Via Sasso 24, mobil 33 33 30 58 23, https://bblefiorini.de, €–€€

Im Heustadl

Borgo Cima Rest: Drei ganzjährig bewohnbare, mit Stroh gedeckte historische Steinhütten. Geradezu komfortabel eingerichteter Wohn-Essraum mit Küchenzeile im Erdgeschoss, Obergeschoss als Schlafsaal für 4–6 Pers. Etwas für Romantiker mit Sinn für viel Natur. Vom gleichnamigen Restaurant geführt und vermietet, s. Essen

Località Cima Rest, Magasa, T 03 65 38 81 20, auf Facebook, €

Essen

Perfekte Pizza

Running Club: Riesenauswahl an Pizza, aber auch andere einfache Gerichte, Pasta natürlich und *carne salada* sowie Steaks zu günstigen Preisen. Es ist die beliebteste Kneipe des Montegargnano in drei Räumen, in der Mitte der große Pizza-Holzofen. Familie Tavernini betreibt sie auf der Rennstrecke der Mountainbiker, daher Running … Spezialität am Wochenende (auf Vorbestellung): *spiedo.* Im Sommer Tische am kühlen Dorfbrunnen gegenüber.

Via Mons G. Tavernini 46, Navazzo, T 03 65 79 12 17, Fr–Mi, wochentags zur Mittagszeit günstige Menüs, €

Trattoria zwischen Trailern

Giglio: Traumhafte, überdachte Terrasse über dem Campingplatz mit großartigem Blick über den See, innen ein typischer

Trattoria-Raum mit Bar, geführt von der ganzen Familie Piccini, die aus Mailand an ihren Ursprung zurückgekehrt ist.

Via Angelo Feltrinelli 163, Navazzo, T 036 57 11 77; im Sommer tgl., im Winter eingeschränkt, an den Wochenenden meist auch abends geöffnet; kein *coperto*, die Preise sind also Endpreise – eine Seltenheit in Italien! Zum Aperitif leckere kleine Platten und immer ein tolles Brot! Auch riesige *panini* werden nach Wunsch zubereitet, €–€€

Hausgemachte Pasta

La Genzianella: Maura und Giacomo sehen ihre 2015 übernommene Trattoria als Experiment an, weil sie ihre Küche möglichst nach der Devise ›Km 0‹, also Kochen mit dem, was die Umgebung hergibt, verstehen. Mit heimischen Fleischprodukten und Käse, Obst und Gemüse, und zur Saison auch mit Seefisch sowie hausgemachter Pasta.

Via dei Patrioti 40, Costa, T 036 57 11 33, www.locandagenzianella.it, Di–So, im Winter Mi–So. Jeden Fr-Abend großes Pizza-Essen; €. Auch drei kleine, aber ordentliche Zimmer mit Balkon und herrlichem Blick und eine Ferienwohnung sowie Dependance mit empfehlenswerter HP, €

Auf dem Berg

Al Borgo Cima Rest: Schilfbedeckte Hütten-Snackbar und Trattoria mit Tischen auch auf der Terrasse am Rand der Hochebene in unglaublicher Panoramalage. Ein echter Wanderertreff.

Località Cima Rest, Magasa, T 036 57 40 67, Fr–Mi, €

Ausgehen

Laden und Bar

Da Pisturì: Kleiner Lebensmittelladen mit Bar (Aperitifs!) und Innenhof auf dem Wanderweg nach San Valentino, ideal für den Einkauf des Picknicks oder die Erholungspause bei der Rückkehr.

Via Sasso 35, Sasso, T 036 57 26 17, Mittagspause, Mo nachmittags geschl.

Feiern

- **Arrivo della Stella:** Zwischen dem 4. und 6. Jan. ziehen schwarz gekleidete Männer von Dorf zu Dorf und singen zur Ankunft des Sterns von Bethlehem. Die Dorfbewohner bringen Gebäck und Tee oder *Vin brulé,* Glühwein, man versammelt sich um den Stern vor der jeweiligen Dorfkirche, singt, isst und trinkt zusammen. Costa, das am weitesten von Gargnano liegende Dorf, feiert das besonders ausgiebig.
- **San Valentino:** So vor oder nach dem Valentinstag am 14. Febr. Die Bewohner des Montegargnano pilgern zur Einsiedelei von San Valentino zum Gottesdienst; die meisten verbinden damit einen Tagesausflug mit Picknick.
- **Rivivi Costa:** Sommerfest Mitte/Ende Aug. ab 15 Uhr in Costa, u. a. mit *trippa* (Kutteln) als Spezialität und Handwerksständen.

Infos

- **Verkehr:** Eigenes Fahrzeug oder Mountainbike nötig, da die Linienbusse nur zu den Schulzeiten verkehren.

Die Hochebenen von Tignale und Tremosine

Noch im Gemeindegebiet von Gargnano beginnen die unzähligen Tunnels und Galerien der nördlichen Gardesana Occidentale, weil die Hochebenen von Tignale und Tremosine fast senkrecht in den Gardasee abfallen und südlich wie nördlich des San-Michele-Tales in 400 bis 560 m Höhe zwei riesige Alm-

Staunen ist angesagt beim Anblick der »Krönung der Jungfrau«, dem Fresko in der Grottenkapelle der Wallfahrtskirche hoch über Tignale.

gebiete bilden. Darüber ragen die noch höher aufsteigenden Berge der Trentiner Voralpen, die entlang der Regionalgrenze mit dem Trentino eine fast 2000 m hohe Gipfelkette bilden: mit dem Monte Campione (1977 m), dem Monte Lavino (1837 m) und dem Corno della Marogna (1954 m). Gemeinsam mit den Gemeindegebieten zwischen Salò und Limone sind sie durch den **Parco Alto Garda Bresciano** als Naturpark geschützt.

Die meist kleinen, eng gebauten Dörfer an den Abhängen und auf den Almen sind teilweise weit verstreut und bieten herrliche Sommerfrischen und Wandergebiete. Das hatte schon früh zur Folge, dass sie für den Tourismus mit Pensionen im Kern, aber auch außerhalb mit Hotelanlagen diverser Couleur erschlossen wurden. Hätte es den Naturpark schon vorher gegeben, hätte man bestimmt nicht so ›großzügig‹ bauen dürfen …

Madonna di Montecastello

Die Wallfahrtskirche **Madonna di Montecastello** thront anstelle einer Skaligerfestung auf einem steilen Felsen in 779 m Höhe über Tignale und ist, bei einem Gefälle von 25 %, nur mühsam, aber schön über einen Pilger-(Treppen-)Weg oder eine enge Fahrstraße erreichbar. Es ist besser, gemütlich zu Fuß hochzusteigen. Oben angekommen, wird man mit einem herrlichen Ausblick bis weit in den Süden des Sees belohnt und kann sich an der kleinen Bar mit großer Terrasse zu Füßen der Kirche erst einmal erfrischen, bevor es die steile Treppe rechts oder links nochmals hochgeht.

Die Wallfahrtskirche entstand vom 13. bis zum 15. Jh. und wurde im 17. Jh.

barockisiert, die Orgel 1644 eingeweiht. Die **Casa Santa** jedoch, eine Grottenkapelle, die hinter dem Hochaltar durch Glas abgeschirmt ist, soll bereits 802 für das wundertätige Marienbild aus dem Felsen geschlagen worden sein. Das Fresko der Maria mit Goldkrone von Palma il Giovane ist von vier Medaillons umgeben und wiederum in ein Fresko aus der Giotto-Schule integriert. Einfach rührend!

Via Chiesa, Tignale, T 036 57 30 19, Ostern–Ende Okt. meist 9–18.30 Uhr, Eintritt frei

Tignale

E 5

Schön sind die engen Bergstraßen, die sich in langen Serpentinen die steilen Hänge hinaufwinden. Zuerst auf die Hochebene von Tignale. Das ist der Sammelbegriff für sechs kleine Ortschaften, keine einzige trägt den Namen Tignale:

Zu Füßen des steil in den See fallenden Felsen ist nur wenig Platz geblieben für Campione del Garda.

Gardola (Sitz des Rathauses), **Piovere** und **Prabione, Aer, Olzano** und **Oldesio.** Etwa 1200 Menschen leben hier fest auf etwa 560 m Höhe, inzwischen nicht mehr von der Landwirtschaft, sondern zum größten Teil direkt oder indirekt vom Tourismus.

Das Herz des Naturparks

Im Ortsteil Prabione wurde das **Centro Visitatori Parco Alto Garda Bresciano,** das sehenswerte Besucherzentrum eingerichtet, das eine Einführung in die Flora und Fauna des Parks sowie in die Entstehung des Gebietes bietet. Der Wald, lernt man hier u. a., ist nicht nur für die Holzwirtschaft von besonderer Bedeutung, sondern vor allem wichtig für die Umwelt und auch für den großstadtgestressten Menschen, der hier Ruhe und Raum für eigene Entdeckungen finden kann. Dieses interessante Informationszentrum besitzt außerdem eine gut ausgestattete Bibliothek und bietet diverse Veranstaltungen.

Prabione, https://museoparcoaltogarda.it, Mai–Sept. Mo, Mi–Fr 14–18, Sa 13–18, So 14–18 Uhr, Erw. 3 €, mit der Tignale Card 2 €

Süßes aus Saurem

Die auf der Bergseite der Gardesana lang gestreckte *limonaia* **Prà de la Fam** ist zwar noch immer in Privatbesitz, aber dank der letzten Restaurierungen durch die Gemeinde von Tignale wieder der Öffentlichkeit zugänglich. Die Öffnungszeiten des wie immer interessanten Zitronenhauses schwanken, aber zwischen Ostern bzw. April und Oktober hat man tagsüber meistens Glück hineinzukommen. Ganz im Interesse der Betreiber, die hier ihre und die Produkte befreundeter Betriebe verkaufen, speziell Marmeladen von biologisch angebauten Zitrusfrüchten – wenn schon der Eintritt ins sog. Ecomuseo nichts kostet!

Via Gardesana 7, Porto di Tignale, T 036 57 33 54, www.ecomuseopradelafam.com

Ein Ort am Scheideweg

Zwischen den Hochebenen von Tignale und Tremosine erstreckt sich auf einer 700 x 300 m großen Aufschüttung des gleichnamigen Wildbachs die Ortschaft **Campione del Garda.** Leider ist sie zu einem der größten Spekulationsobjekte am See geworden und wird sicher noch ein paar Jahre lang zu einem Jachthafen der Luxuskategorie mit dazugehörender Infrastruktur ausgebaut – zum Entsetzen der meisten seiner etwa 180 Einwohner und der Gäste, die hier früher ihren Camperurlaub verbrachten. Immerhin wurde an der Nordseite außer dem großen Parkhaus eine Jugendherberge gebaut, die zu reellen Preisen während der Saison nette Zimmer für Wasserratten bereithält.

Man erreicht Campione am einfachsten mit dem Boot, die Straße dahin führt von der Gardesana über ein Tunnelgewirr zwischen Limone und Gargnano. Den Hinweisschildern folgen und dabei das Gefühl unterdrücken, man fahre im Dunkeln im Kreis …

BEGRENZTE BELIEBTHEIT

Der **Parco Alto Garda Bresciano** wurde zur Schonung der Natur in einem Gebiet eingerichtet, in dem bereits eine Menge Dörfer und Städtchen existierten, und deren Bewohner waren anfangs gar nicht davon begeistert. Denn der Status eines Regionalparks bringt auch Einschränkungen mit sich, vor allem baulicher Art. Jetzt müssen Naturschutzbehörde ebenso wie das Denkmalamt entscheiden, ob und wo gebaut oder gar nur ein bestehendes Teil erweitert oder umfunktioniert werden darf. Ein Glück für die Natur, wenn es auch leider nicht immer wirklich funktioniert … Andererseits bekommen Landwirte Zuschüsse, wenn sie das anbauen, was man parkseits für passend hält, wie etwa mehr Olivenbäume und Edelkastanien, die hier eine alte Tradition haben.

Schlafen

Sehr hübsch und familiär

Castello: Winziges Hotel in einem engen Steinhaus mitten im Dorf, von den Brüdern Fabrizio und Paolo geführt. Acht Zimmer und weitere sieben über die Gasse; drei moderne Apartments in der Nähe. Restaurant mit preiswerter, fantasievoller Küche, gegessen wird im Sommer auf der Panoramaterrasse oben auf dem Dach. Eigener Parkplatz in der Nähe am Dorfrand.

Via Castello 16, Gardola, T 036 57 30 41, www.albergocastello.it, Mitte März–Mitte Nov., €€

Ländlich

Agriturismo Collini: Vier Ferienwohnungen in einem alten Heuschober plus Anbau, wobei bis ins kleinste Detail auf eine ausgeglichene Verbindung zwischen bäuerlicher Tradition, Umweltschutz (Photovoltaik- und Solaranlage) und modernem Komfort geachtet wurde. Hausgäste essen im urigen Al Torchio (s. u.) zum Sonderpreis.

Via Leonardo da Vinci s/n, Gardola, T 03 65 76 02 96, www.gardasee-agriturismo-collini.com, März–Sept., Apartment für 2–4 Pers., €€

Beim Schnapsbrenner

Al Lambic: Schönes Landgut mit berühmter Schnapsbrennerei und Blick auf das Dorfkirchlein. Das Anwesen der einst herrschaftlichen Landvilla mit freskierten Decken und alten Böden wurde ausgebaut. Jetzt gibt es in der Villa zwei bezaubernde Doppelzimmer und eine Zwei-Zimmer-Suite, alle mit eigenem Bad, als B & B im früheren, aus Naturstein errichteten Bauernhaus (ab dem 14. Jh.), daneben sieben komfortable Ferienwohnungen mit schönem Innenhof, Whirlpool. Tolle, preiswerte Trattoria.

Via San Zenone 1, Prabione, T 036 57 34 02, www.agrilambic.it, April–Okt., Apartment für 2–6 Pers. €–€€, DZ €€

Essen

Angenehm urig

Al Torchio: Preiswertes, freundliches, im Sommer sehr gut besuchtes Lokal mit einer Art Wintergarten. Deftige lokale Küche, Pizzeria und Barbetrieb mit Snacks. Glutenfreie Kost! Auch nettes Apartment.

Via Europa 1, Gardola, T 036 76 02 96, www.altorchiotignale.it, Küche während der Saison tgl. geöffnet, sonst März–Okt. Mi–Mo, Menü €–€€, Pizza und *bruschette* €

Super traditionell

Al Lambic: Im Winter arbeitet die Schnapsbrennerei in den Räumen der Trattoria in niedrigen Gewölberäumen, daher bleibt sie zu. Hier ist alles hausgemacht und die Atmosphäre unschlagbar urig, die Tische müssen genau platziert werden, sonst stehen sie etwas wackelig auf den Kieseln der früheren Cantina. Das Landgut produziert selber Käse und Wurst, Schinken, Speck und Schnaps; zum Essen werden überwiegend Gardasee-Weine kredenzt. Besonders zu empfehlen sind die Vorspeisen und die liebevoll hausgemachten Pastagerichte; die Hauptspeisen sind recht fleischlastig und im Herbst aus Wild und Pilzen. Ein nettes und dazu relativ preisgünstiges Plätzchen für einen wunderbaren Schlemmer-Abend!

s. Schlafen, Ostern–Okt. Di–So 18.30–24 Uhr, So auch mittags, Juli/Aug. auch Mo, €–€€

SCHUTZHÜTTEN IM PARK

S

Unter www.rifugi.lombardia.it/de findet man zahlreiche *rifugi,* ganz unterschiedliche Schutzhütten im Gebiet des Naturparks Alto Garda Bresciano. Die meisten von ihnen naturgemäß in großartiger Panoramalage, ob nur für einen kurzen kulinarischen Stopp oder auch zum Übernachten.

Bewegen

Zu Fuß in die Natur

Wandern: In der Saison werden vom Touristenamt zahlreiche kostenlos geführte Wanderungen in der Umgebung angeboten, teils mit Einkehr. Doch auch auf eigene Faust kann man losziehen, überall findet man meist gut ausgeschilderte Wanderwege, teils durch dichte Mischwälder, immer wieder mit toller Aussicht auf den See.

Auf Rädern durch den Wald

Geländewagen oder Biketouren: Ab Olzano kann man mit dem Geländewagen (15,3 km) oder Mountainbike (12,8 km) zum großen Teil durch einen schönen dichten Wald nach Costa di Gargnano fahren.

Auf Brettern übers Wasser

Wassersport: Surfer treffen sich mit Vorliebe an der *limonaia* oder am kleinen Hafen von Prà de la Fam mit kleinem Strand unterhalb der Hochebene beim Porto di Tignale, wohin es mit der Tignale Card kostenlose Shuttles gibt (s. u.). Auch der Besuch des Hallenbads ist mit der Tignale Card kostenlos.

Seilakt über dem Boden

Parco Avventura Flying Frogs: Hochseilgarten ca. Ostern–Anf. Okt. werktags 10–18, So 13–18 Uhr, auch ein Kinderspaß für 8–20 €, je nach Touren und Dauer. Eintritt mit Tignale Card bis zu 50 % günstiger.

Prabione, Località Quader, www.flyingfrogstignale.com

Feiern

Fast alle Festlichkeiten der Hochebene drehen sich um Essen und Trinken, unterliegen aber leider häufig Terminverschiebungen.

- **Sagra del Tartufo:** letztes Sept.- und Okt.-Wochenende in Gardola. Es dreht sich alles um Trüffel, die hier reichlich gefunden werden.
- **Sagra del Marù:** 8. Dez. Kirchweih in Prabione. Maronenfest mit feierlichem Gottesdienst und kulinarischen Ständen rund um die leckeren Esskastanien.

Infos

- **Ufficio Unico del Turismo:** Via Europa 5, 25080 Gardola di Tignale (BS), T 036 57 33 54, www.tignale.org, März–Nov. Mit der Tignale Card, die Hotelgäste bei Ankunft erhalten, profitieren sie von zahlreichen kostenlosen Angeboten der Gemeinde während der Saison (und etlichen zu ermäßigten Preisen).
- **Busse:** Schlechte Verbindungen, man ist besser dran mit eigenem Fahrzeug.

Tremosine F 4

Von Tignale führt eine mehr als 12 km lange, kurvenreiche, aber gut befahrbare Bergstraße mit einem Gefälle von 12 % bis zum Hochtal von Tremosine, das aus 15 kleinen Ortsteilen mit insgesamt etwa 2150 Einwohnern besteht (man kann es von Limone aus auch direkt erreichen). Ein wunderschöner Weg verläuft parallel zum Bach über Sermério und Pregasio, um dann ganz oben in Pregasio die Orte Arias und Pieve anzusteuern.

Größte Sehenswürdigkeit Tremosines sind die schönen Ausblicke auf den See und auf das gegenüberliegende Ufer mit dem stolzen Monte Baldo, dann aber die atemberaubenden Blicke in die Tiefe direkt zu Füßen der Hochebene: Irgendwie hat man immer das Gefühl, falsch zu schauen oder auf dem Kopf zu stehen angesichts der steil abfallenden Felswände, an denen sich höchstens ein paar Blumen und Sträucher festhalten können.

Schaudernd blickt man von Tremosine in den Abgrund, manchmal weiß man nicht, ob man selbst kopfüber steht …

Am Abgrund

Die schönsten Ausblicke genießt man vom Hauptort **Pieve**, etwa 460 m über dem Gardasee gelegen, einem wunderbaren Ort sowohl für einen Ausflug als auch für einen längeren Aufenthalt. Der historische Kern ist den Fußgängern vorbehalten, ringsum haben sich Hotels in älteren oder gar historischen Gebäude eingenistet, es gibt viele Tennisplätze, Geschäfte, eine Bank sowie einen großen Parkplatz. Viele Dorfhäuser stammen aus dem 18. Jh. und sind liebevoll restauriert, manche mit Panoramablick auf den See, den Monte Baldo und Malcésine, das ganz nahe gerückt scheint.

Das Hotel Miralago (s. u.) im Zentrum trägt seinen Namen ›Seeblick‹ zu Recht. Auf seiner Café-Restaurant-Terrasse eine Pause einzulegen ist eine gute Idee. Oder man schlendert ein Stück in die Via Castello hinein, deren Ende nach etwa 30 m eine weitere über dem Abgrund schwebende Miniterrasse markiert.

Gesegnete Lage

Ein Stück südlich des Ortes steht etwas erhöht die kleine Pfarrkirche **San Giovanni Battista** aus dem 15. Jh., wie so vieles im Ort ebenfalls mit Panoramaterrasse. Die einschiffige Kirche mit je drei tiefen Kapellen wurde 1712 blumenreich barockisiert, mit auffällig gedrehten Säulen am Hauptaltar und schönen Schnitzereien am Chorgestühl. Auch die Orgel zeigt ein hübsch gearbeitetes Gehäuse und die Sakristei (nicht immer zugänglich) Intarsienarbeiten.

Piazza San Giovanni Battista 2, tagsüber meist geöffnet

Schluchtenfahrt zum See

Am spannendsten ist die Fahrt von Pieve di Tremosine durch die **Brasa-Schlucht** an den See. Man durchfährt dabei eine so enge Klamm *(forra)*, dass man meint, sich ducken zu müssen. Die Strecke ist trotz der letzten Erweiterungen und einer Ampelregelung nur etwas für erfahrene Autofahrer, die keine Angst vor Gegenverkehr haben. Man fährt an Wasserfällen vorbei, oder das Wasser zischt über eine Brücke, die wie eine romantische Ruine aussieht, über der Straße in die Tiefe. Auch eine kleine Kapelle in einer natürlichen Felsgrotte kann man entdecken und unglaublich tiefes Grün – wahrlich eine Märchenlandschaft. Zwei Restaurants bieten Ruhe- und Genusspausen auf der Strecke, die im Hochsommer auch bei größter Hitze ein kühles Erlebnis ist.

Schlafen

Mit Garten

Villa Selene: Zauberhaftes kleines, familiär geführtes Hotel in herrlicher Ortsrandlage mit Monte-Baldo- und Seeblick. 11 individuell ausgestattete Zimmer mit schönen Bädern (Whirlpool), Sauna; sehr großer Garten in Hanglage, Parkplätze. Nicht für Familienferien geeignet.

Pregasio 1, Pregrasio, T 03 65 95 30 36, www.hotelvillaselene.com. Ostern–Okt.; Frühstück auf Wunsch bis 11 Uhr, €€

Schönster Blick

Miralago: Verwinkeltes Hotel (ohne Aufzug) in toller Panoramalage auf einem Felsvorsprung mitten im Hauptort mit 37 hellen Zimmern (zusammen mit den Zimmern in drei benachbarten Gebäuden) und gutem, teils aus dem Felsen geschlagenem Terrassenrestaurant (im Sommer tgl., sonst Fr–Mi, Mittagsmenü, auch für Tagesgäste). In der Nähe ein Sport- und Unterhaltungszentrum mit Pool und Tennis; kleiner, hübscher Spa-Bereich mit Hydromassage und Infrarotkabine, privat zu buchen (90 Min. 30 €, Flasche Sekt inkl.).

Piazza Cozzaglio 2, Pieve, T 03 65 95 30 01, www.miralago.it, Mitte März–Anf. Nov., geöffnet, €€

Essen

Riesenportionen und Riesenblick

La Rocchetta: Gemütliches Steinhaus mit offenem Dachstuhl, von der ganzen Familie seit 1982 immer wieder ausgebaut und verbessert. Ein besonderes Wohlgefühl verbreiten die großen Panoramafenster. Vieles ist hausgemacht, das meiste stammt von der Hochebene und macht auch Vegetarier glücklich.

Via Rocchetta 20, Sompriezzo di Tremosine, T 03 65 95 32 50, www.ristorantelarocchetta.it, Mi–Mo, hausgemachte Pasta wie Spinat-Tortelli, Fleisch oder Fisch aus der Pfanne oder vom Grill, abwechslungsreiche Beilagen wie gegrilltes Gemüse; Käse aus Tremosine, aber auch Holzofenpizza und preiswerte Kinderportionen, €–€€

Über dem Wildbach

La Brasa: Ambitionierte Trattoria in einer früheren Hammerschmiede. Rustikaler Wintergarten über dem Wildbach, extra Raucherzelt im Garten. In diesem Familienbetrieb (Mutter Cozzaglio in der Küche, die Kinder im Service) gibt es seit 1996 echte Hausmannskost vom Grill, Forelle, Bachsaibling oder diverse Fleischgerichte, Salate, preiswerte Pastagerichte und abends sehr leckere Pizza. Großer Parkplatz über die Straße, die es für die vielen Ausflügler hierher auch braucht.

Via Benaco 22, in der Klamm (La Forra, Valle Brasa) zwischen Pieve und dem See, T 03 65 91 81 19, www.brasa.it, März–5. Jan. Di–So, während der Saison tgl., €–€€

Bewegen

Mit Stock über Stein

Wandern und Nordic Walking: Das Touristenbüro bietet in der Saison geführte Wanderungen, im Internet kostenloses Kartenmaterial für Wanderer und Biker. Tremosine bezeichnet sich als der ›erste Nordic-Walking-Park‹ und hat fünf Wege von 4 bis 10 km Länge ausgeschildert (s. auch Tour S. 224).

Am Fels und in der Schlucht

Skyclimber: verschiedene Kletter- und Mountainbike- sowie Canyoning-Touren.

Via Dalco 3, mobil 34 81 99 71 99, www.skyclimber.eu

Serve statt surf

Hotel Residence Campi: Acht Tennisplätze, Kurse für Groß und Klein.

Via Larici 15, Voltino di Tremosine, T 03 65 91 72 56, www.residencecampi.com

Und immer wieder lockt das Boot

Kitecampione: Kitesurfschule, Geräteverleih am Strand von Campione.

Sekretariat Lungolago Olcese s/n, April–Okt. Do–Di, T 03 65 91 69 25, www.kitecampione.it

Und zur Abwechslung: Segeln

North West Garda Sailing: Segelklub mit Schule.

Lungolago Vittorio Olcese 18, Campione, mobil 34 89 93 48 10, www.northwestgardasailing.org

Feiern

Auf der Hochebene von Tremosine drehen sich fast alle Veranstaltungen ums Essen und Trinken.

- **La Cinquemiglia del Ghiottone:** Anf. Juni in Pieve. Kulinarische Wanderung von Lokal zu Lokal. Die Strecke (tatsächlich ca. ›5 Meilen‹ lang) führt über leichte Wanderwege durch Wälder und Wiesen, über Weiden und an dunklen Nadelbäumen vorbei. Anmeldung erforderlich (info@infotremosine.it); Fortsetzung leider unsicher.
- **Il Gusto con Gusto:** Mitte Sept.–Mitte Dez. im gesamten Gemeindegebiet. Gastronomische Wochen in Restaurants, die an festgelegten Tagen spezielle Feinschmeckermenüs zum Festpreis anbieten.

Infos

- **Pro Loco:** Piazza Marconi, 25010 Pieve di Tremosine (BS), T 03 65 95 31 85, www.infotremosine.it.
- **Busse:** Die Hochebene ist nicht sonderlich gut angebunden, vor allem nicht im Hinterland. Im Sommer Busverbindung Campione–Hochebene und von manchen Hotels Shuttles.
- **Boote:** Campione wird nur im Sommerhalbjahr zweimal tgl. von den Linienbooten der Navigarda angefahren.

TOUR
Sport mit Kulturfaktor

Nordic Walking auf der Hochebene von Tremosine

Infos

Start: Vesio, Ortsteil Pertica, E 4

Länge: 6 km

Dauer: ca. 3 Std.

Infos: www.info tremosine.it

Nordic Walking mit Kultur hat sich Astrid Siemssen-Hahn auf der Hochebene von **Tremosine** ausgedacht und damit Neuland hin zu geruhsamem Genießen bei moderater Bewegung in der freien Natur geschaffen. Dafür wurden spezielle Strecken ausgeschildert und Kurse sowie begleitete Touren angeboten, auf denen kulturelle Spots angelaufen bzw. für Einzelläufer empfohlen werden. Ihre Idee trägt Früchte, auch für normale Wanderer: Bei den geführten Wanderungen auf den **alten Handelsstrecken** und **Wanderwegen** achtet man auf die Umgehung von Teerstraßen. Wie Wandern ist auch Nordic Walking ein Sport, der das ganze Jahr über ausgeführt werden kann und ganz leicht erlernbar ist. Hochleistungsfreude statt Hochleistungssport sagt man in Tremosine. Und dafür braucht man keine großartige Ausrüstung – Stöcke kann man sich sogar vor Ort ausleihen.

Im ersten **Nordic Walking Park** am Gardasee wurden vorerst fünf Rundwege gut ausgeschildert. Eine besonders schöne Tour führt auf den Wanderwegen 209 und 268 durch die Schlucht *(forra)*, den wildesten Teil des **Brasa-Tals** mit seinen historischen Eisenschmieden und Mühlen, Gerbereien, Kalköfen und Köhlereien (und toller Trattoria). Nur eine Entdeckung auf der Hochebene von Tremosine mit ihren 15 Ortschaften, von denen nur eine, Campione, am See liegt.

Breit und grün ist es in der Nähe von **Villa,** dann wird es immer steiler und felsiger, je näher man dem See kommt. Durch die eng zusammenstehenden Felswän-

Romantisch gelegen und historisch wichtig für ganz Tremosine: die Getreidemühle in der Brasa-Schlucht.

de kommt kaum die Sonne durch, erst oben trifft man auf submontane Vegetation wie Hainbuche, Esche und Kiefer. Weiter unten gedeihen prächtig die aus dem Mittelmeerraum stammenden Pflanzen wie Steineiche und wilder Rosmarin.

Das Wasser des Brasa-Bachs kommt vom Bondo-Bach, durchquert die Moräne und tritt unterhalb von **Vesio** auf ca. 500 m Höhe wieder hervor. Der wilde Brasa fließt in einem nur ca. 1 m breiten Bett voller Steine, Geröll und Kies, was die Strömung etwas abbremst und das Wasser recht kühl bleiben lässt – zwischen 3 und 16 °C.

Da der Bach früher schneller floss, war er 1850 bis 1960 die Energiequelle für die hier angesiedelte Industrie: u. a. eine Gerberei (bis 1912), die Nagelschmiede Marchetti (bis 1920; Reste von Getriebe und Holzhammer noch vorhanden) und eine Mühle. In ihr (bis 1961 in Betrieb) wurden Mais und Weizen von den Feldern Tremosines gemahlen, was die Familien für den Eigenbedarf angebaut hatten. Die Wagen, mit denen sie zur Mühle kamen, wurden von Maultieren oder Eseln mit Sattel gezogen. Und hier ging es nach dem Wiegen des Rohstoffs weiter: Durch das Sieb *(bügatina)* kamen das weiße Mehl, eine Mischung aus Mehl und Kleie *(farnièl)* und die Kleie. Viel in Gebrauch war zuletzt vor allem gemahlener Mais *(formentas)*. Daraus erhielt man feines gelbes Mehl *(biàca)*, Polentamehl *(farina sàlda)* und Maismehl mit Kleie gemischt (das *trièi*).

Das Informationsbüro in Tremosine bietet während der Saison an unterschiedlichen Tagen 3- bis 4-stündige begleitete Touren durch die Forra, mit Tremosine Welcome Card günstiger; sonst auch kostenlose Touren (Näheres unter www.tremosinesulgardaeventi.com).

Limone sul Garda

F 3

Für viele ist Limone der schönste Ort am Gardasee – allenfalls noch der zweitschönste nach Sirmione. Seinen Ruhm verdankt er seiner zauberhaften Lage, dem reizvollen alten Hafen, dem milden Klima und den *limonaie,* die man fälschlicherweise für die Namensgeberinnen hält: Limone kommt aber vom lateinischen *limes* und bedeutet Grenze. Heute ist Limone mit seinen knapp 1200 festen Einwohnern zum Opfer seiner Fans geworden, die es ab Frühjahr überfallartig einnehmen. So bleibt es bis zum Herbst: volle Gassen, kitschige Souvenirläden, Nepppreise in manchen Cafés und Restaurants. Und mit wenigen Ausnahmen Hotelkästen der Neuzeit, die ohne Rücksicht auf die alte Bausubstanz mitten in die historischen Zitronengärten gesetzt wurden.

Mit der neueren Fährschiff-Anlegestelle am südlichen Ortsrand, dem **Porto Nuovo** vor dem beliebten und schön ausgebauten Kiesstrand, hat Limone touristisch noch an Bedeutung gewonnen. Gleichzeitig wurden Parkplatz, Hafen und der ganze Lungolago Marconi mit seinen diversen Bootsanlegestellen bis zur Polizeiwache mit einer verbreiterten Promenade angebunden – noch mehr Platz für Menschenmassen, die sich weiter durch die engen, mit Steinen gepflasterten Gassen zum **Porto Vecchio** schieben, der durch seine Winzigkeit und die hübschen umgebenden Häuser noch immer romantisch wirkt. Vom alten Hafen durchzieht eine schmale Hauptgasse Limone weiter Richtung Norden.

Kapelle mit Panorama

Von der Haupt- führt die enge Dorfgasse auf **San Rocco** zu, das leicht erhöht steht und über ein paar Stufen erreichbar ist. Von Juni bis August finden Führungen durch das Kirchlein statt, aber auch sonst kann man durch die meist offenen, vergitterten Fenster einen Blick auf die Chorfresken aus der Renaissance werfen, die Scheinarchitektur um die Lebensbilder des hl. Rochus zeigen. Denn die Kapelle zu Ehren des Pestheiligen wurde von den Bewohnern Limones errichtet, die während der großen Pestepidemie im 16. Jh. verschont geblieben waren. Hübsch ist der Blick von der kleinen Terrasse vor der Kirche nach Süden auf den Ortskern um den alten Hafen und auf die Anlegestelle.
Piazzale Franco Gerardi

Museen

Ausstellung im Zitronenhaus

Limonaia del Castèl: Direkt unter einem Felsvorsprung wurde die restaurierte Limonaia del Castèl Besuchern zugänglich gemacht (Hinweise von der Hauptgasse dorthin beachten), neu bepflanzt mit Zitronen und Zitronatzitronen, Grapefruits, Bitterorangen, Mandarinen, Clementinen und Kumquats (s. auch Magazin S. 276).
Via Orti 9, April–Okt. tgl. 10–18, Juni–Mitte Sept. bis 22 Uhr, T 03 65 95 40 08, Erw. 2 €

So fing alles an …

Museo del Turismo: Das überschaubare Museum im Obergeschoss des alten Rathauses von Limone erläutert die Entwicklung des Fremdenverkehrs mit Dokumenten und Fotos, z. T. mit amüsanten Details.
Via Lungolago Guglielmo Marconi/Ecke Via Comboni, April–Okt. tgl. 10–22 Uhr, Eintritt frei

Fischereimuseum

Museo dei Pescatori: Das kleine Museum wird oft übersehen, weil es jenseits der Durchgangsstraße auf der Bergseite im Garten des neuen Rathauses steht. Mit Bildern und Utensilien, Netzen und kleinem Boot wird fast wehmütig an Limones Vergangenheit als Fischerort erinnert. Zusammen mit dem Park eine Oase der Ruhe.

Via IV Novembre 25, bei der Limonaia der Villa Boghi, tgl. April–Okt. 10–22 Uhr, Eintritt frei

Schlafen

Schöne Seelage

Le Palme: Umgebaute Villa im venezianischen Stil (17. Jh.) am See mit riesiger Terrasse, eigenem Strandabschnitt, Pool im nahen Garten hinter einer Mauer. Pianobar, privater Parkplatz beim Hotel Splendid (Shuttlebus). 28 mit Stilmöbeln eingerichtete Zimmer. Terrassenrestaurant.

Via del Porto 36, T 03 65 95 46 81, www.sunhotels.it, Ostern–Sept., günstige Wochenangebote, €€

Am alten Hafen

Monte Baldo: Schönes kleines, von der Familie Usardi immer wieder renoviertes Hotel in einem schmalen Haus am alten Hafen mit einladendem Weinlokal im Erdgeschoss, darüber Restaurant. 12 nette Zimmer, acht mit Balkon zum Hafen bzw. See. Etwas für Romantiker, die mittendrin sein wollen. Parken im öffentlichen Parkhaus.

Via Porto 29, T 03 65 95 40 21, www.montebaldolimone.it, Mitte März–Anf. Nov., Angebote wie 8 Ü. zum Preis von 7 Ü.; Hausgäste erhalten im Restaurant 10 % Nachlass, €€

Familiär am See

Sole: Freundliches, familiär geführtes älteres Hotel garni an der Seepromenade mit neuerem Anbau, 38 Zimmer z. T. mit Balkon oder Terrasse bzw. Seeblick. Kein Salon, dafür Restaurant mit Caféterrasse zum Hafen. Also kein unbedingt ruhiges Haus, aber typisch.

Lungolago Marconi 36, T 03 65 95 40 55, www.hotelsolelimone.com, Ostern–Okt., Parken im nahen Parkhaus inkl., 10 % Nachlass im Restaurant, €€

Ruhe vor dem Sturm: In Limones engen historischen Gassen zwischen Berg und See haben sich unzählige Souvenirläden angesiedelt.

Im Olivenhain

Coste: Freundliches Hotel der Familie Girardi, die sich bereits seit 1959 um die Gäste ihrer 26 Zimmer kümmert; mit Pool in einem Olivengarten in schöner Lage auf der Bergseite. Die Villa Ersilia gehört auch dazu. Parkplatz.

Via Tamas 11, T 03 65 95 40 42, www.hotelcoste.com, April–Okt., €€

Essen

Meeresspezialitäten am See

Gemma: Wer Meeresfisch nicht missen möchte und Wert auf beste Zubereitung legt, sollte auf Küchenchef Donato Cariddi und sein Team vertrauen. Auch glutenfrei und speziell für Vegetarier und Veganer wird gekocht. Die Pasta ist hausgemacht und es gibt verschiedene Risotti. Leicht gehobene Preise, aber das ist der hohen Qualität von Fisch und Fleisch sowie der aufwendigen Prozedur in der Küche geschuldet.

Via Giuseppe Garibaldi 11, T 03 65 95 40 14, www.ristorantegemma.it, €€–€€€

Ein Stück Südtirol

Speckstube al Castèl: Urige Kneipe mitten im Ort, wo man den ganzen Tag über Speck- und gemischte Platten oder andere Kleinigkeiten bekommt, auch mit dunklem Brot und Brezeln. Die Leute lieben das Lokal mit seinen netten Ecken und der Riesenkarte zu reellen Preisen, auf der außer der Speckplatte diverse *piadine,* auch vegetarische, sowie Carne Salada oder Bresaola stehen.

Via Antonio Moro 18, mobil 33 86 41 74 99, www.facebook.com/SpeckStubealCastel, April–Okt. tgl. 10–23.30 Uhr, €

Schnell und gut

Al Molo: Snackbar mit leckeren Sandwiches, Pizzastücken und anderen Kleinigkeiten in netter Atmosphäre, sogar mit ein paar Tischen am alten Hafen.

Via Porto 11, T 03 65 95 46 72, während der Saison von früh bis spät geöffnet, €

Einkaufen

Anziehungspunkt

Wochenmarkt: April–Okt. Di.

Bewegen

Vom Boot in den See

Baden: Am ausgebauten Kiesstrand mit seinen hübschen kleinen Buchten im Süden (mit Tretboot-Verleih), auch von den Campingplätzen aus kann man gut baden; im Norden außerdem an ein paar kleinen Abschnitten vor den Hotels.

Surfen für Einsteiger

Surfing Lino: Bietet u. a. Schnupperkurse für drei Tage, Mindestalter 9 J.

Foce San Giovanni, Mitte Mai–Anf. Okt., mobil 33 84 09 74 90 oder 32 98 78 44 73, www.surfinglino.com

Regattavorbereitung

Circolo Vela Limone: Segelkurse für Anfänger und Fortgeschrittene.

Via IV novembre 3/D, Juni–Sept., T 03 65 91 41 06, www.limonegardasailing.org

Regattaausführung

North West Garda Sailing: mit Startplatz in Campione (s. S. 223)

mobil 34 89 93 48 10, www.northwestgardasailing.org

Das Boot zum See

Limone Boat Rent: Motorbootverleih auch ohne Bootsführerschein.

Porto Nuovo/Via Lungolago Marconi, mobil 33 37 61 64 32, www.limonerentboat.com

Organisierte Erkundung

Wandern: Kostenlos über das Verkehrsamt oder die Riviera dei Limoni geführte Wanderungen in der Saison von Juni bis Sept.

Ab in die Berge

Mountainbike: Von Limone aus bieten sich viele Tourenmöglichkeiten an, am bekanntesten ist die Strecke zum Monte Tremalzo (auch per Shuttle zu erreichen) mit einer der berühmtesten Abfahrten auf der früheren Militärstraße (Strecke wichtiger Wettkämpfe wie der Bike X-treme, s. u.).

Ausgehen

In Limone setzt man sich normalerweise in ein Cafè am See und genießt seinen Drink zu kleinen Knabbereien als *aperitivo* oder *dopocena*, vor oder nach der *passeggiata* am langen Ufer im Bereich des neuen Hafens. Im Hochsommer organisiert die Gemeinde zahlreiche Abendveranstaltungen mit Musik und auch Feuerwerk (s. Feiern).

Eins draufgesetzt

Mamba Beach Club: Eigentlich ein Restaurant mit öffentlichem Pool in wunderbarer Lage, sprich super Ausblick, im südlichen Ortsbereich, wo aber gerne ausgiebig gefeiert wird.

Via IV Novembre 3/g, T 03 65 95 46 35, auf Facebook, Do, Sa 10–15, 18.45–22.30, Fr 12–2, So nur 12–15 Uhr

Feiern

- **Serata Suoni e Sapori Nell'Uliveto:** Normalerweise am letzten Julisonntag bietet Limone seinen Gästen ein reichhaltiges Unterhaltungsprogramm: Man spaziert durch den historischen Kern und entlang der Seepromenade, hört den Musikgruppen zu und genießt dabei typische Gerichte zum Wein. Für ein Sammelticket bekommt man eine Jutetasche sowie Porzellanteller, Kelchglas und Gabel (um sich damit überall durchzuprobieren).
- **Limonaia sotto le Stelle:** Besuch der *limonaia* mit Limoncello-Verkostung, Mai–Sept. Sa 20–23 Uhr.
- **Yellow Night Limone sul Garda:** Großes Fest zum Ferragosto um den 15. Aug. mit spektakulärem Feuerwerk.
- **Limonextreme:** Okt., www.limonextreme.com. Kletterwettbewerb vom See 3,7 km steil nach oben bis auf 1080 m Höhe.

Infos

- **Consorzio Turistico Limone:** Sehr informative Seiten mit allem, was man für seinen Limone-Urlaub brauchen könnte, ob Hotels oder Restaurants, Sport oder Veranstaltungen, Via IV Novembre 25, 25010 Limone sul Garda (BS), T 03 65 95 47 20, www.limonehotels.com; **Comune di Limone sul Garda:** www.visitlimonesulgarda.com.
- **Boote und Fähren:** Limone ist sowohl Anlegestelle für die Fährschiffe nach Malcésine (Riva ohne Autotransport) als auch der Schnell- und der normalen Boote der Navigarda für den reinen Personentransport; der Ort wird während der Saison häufig angefahren; auch Bootstaxi, speziell nach Malcésine.
- **Busse:** Linienbusverbindungen bestehen sowohl mit Riva und Arco (bzw. weiter nach Tórbole, Rovereto und Trento) als auch nach Süden über Gargnano bis Salò und nach Desenzano bzw. Brescia.
- **Parken:** Limones historischer Kern am See ist reine Fußgängerzone. Ein großes Parkhaus gibt es auf der Bergseite und eines unterhalb der Durchgangsstraße am See beim neuen Hafen.
- **Taxi:** Es gibt mehrere Anbieter für Ausflüge und den Transfer zu Flughäfen oder Bahnhöfen, die nicht gerade in der Nähe Limones liegen. Es werden auch Sammelfahrten unternommen, um die Kosten etwas abzufedern; über die Hotels zu organisieren, s. auch www.limonetransfer.com.

Lago d'Idro

D

Der kleine Nachbarsee im Westen jenseits des Parco Alto Garda Bresciano gilt bei seinen Fans als Zufluchtsort, wenn es am Gardasee so hektisch zugeht, dass man am liebsten fliehen möchte, also vor allem im Hochsommer. Der Lago d'Idro – oder Idro-See – in der schmalen Form eines typischen Alpensees, liegt ja auch etwas höher als der Gardasee, nämlich 368 m über dem Meeresspiegel (Gardasee 65 m), aber sein Wasser wird nie so warm wie das des großen Nachbarn, höchstens 20–23 °C.

Außer an seinem südlichen Ende ist der Idro-See von steil abfallenden Bergen umgeben, die im Sommer zu erfrischenden Wanderungen einladen. Da zum Glück große Neubaukomplexe fehlen, hat sich in den Dörfern mit ihren schmalen Gassen, blumengeschmückten Innenhöfen und alten Hoftoren eine angenehme, typisch italienische Atmosphäre erhalten.

Außerdem gilt der Idro-See als einer der saubersten Badeseen Italiens und ist ideales Revier für Surfer, Segler und Kiter, weil er um die Mittagszeit ähnlich wie der Gardasee zuverlässige Windverhältnisse bietet, vor allem Südwinde. Auch während der Hauptsaison findet man kleine, einsame Kiesstrände, sogar schattige, auch für Hundebesitzer. Wohl dem, der auch nur das kleinste Ruderboot dabeihat!

O

ORIENTIERUNG

Infos: www.lagodidro.it: alle wichtigen Informationen, auch zu Unterkünften und zu Sport; www.vallesabbia.info: Infos zum ganzen Sabbia-Tal; www.roccadanfo.eu: alles Wissenswerte zu der wichtigsten Sehenswürdigkeit des Sees, der Rocca d'Anfo.

Verkehr: Richtig gute öffentliche Verbindungen gibt es nicht, wenn, dann am ehesten vom Verkehrsknotenpunkt Pieve Vecchia ganz im Süden des Sees, nach Norden Richtung Trento und nach Südwesten Richtung Brescia.

Im Winter sind die Pässe hinter Bagolino geschlossen: Passo della Spina über Maniva und Crocette bis Passo di Croce Domini.

Nicht verpassen sollte man eine Rundfahrt mit der kleinen Fähre, die auch Fahrräder mitnimmt; man kann auch einfache Strecken fahren, also von Ort zu Ort, dazwischen wandern oder radeln und so den See gemütlich erkunden.

Idro und das Ostufer

A/B 4/5

Die weit verstreute Gemeinde Idro bringt es ganzjährig auf höchstens 2000 Einwohner, die im Sommer weit übertroffen werden von den Feriengästen. Denn der Tourismus hat den Fischfang als Haupterwerbsquelle längst verdrängt. Einen Ort namens **Idro** sucht man vergebens, jeder Ortsteil trägt seinen eigenen Namen: am Ostufer **Crone**, **Vantone** und **Vesta** am Ende der Straße, die am 1194 m hohen Monte Calva nicht weiterkommt. Nach Süden zu sind es **Lemprato** und der Verkehrsknotenpunkt **Pieve Vecchia.**

Ende Gelände

Crone, der größte Ortsteil am Südostufer, wurde 1910 durch Aufschüttungen des Abraums aus den Tunnelbauten für Vesta dem See abgenommen, wo sich heute der große Marktplatz des wirtschaftlichen Zentrums von Idro befindet. Hier sind die meisten Geschäfte für den täglichen Bedarf, Restaurants und Bars, und wird mittwochs der große Markt abgehalten.

Im Ortsteil **Vantone** weiter nördlich, wo sich der gleichnamige Bergbach in den See stürzt, befinden sich schön angelegte Campingplätze, die auf ihre Stammgäste zählen können – da sollen inzwischen schon Generationen ihre Sommerferien verbracht haben.

Schließlich **Vesta,** wo eigentlich nur Ferienhäuser stehen. Hier ist die Welt sozusagen am Ende, für Autofahrer zumindest, die ohnehin erst nach dem Tunneldurchstich in die Felsen bis hierher kommen konnten. Den 1194 m hohen Monte Calva ›schaffen‹ nur Wanderer, wenn sie nach Bondone oder Ponte Càffaro wollen.

Die hohen Berge um den Lago d'Idro bilden eine Art Trichter – ideal für wassersporttaugliche Winde.

Schlafen & Essen

In Crone Downtown

Alpino: Nettes, traditionsreiches Hotel der alteingesessenen Familie Pizzoni am Hauptplatz gegenüber dem Hafen mit 24 ordentlichen Zimmern und sogar Suiten, gutem Restaurant (auch für Tagesgäste) und immer gut besuchter Caféterrasse für Eis und Aperitif. Unglaublich umfangreiche Weinkarte, die man im bescheidenen Ort nicht vermuten würde. Via Lungolago Vittoria 14, Crone, T 036 58 31 46, www.hotelalpino.net, €–€€; Restaurant: Einzelgerichte relativ teuer, aber zwei günstige Degustationsmenüs: zwei Gänge mit Beilage zur Wahl, vier Gänge zur Wahl inkl. Käse und Nachtisch, €–€€

Ein Hauch von Luxus

Residence Vico: Gehört derselben Familie wie das kleine Hotel Alpino, am südlichen Ortsrand und nur durch den Uferweg vom See getrennt, mit Reihenbungalows im Halbrund um den beheizten Pool, 22 Apartments für 2–6 Pers., nur wochenweise zu mieten. Für Umweltbewusste: zwei Tesla-Ladestationen für Elektrowagen, es sollen noch mehr hinzukommen. Via Indipendenza s/n, Crone, T 03 65 82 38 24, www.residencevicoidro.it, Apartment für 2–4 Pers. oder bis 6 Pers., €–€€

Die Lage macht's möglich: Kitesurfen geht auch am Lago d'Idro.

Bewegen

Voll natürlich

Baden: Die schönsten, natürlich belassenen und frei zugänglichen Uferabschnitte von Crone befinden sich südlich des Hafens und sind frei zugänglich, ebenso die Strandabschnitte der nördlichen Ortsteile mit ihren Feriensiedlungen.

Rigoros geregelt

Motorboote: Nur bis 10 PS zugelassen; unbedingt Bootspapiere, Versicherungsnachweise und Schwimmwesten mitführen.

Immer den Fels entlang

Klettergärten und Hochseilgärten: Es gibt zahlreiche Klettersteige in den umliegenden Bergen bis hin zum Brenta-Massiv sowie am Idro-See, u. a. bei AZUR Sportcamping (www.idrosee.eu) zu buchen: Ein Klettersteig im Ortsteil Crone (200 m vertikal), zwei in Vesta (3 km horizonal), Kletterpark mit diversen Routen, Hängebrücken, Rutschen etc. in Casto (ca. 10 km entfernt)

Rutschige Angelegenheit

Canyoning: Canyoningtouren für Familien mit Kindern und für Erwachsene in Nähe des Campingplatzes AZUR.

Ausgehen

Mehrere Eisdielen und Cafés laden zum Verweilen ein, z. B. die Caféterrasse des

Hotels Alpino (s. Schlafen), ansonsten trifft sich die ›Szene‹ vor allem im Vorort Lemprato, s. u.

Modernisiert mit Eigenproduktion

Gelateria Bounty: Schöne Lage mit großer Pergolaterrasse dem See gegenüber, freundlich von Cristina Barcella geführt, ein wahrer Sommertreff und schöner Zwischenstopp am Idro-See.

Via Lungolago Italia 29, Località Lemprato, mobil 33 19 05 79 26, im Sommer tgl. 6–2 Uhr

Wein und mehr

Bar Bona: In neuem Kleid wiedereröffnetes Lokal, innen trägt viel Holz zur gemütlichen Atmosphäre bei, an milden Abenden sitzt man draußen auf der großen Terrasse zum See; riesige Weinauswahl und sonstige Getränke, also toll für Aperitif und *dopocena* nach dem Abendessen, aber auch für ein gediegenes Abendessen, sogar mit Austern … Alles nett angerichtet.

Via Lungolago 27, Località Lemprato, mobil 32 94 31 84 66, auf Facebook, im Sommer tgl. 6–2 Uhr

Infos

- **Consorzio Operatori Turistici:** Via Trento 16, 25074 Idro (BS), T 036 58 32 24, www.lagodidro.it.

Anfo und das Westufer

A 4

Die Berge fallen auf dieser Seite so steil in den See, dass für die Straße kaum Platz geblieben ist und für sie deshalb Tunnels in die Felsen gebohrt werden mussten. Nur **Anfo** selber sitzt auf einem kleinen Delta, das sich das gleichnamige und recht schnelle Flüsschen mit der Zeit in den See geschaffen hat. Ein schlichter Ort mit kleiner Kirche, beliebt bei Campern, die hier zwei angenehme Plätze finden.

400 m nach oben gestapelt

Von den Venezianern errichtet, von Napoleons Truppe (damals an der Grenze Italien-Österreich-Ungarn) um 1800 ausgebaut und bis 1975 für militärische Dienste genutzt, ist die **Rocca d'Anfo** mit Sicherheit die größte Sehenswürdigkeit am Idro-See und seit wenigen Jahren für Besucher erschlossen, allerdings nur im Sommer. Und der Besuch ist nur für Leute mit guter Kondition geeignet, denn die Festungsanlage steigt rund 400 m den Monte Suello hoch, in den sie teilweise hineingebaut wurde. So ist die aus rund 600 Granitstufen bestehende venezianische Treppe im wahrsten Sinne des Wortes atemberaubend. Allein darf man nicht hinein, begleitet dauert die Besichtigung 4 Stunden. Das kleine Museum darin ist Juni–Sept. nur vormittags 9–12 Uhr geöffnet. Es lohnt sich, immer wieder einen Blick ins Veranstaltungsprogramm der Rocca zu werfen, denn es gibt ab und zu Konzerte und Besichtigungen bei Vollmond! Und wer verrückt und sportlich genug dafür ist, darf manchmal mit dem MTB hinauf.

Via Calcaterra 6, T 036 58 32 24, www.roccadanfo.eu, Führungen Juli/Aug. tgl. (wenn Personal vorhanden ist), sonst Juni–Sept. nur an Wochenenden 8–18 Uhr; lange Tour (4 Std.) von der Kasse aus inkl. Bootsanfahrt Erw. 10 €, kurze Tour (2 ½ Stunden) ab dem Museo della Rocca mit Besichtigung der venezianischen Teile, des Belvedere und von Anfo Superiore, also ohne Observatorium und die unterirdischen Gewölbe, Erw. 8 €

Schlafen & Essen

Schlafen in der 1. Reihe

Albergo Ristorante al Lago: Freundliches 3-Sterne-Hotel am See mit ordent-

lichem Restaurant mit Pizzeria, Lounge Bar und Freisitz vor dem Uferweg und der Wiese, auf der die Boote an Land gezogen werden, und nahe dem Anleger der Fährboote. Tennisplatz, Parkplatz.
Via Lago 12, Anfo, T 03 65 80 00 78, www.mabellini.it, 15. Okt.–Ende Nov. geschl., Zimmerpreise inkl. Fahrrad und Ruderboot, €€

Kulinarischer Fluchtpunkt

Rifugio Rosa di Baremone: Erreichbar zwar nach einer aussichtsreichen Fahrt auch mit einem Wagen, aber sportlicher wäre es natürlich mit dem Fahrrad oder gar zu Fuß. Denn einer der schönsten vom CAI ausgeschilderten und gut gepflegten Wanderwege (Nr. 432), führt u. a. zum Passo del Baremone (1406 m) und zum Rifugio. Hier gibt es authentische Gerichte der Valsabbia und typische Berggastronomie mit *Polenta taragna* mit dem berühmten Käse aus Bagolino, dem Bagòss, oder auf den Almen produzierte Salami. Eine einfache, aber schmackhafte Küche ist es. Bald, versprechen die jungen Betreiber, sollen auch Zimmer und Bettenlager für Übernachtungsgäste fertiggestellt sein.
Località Baremone 11, Anfo, T 03 65 80 90 24, www.rosadibaremone.it, April–Okt.

Bewegen

Sportlicher Rundumschlag

Surfpoint: Es gibt fast keine Sportart auf dem Wasser und am Berg, die nicht auf dem Programm von Surfpoint wäre, das man wie in Vantone auch in Anfo findet.
Località Spiaggetta, mobil Vantone 33 92 27 59 94, mobil Anfo 33 94 66 99 45, www.surfpoint.it, Juni–Sept. 10–18.30 Uhr

Radeln leicht gemacht

Point E-Bike: Verleih von E-Fahrrädern.
Località Spiaggetta, mobil Renato 34 70 55 42 01, Nicola 34 68 07 64 29, auf Facebook, 1 Tag 40 €, mit Fähre 53 €, auch stundenweise zu mieten

Ausgehen

Am öffentlichen Strand bleibt die Bar im Sommer bis 2 Uhr geöffnet.

Den See immer im Blick

Albergo al Lago: Einladende Caféterrasse am See mit Aussicht.
s. Albergo Ristorante al Lago

Laterne über dem See

La Lanterna: Der gute Tipp für einen Aperitif mit Seeblick, wenn die Hauptstraße nicht stört. Früher gab es hier auch zu essen, geblieben ist die Bar.
Via Roma 20, T 03 65 80 90 33

Infos

- **Valle Sabbia e Lago d'Idro, Agenzia territoriale per il Turismo:** Caserma Zanardelli – Rocca d'Anfo, SS 237, 25070 Anfo (BS), mobil 37 56 22 11 21, www.vallesabbia.info.

Bagolino

An einem großen Rondell, das man fast ganz umfahren muss, geht es bergwärts erst recht steil hinauf, dann dem Verlauf des Càffaro flussaufwärts folgend nach Westen und mit einem deutlichen Knick nach Norden. Aber schon im Knick oder der Beuge des Flusses breitet sich inmitten eines großen Almgebietes Bagolino aus, zu dessen Gemeinde auch Ponte Càffaro im Norden des Idro-Sees gehört (s. S. 241), immerhin an die 6 km entfernt. Denn Bagolino in 778 m Höhe, heute mit knapp 2500 Einwohnern (plus rund 1500 in Ponte Càffaro am See), war schon in frühen Zeiten ein bedeutender Kreuzungspunkt auf dem Weg von

Die Pasticceria Evelina hat sich eine der Spezialitäten Bagolinos in vielen Variationen schützen lassen: den sogenannten Bitterzucker.

Süd- nach Norditalien (Trentino) bzw. Österreich, hier verlief die Grenze. An Bagolino führte kein Weg vorbei, denn der Norden des Sees war ein riesiger, unpassierbarer Sumpf. So mussten auch die Römer den Weg über Bagolino nehmen, für die Segnung des Weges sollte ein kleines Heiligtum dort im Tal sorgen, wo heute das Kirchlein San Rocco steht.

Seine Unabhängigkeit bewahrte sich Bagolino, indem es über die Jahrhunderte verstand, nicht zwischen der Serenissima (Venedig) und den Fürstbischöfen von Trento zerrieben zu werden, mit eigenen Statuten (von 1473) und eigener Gerichtsbarkeit. Napoleon ließ es dabei, auch das lombardisch-venetische Königreich, und so konnten die Bagolini stolz erhobenen Hauptes, wie hier gerne erzählt wird, dem italienischen Königreich beitreten.

Bagolinos zweigeteilter Ortskern, Cävril im Westen und Ösnà im Osten, erhebt sich durch steile Treppengassen verbunden auf einem Plateau über dem Càffaro-Fluss. Ganz obenauf thront die Pfarrkirche, von deren Terrasse man einen herrlichen Blick auf den sehr dörflich mit alten Häusern in einem älplerischen Stil gebliebenen Ort genießen kann, der sich wie ein Fächer ausbreitet – umgeben von rund 2000 m hohen Bergen und daher recht gut vor allzu kalten Winden geschützt.

Feurige Kuschelecken

Bei einem Bummel durch den schönen Ort sollte man nicht nur auf die netten kleinen schmiedeeisernen Balkone achten, sondern auch auf die typischen **Fözenài**, die gut von außen erkennbar sind: die Feuerstellen an den alten Häusern, die zur Gasse hin angebaut waren, damit das Feuer im Falle eines Brandes nicht auf das ganze Haus übergreifen

B

BAGÒSS – MEHR ALS NUR EIN KÄSE ...

... er ist das Symbol und der ganze Stolz des Ortes. Die Kühe, von deren Milch die Bergbauern diesen Käse im Sommer auf der Alm und im Winter im Tal produzieren, sind die *Brune alpine,* die im Sommer auf der Alm weiden und im Winter mit dort getrocknetem Heu gefüttert werden. Und das seit dem 16. Jh. und immer nach denselben Rezepten. Hauptmerkmale: mindestens 12 Monate gereift, mit fester Struktur, leicht gelb und von intensivem Duft. Die gelbe Farbe kommt vom Safran, der zugegeben wird, weil die Serenissima, goldverwöhnt, diese Farbe auch beim Käse bevorzugt haben soll.
Rund 10 000 Käselaibe werden jährlich von rund 30 Bauern produziert. Im Schnitt haben sie einen Durchmesser von 40–55 cm, eine Höhe von 10–12 cm und wiegen 16–20 kg. Auf dem Vorspeisenteller zusammen mit Salami von der Alm, als Hauptgang gegrillt und mit Polenta serviert, über hausgemachter Pasta, ob gefüllt oder nicht, gerieben, in den Teig gemischt oder zum Nachtisch mit hausgemachten Marmeladen – Kenner rollen genüsslich die Augen, wenn sie Bagòss hören ... Wer mehr wissen will, findet Infos und Adressen unter www.bagossbagolino.it. Besser noch: vor Ort genießen!

konnte und auf die Häuser nebenan. Innen befindet sich eine große offene Feuerstelle, rechts und links mit Sitzbänken, durch kleine Fenster erhellt und belüftet. Solche Kaminräume findet man besonders viele in der Via Piana (z. B. in der Casa Giovi, Hausnummer 40) im Südosten des historischen Kerns, dem Viertel Ösnà.

Kieselsteine pflastern Ihren Weg

Im selben Viertel Ösnà zieht sich talwärts die **Via Portici** durch die Häuserzeilen, von Rundbögen überwölbt und sehr chatakteristisch für einen so urtümlichen Bergort. Der Boden ist mit Flusskieseln gepflastert und verlangt nach gummibesohltem, bequemem Schuhwerk, die Türen zu den alten Häusern sind niedrig und mit dicken urigen Holztüren verschlossen. Die meisten bleiben lange zu, denn viele der Häuser Bagolinos werden nur noch im Sommer von den Familien bewohnt, die in die größeren Städte umgezogen sind, wo es mehr Arbeit gibt und bequemere Schulwege für den Nachwuchs. Während der Weihnachtszeit werden in dieser Gasse besonders viele Krippen aufgebaut. Im Mittelalter war die Via Portici die Hauptstraße und in den Untergeschossen der Häuser befanden sich Lagerräume, davor die Verkaufstheken der Händler.

Der Brunnen der Österreicher

Ein großer achteckiger Brunnen, den die Österreicher 1823 bauen ließen, zeugt von der früheren Bedeutung der **Piazza Consiglio** als Marktplatz. Heute steht er am östlichen Rand der parallel zur Via Portici geschaffenen Durchgangsstraße und liefert bestes Trinkwasser, das sich Durchreisende gerne abfüllen. Um ihn herum nach wie vor mittelalterliches Ambiente, kleine Läden und ein ganz uriges Lokal, das Strope (s. S. 240), wo sich Jung und Alt mit ein paar neugierigen Reisenden zum Plausch oder nur auf ein Gläschen treffen.

Wir haben nichts mehr ...

... signalisierten die Bagòssi, als Napoleons Schergen den Ort zur Kasse baten. Lieber investierte man das Gemeindegeld in die Ausstattung der Pfarrkirche, der **Chiesa di San Giorgio.** Steile Treppengassen führen vom Ösnà-Viertel hinauf zur Kirche aus dem 17. Jh., die drittgrößte der Provinz Brescia und deshalb gerne ›Kathedrale in den Bergen‹ genannt, ein Werk des Architekten Gianbattista Lantana. Sie steht auf dem Felsvorsprung oberhalb der Dorfmitte, auf der Akropolis, wie es hier heißt. Die Kirche war nicht nur religiös von Bedeutung, sondern auch politisch als Ausdruck der Autonomie Bagolinos. Der Ort konnte es sich leisten, hatte gutes Einkommen sowohl von der speziellen Stahlproduktion (leicht formbar und doch hart, besonders geeignet für Speerspitzen!) als auch vom Bergkäse und brauchte so keinen Schutz durch Fürstbischöfe oder die sonst so übermächtige Serenissima. Als Napoleons Truppen Tribut zu fordern drohten, machte sich Bagolino ganz schnell arm, indem es seine Gemeindekassen durch den Ankauf kostbarster Gemälde etwa von Tizian und Tintoretto (das Altarbild ist von Andrea Celesti) und sakraler Gegenstände für ihre Pfarrkirche kauften. So ist San Giorgio die reinste Schatzkammer.

Freigelegter Bilderschatz

Die kleine, dem Pestheiligen geweihte Kirche **San Rocco** steht genau dort am unteren Dorfrand, wo eine römische Wegkapelle den Soldaten Roms auf ihrem Weg nach Norden Beistand leisten sollte. Ursprünglich den Heiligen Fabiano und Sebastiano geweiht und von Gianni Pietro Da Cemmo 1483 bis 1486 mit Fresken verziert, wurde die Kirche 1577 erweitert und auf den Pestheiligen umgewidmet, dabei aus heute unerklärlichen Gründen der Chorraum übertüncht. So verschwand für Jahrhunderte vielleicht ein Hauptwerk der Übergangszeit von der ›Internationalen Gotik‹ zur Renaissance. Die unglaublich lebendigen, farbenfrohen Fresken kamen erst 1958 bei Restaurierungsarbeiten wieder zum Vorschein und machten aus San Rocco einen Wallfahrtsort für Kenner. Dargestellt sind an den Seitenwänden die Lebensgeschichten von San Rocco und San Sebastiano, aber an der Altarwand eine Verkündigung und unter einer Kreuzigung auf dem Berg Golgatha eine sehr höfisch anmutende Szenerie. Man fühlt sich nach Florenz versetzt und ahnt den Einfluss von Masaccio und Paolo Uccello oder von Andrea Castagno.

Besichtigung auf Anfrage; im Juli/Aug. Konzerte, www.facebook.com/SanRoccoIn MusicaBagolino

Ein goldener Nagel

Er ist zwar nur goldfarben, aber er markiert die Stelle, an der zwei geologische Formationen aufeinandertreffen, italienweit eine von acht Stellen, weltweit von 64. **Chiodo d'Oro** heißt die Stelle im südlichen Ortsteil Romanterra, die nach zwei Jahrzehnten geologischer Stu-

Der Bagòss ist der teuerste Käse weit und breit, aber jeden Cent wert.

In ganz Italien berühmt ist der buntlaute Carnevale von Bagolino.

dien 2009 vom Züricher Geologen Peter Brack klassifiziert wurde: zwischen dem geologischen Zeitalter des ›Asinico‹ und des ›Ladinico del Triassico‹, zu Deutsch: zwischen den Zeitabschnitten Anis und Ladin, der ersten und der zweiten Ära des Mittleren Trias, also zwischen 245,9 und 228,7 Mio. Jahre her. Wer an dieser Stelle in die wilde Flusslandschaft des Càffaro hinabsteigt, muss nicht unbedingt Geologe sein, um sich begeistern zu können – allein die Natur ist einfach grandios. Und diverse Tafeln helfen, die Bedeutung des Platzes am einstigen Meeresgrund im Trias zu verstehen.

Zu Fuß ist Romanterra bei einem Bummel in einer guten halben Stunde erreichbar, den Hinweisen zum Chiodo d'Oro folgend, mit dem Wagen kommt man bis kurz davor, bei der kleinen Brücke parken, an dem Übergang, den schon die Römer benutzten und wo die Langobarden im 7. Jh. einen Garnisonsposten hatten.

Museen

Die engagierte Kulturvereinigung Habitar in sta terra verwaltet die beiden Museen Bagolinos, deren Besuch man auch über das Informationsbüro organisieren kann. Alle Infos unter T 036 59 95 58 (Bibliothek).

Haus der Geschichte

Casa Museo: Dank einer Schenkung besitzt der Kulturverein eines der ältesten Häuser im Ort, das er liebevoll (teil-) restauriert und zu einer Art Archiv mit Wechselausstellungen umfunktioniert hat. Achtung: Innen sind die Treppen sehr steil, man sollte trittsicher sein!

Via Madonna di San Luca 47, Besuch gegen Spende

Ausdrucksstarke Abbilder

Stiftung Antonio Stagnoli: Der Maler Stagnoli, in Bagolino 1922 gehörlos geboren und hier 2015 mit 93 Jahren gestorben, hat seiner Heimatstadt viele seiner Werke hinterlassen, eines ziert die Pfarrkirche (war aber für San Rocco gedacht), einige hängen im Rathauskomplex neben dem Infobüro. Und machen betroffen angesichts ihrer Intensität. Man spürt bei jedem Bild, dass der Maler – sicher wegen seines Handicaps – trotz seines Erfolgs als Künstler kein leichtes Leben hatte. In den gemalten Gesichtern soll sich so mancher aus Bagolino wiedererkannt haben.

Schlafen

Keine verlorene Zeit

Al Tempo Perduto: Das seit drei Generationen von derselben Familie geführte Hotel an der verkehrsberuhigten Durchgangsstraße ist eher eine Herberge im guten alten Sinn. Unten mit Café/Bar (beliebter Treff der Dörfler) und Restaurant mit guter lokaler Küche, oben die 15 Gästezimmer, alle renoviert und teilweise erstaunlich geräumig. Aussicht darf man aber nicht erwarten, denn das historische Haus steht mitten im engen Dorfverbund. Zum reichen Frühstück gibt es auch Bagòss! Hoteleigener, kostenloser Parkplatz in der Nähe.

Via San Rocco 46, T 036 59 91 45, www.altempoperduto.it, €–€€

Sara in Doppelfunktion

Él piäströl: Zwei winzige Doppelzimmer mitten im Dorf, liebevoll eingerichtet und gepflegt von Sara Scalvini, die im selben historischen Gebäude im empfehlenswerten Restaurant ihrer Mutter den Kochlöffel schwingt (s. u.).

Via Moreschi 42, mobil 32 87 07 81 76, www.beb-elpiastrol.it, €

Essen

Mutter-Tochter-Verwöhnküche

Trattoria del Viandante: Mutter Marilena Scalvini ist die gute Seele im gemütlichen Lokal mitten in Bagolino, ihre Tochter Sara eine begnadete Köchin. Köstlich sind ihre hausgemachten Teigwaren, am besten man bestellt einen Tris, nach eigenem Gusto zusammenzustellen (mein Tipp: unbedingt auch *orecchiette* und *malfatti* nehmen). Saras Stärke ist die Verwendung von Wildkräutern, die sie selber auf den Almen von Bagolino sammelt. Hauptgang gerne aus dem Backofen, ob Milchspanferkel, Zicklein oder Wild. Bagòss zum Abschluss oder hausgemachte Süßspeisen. Der Wein stammt aus diversen Regionen Italiens, und den ›Absacker‹ vom Haus hat Marilena selber angesetzt. Allergiker und Vegetarier sind bei den Scalvini-Damen bestens aufgehoben, da sie auch außerhalb der Karte etwas zubereitet bekommen können.

Via Fioravante Moreschi 28, T 036 59 98 69, auf Facebook, Ruhetag Mi, im Winter außer Fr, Sa nur mittags geöffnet, €–€€

Bewegen

Lust auf etwas Winter?

Wintersport: Gaver und Maniva sind die nächsten Wintersportgebiete, wobei die Skilifte von Gaver 2018 eingestellt wurden und nun der sanfte Wintersport propagiert wird mit Schneeschuhen u. Ä.

Infos von CAI Bagolino, www.caibagolino.blogspot.com

Klettermaxe unterwegs

Bagolino Cuchet: Interessanter Steilhang mit 16 genau klassifizierten Wegen nahe Bagolino.

Infos unter www.valsabbiaclimbing.it

Gehen oder fahren?

Wandern und MTB: Rund um Bagolino sind an die 50 Wanderwege ausgeschildet, die meisten von ihnen auch für MTB geeignet. Gelobt wird z. B. der Rundweg über den Dosso Alto (2064 m) zum Monte Maniva (1854 m): 13 km lang, 900 m Höhenunterschied, 4 Std. Dauer.

Infos unter www.eridio.it, mit interaktiven Karten

Auf zum Höhenritt

Maneggio Gaver: Sommer-Reitstall mit Ausritten auf der Hochebene von Gaver.

T 03 65 90 49 72, mobil 33 85 69 58 00

HEILIGER KARNEVAL

In Bagolino haben wir gelernt: *Pasqua e natale santi, carnevale santissimo!* Ostern und Weihnachten sind heilig, aber der Karneval (s. S. 240) ist am allerheiligsten. Das ist auch der Moment, an dem sich alle wiedersehen, die im Winter in ihren Häusern am wärmenden Feuer geblieben sind.

Petri heil!

Angeln: Im wilden Càffaro-Fluss, wo internationale Wettbewerbe ausgetragen werden, sowie in zwei kleinen Angelseen wie dem Laghetto Vaia in 2000 m Höhe.

Einkaufen

Bagolino ist ein wahres Schlaraffenland für lukullische Genüsse, an erster Stelle steht natürlich der Bagòss. Es gibt so viele Geschäfte, die den Käse u. v. m. anbieten, dass die Wahl schwerfällt.

Bei der schlauen Zuckerfrau

Pasticceria Evelina: Alle produzieren und verkaufen den Bitterzucker von Bagolino, mit 15 oder 16 Wildkräutern und Wurzeln der umgebenden Almen und Berge gewürzt, doch die Pasticceria Evelina (übrigens ein sehr gemütliches kleines Café an der Hauptstraße) hatte die Idee, sich das Rezept schützen zu lassen. Nun müssen alle, die den originalen bitteren Zucker, im Dialekt *söcher amar* verkaufen wollen, ihn bei Evelina erwerben ... Die kleine Fabrik befindet sich gleich neben dem Café. Erstaunlich, was die Pasticceria sonst so an Produkten mit dem bitteren Zucker, der nicht nur gut schmeckt, sondern auch bei Husten und Heiserkeit helfen soll, anzubieten hat (zu recht hohen Preisen), auch Schnäpse, Liköre und Schokolade ...

Via San Giorgio 79, Mo 7.30–12.30, Di–So auch 15.30–19 Uhr

Feiner genießen

Alimentari Da Nello: Großer Delikatessladen, in der zweiten Generation von Andrea Pelizzari und seiner Frau geführt.

Via San Rocco 94

Kunst des Hausgemachten

Alimentari Enrico Taffi: Kleine Metzgerei mit hausgemachter Salami und anderen lokalen Produkten.

Piazza Marconi 14, tgl. 7.30–19.30 Uhr

Ausgehen

Bagolino ist wunderbar für Reisende, die gerne spontan einkehren und möglichst dort, wo sie auch auf Einheimische treffen.

Die gefundene verlorene Zeit

Al Tempo Perduto: Frühmorgens zum *caffè,* ab 11 Uhr zum Aperitif mit frisch zubereiteten Leckereien auf dem Tresen, tagsüber Café, um ca. 18 Uhr wieder Aperitif... Die Einheimischen sagen: »Wir treffen uns in der Osteria«, die es hier früher gab.

s. Schlafen

Lieblingstreff der Bagòssi

Osteria Le Strope: Urige alte Dorfkneipe im Zeichen eines Reisigbündels (daher der Name) nahe dem großen Brunnen, hier trifft man garantiert auf Stammgäste aus den umliegenden Gassen. Außer Drinks werden *panini* und *tagliere* (Aufschnittplatten) frisch zubereitet und an der Bar oder den wenigen Tischen (ohne Aufschlag) verzehrt.

Via San Giorgio 113, tgl. 8–24 Uhr und länger, solange eben Gäste da sind

Kopf einziehen!

Al Reolt: Nur an drei Tagen soll diese wiedereröffnete Dorfkneipe von Paola Bazzani in zwei niedrigen Gewölben Wein ausschenken und kleine feine Gerichte anbieten, aber sie ist dann garantiert gut besucht. ›Reolt‹ bezeichnet übrigens eine Grotte für die Reifung des Bagòss – wie passend für dieses kleine Weinlokal.

Via Dalumi 44, Fr/Sa 10–2, So bis 24 Uhr

Feiern

- **Carnevale:** Febr. oder März. Drei Tage lang verwandelt sich Bagolino in eine Karnevalsszenerie der besonderen Art, sie hat nichts gemein mit der üblichen Verkleidung. An diesen Tagen zeigten und zeigen die verkleideten *Balarì* noch heute, welchen Reichtum sie besitzen: Ihre Kopfbedeckung ist mit dem erstaunlich kostbaren Familienschmuck verziert. Das galt den Herren aus dem hohen Adel als Provokation, denn die Bagòssi, wie die Leute von hier heißen, haben sich nicht knechten lassen, waren als Viehbauern und Stahlgießer wohlhabend und damit ihre eigenen Herren. Ihre Stahl-Laibe waren ebenso wie der Bagòss so wichtige Exportartikel, dass sie bis nach Venedig kamen, wo Bagolino sogar einen eigenen *fondaco,* ein Lager, besaß.

- **Mercatino di Ferragosto:** Bunter Jahrmarkt am 15. Aug. in den Gassen.
- **La Festa della Madonna di San Luca:** Religiöses Fest mit Prozession alle fünf Jahre im Sept. (das nächste Mal 2026), dann wird das Bild der Madonna durch Bagolino getragen.
- **La Transumanza:** Am 2. Wochenende im Okt. treiben die Bergbauern ihr Vieh von den Almen zurück in ihre Winterställe – Almabtrieb mit Volksfestcharakter: Zug des Viehs durch den Ort, Stände mit Kostproben, Märkte.
- **Il Borgo dei Presepi (Das Dorf der Krippen):** Vom 15. Dez. bis 6. Jan. füllt sich das Dorf mit mehr als 100 Krippen, Sternschnuppen zeigen den Fremden den Weg zu manchen Krippen, die unter Treppen oder Bögen, in Kellern oder relativ hoch aufgebaut wurden. Wer will, kann an der Bewertung der kleinen Kunstwerke teilnehmen, dafür gibt das Informationsamt Fragebögen mit Skizzen und Nummern ab.
- **L'Arrivo della Stella:** 26. Dez. Drei in schwarze Umhänge gekleidete Musikergruppen, begleitet von einem Weihnachtsmann, ziehen ab 16 Uhr am Stephanstag durch die Gassen Bagolinos. Sie kommen aus den umliegenden Dörfern und spielen gekonnt auf Saiteninstrumenten, ein Chor singt dazu – und ganz Bagolino hört zu.

Infos

- **Associazione Pro Loco Bagolino:** Via San Giorgio 5, 25072 Bagolino (BS), T 036 59 99 04, www.ecomuseovalledelcaffaro.it, www.bagolinoinfo.it.
- **Bus:** Nr. LNO13 verbindet Brescia via Anfo am Idro-See mit Bagolino mehrmals tgl. und benötigt für die 16 km rund 45 Min. Fahrplan unter www.arriva.it.
- **Auto:** Leichte Anfahrt vom Idro-See aus; weiter kommt man allerdings nur im Sommerhalbjahr, denn die Bergpässe Maniva und Croce Domini bleiben im Winter geschlossen.

Ponte Càffaro B 3

Eigentlich ist es ›nur‹ ein Ortsteil von Bagolino weit oben in den Bergen, sozusagen der Badestrand des Bergortes. Mit seinem langen Strand, der den gesamten Norden des Idro-Sees einnimmt, ist Ponte Càffaro ein beliebter Badeort, der allerdings im Winter in einen tiefen Schlaf zu fallen scheint, wäre da nicht ein tolles Fischrestaurant, das viele Fans aus dem weiten Umkreis hierherlockt.

Entstanden ist Ponte Càffaro nach der Trockenlegung der Sümpfe, die schon die Römer zwangen, einen Umweg über – das spätere – Bagolino zu nehmen, wenn sie in den Norden wollten. Heute ist es ein beliebter Wohnort mit ausreichender Infrastruktur und einem guten Angebot für sportliche Urlauber und für Familien.

Eine Schifffahrt, die ist lustig

Die Boote sehen schon etwas altertümlich aus, aber gerade so bereiten sie den Reisenden auf dem übersichtlichen See ein besonderes Vergnügen. Man kann mit dem Tagesticket so oft aus- und

Paradiesische Zustände für Parasailer: Im Norden des Lago d'Idro herrschen oft die perfekten Bedingungen, um abzuheben.

wieder zusteigen, wie man möchte und es der Fahrplan zulässt. Praktisch alle Seeorte werden angefahren, man kann z. B. von Crone nach Ponte Càffaro zum Mittagessen fahren und umgekehrt.

Navigazione Lago d'Idro, 25. April–16. Nov., Juli/Aug. mit dem dichtesten Fahrplan; einfache Fahrt 4 €, Rundfahrtticket 7 €. Die Tickets kauft man an Bord, Fahrräder dürfen mitgenommen werden, sofern Platz vorhanden

Schlafen & Essen

Bei der Fischerfamilie

Albergo al Pescatore: Acht nette Zimmer mit Balkonen zur großen Liegewiese und zum See in einem familiär geführten Haus, das Federicas Vater schon als Fischer vorausahnend baute, um seiner Familie auch ohne reichen Fischfang ein Auskommen zu sichern. Was ihm offensichtlich gelungen ist, denn das Restaurant ist berühmt für seine 20 Seefischgerichte, auch Fleisch und Gemüse werden lecker zubereitet und freundlich serviert. An Wochenenden und während der Saison unbedingt reservieren und sich auf viele andere Gäste gefasst machen!

Via dei Quadri IV 36, T 0365 99 01 92, www.alpescatorelagodidro.it, ganzjährig, lohnende HP, €€

Herberge für Aktive

Activ Hostel: Direkt am langen Strand im Norden des Sees kann übernachten, wer zuerst kommt, denn die sechs Zimmer mit insgesamt 24 Betten, alles picobello und mit Gemeinschaftsküche, sind nicht nur bei der Jugend sehr begehrt; im Erdgeschoss befindet sich das Büro, das auch die sportlichen Aktivitäten koordiniert.

Via dei Quadri II 10, mobil 34 88 60 82 67, www.activehostel.com, €€ plus Wäsche

Bewegen

Am Premiumstrand

Baden: Ponte Càffaro besitzt den längsten frei zugänglichen Strand (mit großer Liegewiese) am See, der dort besonders schön ist, wo sich die beiden Flüsse Chiese und Càffaro in den See ergießen.

Zum Anbeißen

Sportangeln: An den Zuflüssen von Chiese und Càffaro; Genehmigung über das Hotel einfach zu organisieren.

Vom Winde auf den See geweht

Maselli Kite School: Start- und Landeplatz zum Kitesurfen ganzjährig auf der kleinen Landzunge gegenüber dem Active Hostel, wo man ebenfalls Kurse buchen kann.

mobil 34 70 30 63 12 und 34 78 80 68 80, www.mks-kite.com

Schippervergnügen

Bootsverleih: am Hafen.

Strampeln ohne Grenzen

Radfahren: Die Radpiste führt vom See entlang dem Chiese-Fluss nach Norden bis weit ins Trentino, über Bondone und Monte Lavino bis zum Biker-Paradies Tremalzo (s. S. 30).

Fahrräder verleiht Alfio Bike: Ponte Càffaro, T 03 65 999 03; Infos zur Strecke: www.piste-ciclabili.com/itinerari/2858-ponte-caffaro-baitoni-storo

Ausgehen

Wenn Strand, dann hier

Feeling: Der großzügig mit einer Veranda ausgebaute Kiosk am langen Strand ist ›der‹ Treff überhaupt; mit Kleinigkeiten zu essen und Eis; Aperitifs.

Via Quadri I, Località Porto, mobil 33 85 25 42 13, im Sommer 8–2, sonst bis ca. 20 Uhr

Gepimpte Sause

Ponte Càffaro by Night: Soll alljährlich Mitte Juli bis Mitte Aug. nicht nur die Jugend jeden Do 18–24 Uhr ans Nordende des Idro-Sees locken. Mit offenen Geschäften im ganzen Ort, Marktständen, Straßenmusikanten, kulinarischen Ständen, Attraktionen und Spielen für Kinder sowie Tanzmusik.

Infos

- **Amici del Turismo Ponte Càffaro:** Via Tito Speri s/n, 25070 Ponte Càffaro, www.facebook.com/amicidelturismo.lakeidro. Organisation junger Leute aus dem Ort, die sich speziell im Sommer Veranstaltungen einfallen lassen wie einen Oktoberfest-Tag. Programm auf Facebook.

POLENTA DI STORO

Früher war **Storo** (C 2) ein richtig uriges Nest mit hohen finsteren Häusern, auf deren Balkonen in den oberen Geschossen der Mais getrocknet wurde, der später zum wichtigsten Produkt des Ortes verarbeitet wurde: Polenta di Storo. Dieses Maismehl ist noch gröber als Gries und von dunklen Partikeln durchzogen, den Spelzen. Denn für eine echte Berg-Polenta muss das Maismehl naturbelassen sein, nur so entfaltet es ein besonderes Aroma. Dann noch mit viel Bergkäse und Butter lange gerührt, so erhält man die *polenta taragna,* die auf keinem Dorffest ringsum, auch am westlichen Gardasee, fehlen darf, die einzig wahre Beilage zum *spiedo bresciano,* dem großen Fleisch- und Kartoffelspieß mit vielen Salbeiblättern dazwischen.

Zugabe

Der Palast im Gardasee

Bei Contessa Alberta Cavazza zu Hause auf der Isola del Garda

Die größte Insel im Gardasee und seine einzige bewohnte besteht eigentlich aus drei Inselchen, die miteinander verbunden wurden, insgesamt nicht einmal einen Kilometer lang und dicht mit Bäumen bestanden. Den weißen Palast im nachempfundenen gotisch-venezianischen Stil bewohnt die Familie der Grafen Cavazza seit fünf Generationen, verwaltet wird er von Alberta. In diesem herrlichen Zuhause ist sie als fünftes von sieben Kindern aufgewachsen, und hier wohnt sie inzwischen wieder. Sie ist die Tochter von Lady Charlotte Chetwynd-Talbot aus den britischen Midlands und des italienischen Grafen Camillo Cavazza. Kein Wunder, dass hier Rosen von besonderer Pracht blühen und neben dem italienischen ein englischer Garten die Insel schmückt.

Seit 2001 lassen die Cavazza Besucher auf ihre Isola del Garda, sonst könnten sie die nötigen Erhaltungsmaßnahmen am Palast nicht stemmen. Und es klappt, die Insel gehört inzwischen zu den großen touristischen Magneten am See. Schließlich hat sie auch eine interessante Geschichte. Schon die Römer nutzten sie als Jagdrevier, dann errichteten hier Franziskaner im 13. Jh. eine Einsiedelei, die Bernhard von Siena um 1450 zum Kloster ausbauen ließ, das bis 1797 bestand. Alberta Cavazzas Urgroßeltern ließen 1890 die heutige Villa von dem damals berühmten Architekten Luigi Rovelli bauen, der sich dabei vom venezianisch-gotischen Stil der Paläste am Canal Grande inspirieren ließ. Allerdings hat er den damals modernen Werkstoff Stahlbeton dem Backstein vorgezogen und für die dekorativen Elemente einen weichen Stein benutzt, die Pietra di Vicenza.

Nur kein Neid!

Damit waren Probleme für die Bauherren bzw. deren Nachkommen vorprogrammiert: Alles scheint zu bröckeln, durch Wind und Wasser beschleunigt. Da aber die Villa 1981 zum Nationalmonument ernannt wurde und daher unter strengstem Denkmalschutz steht, sind die Restaurierungskosten enorm hoch. Deshalb verkaufen, womöglich ein Luxushotel auf der kleinen Robinson-Insel ihrer Kindheit entstehen sehen? Das kommt weder für Alberta noch für ihre sechs Geschwister infrage. Dann lieber selber die Ärmel hochkrempeln, Neugierige auf die Insel lassen und sie mit den Eintrittsgeldern für die Familie retten. Und für den gesamten Gardasee. Auch die Einnahmen aus den gemeinsam geführten weiteren Familienbetrie-

Statt die Insel zu verkaufen, haben die Cavazza die Isola del Garda für Besucher zugänglich gemacht.

ben – Campingplatz, Segelzentrum, historisches Ausflugsboot und Olivenanbau – fließen zum großen Teil auf die Insel, auf der sie alle in großer Freiheit aufgewachsen sind. Und seit 2012 lebt Alberta Cavazza mit ihrer Familie, zwei Brüdern mit Anhang und ihrer Mutter, der alten britischen Lady Talbot, fest auf der Insel. Mehr als 50 Zimmer jedoch bleiben unbewohnt, wie früher abgesperrt, das Geisterhaus ihrer Jugend, wie sie Alberta nennt.

Besucher werden vor allem durch den herrlichen Garten geführt, können das Esszimmer besichtigen, in dem an Sonn- oder Feiertagen gegessen wurde, und das Musikzimmer mit historischen Familienbildern, auch von der Ururgroßmutter, die die Villa bauen ließ. Maria Sergeevna Annenkova war eine russische Adlige, die den Genueser Bankier und Herzog Gaetano de Ferrari geheiratet hatte. Auf der Isola del Garda wollten sie sich ihren prunkvollen Sommersitz schaffen, doch Gaetano verstarb, kurz nachdem der Bau begonnen war. So vollendete seine Frau das Projekt und vererbte die Insel ihrer einzigen Tochter, die 1924 vor der Insel in den Fluten verschwand. War das ein Unfall oder Selbstmord? Das wurde niemals aufgeklärt und so ranken sich bis heute manche Legenden um ›die Prinzessin, die der See verschluckte‹.

Besuch der Isola del Garda
Dauer inklusive Aperitif mit Olivenölprobe vom eigenen Landgut ca. zwei Stunden, normalerweise April bis Oktober, Bootstouren zur Insel an unterschiedlichen Wochentagen (Di–Fr, So) von den Orten im Süden des Sees. Der Ticketpreis richtet sich nach der Anreise (31–38 €). Obligatorische Reservierung per E-Mail, Telefon oder über die Website: www.isoladelgarda.com. ■

Kein schlechtes Entrée! Contessa Alberta Cavazza und ihre Familie wissen das jeden Tag zu schätzen.

Das Kleingedruckte

Der Ruhlandturm zu Füßen des Vittoriale degli Italiani mit dem Minihafen D'Annunzios ist ein Wahrzeichen von Gardone.

Anreise

... mit dem eigenen Wagen

Die meisten Gardasee-Urlauber von nördlich der Alpen dürften mit dem eigenen Wagen anreisen. Ganz gleich, ob aus Deutschland, Österreich oder der Schweiz, die Alpen müssen alle überqueren. Die am häufigsten benutzte Strecke führt über München und Rosenheim oder Garmisch-Partenkirchen durch Österreich bzw. über Innsbruck zum Brenner. Sowohl in Österreich als auch in Italien sind die **Autobahnen gebührenpflichtig,** ebenso die Europabrücke. Für die Europabrücke gibt es Einzelkarten oder Jahresvignetten, Letztere neben 10-Tages- und 2-Monats-Tickets auch für die österreichischen Autobahnen (auch online mit Abo zu erwerben); wer die Jahresvignette vorweisen kann, bekommt für die Europabrücke einen erheblichen Nachlass. Für die italienischen Autobahnen lohnt sich für Vielfahrer (auch mit ausländischem Kennzeichen) das Telepass-Abo, mit dem man eigene Ausfahrten benutzen kann und meistens daher schneller durch ist, aber nicht immer ...

Vom Brenner führt die Autobahn nach Trient oder bis Rovereto. Von beiden Orten aus gelangt man an das Nordende des Sees. Oder man fährt auf der Autobahn bis Affi, von dort direkt nach Garda; oder abfahren zur autobahnähnlichen SR 450 bis kurz vor Peschiera; oder bis Verona und von dort aus an das südöstliche Ufer, bei Bedarf weiter über Peschiera und Sirmione nach Desenzano und ans Westufer. Oder Abfahrt in Rovereto und über Tórbole nach Süden am Ostufer entlang. Oder hinüber nach Riva und die Westseite südwärts.

Das grundsätzliche Fahren mit **Abblendlicht** auch am Tage ist ebenso wie die Bildung von **Rettungsgassen** bei stockendem Verkehr oder Stau Pflicht auf Österreichs Autobahnen und Schnellstraßen, auch dann, wenn sich noch kein Einsatzfahrzeug nähert. Bei Behinderung

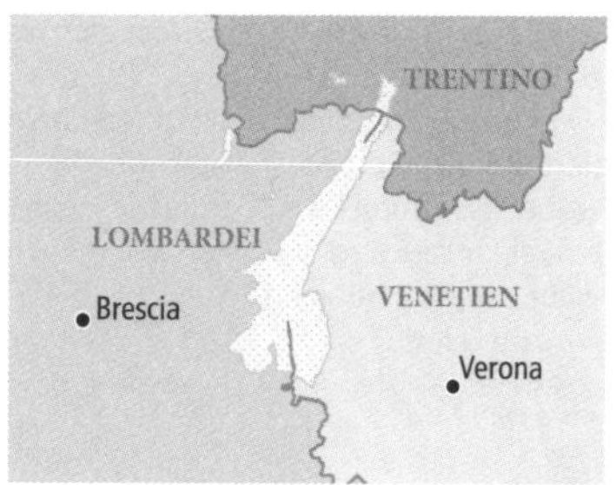

S

STECKBRIEF

Lage: Der Gardasee (ital. Lago di Garda oder Lago di Benaco) liegt in Oberitalien zwischen Alpenkamm und Po-Ebene in durchschnittlich 65 m Höhe über dem Meer.
Staat: Der Gardasee gehört zu drei italienischen Regionen bzw. Provinzen: im Norden Südtirol Trentino bzw. Trento, im Osten Venetien bzw. Verona, im Westen Lombardei bzw. Brescia.
Fläche: Der See ist insgesamt bis zu 51,6 km lang und bis zu 17,2 km breit, seine Uferlänge beträgt 158,4 km; mit 370 km² Fläche ist der Gardasee Italiens größter See, seine maximale Tiefe liegt bei 346 m unter dem Seespiegel.
Einwohner: rund 190 000
Vorwahl: 0039 bzw. +39
Wirtschaft: Der Gardasee lebt hauptsächlich vom Tourismus, doch die Landwirtschaft ist ebenfalls nicht unbedeutend, vor allem die Produktion von Wein und Olivenöl. In den brescianischen Tälern ist die metallverarbeitende Industrie noch von gewisser Bedeutung.
Wassertemperaturen: Dez.–Febr. 6–10 °C, März–Mai 9–18 °C, Juni–Aug. 17–27 °C, Sept. 17–22 °C, Okt.–Nov. 10–15 °C

von Einsatzfahrzeugen sind Geldstrafen bis zu 2180 € möglich.

Der gültige nationale Führerschein und die üblichen Kfz-Papiere genügen, wobei die Grüne Versicherungskarte bei einem Unfall immer nützlich, wenn auch nicht vorgeschrieben ist.

www.asfinag.at
www.telepass.it
www.maut1.de

… mit der Bahn

Gute Bahnverbindung auf der EC-Strecke von München über den Brenner nach Trient, Rovereto und Verona bzw. weiter Richtung Mailand bis nach Peschiera und Desenzano. Autoreisezüge verkehren von Deutschland (Düsseldorf, Hamburg-Altona) nach Verona. Detaillierte Informationen zur Anreise mit der Bahn und dem Autozug s. u. Von den Bahnhöfen Rovereto und Verona Porta Nuova wird ein regelmäßiger Bustransfer zum Gardasee angeboten (Infos unter www.atv.verona.it).

Züge auf der EC-Strecke nach Mailand halten in Desenzano im Südwesten des Sees, von dort verkehren Busse zu den Orten entlang des Westufers des Sees.

www.bahn.de
www.oebb.at
www.trenitalia.it
www.autoreisezug-planer.de

… mit dem Flugzeug

Für Reisende aus dem norddeutschen Raum ist es evtl. ratsam, das Flugzeug zu nehmen – z. B. einen Billigflug nach Bergamo oder Verona. Man muss dann aber rechtzeitig einen Mietwagen reservieren oder den Transfer zum Hotel organisieren lassen (kein preiswertes Vergnügen!).

Der internationale Flughafen Valerio Catullo in Verona-Villafranca verbindet den Gardasee mit allen größeren Städten Europas. Von 6.30 bis 23.10 Uhr pendelt ein Shuttle-Bus alle 20 bis 40 Minuten zwischen dem Flughafen und dem Hauptbahnhof Verona Porta Nuova. Der kleine Flughafen Gabriele D'Annunzio in Montichiari (Brescia) südlich des Gardasees bietet vor allem Cargo-Verbindungen und ist Ausweichflughafen für Verona.

Der Flughafen Orio al Serio bei Bergamo liegt (je nach Urlaubsort) eine knappe Autostunde vom südlichen Gardasee entfernt und bietet Flugverbindungen in die wichtigsten europäischen Städte.

Von allen Flughäfen wird ein Transferservice angeboten. Wer einen Leihwagen für die Fahrt vom Flughafen sowie den Aufenthalt am See nutzen möchte, sollte ihn in der Saison rechtzeitig vorbuchen (z. B. auf der Flughafen-Website).

www.aeroportoverona.it
www.aeroportobrescia.it
www.milanbergamoairport.it

Bewegen und Entschleunigen

Für den Gardasee, der als der sportlichste See Italiens gilt, gibt es sehr praktische allgemeine, wenn auch kommerzielle Websites, die mit Links zu den wichtigsten Anbietern führen.

www.gardasee.de/sport
www.lago-di-garda.org/sport-und-freizeit-gardasee.asp
https://360gardalife.com/de/sport-gardasee

Golf

Golfer finden acht Golfplätze rings um die südliche Hälfte des Sees. Bis zum Iseo-See und nach Verona sind es sogar elf; auf der Homepage mit Links zu den einzelnen Golfplätzen kann man auch gleich ein nahes Hotel buchen. Die Plätze sind alle fast durchgehend ganzjährig bespielbar.

www.golfplatz-gardasee.de

Klettern und Gleitschirmfliegen

Oberhalb von Riva, hinter Arco, im Schatten der beeindruckenden Rocca, finden Extremkletterer die steilsten und verrücktesten Wände Italiens überhaupt, mit mehr als 250 sogenannten Wegen. Gleich drei Spezialisten kümmern sich um Neueinsteiger und Profis in Sachen Klettern ›über Kopf‹, alle in Arco: **Guide Alpine Arco** (www.guidealpinearco.com), **Friends of Arco** (www.friendsofarco.it) sowie **MMove** (www.mmove.net). Einige Anbieter haben sich auf Kinderkurse spezialisiert und stellen sogar die Ausrüstung mitsamt Schuhen.

Das Paradies für Gleitschirmflieger liegt am Monte Baldo oberhalb von Malcésine (s. S. 56). Hier kann man auch zu Tandemflügen starten.

www.tandemparagliding.eu
www.paraglidingmalcesine.com
www.paragliding365.com

Radfahren/Mountainbiking

Der gesamte Norden des Gardasees gilt als Mountainbiker-Paradies, aber auch der Westen mit seinem Naturpark. Wunderbare Routen gibt es etwa auf dem Monte Baldo sowie auf der Hochebene von Tremosine, erst recht die berühmteste aller MTB-Touren von Riva aus auf und vom Tremalzo. Spezielle Radfahrer-Hotels bieten Unterstellmöglichkeiten für Fahrräder. Und im Veronesischen gibt es sogar den Service **»Walk & Bike«** (www.atv.verona.it), bei dem man das Fahrrad auf den Berg mitnehmen kann. Auch der Transport mit der Seilbahn auf den Monte Baldo ist möglich (s. S. 76). Das Nonplusultra ist jedoch das **Mountain Bike Festival** in Riva, das in drei Schwierigkeitsgraden ausgetragen wird.

Wind und Wasser: ideale Kombination fürs sportliche Abheben

Garda by Bike heißt das neueste Projekt einer Seeumrundung für Biker wie für Wanderer, die an die 140 km lang werden soll. Da die Streckenführung teilweise an die Felswände gehängt, teils durch aufgelassene Tunnels führen soll, weiß niemand, ob der Termin der kompletten Fertigstellung jemals eingehalten werden kann.

www.outdooractive.com
www.trails.de/mountainbikeregion/gardasee
https://riva.bike-festival.de
https://trails.de/tour/passo-tremalzo

Segeln

Der Gardasee ist natürlich auch bei Seglern beliebt. In den verschiedenen Orten rund um den See werden Segelkurse angeboten, aber auch geführte Segeltörns und Kurse im Katamaransegeln. Nicht zu vergessen: die **Centomiglia** von Bogliaco di Gargnano, die wichtigste Segelregatta in einem europäischen Binnensee mit großer internationaler Beteiligung.

Eine der bekanntesten Werften befindet sich in Sirmione (Bisoli), weitere Vermieter und Bootsgaragen gibt es praktisch rund um den See. Man kann Boote an immer mehr Standorten auch ohne Bootsführerschein mieten.

www.wwwind.com
www.centomiglia.it
www.bisoli.com

Strände

Generell sind die Strände rund um den Gardasee von Natur aus kiesig, einer wurde am Ostufer mit Sand aufgefüllt, ist aber eigentlich nur für Bewohner des Campingplatzes zugänglich – das **La Quercia.**

K

WANDER- UND BIKE-KARTEN

Vor Ort findet man bei den Informationsstellen recht ordentliche Wanderkarten, teilweise auch zum Herunterladen aufs Handy. Sonst u.a. Kompass Wander- und Bikekarten Alto Garda e Ledro (WK 690), 1:25 000, Monte Baldo Nord (WK 691), 1:25 000., Monte Baldo (WK 129), 1:25 000.
Für MTB-Sportler sind mehrere Sammelwerke mit Karten und genauen Touren-Infos erschienen, allesamt von Profis zusammengestellt. Aber auch die Trentiner Informationsbüros bieten kostenloses Material zum Herunterladen.

Die Strände sind generell frei zugänglich, es sei denn, es gibt eine Konzession für Betreiber von Restaurants und/oder Strandeinrichtungen. Aber diese sind am See eher selten. Man kann am Gardasee also durchaus noch seinen eigenen Strand oder eine kleine Badebucht finden. Eine genaue Übersicht über alle Strände des Gardasees (mit Link zu Hundestränden), auch am Tenno- und Ledro-See, findet sich unter **www.gardasee.de/badestraende.**

SUP

Am Gardasee sind vor allem die soften Wassersportarten beliebt, die man vor Ort erlernen kann, außer Surfen und Segeln, Catsegeln und Kitesurfen das relativ neue Stand-up-Paddeln, kurz SUP. Wo Wassersport angeboten wird, ist SUP inzwischen immer dabei, und total harmlos.

Surfen und Kiten

Vorzugsweise im Norden wird wegen der idealen Windverhältnisse gesurft, gesurft und noch einmal gesurft. Informationen sind bei den einzelnen Orten zu finden. Ein Stückchen weiter südlich, direkt vor Campione, starten die Kiter unter Aufsicht eines Begleitbootes von einer Rampe im Wasser und zeigen ihre für nicht Eingeweihte kuriosen Luftsprünge. Zu den besten Plätzen führt der Bootsshuttle des Kite-Spezialisten **New School** (www.facebook.com/Newschool-Kitesurfing-201320773229132) gegenüber in Brenzone, der auf Wunsch auch für Ausbildung und Unterkunft sorgt. In Gargnano (wegen der nicht allzu kräftigen Winde) bietet **OK-Surf** (http://oksurf.it) seit vielen Jahren spezielle Surfkurse für Kinder. Sonst sind Malcésine (mit dem Surfcamp von Stickl, www.stickl.com) und Riva (südlich davon das wohl berühmteste Surferhotel am See, das Pier, www.surfhotelpier.info), Tórbole und Campione ideale Startpunkte für Surfer.

www.surfsegnana.it
www.surflb.com

Tauchen und Canyoning

Auch Tauchen kann man am Gardasee lernen und diesen Sport an interessanten, ufernahen Stellen ausüben. Etwa von Riva aus, bei Campione, bei Padenghe in der Valtènesi und Torri del Benaco. Oder man stürzt sich beim Canyoning durch wasserdurchflossene Gebirgsschluchten.

www.grupposommozzatoririva.it
www.leonessadiving.com
www.divelife.it
www.canyonadv.com
www.lol-garda.it

Tennis

Es gibt am Gardasee auch mehrere Hotels mit eigenen Tennisplätzen. Einige Hotels haben sich sogar auf Tennisspieler spezialisiert wie das Poiano oberhalb von Garda (s. S. 79) oder einige Häuser auf der Hochebene von Tremosine mit dem Tennis Center Presé, Via C. Vittorio Veneto, Pieve di Tremosine oder das Hotel Le Balze (13 Tennisplätzen, Tennisschule). Auch Riva und der Tenno-See rühmen sich eines guten Tenniscenters.

www.hotellebalze.it
www.tennisclinic.it

Trekking/Wandern

Ähnlich wie Südtirol ist auch das Trentino ein beliebt-berühmtes Wander- und Bergsteigergebiet mit hervorragend ausgebildeten Bergführern. Sie begleiten Bergwanderer auf Touren aller Schwierigkeitsgrade, also auch Anfänger, ins umgebende Hochgebirge.

Eine sehr praktische Broschüre (sie steht unter dem Patronat des weltberühmten Reinhold Messner) mit hervorragenden Trekkingtipps sowie ausgewählten Unterkünften auf den Strecken bzw. Ausgangspunkten heißt **»Trekking delle Leggende«** (also »Trekking auf den Spuren der Sagen«, auch in deutscher Sprache erhältlich). Infos dazu und digitale Wanderkarten auf der Trentino-Homepage (www.visittrentino.it), Suchbegriff »Trekking«.

Der Wanderspezialist **ASI** (www.asi.at) organisiert außer seinen bekannt-guten geführten Wanderreisen auch unbegleitete individuelle Touren mit Unterkunft und Verpflegung am Gardasee, speziell am Monte Baldo, auch allein oder zu zweit buchbar.

Wellness

Es gibt am Gardasee immer mehr Hotels, die sich auf Wellness spezialisiert haben. Das **Park Hotel Imperial** in Limone bietet z. B. schon länger Ayurveda an. Das sehr komfortable **LEFAY Resort** am Montegargnano hat die wohl größte Wellnessabteilung und Schönheitsfarm am See, ist genauer genommen um sie herum gebaut, dicht gefolgt vom **Grand Hotel Fasano** in Fasano. In der Valtènesi ist die Wellnessabteilung des exklusiven **Golfhotels Palazzo Arzaga** Spezialist für luxuriöse Körper- und Schönheitspflege. Im Osten gilt die SPA-Abteilung des alteingesessenen Hotels **Regina Adelaida** in Garda als Vorreiter in Sachen Wellness, gefolgt vom **Poiano** in seinem großen Parkgelände landeinwärts Richtung Costermano.

Diplomatische Vertretungen

Im Großraum Gardasee gibt es keine Botschaften oder konsularische Vertretungen der deutschsprachigen Länder; die Konsulate sitzen in Mailand.

Deutschland

T 026 23 11 01
www.mailand.diplo.de

Österreich

T 027 78 07 80
www.bmeia.gv.at/gk-mailand

Schweiz

T 027 77 91 61
www.eda.admin.ch/milano

Einreisebestimmungen

Reisende aus Deutschland, Österreich und der Schweiz benötigen lediglich einen gültigen Personalausweis oder Reisepass, auch Kinder. Autofahrer müssen ihren Führerschein ebenso mitführen wie die Wagenpapiere; die grüne Versicherungskarte kann nützlich sein, wenn etwas passiert, ist aber nicht Pflicht.

Zollvorschriften

Gegenstände des persönlichen Bedarfs dürfen unbegrenzt ein- und ausgeführt werden, auch große Sportgeräte. Kein Pardon kennen die italienischen Behörden bei Antiquitäten – deren Ausfuhr ist nur mit Sondergenehmigung möglich.

Mitnahme von Haustieren

Nach den EU-Bestimmungen müssen Haustiere auf Reisen mit einem Mikrochip gekennzeichnet sein. Auch der komplette Impfschutz gegen Tollwut muss nachgewiesen werden, die letzte Impfung soll mindestens 21 Tage vor Reiseantritt erfolgt sein. Hunde und Katzen unter drei

Monaten dürfen nicht nach Italien mitgebracht werden. Vorgeschrieben ist lt. EU ein sogenannter Heimtierausweis, den der Tierarzt ausstellt. Mit Angaben zum Erscheinungsbild des Tieres, zu seinem Impfstatus und einer Identifikationsnummer mit Angaben zum Besitzer.

Essen und Trinken

In den letzten Jahren haben immer mehr Wirte die ursprüngliche, sehr vielfältige und schmackhafte Gardasee-Küche wiederentdeckt, die sie vielleicht noch verfeinern und variieren. Zugute kommt der hiesigen Küche, dass der Gardasee drei doch recht unterschiedlichen italienischen Provinzen (und sogar Regionen) angehört: dem Trentino, dem venetischen Verona und dem lombardischen Brescia. Alle drei sind berühmt für ihre kulinarischen Spezialitäten. Lokale Abwandlungen können ebenfalls eine große Bereicherung sein. Im Süden des Sees ist zusätzlich der Einfluss der nahen lombardischen Provinz Mantua zu spüren. Sie ist berühmt für Gerichte z. B. mit Kürbis, Eselfleisch oder Fröschen.

Ohne das gute Olivenöl von Anpflanzungen rund um den See geht nichts, am Westufer werden die Gerichte gerne mit den hier wachsenden Zitronen abgeschmeckt. Und vom Monte Baldo, der Valtènesi und von der Hochebene von Tremosine stammen die Trüffel, inzwischen sogar unter Produktschutz (DOP) gestellt. Am Westufer ist ein Sonn- oder Feiertag ohne *spiedo* undenkbar (s. Magazinthema S. 290). Ganz wichtig: Weil sich der berühmte Fleischspieß drei oder vier Stunden lang drehen muss, bevor er perfekt ist, sind die vom Wirt angesetzten Essenszeiten genau einzuhalten: mittags um 12 oder 13, abends um 19 oder 20 Uhr.

Wein und Schnaps

Mehrere Weinanbaugebiete verfügen auch über außerhalb Italiens bekannte Lagen: Bardolino und Valpolicella im Südosten (bis ins Gebiet des trockenen Soave hinein), Custoza, Lugana und Colline Moreniche im Süden sowie Valtènesi (speziell der rote Gropello und der Rosé Chiaretto) im Südwesten. Die Weinkellereien haben es in den letzten Jahren mit bekannten Fachleuten etwa aus dem Trentino oder der Toscana zu erstaunlichen Qualitäten gebracht, die sie sich allerdings auch entsprechend bezahlen lassen. Wer eine gute Flasche Wein, gar eine Besonderheit wie den Amarone aus der Valpolicella (s. Magazinthema S. 278) oder einen trockenen Lugana oder Custoza aus den Moränenhügeln trinken möchte, muss schon etwas tiefer in die Urlaubskasse greifen. Im Norden bieten mehrere Kellereien gut ausgebaute Weiß-, Rosé- und Rotweine an wie den Nosiola, Schiava und diverse Rotweine (Cabernet und Merlot, Lagrein Dunkel, Marzemino, Teroldego u. a.).

Ganz gleich wo, beim Drink am See ist ein besonderer Blick auf den Lago di Garda garantiert.

Ähnliches gilt für die ringsum produzierten Schnäpse – egal ob Grappa (aus Trester gebrannt) oder Uva (aus der reinen Frucht destilliert). Im Norden des Sees, unweit der Cantina di Toblino und dem gleichnamigen See, finden Neugierige in Santa Massenza sogar ein ganzes Schnapsbrennerdorf.

Feiertage

1. Jan.: Neujahr *(capodanno)*
6. Jan.: Dreikönigsfest *(epifania)*
März/April: Ostern *(pasqua)* und Ostermontag *(pasquetta)*
25. April: Tag der Befreiung von der deutschen Besetzung *(liberazione)*
1. Mai: Tag der Arbeit *(festa del lavoro)*
2. Juni: Tag der Republik *(festa della repúbblica)*
15. Aug.: Mariä Himmelfahrt *(ferragosto)*
1. Nov.: Allerheiligen *(ognissanti)*
8. Dez.: Mariä Empfängnis *(immacolata concezione)*
25. Dez.: Weihnachten *(natale)*
26. Dez.: Hl. Stephan *(Santo Stefano)*
31. Dez.: Silvester *(San Silvestro)*

Informationsquellen

Zum Gardasee gibt es sehr viele Websites. Etliche italienische sind auch in deutscher Sprache verfügbar (auf die deutsche Flagge klicken). Die Homepage **www.lagodigarda.it** vereint alle drei Regionen, die ihren Anteil am See haben, und bietet außer allen wichtigen Informationen auch die Möglichkeit, direkt zu buchen.

Weitere besuchenswerte Seiten mit Infos zu Hotels, Restaurants, Märkten und Veranstaltungen am Gardasee:
www.gardasee.de
www.lago-di-garda.org
www.gardasee.com
www.gardalake.com
www.familienurlaub-gardasee.de
www.dipende.it (Online-Version der kostenlosen Gardasee-Zeitung, u. a. mit Veranstaltungskalender, vorerst nur italienisch)
www.gardatrentino.it (zur Provinz Trentino im Norden)
www.turismo.verona.it (zur Stadt und zur gesamten Provinz Verona mit dem Ostufer, nur italienisch)
www.valpolicellaweb.it (zur Valpolicella)
https://collinemoreniche.it (der Süden wirbt hier mit guten Links zu Unterkünften, Wasserparks, Veranstaltungen, Museen)
www.bresciatourism.it (zur Provinz Brescia und dem Westufer, auch deutsch)
www.gardalombardia.it (zum Westufer mit der Zitronenriviera)
www.infotremosine.com (zur Hochebene von Tremosine)
www.tignale.org (zur Hochebene von Tignale)
www.bed-and-breakfast.it (Portal zu B & B in Italien: erst auf die Region – Lombardia, Veneto oder Trentino – und dann den Ort klicken)
www.bbgardalake.it (Portal für B & B am Gardasee, die meisten im Süden)
www.trentinobedandbreakfast.it (Homepage des Qualitätsklubs B & B Trentino)
www.navigazionelaghi.it (Boote und Fähren (auf Gardasee klicken)
www.centomiglia.it (alle Informationen über die internationale Segelregatta)

Vor Ort

Die **Comunità del Garda** bietet Informationen für den gesamten See, auch auf Deutsch, allerdings ohne Publikumsverkehr, nur per Telefon oder Mail.

In jedem Ort oder auf den Hochebenen gibt es Informationsbüros, die meist nur zur Saison geöffnet sind, Adressen s. Reiseteil. Auch vor Ort besteht dann noch die Buchungsmöglichkeit, falls zur Saison noch etwas Passendes frei ist …

Via dei Colli 15, 25083 Gardone Riviera, T 03 65 29 04 11, www.lagodigarda.it und www.visitgarda.com

Kinder

Der Gardasee und seine Umgebung, natürlich auch der Ledro- und Idro-See, gelten zu Recht als besonders familienfreundlich. Es gibt wenige Hotels, die sich nur an Erwachsene, also Ruhesuchende wenden. Besonders familienfreundlich sind Unterkünfte in größeren Ferienanlagen oder Campingplätze bzw. Feriendörfer mit Kinderanimation, Kinder-Pools etc. Wer sich selber um seine Kinder kümmern will, bucht eher eine Ferienwohnung für Selbstversorger, einkaufen kann man ja richtig gut, ob in den kleinen Läden vor Ort, in Supermärkten oder auf den Wochenmärkten. Für fast jede Sportart gibt es spezielle Kurse für Kinder, ob Surfen, Klettern oder Reiten. Eine gute Webadresse mit Tipps für den Familienurlaub ist www.familienurlaub-gardasee.de.

Klima und Reisezeit

Klima

Der Gardasee ist ein Ganzjahresziel, obwohl die meisten Urlauber zwischen Ostern und September kommen. Die Sommer können sehr heiß sein, jedoch sorgen die Winde am See für eine gewisse Erfrischung. Und man braucht nur etwas höher zu steigen, um in die sprichwörtliche ›Sommerfrische‹ zu gelangen. Die Winter sind normalerweise mild, wenn auch nicht gerade trocken. Es schneit selten, in den höheren Bergregionen kann man aber Ski fahren.

Da der Gardasee auf drei Seiten durch Zweitausender vor rauen Winden geschützt ist, herrscht an seinen Ufern ein Mikroklima, das der Mittelmeerflora, aber auch exotischen Pflanzen ein gutes Umfeld bietet. Kein Wunder also, dass in den großen Gärten der Villen oder in den Parks eine üppige Vegetation gedeiht.

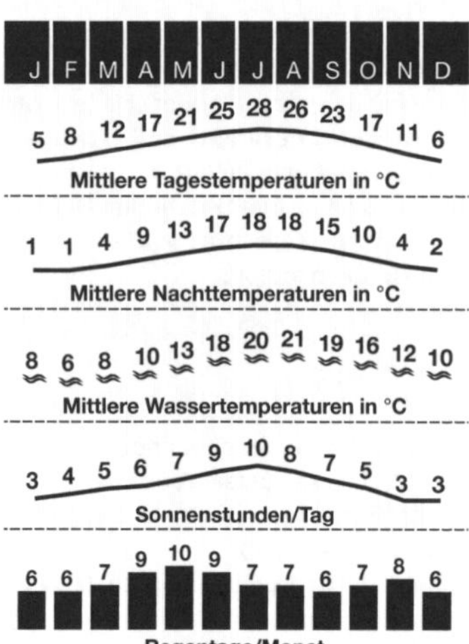

So ist das Wetter in Riva del Garda.

Reisezeit

Die Hauptreisezeit beginnt zu Ostern und endet etwa Mitte Oktober. Manche Hoteliers öffnen ihre Häuser auch erst zu Pfingsten. Die beste Reisezeit für Romantiker ist der Winter, auch wenn sich der See dann zeitweise in ein aufbrausendes Ungeheuer verwandelt. Nach dem Sturm, der meist nicht lange andauert, ist die Gegend wieder umso schöner. Die Sonnenuntergänge sind von tiefstem Rot und die Gipfel des Tosco-Emilianischen Apennin rücken so nahe heran, als stünden sie gleich hinter den Endmoränenhügeln bei Solferino. In den höheren Regionen wie am Monte Baldo kann es ›wintersporttauglich‹ schneien, doch die Temperaturen am See erreichen nicht selten 18 °C und mehr.

Lesetipps

Visti sul Lago, Tullio Ferro, Laura Ferro Francesconi. Ein Standardwerk für alle

Neugierigen, die sich nicht nur für den Jetset am See interessieren.

Italienische Reise 1786–88, Erster und Zweiter Teil, Johann Wolfgang v. Goethe. Schöner Einstieg in die nach ›Süden‹ duftenden Landschaften des Gardasees.

Novellen vom Gardasee, Paul Heyse. Wunderbarer Einstieg in atmosphärische Beschreibungen, neu aufgelegt.

Italienische Dämmerung, D. H. Lawrence. Lyrische Beschreibungen des einfachen Dorflebens am Westufer des Gardasees.

Vino Rosso, Roswitha Wildgans. Leichtfüßiger Gardaseekrimi um die Putzfrau Rosi Holzwurm, die unversehens in Kalamitäten gerät.

Familienreiseführer Gardasee, Gottfried Aigner. Ein idealer Führer für die Reiseplanung eines Urlaubs mit der Familie.

GU Naturführer Alpenblumen. Ein unerlässliches Standardwerk für Naturfreunde, die den Gardasee auch botanisch erkunden wollen.

Preise

Hotels

Die im Reiseteil dieses Buches angeführten Preiskategorien beziehen sich auf ein Doppelzimmer (DZ) mit Frühstück:
€ = Doppelzimmer bis 70 €
€€ = Doppelzimmer zwischen 70 und 160 €
€€€ = Doppelzimmer über 160 €

Restaurants

€ = unter 15 €
€€ = zwischen 15 und 20 €
€€€ = über 20 €
Preise für Hauptgang inkl. Beilage

Reisen mit Handicap

Abgesenkte Bürgersteige und lange Promenaden am See – am Gardasee haben Menschen mit Handicap wenig Probleme. Nur dürfen sie keine Unterkunft am Berg wählen, denn dann kann es problematisch werden, allein schon mit den teilweise recht steilen Gassen in den Dörfern. Genaueres bei den Informationsstellen oder direkt bei den Unterkünften; sie sind verpflichtet, je nach Größe, mindestens ein behindertengerechtes Zimmer oder Apartment anzubieten. Bars, Cafés und Restaurants müssen eine behindertengerechte Toilette haben, es sei denn, sie befinden sich in historischen Gewölben, Kellern o. Ä.

Die Museen sind praktisch alle barrierefrei mit Aufzügen oder Rampen ausgestattet, aber nicht alle Ausgrabungsstätten ebenso wie die teils hohen Burgen oder Ruinen.

Kein Problem haben Rollstuhlfahrer auf den Booten der Navigarda – sie werden sehr zuvorkommend behandelt und bekommen freundliche Einsteighilfe.

www.garda-see.com/unterkuenfte/barrierefrei
www.runa-reisen.de/rollstuhl-urlaub-gardasee

Reiseplanung

Kurzbesuch

Der Gardasee gilt als erstes Ausflugsziel der Süddeutschen, an Schönwetter-Wochenenden sichtet man an den Ufern im nördlichen Bereich fast ausschließlich deutsche Kennzeichen aus diesem Bereich. Speziell Surfer stehen mit ihren Fahrzeugen an den Rändern der engen Straßen. Für eine Stippvisite gut sind auch die zahlreichen kulinarischen Feste, oder einfach die Lust, einen Aperitif am Lago zu genießen. An den Wochenenden muss man daher immer mit höheren Unterkunftspreisen rechnen als während der Woche.

Nicht verpassen

Unbedingt mit den Drehkabinen der Seilbahn auf den **Monte Baldo** hochfahren und dort in der ersten Almhütte einkeh-

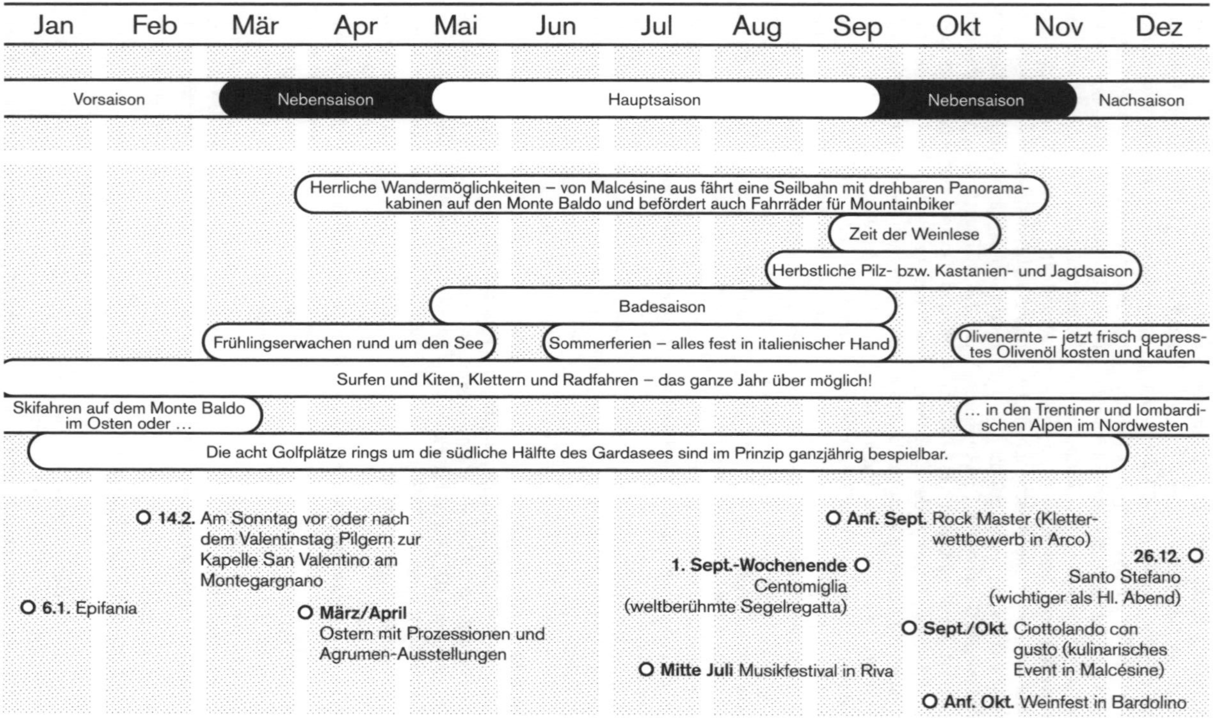

Jan | Feb | Mär | Apr | Mai | Jun | Jul | Aug | Sep | Okt | Nov | Dez

Vorsaison (Jan–Mär) – Nebensaison (Mär–Mai) – Hauptsaison (Mai–Sep) – Nebensaison (Sep–Nov) – Nachsaison (Nov–Dez)

Herrliche Wandermöglichkeiten – von Malcésine aus fährt eine Seilbahn mit drehbaren Panoramakabinen auf den Monte Baldo und befördert auch Fahrräder für Mountainbiker

Zeit der Weinlese

Herbstliche Pilz- bzw. Kastanien- und Jagdsaison

Badesaison

Frühlingserwachen rund um den See

Sommerferien – alles fest in italienischer Hand

Olivenernte – jetzt frisch gepresstes Olivenöl kosten und kaufen

Surfen und Kiten, Klettern und Radfahren – das ganze Jahr über möglich!

Skifahren auf dem Monte Baldo im Osten oder …

… in den Trentiner und lombardischen Alpen im Nordwesten

Die acht Golfplätze rings um die südliche Hälfte des Gardasees sind im Prinzip ganzjährig bespielbar.

- **6.1.** Epifania
- **14.2.** Am Sonntag vor oder nach dem Valentinstag Pilgern zur Kapelle San Valentino am Montegargnano
- **März/April** Ostern mit Prozessionen und Agrumen-Ausstellungen
- **Mitte Juli** Musikfestival in Riva
- **1. Sept.-Wochenende** Centomiglia (weltberühmte Segelregatta)
- **Anf. Sept.** Rock Master (Kletterwettbewerb in Arco)
- **Sept./Okt.** Ciottolando con gusto (kulinarisches Event in Malcésine)
- **Anf. Okt.** Weinfest in Bardolino
- **26.12.** Santo Stefano (wichtiger als Hl. Abend)

ren. Der Monte Baldo ist ein wunderbares Wandergebiet, von dem aus viele Wege auch abwärts an den See führen. Auf der Westseite des Sees breiten sich im weitläufigen Naturpark mehrere Hochebenen aus, Tignale und Tremosine sowie der Montegargnano. Von beiden Seiten kann man mit einem Paraglider oder als Unerfahrener mit Tandemgleiter starten, um den See aus der Vogelperspektive zu erleben.

Mountainbiker dürfen die tollste Abfahrt am Lago nicht verpassen bzw. die ganze Tour Riva–Tremalzo und zurück. Und **Kletterer** sollten ganz oben auf ihrer Liste eine Tour an den teilweise fast senkrechten oder gar überhängenden Felsen von Arco haben.

Auf der **Cima Rest** eine ganze Augustnacht beim Osservatorio, der kleinen Sternwarte, verbringen, wo man den Sternen ganz nah ist und sie auch noch von Experten erklärt bekommt. Als Clique/Familie kann man in einem der historischen Heuschober übernachten.

Am ersten September-Wochenende findet in Bogliaco die größte **Segelregatta** auf einem Binnensee statt, an der internationale Teams aus der ganzen Welt teilnehmen. Als Zuschauer kann man sie sogar von ziemlich weit oben betrachten, etwa aus Navazzo oder Formaga oder Musaga über dem Hauptort Gargnano. Segelfans werden die Regatta eher vom Wasser aus verfolgen oder von einem Café am Ufer.

Spartipps

Unbedingt die von den einzelnen Gemeinden oder Provinzen angebotenen **Tourist-Cards** annehmen, die es meistens bei der Buchung einer Unterkunft kostenlos dazugibt; auch wer eine Ferienwohnung gebucht hat, sollte die Card von den Anbietern erhalten. Damit kann man nicht nur kostenlos die lokalen Museen bzw. Sehenswürdigkeiten besuchen, sondern oft auch die öffentlichen Verkehrsmittel nutzen oder günstiger einkaufen. Auch für die Boote der Navigarda gibt es Ermäßigung.

Sicherheit und Notfälle

Polizei, Erste Hilfe: 118
Notruf: 112
Feuerwehr: 115
Ambulanz, Krankenwagen: 113
Pannenhilfe: ACI, der italienische Automobilklub, der allen Mitgliedern der assoziierten Automobilklubs kostenlos hilft, vom ausländischen Mobiltelefon +39 02 39 31 01 27 (Mailand), sonst 80 31 16.
Seenotruf: 15 30
Sperrung von Handys, Maestro- und Kreditkarten: +49 116 116

Übernachten

Hotels und Ferienanlagen

Die meisten Urlauber wählen familiengeführte Mittelklasse-Hotels und mit der Familie gerne Ferienanlagen oder sogenannte ›Residences‹ mit Kinderbetreuung, Sport- und Unterhaltungsprogramm. Wenn die Häuser renoviert werden, kommen vielfach Wellness- oder sogenannte Spa-Abteilungen hinzu. Gardasee-Urlauber lieben Wohlfühl-Oasen, gerne in aufgepeppten historischen Mauern. Fast allen Unterkünften gemeinsam ist die kurze Saison: Die meisten Hotels öffnen frühestens zu Ostern, manche erst zu Pfingsten, und schließen schon wieder im Oktober. Da auf die Angabe ›ganzjährig‹ nicht immer Verlass ist, sollte man sich, wenn man im Winter Lust auf einen Abstecher an den See bekommt, vorher unbedingt erkundigen, ob das Hotel tatsächlich geöffnet ist.

Zimmer werden während der Hochsaison im Juli/August oft nur mit Halbpension oder gar Vollpension angeboten. Die Preise variieren von Ort zu Ort sehr. Beispielsweise ist Sirmione teurer als Peschiera, obwohl die Orte nah beieinander liegen. Die Buchung im Internet ist von Vorteil, da die Hoteliers hier ihre Zimmer günstiger, vor allem kurzfristig, anbieten können.

B & B

Bed & Breakfast, also Zimmer mit Frühstück bei Privatleuten oder auch in kleinen Pensionen, findet man am Gardasee immer mehr. Auch Apartments mit Frühstücksservice kann man buchen. Man findet in diesem Fall in seiner Ferienwohnung einen gut gefüllten Kühlschrank für das Frühstück vor, zu dem noch täglich frisches Brot bzw. Brötchen, Eier und nicht selten auch Gemüse und Obst aus dem Garten der Wirtsleute geliefert werden.

www.bbitalia.it
www.bed-and-breakfast.it

Ferienwohnungen und -häuser

Da der Gardasee als ausgesprochener Familiensee gilt, werden familienfreundliche Ferienwohnungen und Apartments immer stärker nachgefragt. Vor allem in größeren Ferienanlagen und den sog. ›Residencen‹ (s. o.), kann man sie finden. Ferienhäuser werden oft von Privatpersonen vermietet. Angebote finden sich auch in Tageszeitungen und im Internet sowie bei den Touristenbüros, die Vermieterlisten führen. Die in Deutschland bekannten Anbieter von Ferienhäusern verfügen nur über ein kleines Kontingent am Gardasee.

Camping und Agriturismo

Rund um den Gardasee gibt es eine ansehnliche Anzahl an **Campingplätzen.** Manche von ihnen sind von geradezu luxuriösem Komfort mit Pool und Badestrand, vielen Sportmöglichkeiten, Kinderanimation, Bungalows und Leihcampern. Die größte Dichte schöner Plätze findet sich zwischen Garda und Lazise an der Ostküste, in der Valtènesi zwischen Desenzano und Salò sowie westlich und östlich von Sirmione.

www.camping.it/de/gardasee
www.camping.info/de/beliebte-region/gardasee
www.suncamp.ch

Immer interessanter werden auch die Angebote des **Agriturismo:** Ferien auf dem Bauernhof, auf dem Landgut oder auf historischen Weingütern, z. B. in der Valpolicella, auch Reiterhöfe zählen zum Agriturismo. Eine Auswahl dieser Ferienmöglichkeiten auf dem Land wird jeweils im Reiseteil genannt.

www.agriturismo.it/de/bauernhof/gardasee

Der Umwelt zuliebe – nachhaltig reisen

Wer schon einmal im Verkehrsstau am östlichen oder westlichen Ufer gestanden hat, der weiß die Möglichkeit zu schätzen, während der Saison mit dem Linienboot den See zu erkunden. Busse verkehren leider oft nur zu Schulzeiten, speziell auf die Hügel hinauf. Aber manche Hotels bieten von oben Shuttle an die darunter liegenden Strände.

www.navigazionelaghi.it

Verkehrsmittel

Auto

Zwar sind die Verkehrsregeln in Italien fast strenger als nördlich der Alpen und die Bußgelder von erschreckender Höhe, jedoch scheint dies italienische Autofahrer wenig zu stören. Die Fahrweise ist meist forsch, das Schneiden der Kurven auch an den unübersichtlichsten Stellen und das Überholen auch bei doppelter durchgehender Linie üblich usw. Man sollte es den italienischen Fahrern aber auf keinen Fall nachmachen. Wenn Carabinieri Ausländer stoppen, kann es ungemütlich werden – von den üblichen hohen Strafzetteln ganz abgesehen, die inzwischen laut EU-Beschluss bis ins Heimatland geahndet werden.

Die italienischen Verkehrsbestimmungen gleichen mit wenigen Ausnahmen den Verkehrsregeln in Deutschland, Österreich und in der Schweiz. Auf den Autobahnen beträgt die Höchstgeschwindigkeit 130 km/h, auf vierspurigen *superstrade* (autobahnähnlich) 110 km/h, auf Landstraßen 90 km/h. Die Strecke zwischen dem Brenner und Bozen darf grundsätzlich nur mit maximal 110 km/h befahren werden. Innerorts sind 50 km/h die Höchstgeschwindigkeit, auf allen Überlandstraßen, Autobahnen etc. muss auch tagsüber mit Abblendlicht gefahren werden.

An gelb markierten Bordsteinen ist Parken nicht erlaubt. Zeitlich begrenzte und kostenpflichtige Parkplätze (mit Parkautomaten) sind meist blau markiert, aber nicht immer. Zum Teil ist auch auf weiß markierten Parkplätzen die Parkdauer begrenzt oder das Parken gebührenpflichtig. Auf die Parkuhren achten!

Mietwagen

Einen Wagen zu mieten ist am Gardasee etwas kompliziert. Wer nicht vorbucht, muss vor allem während der Hochsaison mit Problemen rechnen. Die Hotels sind gern bei der Buchung behilflich – oder man bucht beim Anbieter seines Vertrauens von zu Hause aus, was meist günstiger ausfällt.

Linienboote und Ausflugsboote

Rundfahrten mit dem Boot sollte man am besten nur während der Hochsaison von Juni bis Ende September einplanen. Im Winterhalbjahr verkehren nur die Fährschiffe zwischen Ost- und Westufer, genauer zwischen Torri del Benaco und Maderno, und im Frühjahr und Herbst verkehren auch diese Schiffe seltener als im Sommer.

Es gibt täglich zwei Nord-Süd- bzw. Süd-Nord-Verbindungen zwischen Riva und Desenzano (ohne Autotransport). Im Norden wird auch das Ostufer mit Malcésine angefahren, ab Campione bewegen sich die Schiffe aber am Westufer entlang und im flachen Süden fahren die Boote mit dem dichtesten Fahrplan zwischen Desenzano, Sirmione und Peschiera sowie im Südosten zwischen Lazise, Bardolino und Garda. Dafür gibt es ein Spezialticket für den Basso Lago, den südlichen Teil des Sees.

Im Norden bietet die Navigarda das Ticket Alto Lago an, mit dem man mehrmals am Tag Limone, Malcésine und Riva ansteuern kann. Zwischen Torri del Benaco und Maderno verkehren ganzjährig auch Autofähren, zwischen Limone und Malcésine während der Hochsaison.

Die aktuellen Tarife sind im Internet zu finden. Schnellboote kosten etwa 40 % Aufpreis. Zusätzlich gibt es natürlich auch Ausflugsboote zu bestimmten Zielen. Dies ist die bequemste, aber am wenigsten individuelle Art, den See zu erkunden. Diese Boote verkehren besonders rund um Sirmione sowie – im Sommerhalbjahr – zwischen Limone und Malcésine.

www.navigazionelaghi.it

Busse

Alle Seeorte sind mit Bussen erreichbar. Fahrpläne, Strecken und Tarife finden sich auf den Internetseiten www.trasportibrescia.it (für die Provinz Brescia am Westufer) sowie www.atv.verona (für die Provinz Verona am Ostufer und die Valpolicella). Die Buslinien Nr. 62 bis 64 verbinden Verona mit Lazise und fahren dann weiter bis Riva. Nr. 81 fährt von Verona nach Sirmione und Desenzano (s. auch Bus & Bike, S. 64 und S. 76).

Wer allerdings ins Hinterland fahren will, hat das Nachsehen, da die Busse fast nur zu den Schulzeiten verkehren.

Taxi

Zwar stehen vor Bahnhöfen und Flughäfen meist genügend Taxis, doch für Überlandfahrten sind die Taxipreise hoch. Besser ist es, sich nach den Festpreisen zu den Gardaseeorten zu erkundigen bzw. den Transfer schon vorher zu organisieren. Dürftig ist der Service in den einzelnen Orten, den man allerdings meist nur dann benötigt, wenn man außerhalb eines Ortes sein Quartier aufgeschlagen hat: Taxis sind hier kaum zu finden. Fazit: Da braucht man ein eigenes Fahrzeug, und wenn es nur ein Fahrrad ist.

Sprachführer Italienisch

A

AUSSPRACHE

Allgemeines
In der Regel wird Italienisch so ausgesprochen wie geschrieben. Treffen zwei Vokale aufeinander, so werden beide einzeln gesprochen (z. B. E-uropa). Die Betonung liegt bei den meisten Wörtern auf der vorletzten Silbe. Liegt sie auf der letzten Silbe, wird ein Akzent verwendet (z. B. città, caffè).

Konsonanten
c vor a, o, u wie k, z. B. conto; vor e, i wie tsch, z. B. cinque
ch wie k, z. B. chiuso
ci vor a, o, u wie tsch, z. B. doccia
g vor e, i wie dsch, z. B. Germania
gi vor a, o, u wie dsch, z. B. spiaggia
gl wie ll in Brillant, z. B. taglia
gn wie gn in Kognak, z. B. bagno
h wird nicht gesprochen
s teils stimmhaft wie in Saal, z. B. museo; teils stimmlos wie in Haus, z. B. sinistra
sc vor a, o, u wie sk, z. B. scusi; vor e, i wie sch, z. B. scelta
sch wie sk, z. B. schiena
sci vor a, o, u wie sch, z. B. prosciutto
v wie w, z. B. venerdì
z teils wie ds, z. B. zero; teils wie ts, z. B. zitto

Allgemeines

Guten Morgen/Tag	Buon giorno
Guten Abend	Buona sera
Gute Nacht	Buona notte
auf Wiedersehen	arrivederci
entschuldige(n Sie)	scusa (scusi)
hallo/grüß dich	salve/ciao
bitte	prego/per favore
danke	grazie
ja/nein	sì/no
Wie bitte?	come?/prego?

Unterwegs

Haltestelle	fermata
Bus/Auto	autobus/macchina
Ausfahrt/-gang	uscita
Tankstelle	stazione di servizio
rechts/links	a destra/a sinistra
geradeaus	diritto
Auskunft	informazione
Bahnhof/Flughafen	stazione/aeroporto
alle Richtungen	tutte le direzioni
Einbahnstraße	senso unico
Eingang	entrata
geöffnet	aperto/-a
geschlossen	chiuso/-a
Kirche/Museum	chiesa/museo
Strand/Brücke	spiaggia/ponte
Platz	piazza/posto

Zeit

Stunde/Tag	ora/giorno
Woche/ Monat	settimana/mese
Jahr	anno
heute/gestern	oggi/ieri
morgen	domani
Montag	lunedì
Dienstag	martedì
Mittwoch	mercoledì
Donnerstag	giovedì
Freitag	venerdì
Samstag	sàbato
Sonntag	doménica

Notfall

Hilfe!	Soccorso!/Aiuto!
Polizei	polizia
Arzt/Zahnarzt	medico/dentista
Apotheke	farmacia
Krankenhaus	ospedale
Unfall	incidente

Schmerzen	dolori
Fieber	febbre
Panne	guasto

Übernachten

Hotel	albergo
Pension	pensione
Einzelzimmer	camera singola
Doppelzimmer	camera doppia
mit/ohne Bad	con/senza bagno
Toilette	bagno, gabinetto
Dusche	doccia
mit Frühstück	con prima colazione
Halbpension	mezza pensione
Gepäck	bagagli

Einkaufen

Geschäft/Markt	negozio/mercato
Bäckerei	panificio
Kreditkarte	carta di credito
Geld	soldi
Geldautomat	bancomat
Lebensmittel	alimentari
Größe	taglia
bezahlen	pagare

Zahlen

1	uno	18	diciotto
2	due	19	diciannove
3	tre	20	venti
4	quattro	21	ventuno
5	cinque	30	trenta
6	sei	40	quaranta
7	sette	50	cinquanta
8	otto	60	sessanta
9	nove	70	settanta
10	dieci	80	ottanta
11	undici	90	novanta
12	dodici	100	cento
13	tredici	101	centuno
14	quattordici	150	centocinquanta
15	quindici		
16	sedici	200	duecento
17	diciassette	1000	mille

W

WICHTIGE SÄTZE

Allgemeines

Sprechen Sie … Deutsch/Englisch?	Parla … tedesco/inglese?
Ich verstehe nicht.	Non capisco.
Ich spreche kein Italienisch.	Non parlo italiano.
Ich heiße …	Mi chiamo …
Wie heißt du/heißen Sie?	Come ti chiami/si chiama?
Wie geht es dir/Ihnen?	Come stai/sta?
Danke, gut.	Grazie, bene.

Unterwegs

Wo ist bitte …?	Scusi, dov'è …?
Könnten Sie mir bitte … zeigen?	Mi potrebbe indicare …, per favore?

Notfall

Können Sie mir bitte helfen?	Mi può aiutare, per favore?
Ich brauche einen Arzt.	Ho bisogno di un medico.
Hier tut es weh.	Mi fa male qui.

Übernachten

Haben Sie ein freies Zimmer?	C'è una camera libera?
Wie viel kostet das Zimmer pro Nacht?	Quanto costa la camera per notte?
Ich habe ein Zimmer bestellt.	Ho prenotato una camera.

Einkaufen

Wie viel kostet …?	Quanto costa …?
Wann öffnet/schließt …?	Quando apre/chiude …?

Im Restaurant

Die Speisekarte, bitte.	Il menu, per favore.
Die Rechnung, bitte.	Il conto, per favore.

Kulinarisches Lexikon

Allgemeines

antipasto/ primo piatto	Vorspeise/ erster Gang
contorno	Beilagen
secondo	Hauptgang
dessert/dolce	Nachspeise
lista dei vini	Weinkarte
menù del giorno	Tagesgericht
minestra/zuppa	Suppe
pepe	Pfeffer
sale	Salz
zucchero/saccarina	Zucker/Süßstoff

Zubereitung

affogato	gedünstet
al forno	aus dem Backofen
alla griglia	gegrillt
allo spiedo	am Spieß
amabile/dolce	süß
arrostato/-a	geröstet
arrosto/-a	gebraten
bollito/-a	gekocht
caldo/-a	warm
con/senza	mit/ohne
freddo/-a	kalt
fritto/-a	ausgebacken
gratinato/-a	überbacken
stufato/-a	geschmort

Vorspeisen und Suppen

alici	sauer eingelegte Sardinen
antipasti del mare	Vorspeisenplatte mit Fisch/ Meeresfrüchten
antipasti misti	gemischte Vorspeisen
bruschetta	geröstetes Weißbrot mit Knoblauch und Öl
cannellini	weiße längliche Bohnen, ungewürzt
carciofi	Artischocken
cozze ripiene	gefüllte Muscheln
fagiolini bianchi	weiße Bohnen
insalata di polpo	Tintenfischsalat
melanzane alla griglia	gegrillte Auberginen
minestrone	Gemüsesuppe
peperonata	gemischtes geschmortes Gemüse
prosciutto	Schinken
salame di cinghiale	Wildschweinsalami
vitello tonnato	kalter Kalbsbraten in Thunfischpaste
zucchine alla griglia	gegrillte Zucchini
zuppa di pesce	Fischsuppe

Pasta und Co.

cannelloni	gefüllte Nudelröhren
fettuccine/tagliatelle	Bandnudeln
formaggio	Käse
gnocchi	Kartoffelklößchen
lasagne	Nudelauflauf mit Hackfleisch, Tomaten, Bechamelsoße
paglia e fieno	gelbe und grüne Bandnudeln
pasta fresca (fatta in casa)	frische (hausgemachte) Pasta
pasta ripiena	gefüllte Pasta, meist mit Spinat und Ricotta
polenta	Maisbrei
risotto ai funghi	Pilzrisotto
risotto alla marinara	Risotto mit Meeresfrüchten

Fisch und Meeresfrüchte

anguilla	Aal
aragosta	Languste
aringa	Hering
coregone	Felchen

cozza	Miesmuschel
gamberetto	Garnele
gambero	Hummer
orata	Dorade/ Goldbrasse
ostrica	Auster
pesce persico	Barsch
salmone	Lachs
seppia	Tintenfisch
sogliola	Seezunge
tonno	Thunfisch
trota	Forelle

Fleisch und Geflügel

agnello	Lamm
anatra	Ente
arrosto	Braten
brasato	Rinder-schmorbraten
capra/capretto	Ziege/Zicklein
carne	Fleisch
cinghiale	Wildschwein
coniglio	Kaninchen
coscia/cosciotto	Keule
faraona	Perlhuhn
lepre	Hase
maiale/porco	Schwein
manzo	Rind
oca	Gans
pernice	Rebhuhn
pollo	Hähnchen
quaglia	Wachtel
salumi	Wurstwaren
spezzatino	Gulasch
tacchino	Pute
vitello	Kalb

Gemüse und Beilagen

bietola	Mangold
carota	Mohrrübe
cavolfiore	Blumenkohl
cavolo	Kohl
cipolla	Zwiebel
fagioli/fave	Bohnen
finocchio	Fenchel
fungo porcino	Steinpilz
insalata mista	gemischter Salat
melanzana	Aubergine
pane	Brot
patata	Kartoffel
pisello	Erbse
polenta	Maisbrei
pomodoro	Tomate
porro	Lauch
riso	Reis
sedano	Sellerie
spinaci	Spinat
zucca	Kürbis

Nachspeisen und Obst

albicocca	Aprikose
anguria	Wassermelone
cantuccino	Mandelgebäck
cassata	Eisschnitte mit kandierten Früchten
fico	Feige
fragola	Erdbeere
gelato	Eiscreme
lampone	Himbeere
macedonia	frischer Obstsalat
mela	Apfel
mellone	Honigmelone
panna cotta	gekochte Sahnecreme
tiramisù	Löffelbiskuit mit Mascarponecreme
torta (di frutta)	(Obst-)Torte
zabaione	Eierschaumcreme

Getränke

acqua (minerale)	(Mineral-)Wasser
… con gas/gassata	… mit Kohlensäure
… senza gas/liscia	… ohne Kohlensäure
birra (alla spina)	(Fass-)Bier
caffè (corretto)	Kaffee (mit Grappa)
ghiaccio	Eis(-würfel)
granita di caffè	Eiskaffee
grappa	Branntwein
latte	Milch
liquore	Likör
spumante	Sekt
succo	Saft
tè	Tee
vino bianco	Weißwein
vino rosso	Rotwein

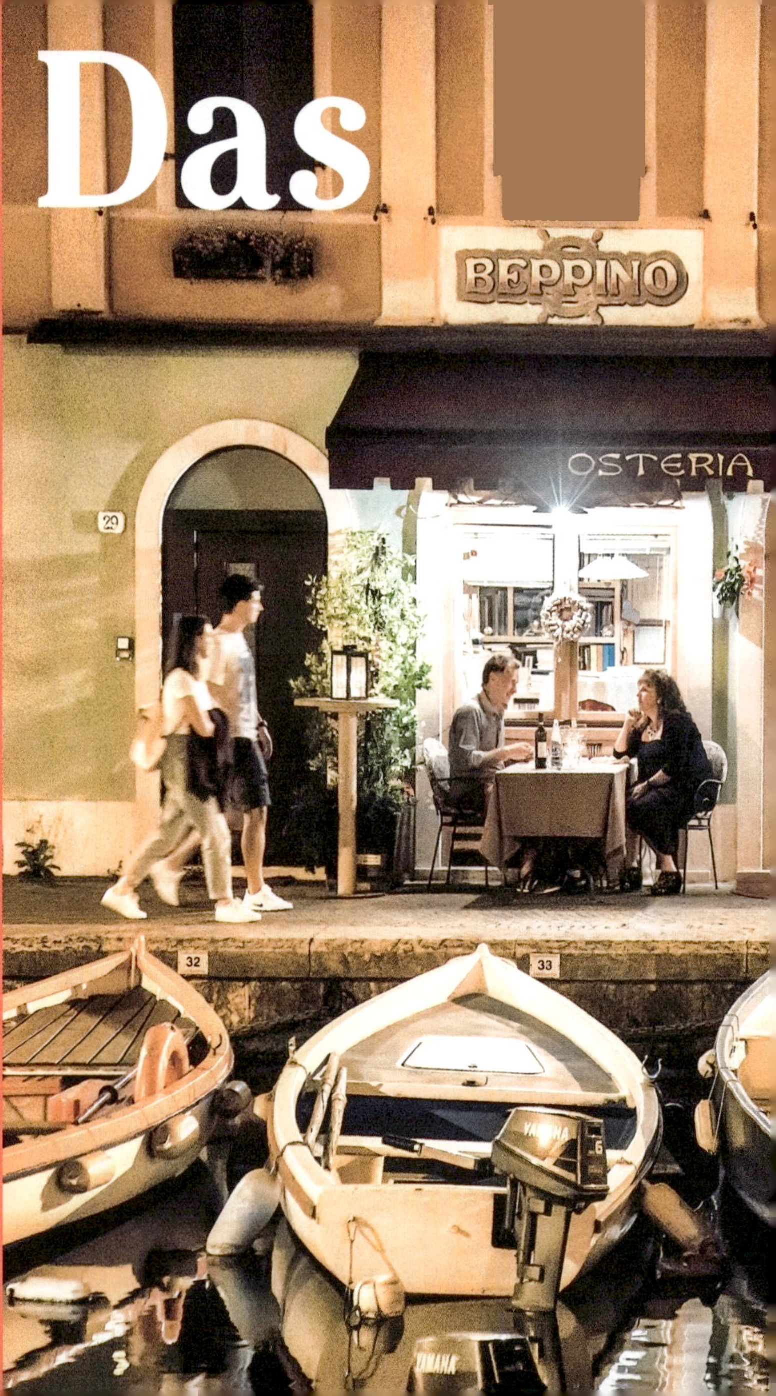
Das
BEPPINO
OSTERIA
29
32
33

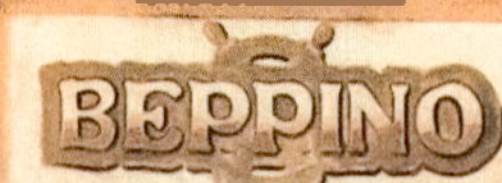

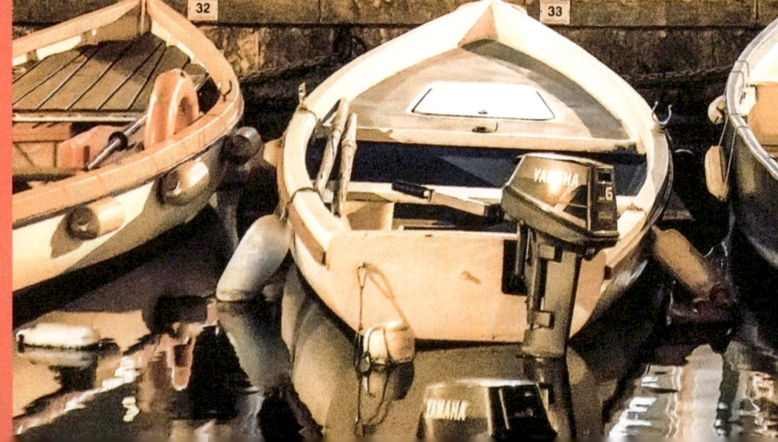

Magazin

Kleine Trattorien und Osterien sorgen überall am See für romantische Gelegenheiten.

Der Gardasee und seine Wasserqualität

Mikroplastik und andere Gefahren — Alle Welt redet über gefährliches Mikroplastik in den Weltmeeren. Doch auch die Binnenseen sind gefährdet. Da ist der Gardasee leider keine Ausnahme.

Drei Regionen, ein Problem

Der Gardasee breitet sich zwischen drei italienischen Regionen aus, was bedeutet, dass es auch bei der Bewältigung von Umweltproblemen zusätzlich bürokratische Hürden zu nehmen gilt. Die Goletta dei Laghi bemüht sich um Vermittlung. Wir sprachen mit dem Verantwortlichen für die italienischen Seen.

Simone Nuglio von der Goletta dei Laghi, die alljährlich die Wasserqualität in den italienischen Seen prüft, ist ziemlich genervt. Denn er muss nach den Ergebnissen der letzten Wasserproben aus dem Gardasee wieder einmal feststellen: »So richtig brav sind eigentlich nur die Trentiner im Norden des Lago.«

Gefahr an den Zuflüssen

Schlimmer noch als das im Sommer durch die zusätzlichen Menschen überstrapazierte Kanalisationssystem seien die vielen Häuser an den Abhängen ringsum, die nicht angeschlossen sind. »Daher prüft unsere Mannschaft der Goletta überwiegend die Zuflüsse, die Bäche also, die sich aus den umgebenden Bergen und Hügeln kommend in den See ergießen. Aber auch das Wasser bei unseren Sorgenkindern, den problematischen Häfen.« So ist es beim Segelhafen von Desenzano nach wie vor verschmutzt, während die Spiaggia d'Oro wieder okay sei, der Hafen von Padenghe zeige sich leider ebenso verschmutzt, also besser man badet dort nicht, erfreulich sei das Ergebnis an den beiden Zuflüssen von Salò: »In Le Rive und Barbarano kann man wieder bedenkenlos ins Wasser steigen.«

Simone Nuglio stellt auch einige Veränderungen fest, die bestimmt mit der globalen Erwärmung und dem Rückzug der Gletscher im Norden des Sees zu tun haben, was die Thermik an der Wasseroberfläche und darunter angeht. Trauriges Fazit: der Verlust an faunischer Artenvielfalt, also von Fischen im See, aber auch an Uferbepflanzung durch die Absenkung des Wasserstands. Der historische Vergleich von 1950 bis 2015 zeigt ein Minus von 36 cm.

Feiern ohne Plastik

Ein neues Problem ist aufgetaucht, wie in den Weltmeeren auch am Gardasee: Mikroplastik. »Die sogenannten *cene all'aperto*, also [die Essen] am Ufer im Freien oder auf dem See, die hasse ich! Ein Windhauch, und schon landet alles im Wasser, Plastikbecher, Teller etc. und es beginnt der Prozess der Zersetzung in Mikroteilchen (unter 5 mm)«, die bekanntlich von den Fischen in die Nahrungskette eingebracht werden. Seit 2016 wird daher auch diese aufwendige Untersuchung von der Goletta-Mannschaft durchgeführt.

Eine Bitte hat Simone Nuglio an mich: »Schreib bitte, dass wir nichts kaputt machen wollen, schon gar nicht den Tourismus. Saubere Umwelt bedeutet doch eine tolle Werbung für den See. Wir sind eure Verbündete, nicht eure Feinde.« ■

T

ZU VIELE TOURISTEN?

Rings um den Gardasee leben direkt an den Ufern der drei Regionen von Trentino, Lombardei und Veneto knapp 190 000 Menschen – drei Regionen sollen in Umweltfragen also zusammenarbeiten, was den Gardasee besonders verletzlich macht. Hinzu kommen jährlich an die 30 Mio. Übernachtungen von Touristen, 75 % von ihnen nur in den vier Sommermonaten, bei einem durchschnittlichen Aufenthalt von 4,5 Tagen.

Macht der Tourismus den Gardasee kaputt?

Interview — Cristina Milani bewacht mit Argusaugen im Namen der Legambiente, der ›Grünen‹ Italiens, alles, was am Brescianer Ufer des Gardasees in puncto Umwelt geschieht. Sie lebt in Maderno, mitten im historischen Kern.

Rund 30 Millionen Übernachtungen am Gardasee, 75 % davon allein in den vier Sommermonaten Juni bis September – wie halten das der Lago und seine knapp 190 000 festen Einwohner aus?

Nicht überall. Während Gargnano z. B. ganz gut damit klarkommt, sind Toscolano Maderno und – noch schlimmer – Limone dabei, ihre ›Seele‹ zu verkaufen. Dort, wo Tagestouristen nur zum Baden und Sonnen kommen, auch noch ihr Picknick mitbringen und dann den Abfall zurücklassen, die Straßen mit ihren Fahrzeugen verstopfen, wünschen wir sie uns wirklich weg. Anders ist es mit denjenigen, die länger bleiben und Interesse an uns Gardesani zeigen, wandern oder den Naturpark mit dem Fahrrad entdecken. Mit ihnen entsteht auch so etwas wie ein interkultureller Austausch.

Konntet ihr in Toscolano Maderno etwas verhindern, was dem Ort geschadet hätte, dem Tourismus aber angeblich zuträglich gewesen wäre?

Ja, aber das wurde leider zu einem zweischneidigen Schwert: 50 Millionen Euro sollten auf dem riesigen verlassenen Fabrikgelände nahe der Mündung des Toscolano-Baches in ein geradezu pharaonisches Projekt moderner Urbanistik unter der Regie des englischen Stararchitekten Norman Foster investiert werden, allein für 300 Apartments in fünfstöckigen Gebäuden. Das wäre doch unvorstellbarer Gigantismus, der nicht an unseren Lago passt. Wir konnten das

Jedes freie Plätzchen am Strand wird genutzt beim buchstäblichen Bad in der Menge.

zwar stoppen, aber nun sind die Fabrikruinen völlig dem Verfall preisgegeben – auch nicht gerade hübsch!

Gibt es Maßnahmen, die durch Tourismus auch dem Gardasee und seinen Bewohnern zugutekommen?

Viele Strände wurden verlängert und/oder durch aufgeschüttete Molen überhaupt erst geschaffen. Dann der Radweg rings um den See, der ja noch eine Weile brauchen dürfte, bis er fertiggestellt sein wird – er nützt auch uns Gardesani, die zur Arbeit oder in der Freizeit mit dem Rad fahren. Das wird den Pkw-Verkehr erheblich reduzieren.

Mischen sich Touristen oder Neubürger in die Umweltpolitik am See ein? Ein Beispiel dafür?

Es kommt immer wieder vor, dass sich vor allem Neubürger, speziell Ausländer mit Zweitwohnsitz am See, mehr aufregen als die Einheimischen, wenn etwas schiefzulaufen droht, und sich engagieren. Etwa als vor das Dörfchen Musaga di Gargnano eine sogenannte Isola Ecologica, also eine Art Wertstoffhof für die Zwischenlagerung von Müll gebaut werden sollte. Der Stadtrat von Gargnano hatte schon alle Genehmigungen und begann mit der Säuberung des Standortes am Dorfeingang inmitten des Laufes eines Wildbaches (!). Das habt ja ihr verhindert, als Journalistenpaar habt ihr so lange die Trommeln gewirbelt, auch mit Veröffentlichungen in deutschen Tageszeitungen, bis wir gemeinsam Gehör fanden bei den zuständigen Provinzial- wie Regionalstellen. Der Müll wird nun an der Regionalstraße unten am Nordende von Gargnano zwischengelagert. Und ihr freut euch doch sicher jedes Mal, wenn ihr ins Dorf fahrt und die wilde Schlucht seht …

Sicher! Eine andere Frage – wie ergeht es den Gardesanern im Sommer? Flüchten sie vor dem Touristenansturm? Also wir sind dann garantiert weg! Dann herrscht in München Ruhe, alle sind weg, viele am Gardasee.

Wer kann, flieht in die Berge. Überhaupt versuchen wir, möglichst wenig an den See zu fahren, denn dann stehen wir ewig in der Schlange und finden anschließend keinen Parkplatz. Wird Zeit, dass zumindest der Radweg fertiggestellt wird, damit wir wenigstens an den Strand oder zur nächsten Gelateria radeln können. Doch leider wird mehr darüber geredet als getan. Nur winzige Teilstrecken der ›Radfahrer-Traumstraße‹, so die Biker-Zeitschriften, sind fertig. Allein auf unserer lombardischen Westseite sind große Hindernisse zu überwinden wie überhängende Felsen, die gesichert werden müssten, wie im Norden von Gargnano. Oder unter Denkmalschutz stehende Anwesen wie die riesige Villa Bettoni, vor der kein Radweg ›angehängt‹ werden darf wie nördlich von Limone. ■

K

DIE KANALISATION UND DER TOURISMUS

Die Ringkanalisation rund um den Gardasee ist veraltet und auf zu wenige Menschen ausgerichtet. Nur 190 000 feste Einwohner hat er, aber im Jahr kommen an die 30 Millionen Übernachtungen von Touristen hinzu, mit Schwerpunkt Sommer. Dann ist Alarm angesagt. Am schlimmsten sind die *case sparse*, die verstreut in die Landschaft ohne Kanalanschluss gebauten Häuser. Das merkt man speziell an den Flussmündungen, wo das Wasser eher nicht zum Baden geeignet ist, wie die Messungen der Goletta dei Laghi zeigen.

Von wegen pünktlich …

Auf Segeltörn mit der ›Siora Veronica‹ — Die Winde des Gardasees sind auch nicht mehr das, was sie vor der Erderwärmung waren. Das haben wir sogar am eigenen Körper bemerkt, als es wegen Flaute einfach nicht mehr weiterging.

Der Motor muss helfen

Kapitän Nicola ist ganz schön verärgert: Schon wieder lässt sich das prächtige Segelschiff nicht mehr mit Hilfe des sonst so pünktlich aufkommenden Mittagswindes manövrieren, er muss den Motor anwerfen. Den Gästen gefällt das nicht unbedingt! Schließlich wollten sie auf dem historischen Zweimaster, der 1926 bis 1927 in Peschiera im Süden des Gardasees gebaut wurde, die drei Segel so richtig schön aufgebläht erleben.

Immer wieder muss Nicola das Boot neu ausrichten, aber egal wohin, der Wind reicht nicht. Und dies im Norden des Lago, wo man, wie es immer heißt, die Uhr nach den Winden stellen könnte, im Surferparadies eben. Wo sich die Surfer hordenweise von nördlich der Alpen einfinden, weil sie hier garantiert ihren Wind- und Wasserspaß haben werden. Oder bislang hatten. Na ja, für sie mag es noch immer reichen, aber ein schweres Kaliber wie die 24 m lange ›Siora Veronica‹ braucht schon mehr.

Ora, Pelèr und Balin

Seit mindestens zehn Jahren, sagt Kapitän Nicola, beobachte er die Windverhältnisse auf dem Gardasee mit großer Sorge, allen voran die drei wichtigsten: Ora, Pelèr und Balin. Normalerweise entsteht Wind, wenn der Luftdruck an verschiedenen Orten unterschiedlich ist, also z. B. verschiedene Temperaturen vorherrschen. Die Luft strömt von einer Zone mit hohem Luftdruck zu einer anderen mit niedrigem Luftdruck. Der Gardasee bildet durch seine lang gestreckte Form in Nord-Süd-Richtung und durch seine Öffnung zur flachen Ebene im Süden hin normalerweise charaktervolle Winde – als Resultat aus dem Dialog der unterschiedlichen thermischen Bedingungen zwischen Berg und Tal, so Nicola.

Im Bereich von Malcésine, wo wir mit dem schönen Schoner losgefahren sind, herrschen der Pelèr, der aus dem Norden weht, und die aus der entgegengesetzten Richtung, von Süden kommende Ora. Besonders stark ist der Pelèr normalerweise nördlich von Malcésine und am gegenüberliegenden Ufer im Gebiet von Gargnano sowie in einem kleinen Teilbereich südlich von Riva (weshalb hier

W

WINDSTÄRKEN

Bei 5 Beaufort (bft) spricht man noch von einer frischen Brise, erst bei 9 von einem Sturm und bei der höchsten Beaufort-Zahl 12 schließlich von einem Orkan. Ora und Pelèr sind also eher die sanften, der Balin ein schon mit größerer Vorsicht zu genießender Wind.

die Surfschule des Hotels Pier entstanden ist). Dort bläst auch die Ora tüchtig, wie überhaupt im gesamten Norden zwischen Limone und Tórbole – dem Surferparadies des Gardasees. Normalerweise. Aber durch die stärkere Erderwärmung verflacht der Unterschied und der sogenannte Dialog zwischen den unterschiedlichen Thermikbedingungen fällt im wahrsten Sinne des Wortes ins Wasser.

Gewitter für Segelspaß

Im Sommer können die recht häufigen Gewitter die Windsituation schnell verändern, ein Riesenspaß für Könner, eine Gefahr für ungeübte Wassersportler. Dabei schlägt der Wind meist von einem Süd- in einen Nordwind um. Je weiter man sich nach Norden bewegt, desto stärker wird die Ora, weil die beiden Bergketten, die den See flankieren, nach Norden zu immer enger zusammenlaufen und dadurch eine Art Düseneffekt erzeugen.

Natürliche Rampen

Der Pelèr (Nordwind), auch Vento, also einfach ›Wind‹ genannt, ist ein Schönwetterwind. Er weht kontinuierlich und gleichmäßig in den Sommermonaten Juni bis September. Normalerweise. Dann setzt er um 3 Uhr früh ein und beginnt am nördlichen bis mittleren Teil des Gardasees. Bis zum Sonnenuntergang belüftet er dann zunehmend die gesamte Seefläche, charakteristisch sind für ihn kleine Wellensets, die als ideale ›Absprungrampen‹ für Wind- und Kitesurfer dienen. Entfaltet er seine volle Stärke, kann er sogar bis 15 Uhr anhalten. Bei sehr starkem Wind und entsprechendem Wellengang wird das kalte Wasser aus den tieferen Wasserschichten nach oben befördert. Dann kann die Sonneneinstrahlung noch so stark sein, das Seewasser wird nicht mehr ausreichend erwärmt und die Ora setzt nicht ein, wie leider bei unserem Segeltörn mit der ›Siora Veronica‹. ■

Auf Segelörn mit der »Siora Veronica« – wenn die passenden Winde wehen …

Wo sind die ›aole‹ geblieben?

Eine Ausfahrt mit Fischer Marco — Für Marcos Familie ist die Fischerei dank des Tourismus so lohnenswert, dass sie gut davon leben kann. Unterwegs erklärt uns Marco, wie die Gardasee-Fischerei funktioniert.

Marco ist Fischer in Gargnano. Seine Urgroßeltern kamen aus Korsika an den Gardasee, waren also Franzosen. Daher wird die Fischerfamilie immer noch Franz genannt, eigentlich heißt sie Dominici. Marco und sein Bruder Luca sind zusammen mit ihrem Vater Umberto die letzten Fischer von Gargnano, aber die Brüder haben Nachwuchs und so könnte es mit der Familientradition weitergehen. Inzwischen nehmen sogar junge Leute rings um den See den Beruf wieder auf, auch wenn sie dies eher im Nebenerwerb betreiben.

Marco verabredet sich mit uns für den Nachmittag bei sich zu Hause am kleinen Hafen vor dem Kirchlein San Giacomo nördlich von Gargnanos Zentrum. Wir fahren erst Richtung Castelletto am Ostufer (hier sei der See am tiefsten und die gefangenen Fische schmeckten daher am besten, erklärt Marco), dann nach Süden. Wir müssen uns auf dem schmalen Boot ganz klein machen und immer wieder den Platz wechseln, denn Marco legt jetzt die Netze aus, die er am nächsten Tag frühmorgens wieder einholen wird, mit einem hoffentlich guten Fang. Und er erzählt uns nebenbei gerne, wie die Gardasee-Fischerei funktioniert.

Alte Rechte

Wir haben die Familie Franz schon seit Jahren bewundert, wie sie ihr Recht verteidigt, unter der Loggia des Alten Rathauses von Gargnano ihren Fang zu verkaufen, die Netze dort zum Trocknen auszulegen und das Boot im kleinen Hafenbecken festzumachen. Doch neuerdings müssen sie, wie alle anderen auch, für jede Boje und jeden Anlegeplatz an die Gemeinde zahlen, erfahren wir auf dieser Bootsfahrt. Aber ihr Platz ist ihnen sicher.

Jeder Fischer darf an Tagen, an denen der Fischfang erlaubt ist (es gibt Schonzeiten, wenn die Fische laichen), insgesamt 16 Netze à 74 m Länge auslegen. Das tun Marco und sein Bruder von Mai bis Oktober täglich, auch an

Sonn- und Feiertagen, sofern das Wetter nicht zu stürmisch ist. Von November bis April fahren sie nur bei gutem Wetter aus, denn der Wind macht aus der Fischerei dann ein gefährliches Unterfangen. Zudem lohnt sich der Fischfang im Winter nicht, da die Restaurants als Hauptabnehmer der Fische zum großen Teil geschlossen sind. Gut für den Fischbestand, der sich dann erholen kann.

Die Fische des Sees

Fast ohne es zu merken, sind wir in der Nähe von Torri angekommen, Marco rollt die sauber zusammengelegten, 6,5 m breiten Netze aus. Sie sinken bis auf 25 m Tiefe. Hier behindern sie keine Schiffe, und hier tummeln sich die beliebtesten Fische des Gardasees: *coregone* (Felchen), *trota* (Forelle), *sardina* (Sardine) und der sehr seltene und daher sehr kostbare *carpione* (die echte Gardaseeforelle mit festem, z. T. rosafarbenem Fleisch), den es nur im Garda- und im Baikalsee geben soll. Coregone, am Ostufer *lavarello* genannt, darf man mit Ausnahme weniger Schonzeittage (15. November bis 22./23. Dezember) immer fischen – ein Glück, denn er gehört zu den beliebtesten Fischen des Sees. Sogar einige Stunden während der Schonzeit ist Fangzeit, doch die Fischer müssen dann ihre Rogen bzw. Milchner ausdrücken und sie nach Desenzano in die Fischzucht bringen. Hier wird für eine sichere Vermehrung gesorgt, eine Vorzucht. Die kleinen Fische werden später in den See entlassen, wo sie unter natürlichen Bedingungen aufwachsen.

Ob die Fischer vom Gardasee während ihrer mühsamen Arbeit noch ein Auge für die Farbenpracht haben, die der Gardasee vor allem beim Sonnenuntergang bietet?

Sonst gäbe es im Gardasee schon lange kaum noch einen Fisch.

Wo sind die ›aole‹ geblieben?

Wir erzählen Marco, dass uns das *aole*-Fest im August in Gargnano immer besonders lieb war, das es heute nicht mehr gibt. In großen Kupferkesseln wurden die winzigen weißen, leicht bemehlten *aole* in Netzkörbchen schwimmend ausgebacken. Es duftete köstlich am kleinen Hafenbecken, und es schmeckte wunderbar zum Weißwein. Nun gibt es kaum noch *aole* im Gardasee. Drei Gründe nennt Fischer Marco für das Aussterben der Weißfische: Aufgrund der (verbotenen!) Fütterung durch Touristen hätten sich die Enten zu sehr vermehrt – und diese fressen am liebsten *aole*. Auch die Population der Raubfische wie Hecht und Flussbarsch sei zu stark angestiegen. Und schließlich sei der oft niedrige Wasserstand des Sees schuld, weil der an den Rändern abgelegte Laich der *aole* schnell austrockne.

Die Fische kommen an Land

An manchen Tagen, erzählt Marco, müssen er und sein Bruder zum Einholen der Netze bis nach Toscolano fahren, weil die Strömung sie so weit weggetrieben hat. Dann wird es spät. Sonst reichen für das Einholen rund vier Stunden (von 3 bis 7 Uhr früh!). Dann wird der Fang zu Hause auf Eis gelegt (die Familie hat dafür eine große Eismaschine), und auf geht's zum Alten Rathaus. Marco verkauft dort den Tagesfang, sein Bruder Luca bringt die bestellte Ware zu den Restaurants. Ein Nachbar filetiert Fische, weil viele sie lieber grätenlos bzw. küchenfertig kaufen. Frühstück? Ein *caffè* an der nächsten Bar reicht. Erst nach getaner Arbeit, wenn die Netze getrocknet und wieder zusammengerollt sind, wird zu Hause in San Giacomo das warme Mittagessen eingenommen. Es folgt ein Mittagsschläfchen, das die fehlende Nachtruhe ersetzen soll. Dann geht es wieder raus … ■

DIE KOOPERATIVE DER FISCHER VON GARDA

F

Aus der Tradition der historischen Originari del Garda, einer bereits 1472 gegründeten Kooperation der Fischer von Garda und Torri, entstand mit deren namentlich gesicherten Nachfahren (12 überlieferte Familiennamen inkl. Spitznamen!) 1942 die neue Cooperativa Pescatori. Und noch heute werden alljährlich um Ostern herum die Fischereirechte vor dem Uferanschnitt von San Vigilio zwischen Torri und Bardolino (etwa zu Füßen der Rocca) zu einem symbolischen Preis versteigert (L'Asta delle Rive) und der Erlös am 20. August unter den Mitgliederfamilien verteilt.
Inzwischen besitzt die Kooperative eine eigene Fabrikationsstätte, in der sie Fische weiterverarbeitet und Vorratshaltung betreibt. Eines der Mitglieder mit dem guten alten Namen eines Originario, Malfer, hat in Garda einen Verkaufsladen in einer Quergasse zur Uferpromenade. Hier kann man täglich (außer Montag) von 9 bis 17 Uhr fangfrischen Fisch kaufen, aber auch Meeresfische und -früchte, um das Angebot attraktiver zu gestalten, dazu geräucherten und eingelegten Fisch sowie Olivenöl und andere Produkte befreundeter Landwirte.
La Pescheria di Malfer Marco, Via Antiche Mura 8, 37016 Garda

Der Künstler, der auf sein Werk hörte

Pino Castagna, der Allrounder — Er war ein wahres Multitalent, ganz im Sinne des Bauhauses, er war Keramiker und Eisengießer, Glaskünstler und Siebdrucker, Zeichner und Maler, schuf riesige Skulpturen und feinste Siebdrucke.

Seine Großplastiken zieren auch Plätze in Deutschland wie Frankfurt-Griesheim und Uni Braunschweig. Ich habe mich vor allem in seine Keramik verliebt, Obstschalen, die auch als Wandschmuck gedacht waren, Vasen, die keine Blumen aufnehmen können, weil er sie, kaum fertig geformt, vor dem Brennen zerriss … Einmal erzählte mir Pino Castagna (1932–2017), er habe vor dem Schaufenster seiner Auslagen in Garda zwei Damen zugehört, die sich wunderten: »Warum zerreißt er eigentlich seine eigenen Geschöpfe?« Weil er, wie er wiederholt sagte, die Materie vor ihm geradezu schreien hört: »Befrei mich, hol die Form heraus, die in mir steckt!«

Aber beeindruckt haben mich seine großen, ja riesigen Skulpturen wie die »Mauer von Jericho«, die er in seinen Garten in Costermano hoch über Garda ›einpflanzte‹. Glas brachte er zum Klingen, seine hohen Bambusstäbe aus bunter Keramik, die sich bewegen und doch nicht umfallen oder gar zerspringen. Sein Atelier in Costermano kann nach telefonischer Anfrage (mobil 34 98 07 53 08) evtl. besichtigt werden. ■

Frostalarm aus dem Tontöpfchen

Pflege edler Früchte — Die Zitronenhäuser von Gargnano sind das Zentrum des Agrumenanbaus am Gardasee. Zu verdanken ist das dem hl. Franz von Assisi, der die Zitrusfrüchte mit dem Bau seiner Kirche in Gargnano an den See brachte.

Sie stehen am Westufer und wirken wie Ruinen, diese gestelzten Bauten, im Sommer offen und im Winter früher durch Glasscheiben geschlossen. Manche Hotels sind ihnen nachempfunden oder tatsächlich in sie hineingebaut. Originale *limonaie* sind nicht mehr viele geblieben. 1850 waren es allein in Gargnano noch mehr als 450. Wie sie funktionieren, erklärte uns der passionierte Zitronenhausbesitzer Fabio Gandossi.

Schon Vater Giuseppe Gandossi war *limonaia*-besessen. Er konnte nicht aufhören, über die einmaligen Zitronenhäuser von Gargnano zu forschen, und entdeckte immer neue Quellen und Geschichten. Etwa die Sache mit den *cedri,* riesengroße, grüne Zitrusfrüchte, auch Zitronatzitronen genannt: pockennarbig, dickschalig und doch – frei nach dem Alten Testament – die schönsten und edelsten Früchte überhaupt. Die Juden ganz Europas brauchten sie für ihren festlichen Korb zum Laubhüttenfest. Und sie bekamen sie ausgerechnet in Gargnano, wohin spezielle Aufkäufer ausgeschickt wurden, die dann die teuer erkaufte Ware auf den Schultern zu den Laubhütten tragen mussten, wie es die Tradition verlangte.

Kostbare Zitrusfrüchte

Zitronen gibt es in Gargnano dank der Franziskaner, die ihr Kloster am See hatten, schon seit dem 14. Jh. Bis an den russischen Zarenhof wurden sie exportiert, wo man aus ihnen Zitronaden, Sorbets und andere Leckereien fertigte. Ende des 16. Jh. waren die hier *zardi de limù* genannten Früchte so begehrt, dass man sie entlang der gesamten westlichen Uferstrecke von Limone bis Salò anbaute – auf 35 km Länge, die heute der Zitronenriviera entsprechen. Der Anbau war mühselig, da wegen des Klimas für den Winter sehr aufwendige Gewächs- oder Schutzhäuser gebaut werden mussten, die *limonaie* oder *limonare.* Im Winter wurden diese gestelzten, gemauerten und verputzten Pfostenbauten mit Holzdächern und Glasscheiben verschlossen und boten sowohl Windschutz als auch gespeicherte Wärme von der Sonne wie aus Holzöfen. Als natürliches Thermometer dienen noch heute mit Wasser gefüllte Tontöpfchen – gefriert das Wasser, ist Anheizen angebracht. Der Gardasee wurde so zum nördlichsten Agrumen-Anbaugebiet Europas.

Die erste Hälfte des 19. Jh. brachte Probleme: die sogenannte Gommosi-Krankheit, einen Pilzbefall, sowie die Konkurrenz aus Sizilien, wo Zitrusfrüchte billiger produziert werden konnten. Der Fortschritt im Transportwesen, insbesondere der Bau der Eisenbahn, aber auch der Erste Weltkrieg und ein strenger Frost im Winter 1928 machten den Zitronen vom Gardasee schließlich den Garaus. Geblieben sind die steinernen Zeugnisse dieses einst blühenden Erwerbszweiges – mit den dazugehörenden Häusern und Fensterelementen, heute übrigens begehrte Immobilien.

Schwierige Restaurierung

Giuseppe Gandossi hat seine *limonaia* inzwischen an seinen Sohn Fabio übergeben, der eigentlich Künstler ist, aber die Liebe zum Zitronengewächshaus von seinem Vater geerbt hat. Es war lange Zeit die einzige original erhaltene und funktionierende *limonaia* von Gargnano, inzwischen haben weitere Gargnanesi ihre Gewächshäuser restauriert, animiert durch Gandossi und die Ausstellung, bei der sich um Ostern herum alles um die Zitrusfrüchte dreht (s. Giardini d'Agrumi). Gandossi baute Pfosten für Pfosten wieder auf. Viele Holzläden waren erhalten, die Rahmen der Glasscheiben sogar noch mit Holzstiften befestigt. Diese muss nun Fabio jedes Mal mühsam herausdrehen, wenn er eine Scheibe ersetzen will.

Von den ursprünglich sechs *cole,* wie die Terrassen im Dialekt heißen, sind ihm nur drei erhalten geblieben. Die anderen fielen 1931 der neuen Hauptstraße zum Opfer. Aber das schadet nicht dem Charakter der darüberliegenden *limonaia.* Und innen ist sie voll funktionsfähig. Sie hat einen eigenen Wasserlauf vom umgeleiteten Malora-Bach, der einst auch eine Mühle in Bewegung setzte, die letzte der 27 entlang der historischen Via dei Mulini. Die drei Terrassen werden jedes Frühjahr ab- und im Herbst wieder zugedeckt und mit den Holzläden und Glasfenstern verschlossen, um dem Frost keine Chance zu lassen. Die Abstände zwischen den Pfosten liegen bei rund 3 m. Das ist der Platz, den ein Zitrusbaum braucht, damit er sich richtig entfalten kann. Nur so können nach 70 Jahren Pause gleich an die 1250 Zitronen geerntet werden – so der stolze Giuseppe Gandossi über einen seiner ältesten Bäume. ■

LIMONAIE ZUM ANSCHAUEN

Gandossis *limonaia La Malora* steht an der Gardesana südlich der gleichnamigen Bar. Die Besichtigung ist nun geregelt und gerade im Winter besonders beeindruckend (tgl. 10–12, 16–18 Uhr, Führung um 11 Uhr, Erw. 3 €; Via della Libertà 2, 25084 Gargnano (BS), T 036 57 18 40, www.limonaialamalora.it). Auch Kapern und Limoncello aus eigener Produktion gibt es hier! Gegenüber dem kleinen Hafen von Tignale steht außerdem die Schaulimonaie von Prà de la Fam, und in Limone wurde eine *limonaia* aus dem 18. Jh. wirklich großartig museal aufbereitet (s. S. 226).
In Gargnano können im Frühjahr während der Veranstaltung *Giardini d'Agrumi* viele der wenigstens in Teilen noch erhaltenen *limonaie* besichtigt werden. Gandossis Werk wirkte wohl ansteckend!

Was macht den Amarone so kostbar?

Der kostbarste Wein des Veneto — Die Winzerfamilie Rizzardi aus Bardolino, die auch in der Valpolicella seit dem 17. Jh. Weingüter besitzt, ist ein wichtiger Produzent von Amarone. Die Brüder Rizzardi erklären, warum dieser Wein so teuer ist.

Ein Fass Recioto aus getrockneten roten Trauben sei versehentlich vergessen worden, und so gärte der Wein in der Cantina weiter und durch – aus dem nur angegärten süßen Recioto wurde ein etwas bitterer Wein, daher Amarone (ital. *amaro* = bitter) getauft. So wird gerne die Entwicklung des Amarone erklärt. Märchen eben. Nur das mit der Bitternote und dem Namen von *amaro,* das stimmt. Dieser trockene italienische Rotwein hat nichts, aber auch gar nichts mit den üblicherweise in Italien zum Essen getrunkenen Weinen zu tun. Er ist schwer, vollmundig, verlangt ziemlich viel Aufmerksamkeit – man hat ja auch ordentlich viel dafür bezahlt!

Erst getrocknet, dann ausgepresst

Die Trauben dürfen nur in der Valpolicella gewachsen sein, nach der Lese werden sie auf Holzsteigen in luftigen Hallen getrocknet und erst dann gekeltert bzw. ausgepresst, wodurch der Wein seinen hohen Alkoholgehalt erhält. Zuerst würde der Traubensaft zum süßen Recioto mutieren, für den herben Amarone muss der Gärprozess verlängert werden, was durch die Fermentierung des durch die Trocknung hohen Gehalts an Traubenzucker passiert. Die Trauben für den Amarone der Rizzardi werden in ihren Weinbergen in Pojega kultiviert, wo die Hälfte der Weinstöcke älter als 30 Jahre ist.

Anschließend wird der Wein 36 Monate gereift, in Fässern aus französischer Eiche. Ein weiteres Märchen um den Amarone ist, dies würde nur in Fässern aus den Kirschbäumen der Valpolicella gemacht. Jedenfalls lässt sich der Wein anschließend sehr lange lagern, sogar bis zu 30 Jahren. Vor dem Servieren sollte er auf jeden Fall dekandiert werden und nicht zu warm sein, 16 °C seien ideal zu gegrillten oder gebratenen Fleischgerichten, zu Wild, aber auch zu Currygerichten sowie gelagertem Käse wie dem Pecorino di Pienza. Damit wird er in einem Atemzug mit den anderen sehr kostbaren Weinen Italiens genannt – dem Barolo aus dem Piemont sowie dem Brunello di Montalcino und dem Bolgheri aus der Toscana. Erst 1968 erhielt der Amarone die kontrollierte Herkunftsbezeichnung DOC und 2010 die höchste Stufe DOCG, die 2014 aktualisiert wurde. ■

VOR ORT VERKOSTEN UND KAUFEN

Nicht nur den Amarone, auch andere ›normale‹ Bardolino- und Valpolicella-Weine vom Weingut der Guerrieri Rizzardi kann man auf dem neuen Weingut zwischen Bardolino und Valpolicella kosten und erwerben. Cantina Guerrieri Rizzardi: Strada Campazzi 2, 37011 Bardolino (VR), Tel 04 57 21 00 28, www.guerrieri rizzardi.it, sowie in Bardolino im kleinen Laden beim Borgo di Bardolino und in der Valpolicella an der Villa Rizzardi von Negrar (die mit dem wundervollen grünen Theater, s. S. 116).

Das harte Brot für den kulinarischen Genuss

Die Olive am Gardasee — Der Olivenanbau für die Herstellung des kostbaren Öls hat rings um den Gardasee, besonders aber in seinem Osten, eine lange Tradition. Anbau und Produktion werden im Olivenölmuseum von Cisano erklärt.

Flavio Turri weiß, wovon er spricht, hat er doch die Olivenölproduktion quasi mit der Muttermilch aufgesogen – als Sohn des Olivenanbauers Umberto Turri, der das interessante Olivenölmuseum bereits 1988 eröffnet hat. Inzwischen führen Flavio und seine Frau Liliana Martino in Cisano den groß gewordenen Betrieb mitsamt Museum. Sie haben es erweitert und mit neu erstandenen Gegenständen weiter ausgebaut.

Leitfaden des Museums ist die Entwicklung von der handwerklichen Ölmühle aus der Zeit um 1700 bis hin zu modernen industriellen Pressverfahren. Über die historischen Exponate hinaus werden Videos gezeigt (auch in deutscher Sprache), die alles rund ums Olivenöl sehr anschaulich demonstrieren und erklären.

Wo kommt die Olive her?

Generell gedeihen Oliven auf beiden Erdhälften zwischen dem 30. und 50. Breitengrad, der Gardasee gilt daher als eines der nördlichsten Anbaugebiete der Welt und sicherte den Bauern speziell durch den Export in die nördlichen Regionen seit dem Mittelalter zwar keinen Reichtum, aber doch ein Grundeinkommen. Die Wildolive kam aus Indien über den Orient und Kleinasien nach Südeuropa, Griechenland und vor allem Italien. Am Gardasee siedelten die Römer den kultivierten Olivenbaum an, und schon ab dem 9. Jh. gibt es schriftliche Zeugnisse über den Export des Olivenöls aus Malcésine, Garda und Assenza in die Emilia Romagna, genauer durch Mönche von San Colombano zum Kloster von Bóbbio nahe Piacenza.

Strenge Zölle, blühender Schmuggel

Verona erließ bereits im 12. Jh. ein Gesetz zur Kontrolle von Olivenölherstellung und -handel. 1623 schließlich ordnete die damals herrschende Republik Venedig die monokulturelle Anpflanzung des Ölbaums an. Dazu wurden Wälder gerodet, neue Terrassen angelegt und der Boden bis zu einer Tiefe von 2 m von Steinen befreit (heute erleichtern Traktoren die Aufbereitung des Bodens, doch die Baumpflege ist weiterhin mühsam). Die hohen Steuern, die man den Olivenölproduzenten – also praktisch allen Familien am Gardasee – auferlegte, waren erdrückend. Ein Dokument des 18. Jh. aus Salò belegt, wie hart das Auskommen war: Für eine Maßeinheit von etwa 70 kg Olivenöl bekam man ca. 90 Lire, 45 davon gingen an Steuern weg, 8 für die Pressung; von den verbliebenen 37 Lire bekam der Landbesitzer 10, den

Sieht einfacher aus, als es ist: Olivenernte in Musaga, dem hübschen Dorf am Montegargnano in idealer Lage (450 m) für den Olivenanbau.

Rest musste der Pächter sich mit seinen Pflückern teilen.

Ein blühender Schmuggel entwickelte sich, mit dem man versuchte, das Einkommen aufzubessern und dem Joch der hohen Zölle zu entkommen, die durch das venezianische Zollamt von Lazise kontrolliert wurden. Im Schutze der Nacht fuhren Boote nach Norden bis Riva, dann ging es auf dem Landweg über die nördlichen Ausläufer des Monte Baldo und die Etsch hoch bis zum Markt von Bozen. Ein weiterer Weg der Schmuggler führte auf dem See nach Süden bis Peschiera und über den Mincio bis Mantua, von wo aus man auf dem Landweg weiterziehen konnte – bis hinein in die Emilia Romagna. Um den Schmuggel einzudämmen, ordnete Venedig 1745 ein (geschätztes) Minimum der Produktion an, das versteuert werden musste. Viele gaben daher die Ölbaumkultur auf. Doch das Fällen eines Olivenbaums wurde mit 25 Dukaten und 18 Tagen Kerker bestraft.

1904 zählte man am venetischen Ufer des Sees noch zahlreiche Ölmühlen: fünf in Garda, sechs in Malcésine, zwei in Torri, drei in Castelletto und zwei in Bardolino; außerdem befanden sich viele kleine Mühlen in Familienbesitz, allein zehn davon in Torri, die nur der Olivenölproduktion für den Eigenbedarf dienten.

Ernte und Verarbeitung

»A San Marti sendrise le scali.« Am Martinstag, also dem 11. November, sagt dieses Sprichwort in Gardesaner Mundart, sollen die Leitern für das Pflücken an die Bäume gehoben werden: hohe Masten mit Sprossen zu beiden Seiten. Die Pflücker halten sich an einem Büschel von Zweigen fest, kämmen diese mit einem Holz- oder Plastikkamm durch und lassen die Oliven auf die am Boden aufgespannten Netze fallen, wo sie sogleich aufgesammelt und dann in Körben zur Presse gebracht werden. Je schneller die

Die Olivenbauern vom Veroneser Ufer des Gardasees sind zu Recht stolz auf ihre qualitätsvollen Produkte (oben). Wie diese überhaupt hergestellt werden, erläutert das private Museo dell'Olio in Cisano (unten).

möglichst handverlesenen, nicht verletzten Oliven in die Presse gelangen und dort verarbeitet werden, desto reiner und weniger säurehaltig ist das Olivenöl.

Während die Oliven ursprünglich mithilfe von Lasttieren (Eseln oder Maultieren) von schweren Mahlsteinen zermahlen wurden, entwickelte man Ende des 19. Jh. zwei neue Systeme: ein hydraulisches (mit Wasser angetriebene Mühlräder) und eines mit Dampfantrieb, bei dem eine ausgeklügelte Folge von Zahnrädern die Arbeit erleichterte. Heute funktioniert der Vorgang elektrisch. Alle Systeme werden im Ölmuseum von Cisano (s. Kasten) eindrucksvoll demonstriert. Die sich daran anschließende eigentliche Pressung erfolgte früher in Jutesäcken, die mit der Olivenmaische gefüllt aufeinandergestapelt und langsam in einer Presse aus Eichenholz zusammengedrückt wurden. Die modernen Zentrifugen arbeiten schonender und vor allem unter Luftabschluss, sodass einer Verschmutzung des kostbaren Öls besser vorgebeugt werden kann als bei der traditionellen Verarbeitung. – Das Olivenöl des Gardasees gilt als besonders säurearm, aromatisch und vitaminreich und beugt, wie es heißt, Herz- und Kreislauferkrankungen vor. Die bevorzugten Olivensorten sind die Casolino und die frostresistentere Leccino; am Westufer ist auch die kleine Gargnà sehr beliebt.

Schädlinge und Baumbestand

Alte Olivenbäume (sie können 300–400 Jahre und älter werden) sind häufig ausgehöhlt, was daran liegt, dass faule Stellen radikal entfernt werden. Starke Verdickungen am Stamm sind Zeugen eines verheilten Pilzbefalls, und die im Fruchtfleisch sitzende Larve der Olivenfliege wird inzwischen mehr oder weniger erfolgreich mit Sexualduft-Fallen bekämpft. Die Hauptfeinde der Olive sind jedoch nach wie vor Frost und Feuchtigkeit.

Heute lässt man die Olivenbäume möglichst nicht mehr ungehindert in den Himmel wachsen, sondern zieht sie teilweise wie Spalierobst klein – eine Rückbesinnung auf die ursprüngliche Pflanze, die Wildolive, die eigentlich ein Strauch ist. Man erleichtert sich so zwar die Pflückarbeit, bekommt aber auch einen geringeren Ertrag pro Baum. Dies wird wiederum durch eine höhere Anzahl an Pflanzen kompensiert. So stehen derzeit mehr Olivenbäume denn je im gardesanischen Anbaugebiet von Verona. 1985 zählte man etwa 300 000 Bäume (in der gesamten Provinz sogar doppelt so viele), und zwar auf 2600 ha Land in Monokultur und auf rund 5400 ha Land in Mischkultur. Auf Brescianer Seite sind es im Gardaseegebiet rund 400 000 Olivenbäume auf ca. 900 ha Land in Monokultur und auf 2500 ha in Mischkultur; auch hier ist die Tendenz steigend. ■

DAS OLIVENÖLMUSEUM VON CISANO

Im aufwendigen privaten Ölmuseum ist zu sehen, wie Olivenbäume angebaut und Olivenöl gewonnen werden. Im Zentrum der Präsentation steht die Ölmühle von 1700 bis zum Beginn der Industrialisierung. Im Laden vor dem Museumseingang kann man die Produkte der Familie Turri und ihrer Freunde probieren und einkaufen.

Museo dell'Olio: Via Peschiera 54 (an der Landstraße), 37011 Cisano di Bardolino (VR), T 04 56 22 90 47, www.museum.it und auf Facebook, werktags 9.30–12.30, 15–18.30, So, Fei 9.30–12.30 Uhr, Jan./Febr. nur werktags (Ausnahmen s. Webseite), Eintritt frei

Die Legende von Malco und Silvia

Nodi d'Amore — an Tischen auf einer Länge von 400 Meter genießen an die 3300 Menschen einmal im Jahr auf der Brücke von Borghetto gleichzeitig die berühmten Liebesknoten von Valeggio sul Mincio. Warum?

Mit dem imposanten Bollwerk der Brücke von Borghetto sul Mincio ist eine wunderbar poetische Legende verbunden. Sie spielt in der Zeit des Mailänder Fürsten Gian Galeazzo Visconti und berichtet von seinem Hofnarr Gonella. Eines Abends erzählte dieser den Soldaten des Fürsten, im Mincio lebten wunderschöne Nixen, die nachts ans Ufer stiegen, aber wegen eines Fluches furchtbar hässlich aussähen. Das ließ Malco, dem Mutigsten unter den Soldaten, keine Ruhe, er lauerte den hexenähnlichen Geschöpfen auf und ergriff eines von ihnen. Dabei verlor die Nixe Silvia ihren Mantel und zeigte sich in ihrer vollen Schönheit. Natürlich verliebten sich Malco und Silvia unsterblich ineinander und schworen sich ewige Treue. Als der Tag anbrach, musste Silvia wieder in den Fluss zurück, als Liebespfand schenkte sie Malco ein zartes Taschentuch mit einem kleinen Knoten.

Am nächsten Abend tanzten drei wunderschöne Mädchen auf einem Fest im Hof des Fürstensitzes. Malco erkannte unter ihnen seine Silvia. Die liebevollen Blicke der beiden fielen der Hofdame Isabella auf, die ihrerseits Malco liebte, und sie wollte Silvia in den Kerker werfen lassen. Malco trat dazwischen, Silvia konnte in den Fluss zurückspringen, doch Malco wurde an ihrer Stelle verhaftet. Nach langem Hin und Her retteten sich die Liebenden gemeinsam in den Fluss – am Ufer blieb nur ein Taschentuch mit dem Liebesknoten zurück … ■

N

NODO D'AMORE

Einmal im Jahr, am 3. Di im Juni, veranstalten die tüchtigen Wirte von Borghetto im Andenken an die schöne Nixe und ihren Liebhaber ein riesengroßes Essen. Die ganze Brücke dient als überdimensionales Esszimmer, in dem nach diversen Vorspeisen die Hauptsache serviert wird, die Nodi d'Amore, Liebesknoten: winzig kleine Teigknötchen mit einer ganz speziellen Füllung, die Borghetto und Valeggio berühmt gemacht haben. Man kann sie das ganze Jahr über in den guten Metzgereien von Valeggio (und in der Umgebung, auch am Gardasee) kaufen, aber original verspeist man sie an diesem Juni-Tag auf der Brücke! Und das tun an die 3300 Menschen auf einmal. Zum Nachtisch gibt's ein riesiges Feuerwerk.

3300 Plätze, und keiner bleibt frei beim ›großen Fressen‹ der winzigen Nodi d'Amore jedes Jahr im Juni auf der Visconti-Brücke von Borghetto sul Mincio.

Sogar Dürer ließ hier sein Papier pressen

Papierproduktion seit der Römerzeit — Die dichteste Ansiedlung von Papiermühlen stand spätestens ab dem Mittelalter in der Valle delle Cartiere. In den jahrhundertealten Ruinen kann man sehen, wie die Papierherstellung funktionierte.

Archäologische Funde aus dem Papiermühlental beweisen, dass hier schon zur Römerzeit Papier hergestellt wurde. Ganz sicher jedoch ab dem Mittelalter: Das erste Dokument für den Wasserverbrauch stammt von 1381. 232 Papierhersteller aus Toscolano arbeiteten hier, außerdem rund 370 aus Limone und Maderno. Dichter und Künstler kamen in das Tal, um sich ihr eigenes Papier herstellen zu lassen, auch Albrecht Dürer. Zum wirtschaftlichen Aufschwung kam es ab 1470 mit Gutenbergs Erfindung des Buchdrucks, wofür das Papier von Toscolano besonders geeignet war. Und man entwickelte sich weiter: Aus dem Jahr 1799 hat sich etwa eine Maschine für die Produktion von Papierrollen erhalten, die man noch durchschneiden und zum Trocknen aufhängen musste.

Unter den Bilanzen der hiesigen Papierfabrikanten Maffizoli aus mehreren Jahrhunderten ist besonders die von 1906 interessant: Sie nennt erstmals das Vorhaben, eine Cartiera am See zu errichten – dieselbe, die noch heute ein wichtiger Arbeitgeber am Westufer ist, inzwischen unter dem Namen der Gruppe Burgo – natürlich modernisiert.

MUSEO DELLA CARTA M

Einblicke in die Papierproduktion und die Möglichkeit, selber ein Papier herzustellen oder zu bearbeiten, gibt es im Museo della Carta im Toscolano-Tal (Achtung: Aug./Sept. ist die Einfahrt ins Tal mit dem eigenen Pkw verboten, das Touristen-Züglein fährt bis zum Museum und der ebene Fußweg ist bequem zu gehen).
Via Valle delle Cartiere, 25088 Toscolano Maderno (BS), T 03 65 64 10 50, www.valledellecartiere.it, April–Mitte Okt. Mo–So 10–18 Uhr, sonst nur Sa/So, Fei, Erw. 7 €

Der Weg zum edlen Papier

Alte Lumpen, die von Knöpfen und anderem Zierrat befreit sein mussten, wurden erst einmal zerfetzt und dann in Wasser und Kalk 15 bis 20 Tage lang gebleicht und desinfiziert. In einem Gewölberaum mit riesigen Pressen aus Hammer und Walze wurde die gewonnene Lumpenmasse so platt gedrückt, dass bereits eine Vorahnung von Papier entsteht. Bütten wurden in die Fetzenbrühe abgesenkt, langsam wieder angehoben, das ›Papier‹ vorsichtig auf ein Filzstück zum Trocknen gelegt, dann mitsamt dem Filz in den Pressraum gebracht. Hier wurde das noch darin vorhandene Wasser ausgepresst, das wieder verwendet wird, denn es besteht noch aus etwa 50 % Fasern. Im luftigen Trockenraum im Obergeschoss der Papierfabriken (mit Jalousien lässt sich die Luftzufuhr regeln) trocknete das Büttenpapier seiner Vollendung entgegen.

Aus eingeweichten Knochen und Lederresten entsteht Gelatine, darin wurde das Papier eingetaucht, um es beschreibbar zu machen – sonst wäre die Tinte in den Fasern verlaufen. Das fast fertige Papier musste ein zweites Mal getrocknet werden, dann mithilfe eines Stein- oder Holzstempels glatt geklopft oder gerieben. Das ging auch mit einem durch Wasserkraft betriebenen Presshammer.

Vor allem die letzten Schritte der Papierproduktion können Besucher ausprobieren. Natürlich unter Anleitung der rührigen, oftmals pensionierten Mitarbeiter der Papierfabrik auf dem Delta von Toscolano. Das fertige Produkt darf man als Andenken an einen interessanten Museumsbesuch mitnehmen. ■

Zur Herstellung von Papier braucht man Wasser, viel Wasser, und das führt der wilde Toscolano-Bach reichlich. Funde belegen, dass sich schon die Römer dies zunutze machten und hier Papier produzierten.

Den Sternen ganz nah

Cima Rest — aufgrund geringer ›Lichtverschmutzung‹ und meist auch guter Wetterbedingungen hat man in luftiger Höhe ein astronomisches Observatorium eingerichtet, das auch interessierten Laien zugänglich ist.

An festgelegten Abenden wartet Mario Tonincelli auf seine neugierigen Gäste. Er hat die Gabe, Interessierten egal welchen Alters und mit welchen Vorkenntnissen die Geheimnisse der Sterne nahezubringen: oberhalb des Plateaus mit den sogenannten ungarischen Heuschobern im Osservatorio Astronomico in rund 1265 m Höhe. Gut gewählt, denn nirgendwo im weitesten Umkreis soll die Luft so sauber und auch frei von ›Lichtsmog‹ sein wie hier. Mario ist der Wortführer der kleinen, aber ambitionierten Gruppe von sieben Hobbyastronomen, die ihre Station, eine von nur insgesamt 15 in ganz Italien, inzwischen sogar mit regionaler Unterstützung betreiben.

Lieblingsgalaxie M 101 und neuer Asteroid

Die Station besitzt zwei Teleskope. Eines wurde von Mario Tonincelli in siebenjähriger Arbeit selbst gebaut und ist unter der Kuppel versteckt, die sich öffnen lässt und den Astronomen vorbehalten ist; es hat einen Durchmesser von 50 cm Newton, wie es im Fachjargon heißt. Das andere mit 37 cm Newton hat die Region speziell für interessierte Besucher finanziert. Es ist unter einem Giebeldach positioniert, das man zur Seite schieben kann, und bietet genügend Platz für zwei bis drei Dutzend Zuhörer und Sternengucker. Mit dem Hauptteleskop kann man weiter als 5 Mrd. Lichtjahre schauen.

Was die Astronomen auf ihren Streifzügen durch das All entdecken und aufnehmen, bearbeiten sie am PC und liefern die Daten dann an das zentrale

O

BESUCH DES OBSERVATORIUMS CIMA REST

Ausgangspunkt ist der Parkplatz vor der Trattoria Al Borgo di Cima Rest. Vom Parkplatz ist es eine angenehme, leicht ansteigende Strecke von ca. 1 km auf einer schmalen, z. T. asphaltierten Fahrstraße hinauf zur kleinen Kuppel der Sternwarte.
Infos mit aktuellen Terminen unter www.osservatorio-cimarest.it (normalerweise Mai–Sept. ca. 21–24 Uhr). Anmeldung beim Consorzio Forestale Terra tra i due Laghi, Cluse, 25080 Turano Valvestino (BS), T 03 65 74 50 60, http://consorzioforestaleterratraiduelaghi.com.

In die Sterne gucken leicht gemacht: Weil auf der Cima Rest oberhalb des Montegargnano keinerlei Lichtverschmutzung die Sicht behindert, ist sie der ideale Ort, um einen Blick in die Tiefen des Alls zu werfen.

Planetenarchiv in Harvard, dem Minor Planet Center (MPC). Viel Zeit widmen sie der Beobachtung ihrer Lieblingsgalaxie mit dem Namen M 101, die sich 10 Mio. Lichtjahre entfernt befindet. Oder der Verfolgung des auf dem Bildschirm kaum sichtbaren Asteroiden, den die kleine Gruppe um Mario entdeckt hat und der nun den Namen Cima Rest tragen darf. Denn die Erfassung und Beobachtung der Asteroiden (felsige oder metallische Objekte, die auf einer Kepler'schen Umlaufbahn die Sonne umkreisen) haben sich die Astronomen von der Cima Rest zur speziellen Aufgabe gemacht. Ihr Hauptgürtel liegt zwischen Mars und Jupiter, und für Planeten sind sie zu klein. Ihr Umfang reicht von Kieselsteingröße bis zu 1000 km wie z. B. im Falle von Ceres. Dennoch könnte ihr Zusammenstoß mit der Umlaufbahn der Erde verheerende Folgen haben, weshalb ihre Beobachtung so wichtig ist.

Striche am Firmament und andere Hindernisse

Die künstlichen Satelliten bilden die größte Behinderung für die Astronomen, denn sie rasen über den Himmel und machen den Forschern somit oft regelrecht einen ›Strich durch die Rechnung‹. Doch auch mit dem Wetter haben sie zu kämpfen, sogar an der Cima Rest, umgeben von markanten Zweitausendern und eigentlich für sichere Wetterverhältnisse bekannt.

Aber wenn das Wetter stimmt, und das tut es im Sommer fast immer, dann ist Staunen angesagt: Ich habe selber zuletzt drei großartige Himmelserscheinungen erlebt – den Saturn mit seinen vielen Ringen, einen explodierten Stern, der sich nun als glänzender Ring zeigt, und ein Sternenkonglomerat namens M 13, das wie ein Korb voller Diamanten glitzerte. Lange konnte ich den Blick nicht davon lassen! ■

Ohne ›spiedo‹ geht am Sonntag nichts!

Sieht ein bisschen aus wie Parmesan, ist aber »Trentigrana«, eine Trentiner Käsespezialität vom Norden des Gardasees.

Kulinarische Vielfalt — die Küche des Gardasees ist so abwechslungsreich wie die Küchen der umgebenden Regionen und noch mehr. Denn fast jeder Winkel hat seine Spezialitäten hervorgebracht. Ganz vorne: Fische und Meeresfrüchte.

Die Hauptrolle spielen natürlich die Fische aus dem Gardasee und seinen Zuflüssen. Sogar Flusskrebse gibt es und Sardinen, die sonst nur im Meer zu finden sind – hier ein historisches Überbleibsel früherer geologischer Epochen.

Star des Menüs: Fisch

Berühmt ist die *trota salmonata*, die Gardaseeforelle mit ihrem rosafarbenen Fleisch. Sie kommt allerdings kaum noch aus dem See, sondern muss der großen Nachfrage wegen gezüchtet werden. Doch die Vielfalt der noch im See gefischten Sorten ist erstaunlich groß. Je nach Jahreszeit, denn die Schonzeiten müssen strikt eingehalten werden, fangen die wenigen noch verbliebenen Fischer Aal und Schleie, Karpfen und Felchen (im Osten des Sees *lavarello* genannt, im Westen *coregone*), Seebarsch und Hecht, ganz selten noch den kostbaren *carpione* und die winzigen *aole*, die vom Aussterben bedroht sind, seit der Wasserstand des Sees zu sehr schwankt.

Um der Fischnot entgegenzuwirken, werden immer mehr Fische zwar nicht gezüchtet (wie die Gardaseeforelle), aber bei ihrer Aufzucht unterstützt. Die Fischer liefern reife Rogen in die Aufzuchtanstalt, in der – ohne die natürlichen Gefahren – die jungen Larven heranwachsen. Sie werden später in die Freiheit entlassen, um unter normalen Bedingungen aufzuwachsen. Das ist inzwischen mit fast allen Fischarten möglich und ein echter Segen, nicht nur für den Gardasee.

Beliebt sind bei den Gardesanern auch Meeresfische und -früchte. Gerade Meeresfrüchte sind vom Speiseplan der Region – etwa an Silvester – nicht wegzudenken! Auf fast jedem Markt findet man durch den Duft ausgebackener Fische lockende Fischstände und ab und zu auch einen Fischladen, der sowohl Fische aus dem Meer als auch aus dem See anbietet.

Bäuerlich-deftige Fleischgerichte

Jeden Sonntag und an jedem Festtag erfüllt ein köstlicher Duft die Gassen der Dörfer am Westufer des Gardasees, vor allem am Montegargnano – es wird der aufwendige *spiedo*, ein deftiger Fleischspieß, stundenlang zubereitet und mindestens genauso lang genossen.

Es ist also eine schwere bäuerliche, stark vom Hinterland beeinflusste Küche, die zum Reichtum der lokalen Spezialitäten beiträgt. Verbreitet ist im Westen Polenta. Sie wird bevorzugt mit Vollkorn-Maismehl aus Storo westlich von Riva hergestellt und mit viel Butter sowie deftigem Käse von den hiesigen Hochebenen angereichert. Dieser Maisgrießbrei ist fester Bestandteil etwa als Beilage zu Feiertagsspezialitäten wie dem *spiedo*, dem Spieß aus verschiedenen Fleischsorten: Schweinefleisch, Hähnchen, Kaninchen und auch Singvögel. Einige dürfen gefangen, aber nicht verkauft werden, sie zählen zu den umstrittensten Bestandteilen der brescianischen Küche.

Auf beiden Seiten des Sees wird gerne Pferdefleisch gegessen, die Tiere werden speziell dafür gezüchtet. Man findet Pferdefleisch roh als Tartar oder *carpaccio* sowie kurz gebraten oder gegrillt. Und man bekommt es als Braten, etwa in

Rotweinsoße, bevorzugt in Valpolicella oder in Groppello, wie auch das beliebte Pferdegulasch. Getrocknet und in feinste Streifen gerissen kommt Pferdefleisch als das etwas deftige *sfilaccio* auf den Vorspeisenteller. Es hat einen ganz und gar ungewöhnlichen Geschmack und man sollte es auf jeden Fall probieren.

Im Süden findet man, geprägt durch die Küche Mantuas, eher Eselfleisch, das ähnlich zubereitet wird. Dazu gibt es viele Gerichte aus oder mit Kürbis, der beliebten *zucca*. Am bekanntesten dürften die *ravioli di zucca* sein, mit Amaretto verfeinert und leicht süßlich im Geschmack, gefolgt von Kürbis-Gnocchi, Gebäck mit Kürbis u. v. m. Zum Nachtisch empfiehlt sich die unentbehrliche *sbrisolana*, ein trockenes Streuselgebäck, das mit einem Dessertwein ›aufgeweicht‹ sein will.

Obst, Gemüse und Pasta

Auch wenn jeder Haushalt entweder einen eigenen Garten hat oder Obst aus dem Garten von Freunden und Verwandten bezieht, wird nur relativ wenig Obst gegessen. Salat wird bei Bedarf frisch geerntet. Gemüse brät oder grillt man gerne als Vorspeise oder Beilage zu Fisch oder Fleisch.

Pasta wird in den Privathaushalten – anders als etwa in der Toscana oder im Süden des Landes – selten hausgemacht oder frisch gekauft, sondern in getrocknetem und abgepacktem Zustand. Meist kommt Pasta sogar mittags und abends auf den Tisch. In immer mehr Restaurants wirbt man aber mit hausgemachter Pasta, die dann auch entsprechend teurer ist.

Bestes Olivenöl und Trüffel

Ein wichtiger Bestandteil der Gardasee-Küche ist das äußerst schmackhafte Olivenöl, das sowohl aus dem historischen Anbaugebiet im Osten als auch aus dem Westen stammt. Rings um den See findet man Olivenölpressen, in denen die Früchte gleich im Anschluss an

Handgemachte frische Pasta ist immer gefragt am Lago, aber ohne den ›spiedo bresciano‹, den langen Fleisch- und Kartoffelspieß mit Salbeiblättern, geht am Westufer nichts.

die Ernte gepresst werden, um sie so vor schädlicher Oxidation zu schützen, die ihren Säuregehalt erhöhen würde.

Feinschmecker könnten überrascht sein, dass es rund um den Gardasee gleich drei Trüffelgebiete gibt (Monte Baldo, Valtènesi und Tremosine). Die Trüffel sind inzwischen sogar unter Produktschutz (DOP) gestellt.

Typische Trattorien in den Bergen

Die Gardesaner lieben es, in großer Gesellschaft essen zu gehen, ob im Freundeskreis oder bei Familienfeiern, bei denen leicht 20 bis 30 Personen zusammenkommen. Große Probleme bei der Menüauswahl haben sie nicht. Denn: Ganz groß geschrieben wird die *spiedo*-Tradition, und zwar speziell am Brescianer Ufer bzw. in dessen Hinterland. Schon wenige Meter hinter der Gardesana Occidentale (Westufer) beginnt sozusagen das *spiedo*-Land. In jedem Dorf, das auch nur ein wenig oberhalb der Küstenstraße liegt, wird sonntags (und auf Bestellung auch an anderen Tagen) der Spieß stundenlang vor dem Holzkohlenfeuer gedreht, stets mit reichlich Butter bepinselt. Zwischen den diversen Fleischstücken sind große Kartoffelstücke aufgespießt, dazwischen ganze Salbeiblätter, die herrlich duften.

Aus dem Trentino im Norden des Sees stammt die Tradition der *carne salada*, des gepökelten Fleisches. Sehr gutes, mageres Rindfleisch wird wochenlang in einer Kräutermarinade eingelegt (die Rezepte werden streng gehütet!). Kalt wie *carpaccio* oder kurz gegrillt und mit weißen Bohnen, immer aber vor der Zubereitung dünn geschnitten und geklopft. Die beste *carne salada* bekommt man in seit Generationen auf diese Köstlichkeit spezialisierten Berglokalen. Das gilt im Trentino auch für die deftigen *strangolapreti* (Priesterwürger), dunkelgrüne, meist unförmige Gnocchi aus Ricotta und Spinat, die mit reichlich zerlassener Butter und Parmesanflocken serviert werden. ■

WOCHENMÄRKTE

Die Märkte am Gardasee werden im Sommer teilweise touristisch etwas ›aufgepeppt‹ und erfreuen sich bei den Urlaubern großer Beliebtheit. Im Prinzip sind sie aber für die Einheimischen gedacht. Die Boote zum jeweiligen Marktort und die Parkplätze vor Ort sind an Markttagen überfüllt. Marktzeit ist normalerweise frühmorgens bis etwa 12.30 Uhr – je nach Jahreszeit.

Mo: Colombare di Sirmione, Moniga del Garda, Peschiera del Garda, San Zeno in Montagna, Torri del Benaco

Di: Castelletto di Brenzone, Desenzano del Garda, Limone (nur 1. und 3. Di des Monats), Pieve di Tremosine, Ponti sul Mincio, Tignale, Tórbole (nur 2. und 4. Di des Monats)

Mi: Arco (nur 1. und 3. Mi des Monats), Gargnano und Ortsteil Bogliaco im Wechsel, also alle 14 Tage, Lazise, Riva del Garda (nur 2. und 4. Mi des Monats), San Felice del Benaco

Do: Bardolino, Lonato, Toscolano

Fr: Garda, Gardone, Manerba del Garda, Peschiera (nachmittags), Sirmione, Soiano sul Lago

Sa: Castiglione delle Stiviere, Lazise, Malcésine, Padenghe (nachmittags), Polpenazze del Garda, Salò, Valeggio sul Mincio, Verona

So: Rivoltella di Desenzano

Das zählt

Zahlen sind schnell überlesen — aber sie können die Augen öffnen. Nehmen Sie sich Zeit für ein paar überraschende Einblicke. Und lesen Sie, was am Gardasee zählt.

27

Grad beträgt die höchste Wassertemperatur (Juni–August), im Winter fällt sie auf bis zu 6–10 °C, in Frühjahr und Herbst beträgt sie 9–18 °C. Frost ist kaum bekannt, höchstens in den höher gelegenen Bergdörfern.

74

Meter lange Netze dürfen die Fischer im See versenken, um sie später mit einem hoffentlich vollen Fang wieder aus dem Wasser zu holen.

346

Meter tief ist der See an seiner tiefsten Stelle, die Länge beträgt maximal 51,6 km, die Breite 17,2 km und die Uferlänge insgesamt 158,4 km.

3

Provinzen umgeben den See: Trentino im Norden, Verona im Osten und Brescia im Westen. Sie sind ein wichtiges Einzugsgebiet für den See und liefern an den Wochenenden eine Menge Tagesbesucher, die oft für Verkehrsstau entlang der vor allem im Osten wie im Westen alternativlosen Durchgangsstraße (Gardesana Orientale und Gardesana Occidentale) sorgen.

30.000.000

Übernachtungen zählt man rund um den Gardasee, die meisten Gäste kommen zwischen Juni und September und bleiben im Schnitt 4,5 Nächte. Rund 77 % der Touristen kommen aus dem europäischen Ausland, fast 45 % davon aus Deutschland. Italiener entdecken allmählich ebenfalls die Reize ihres größten Sees.

450

Zitronenhäuser gab es noch 1850 allein in Gargnano, dem Zentrum des Agrumenanbaus am See seit dem 14. Jh.

400

Meter lang ist die Tafel, die auf der Visconti-Brücke in Borghetto zum Fest der Liebesknoten, der Nodi d'Amore, im Juni aufgebaut wird.

175

Meter ›lang‹ ist der kürzeste Fluss Italiens, der Aril im Vorort Cassone südlich von Malcésine.

100

Meilen legen die Teilnehmer der Regatta Centomiglia zurück, die Anfang September aus dem kleinen Bogliaco di Gargnano einen internationalen Treffpunkt der Segler macht.

1.910

Meter Höhenunterschied werden auf der berühmtesten MTB-Tour zwischen dem Monte Tremalzo und dem Gardasee in rasender Abfahrt überwunden.

200

Kilometer Wanderwege sind allein um den kleinen Ledro-See ausgeschildert, und sogar 310 Kilometer MTB-Strecken.

12
Beaufort (bft) kann der Wind auf dem Gardasee erreichen, dann spricht man von einem Orkan. Bei 5 bft spricht man von einer sanften Brise, bei 9 bft schon von einem Sturm.

140

Kilometer wird der Radweg namens *Garda by Bike* lang sein, der rund um den Gardasee führen soll (die voraussichtliche Fertigstellung steht in den Sternen). Schon heute wird er als der spektakulärste Radweg überhaupt bezeichnet, oft an den Felsen über dem See schwebend angehängt.

190.000

zählt die Gesamtbevölkerung am Gardasee. Die wichtigsten Orte sind Desenzano, Riva, Arco, Salò, Peschiera del Garda, Toscolano Maderno, Bardolino, Sirmione, Malcésine, Garda, Torri del Benaco, Gardone Riviera, Lazise und Limone. Hinzu kommen als Einzugsgebiet die benachbarten Städte Verona (260.000), Brescia (190.000), Trento (116.000) und Rovereto (40.000).

370

Quadratkilometer groß ist der Gardasee und damit Italiens größter See zwischen dem Alpenkamm und der Po-Ebene in durchschnittlich 65 Meter Höhe über dem Meer.

2.218

Meter hoch steigt der höchste Berg am See – der Monte Baldo, gefolgt vom Monte Caplone mit 1.976 Meter.

Die Schlacht von Solferino steht stellvertretend für die grauenhaften Metzeleien südlich des Gardasees im Kampf um die Unabhängigkeit und die Vereinigung Italiens, dem Risorgimento.

Reise durch Zeit & Raum

Zwischen drei Stühlen — der Gardasee ist heute umgeben von drei Provinzen bzw. Regionen, die im Lauf der Zeit von den unterschiedlichsten Mächten und Kulturen beeinflusst worden sind.

Pfahlbauten und Felszeichnungen

Ab 4000 v. Chr.

Die ersten Beweise einer Besiedlung des Gardasees hinterließen jungsteinzeitliche Menschen – wie im alpinen Raum üblich Pfahlbauten (nun unter UNESCO-Schutz gestellt), die ihren Bewohnern Schutz vor Tieren wie vor überraschenden Angriffen boten. In den Resten solcher Behausungen fand man auch Werkzeug und Tongeschirr, sogar noch Getreidekörner. Authentisch wieder aufgebaut, kann man im Sommer in Ledro nordwestlich des Gardasees nachvollziehen, wie die Menschen damals lebten, wie sie Werkzeuge herstellten und was auf ihrem Speiseplan stand.

Auf der östlichen Seite des Sees, bei der Punta San Vigilio etwa in seiner Mitte, benutzten die Menschen, die wohl schon Weidewirtschaft betrieben, die von den Gletschern glatt geschliffenen Felsen als Schreibtafeln und hinterließen so interessante Felsritzungen: Haustiere und vor allem Reiter; einige Segelboote freilich sollen aus späterer, napoleonischer Zeit stammen – Fortsetzung der Tradition festzuhalten, was man sieht.

Zum Anschauen:
Museo Palafittico, Molina di Ledro, S. 27; Monte Lúppia, S. 74

Römer und Teutonen am Gardasee

222 v. Chr.–3. Jh.

Die Römer begannen ihren Vormarsch vom Süden her und verdrängten die Kelten aus dem Gebiet des Gardasees. Sie bauten das Straßennetz für den besseren Vormarsch ihrer Truppen aus und urbanisierten die bereits vorhandenen keltischen Gründungen. 191 v. Chr. Gründung der römischen Provinz Gallia Cisalpina, das Gebiet der Seen zwischen Garda- und Iseo-See inbegriffen, mit Mediolanum (Mailand) als Hauptort, aus strategischen Gründen aber auch Verona und Brescia. Von hier aus wurde der Norden erobert.

102 v. Chr. fallen die Cimbern und Teutonen aus Böhmen und Bayern in Oberitalien ein. Und ab 88 v. Chr. beginnen die Römer mit der Vergabe des römischen Bürgerrechts an die wichtigsten Städte Oberitaliens.

Zum Anschauen:
Verona, S. 97; Sirmione, S. 132; Desenzano, S. 140; Toscolano S. 190

Die Langobarden und ihre Entmachtung durch Karl den Großen

568–774

Gerade im Bereich des Gardasees haben sich die verschiedenen Völker und mit ihnen ihre Kulturen ganz schön vermischt. Den bis heute sichtbarsten Stempel haben die Langobarden, ein sogenannter elbgermanischer Stamm, unserem Gebiet aufgedrückt. Sie beherrschten Oberitalien und gaben der Lombardei ihren Namen. Hauptstadt und königliche Residenz wurde das lombardische Pavia. Sie bauten die Städte auf, führten ein langobardisches Rechtssystem ein und errichteten Kirchen. Doch die Langobarden bestanden nicht nur auf Einführung ihrer eigenen germanischen Kultur, sondern vermischten sie mit vielerlei christlich-römischen Kulturaspekten. So ließen sie von ihrem arianischen Glauben ab (Christus ist nicht Gott gleich, sondern nur Gott ähnlich; der Papst ist lediglich Bischof von Rom, nicht Führer der Christenheit) und bekannten sich zum Christentum. Auch das römische Recht nahmen sie allmählich an, ebenso die lateinische Sprache.

Karl der Große eroberte 774 das Langobardenreich, Gardasee inbegriffen. Und ließ sich 800 mit der eisernen Langobardenkrone zum römischen Kaiser krönen. Karl setzte seinen Sohn Pippin in Verona als italienischen König ein, der 806 Malcésine einen Besuch abstattete.

Zum Anschauen:
Malcésine, S. 49

Im Zeichen der Leiter – Die Skaliger und die Stadtstaaten

13./14. Jh.

Im 13. Jh. übernehmen mächtige Familien allmählich die Macht in den Kommunen, in Mailand und der Lombardei für lange Zeit die Visconti, mit denen sich kleinere, aber potente Familien in der Machtfrage zu arrangieren verstehen und diese zeitweise behalten können. Am Gardasee sind es die Skaliger (ital. Scaligeri) aus Verona, die von 1260 bis 1387 auch das Ostufer des Gardasees beherrschen. Ohne sie, die im Mittelalter nicht immer zum Wohle der von ihnen regierten Bevölkerung von Verona aus über das Ostufer des Sees herrschten, gäbe es die hübschesten Winkel in den Seeorten nicht. Malcésines Rocca lockt von Weitem, Torri del Benaco besticht durch die Lage seiner Skaligerfestung direkt am kleinen, romantischen Hafen.

Seinen Namen ›Della Scala‹ trug der reiche und mächtige Familienclan in Form einer stilisierten Leiter (italienisch: *scala*) im Wappen, das überall dort auftaucht, wo er herrschte. Cangrande I Della Scala wurde 1311 von Kaiser Heinrich VII. zum Reichsvikar erhoben und 1318 zum Generalkapitän des lombardischen Ghibellinenbundes gewählt. Er war ein gebildeter Mann von hohem Ansehen, der Dichter wie Dante an seinen Hof ziehen konnte. Erst der lombardische Fürst Gian Galeazzo Visconti vertrieb die Skaliger 1387 von ihrem angestammten Gebiet, sie gingen daraufhin im bayerischen Landadel auf.

Zum Anschauen:
Rocca, Malcésine, S. 50; Castelvecchio, Verona, S. 104; Castello Scaligero, Sirmione, S. 132

Venedigs Statthalter

15. Jh.

1405 übernimmt Venedig die Herrschaft über das Ostufer des Gardasees, als Statthalter regiert jeweils ein Capitano del Lago abwechselnd in Garda, Malcésine und Torri del Benaco. Ab 1440 gehört der gesamte Gardasee (außer Riva) zu Venedig, Salò ist Hauptverwaltungsort. Doch 1450 wird Francesco Sforza in Mailand zum Herzog ausgerufen und 1454 beschließen Mailand und Venedig, die sich lange wegen der Vorherrschaft in Oberitalien bekämpft haben, im Frieden von Lodi die Teilung des Gebietes: Den Osten behält Venedig, den Westen Mailand.

Zum Anschauen:
Palazzo del Capitano, Malcésine, S. 50; venezianisches Viertel, Garda, S. 76

Die blutigen Kämpfe der Freiheitsbewegung

1821–61

Mit Aufständen in den großen Städten und in blutigen Kämpfen auf den Schlachtfeldern südlich des Gardasees (Solferino) führt die oberitalienische Freiheitsbewegung zur Einigung Italiens *(Risorgimento)*. 1858–71 wird durch das Kriegsbündnis mit Frankreich Österreich gezwungen, die Lombardei an Italien abzutreten. Der größte Teil Italiens wird 1861 durch Giuseppe Garibaldi befreit, Vittorio Emanuele II wird König des Vereinten Italien. 1866 Anschluss des Veneto an das Vereinte Italien. 1871 wird Rom Hauptstadt des Vereinten Italien, aber das Gebiet des heutigen Südtirol-Trentino gehört weiter zu Österreich.

Zum Anschauen:
San Martino della Battaglia S. 156;
Solferino S. 157

Faschismus am Gardasee – die Republik von Salò

1915–45

Italien tritt 1915 auf Seiten der Alliierten in den Ersten Weltkrieg ein, 1919 Anschluss Südtirols an Italien. Der frühere Sozialist Benito Mussolini (1883–1945) gründet 1922 die Faschismus-Bewegung und übernimmt die Macht. 1939–45 verbünden sich die Faschisten unter Mussolini im Zweiten Weltkrieg mit Nazi-Deutschland und beherrschen Italien, das Gardasee-Gebiet haben die Deutschen fest in der Hand.

1943 setzt König Vittorio Emanuele III Mussolini als Feldherrn und Ministerpräsidenten ab. Nazi-Deutschland richtet für Mussolini einen faschistischen Satellitenstaat (Republik von Salò) ein, der ganze Dörfer in den Bergen vernichtet. Mussolini residiert als Gefangener der Deutschen in der besetzten Sommervilla des Verlegers Feltrinelli am Rande von Gargnano, in den umgebenden Villen ziehen Administration und Militär ein. 1945 wird Mussolini von Partisanen gefangen und mit seiner Geliebten Claretta Petacci am Comer See erschossen.

Zum Anschauen:
Salò, S. 177; Gargnano, S. 205

Ein Dach für die Arena?

21. Jh.

Ein Stuttgarter Ingenieurbüro erhält 2017 den Zuschlag für eine faltbare Zeltkonstruktion über der Arena di Verona. Damit sollte für die Opernsaison die Unsicherheit bei sommerlichen Gewittern enden. Zu oft musste eine Oper abgeblasen werden und nörgelnde Zuschauer vertröstet werden. Doch das Denkmalamt sagt bislang: »nein«!

Österreichischer Wachtposten am Gardasee im 1. Weltkrieg; der Norden gehörte bis 1918 zu Österreich-Ungarn.

Der sportlichste See Italiens

Unbegrenzte Möglichkeiten — vom einfachen Baden über Segeln, Surfen und Kiten bis zu Wandern, Parasailing, Klettern und Radfahren: Für Sportbegeisterte lässt der See kaum Wünsche offen.

Genüssliches Wandern bietet sich vor allem auf den Hochebenen und an den zahlreichen Wildbächen an. Wer es etwas rasanter möchte, greift zum Tennisschläger.

Hochfahren und runtergleiten – am schönsten vom Monte Baldo im Osten, aber auch im Westen von San Michele oberhalb von Gardone Riviera aus und auch im Tandem möglich.

Im, am, auf und über dem See: Am Lago geht alles.

In den langen Ruderbooten (oben), wegen ihrer Schlangenform ›Bisse‹ genannt, trainiert man für den allsommerlichen historischen Wettbewerb, Segelkönner (unten) schätzen die guten Winde.

Der Norden des Gardasees mit Arco als Zentrum gilt als das gar nicht mehr so heimliche Weltzentrum des Klettersports, dem »Rock Festival« sei Dank.

Die winzigen Segelboote der sogenannten Optimisten, der ›Azubis‹ in Sachen Segelsport, besetzen an guten Windtagen den gesamten Norden des Lago.

Am Gardasee liegt der angeblich zweitälteste Golfplatz Italiens (Bogliaco), auf dem schon Churchill begeistert gespielt haben soll. Weitere Plätze verteilen sich von der Valtènesi über den Süden bis zum Veroneser Ufer.

Bei gutem Wind lacht das Herz des Surfers oder Kiters.

DAS KLIMA IM BLICK

Reisen bereichert und verbindet Menschen und Kulturen. Wer reist, erzeugt auch CO_2. Der Flugverkehr trägt mit einem Anteil von bis zu 10 % zur globalen Erwärmung bei. Wer das Klima schützen will, sollte sich für eine schonendere Reiseform (z. B. die Bahn) entscheiden – oder die Projekte von atmosfair unterstützen. Atmosfair ist eine gemeinnützige Klimaschutzorganisation. Die Idee: Flugpassagiere spenden einen kilometerabhängigen Beitrag für die von ihnen verursachten Emissionen und finanzieren damit Projekte in Entwicklungsländern, die dort den Ausstoß von Klimagasen verringern helfen. Dazu berechnet man mit dem Emissionsrechner auf www.atmosfair.de, wie viel CO_2 der Flug produziert und was es kostet, eine vergleichbare Menge Klimagase einzusparen (z. B. Berlin – London – Berlin 14 €). Atmosfair garantiert die sorgfältige Verwendung Ihres Beitrags.

Nana Claudia Nenzel – fährt oft an den Gardasee, denn sie hat sich zusammen mit ihrem Mann in einem winzigen Dorf am Westufer ihre italienische Heimat geschaffen. Vom Schreibtisch überschaut sie fast den gesamten See und blickt weit über die Po-Ebene hinweg auf den Tosco-Emilianischen Apennin – 180 km Luftlinie entfernt. In Gargnano unten am See liebt sie den ›Aperitivo‹, hier trifft sie auf freundlich grüßende Gargnanesi, jeder kennt jeden, man plaudert am kleinen Hafen oder in einem Café am kurzen Ufer mit den Bitterorangen-Bäumchen, schlendert hinüber nach Villa zu Valentino am noch kleineren Hafen, auch im Winter, wenn die Sonne verwöhnt.

Abbildungsnachweis
akg-images, Berlin: S. 299 **Astrid Siemssen-Hahn:** S. 225 **DuMont Bildarchiv,** Ostfildern: S. 82, 271, 290, 292 o., 302 o. li., 302 u. li., 303 u. (Michael Riehle); 7 re. (Thilo Weimar); 8, 12/13, 17, 14 re., 26, 37, 43, 46 li., 46 re., 47 o. re., 57, 61, 89, 10, 94 li., 97, 99, 102, 123, 124 re., 136, 175, 185, 217, 221, 11, 227, 249, 252, 264/265, 282 o., 302 re., 303 o., Umschlagklappe vorn (Toni Anzenberger); 7 o. li. (Udo Bernhart) **Getty Images,** München: S. 305 o. li (ALBERT CEOLAN/DEA); 203 (DEA PICTURE LIBRARY); 218 (Marco Bottigelli) **Gottfried Aigner:** S. 49, 94 re., 149, 163, 164 re., 165 M., 178, 181, 197, 198, 212, 273, 281, 282 u., 47 M., 287, 292 u., 311 **Huber-Images,** Garmisch-Partenkirchen: S. 305 u. li. (Boris Potschka); 120, 211 (Franco Cogoli); 9, 68, 72, 81, 127, 133 (Frank Lukasseck); 171, 305 re. (Hans-Peter Huber); 51 (Marco Arduino); 116, 300/301 (Olimpio Fantuz); Titelbild, 117, 141, 205, 206, 278 (Sandra Raccanello); 172 (Udo Bernhart) **imago,** Berlin: S. 157 (epd); 75 (imagebroker/Handl); 189 (Ralph Peters) **iStock.com,** Calgary (CA): S. 124 li. (BrasilNut1); 6 li. (Freeartist); 14 li., 31 (Saro17) **laif,** Köln: 21 (Berthold Steinhilber); 201 (Clemens Zahn); 98 (hemis.fr/Domenico Tondini); 186 (Le Figaro Magazine/Eric Sander); 285 (Polaris/Piero Oliosi); 194, 275, 304 (Tobias Gerber) **Mauritius Images,** Mittenwald: S. 296 (Alamy/ACTIVE MUSEUM); 235 (Alamy/Bart Kooijman); 238 (Alamy/Elio Villa); 105 (Alamy/Eye Ubiquitous); 77 (Alamy/Helmut Corneli); 153 (Alamy/MARKA); 231 (Alamy/Matthew Richardson); 154 (Alamy/Matthias Scholz); 165 o. (Alamy/Realy Easy Star/Toni Spagone); 90 (Alamy/Wieslaw Jarek); 45 (Alamy/Zoonar GmbH); 160, 237 (CuboImages); 246 (imagebroker/Helmut Corneli); 167 (Martin Zurek); 268 (Peter Lehner); 109 (Rene Mattes); 289 (Science Source); 245 (Travel Collection); 266 (Westend61) **picture-alliance,** Frankfurt a. M.: S. 93 (akg-images); 113 (Prisma); 232 (robertharding); 15 M. (Udo Bernhart) **Shutterstock.com,** Amsterdam (NL): S. 125 o. re. (Andrea Berg); 125 M. (BNFWork); 6 re. (Christian Jung); 125 u. re. (flyingv3); 242 (Franco Volpato); 47 u. re. (Gilang Prihardono); 164 li. (heikoneumannphotography); 144 (m.bonotto); 119 (MarcelClemens); 95 M. (Mirko Scotti); 39 (Petr Bonek); 15 o. re. (pointbreak); 95 o. re. (Riccardo Nastasi); 15 u. re. (smspsy); 95 u. re. (Tim UR); 165 u. (Vereshchagin Dmitry) **stock.adobe.com,** Dublin (IRL): S. 2/3 (juhrozian)

Umschlagfotos
Titelbild: Blick auf Limone di Garda
Umschlagklappe vorn: Isola del Garda mit dem neugotischen Palazzo

Kartografie
© DuMont Reiseverlag, Ostfildern

Autorin: Nana Claudia Nenzel **Redaktion/Lektorat:** Thomas Rach, www.bintang-berlin.de, Susanne Pütz **Bildredaktion:** Stefan L. Scholtz, Titelbild: Sima Ebrahimi **Grafisches Konzept und Umschlaggestaltung:** zmyk, Oliver Griep und Jan Spading, Hamburg

Hinweis: Autorin und Verlag haben alle Informationen mit größtmöglicher Sorgfalt geprüft. Gleichwohl erfolgen alle Angaben ohne Gewähr. Über Ihre Rückmeldung und Ihre Verbesserungsvorschläge freuen wir uns: DuMont Reiseverlag, Postfach 3151, 73751 Ostfildern, info@dumontreise.de, www.dumontreise.de

2., aktualisierte Auflage 2023

Printed in Poland

Offene Fragen*

Was hat es mit dem »Rock Festival« auf sich?
Seite 33

Wovon ließ sich Thomas Mann zu seinem »Zauberberg« inspirieren?
Seite 36

Was hat Dürer am Gardasee gesucht?
Seite 286

Wieso kann man auf der Cima Rest die Sterne so gut beobachten?
Seite 288

Wo betätigen sich die Putti in den römischen Mosaiken als Fischer und Bauern?
Seite 143

Was ist die Centomiglia und wo wird sie ausgetragen?
Seite 198

Warum wurde das Internationale Rote Kreuz gerade im Süden des Gardasees erdacht?
Seite 159

Wer hat die Zitronen an den Gardasee gebracht?
Seite 276

Was treibt über 3000 Menschen dazu, sich einmal im Jahr gemeinsam an einen Tisch zu setzen?
Seite 284

Warum muss man für den Amarone nur so viel zahlen?
Seite 278

Woher stammt der wunderbare Duft, der sonntags durch die Dörfer über dem Westufer weht?
Seite 291

Warum wurde Goethe in Malcésine festgehalten?
Seite 50

** Fragen über Fragen – aber Ihre ist nicht dabei? Dann schreiben Sie an info@dumontreise.de. Über Anregungen für die nächste Ausgabe freuen wir uns.*